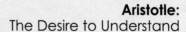

A ristotle

亞里斯多德 哲學導論
理解的欲求

強納森・李爾 (Jonathan Lear) ── 著
劉瑋 ── 譯

五南圖書出版公司 印行

Aristotle:
The Desire to Understand

建構臺灣智識世界的思想溝通共同體
——「大家觀點」系列總序

　　我們正處在一個「後真相」（Post-truth）、「政治極化」（Political polarization）的數位時代中。透過入口網站，我們能取得的資訊與知識，早已經不是可以用車載與斗量來加以估算的巨大海量。透過社群媒體，我們的世界知覺與內在情感，則早已經被大數據的演算法控制，它牽引著我們走向它想要我們走去的地方。幾乎沒有在「谷歌大神」中搜尋不到的知識，但每一次輕輕的螢幕滑動，我們的「認知偏差」（Cognitive bias）就會再一次地被加強，因為演算法早已經悄悄把我們愛看的內容放在任何能點擊選擇的頁面上，透過延長我們在螢幕上點閱、瀏覽的時間，慢慢把我們的行為模式形塑成它們所需要的樣子。有了臉書，朋友們似乎近在眼前，我們不必再恐懼孤獨、害怕沒有朋友，但每一次在臉書上按讚，我們在群體認同的同溫層中所分享的共同情緒反應與價值觀偏好，卻正在為商品促銷所需要的廣告受眾分類，提供了足夠大量的數據，無論這時所要販售的到底是物質性的貨物或觀念性的政治立場。於是，不用字句推敲、再三思索，也毋需溝通討論、往返論辯，只要按讚數上看百千，評級都在五星以上，似乎就可以篤定地認為，我們已經掌握到多數人都會贊同的意見。真相或事實本身不再是我們關注的焦點，我們的實踐行動也毋需事實認知的校準。只要相信一個信念，那麼網路上就有無數與我們信念相符的說法，為我們提供各種足資證明的事證與看起來非常合理的論述。網路訊息無從查證並無所謂，只要這些訊息足以加強信念持有者的情緒強度，能夠「抱團取暖」，那麼它就足以促使大家願意一起行動快閃。

　　WWW（World Wide Web，全球資訊網）突破任何國境與文化的邊界限制，而觸控面板則能讓指尖的點閱與按讚在上面任意滑動，這些都讓我們相信，數位時代帶來的是個人自由的絕對解放。但我們絲毫沒有察覺到，在網路上任意可選的頁面，或被我們認為足以代表客觀真實的多數贊同，其實只是透過入口網站與社群媒體在點閱與按讚中所收集到的大數據，進行演算法操縱的結果。資本主義透過它所造就的理性化牢籠，對人的存在進行全面的監控。現在，在數位時代它終於完全成功，它不僅使人的勞動異化，人的情感、情緒與意識形態，現在也都可以加工成可出售的商品，而與人本身的存在相異化。人的存在現在真正取得物的形式，「物化」也已經不再只是一個形容詞，而是對每一個人都在進行中的商品製造過程，把人轉化成物一般可以買賣的商品。數位時代對於人的奴役式操縱，卻一點都不會讓人覺得不舒服。沒有病識感，就沒有治療的動機。完全沒有痛感地役於物，同時也就去除了人想尋求治療以恢復健康的解救動機。沒有痛苦，沒有反叛，批判與革命的動能也就止息了。那些想透過審議式民主的理念，使大眾能更多地參與政策與立法討論的理想主義者，看來仍完全不敵大眾傳播媒體的意識形態操縱。這致使當前多數的公共論壇，大都只剩下各執己見的眾聲喧嘩，而不復有理性討論的空間。想放棄大眾民主，走向政治精英主義的學者大有人在，而這正給予想重溫開明專制的極權統治者，有了更強大的底氣。

　　在數位時代中出現的後真相知識情境與政治極化的發展，顯然正在一點一滴地，侵蝕著我們的理性思考與民主政治的基礎。數位時代的資訊泛濫與知識爆炸，讓我們跳過在行動中「困而學之」，與在思考中「學而知之」的思索學習過程。現代人只要輕輕一滑手機，透過入口網站，就可以馬上升級到「生而知之」這種天縱英才才有的知識程度。然而沒有經過艱難的思考過程，我們就無法錘鍊

出自己的人生智慧。一旦我們可以隨時透過行動裝置連接到儲存在雲端的知識庫，那麼長此以往，我們的頭腦將可能會一直空置在一種「有知識的無知」（De docta ignorantia）之狀態中。我們幾乎擁有所有的知識，但我們卻也腦袋空空，沒有智識。臉書等社群媒體把世界連結為一家，我們以文會友，但對於大家的動態訊息，我們除了按讚，卻已經沒有任何的溝通。即使車廂再擁擠，我們人手一機，每個人都仍隻身處在各自的資訊孤島中。問題顯然在於，數位化的知識傳播媒體，不僅已經把自身打造成可以取代人類，以自行去思考與感受的人工智慧，它更能反過來，成為形塑我們在「美麗新世界」應當如何思考與感受的「老大哥」。在數位時代中，我們雖能獲取海量的知識，但我們透過不斷思考所累積、建構起來的智識世界，卻也正在流失與逐漸空洞化中。重新為人類的智識世界建構一個可以共同思考討論的溝通共同體，正是我們在數位時代中，面臨到的最大挑戰。

出路在哪裡？顯然不在科技，而在人文。自古以來，能使溝通討論的公共領域被建構出來的基礎，一直有賴於廣義的文學閱讀，特別是透過經典閱讀所形成的人文主義傳統。唯有堅持人文，才能對抗物化。在經典閱讀中，我們邀約各領域的大師，加入我們在思想中進行意義理解活動的溝通共同體。閱讀經典不是坐在安樂椅上滑手機，而是每一行每一頁都有理解的難題。在不懂的疑問中，我們向作者提出問題，再從他的書中找到他會給予的答案。如果單靠我們的閱讀不能理解，那麼我們就得就教師友，共同討論。於是每個人都能在閱讀與討論之後，形成自己獨特的理解，而這是他人都無法隨意左右的真正智慧。

透過經典閱讀為智識世界的建構提供思想的溝通共同體，這種人文主義的想法，其實最清楚地表達在中國儒家的思想傳統中。孟子就曾經對他的弟子萬章說：「一鄉之善士，斯友一鄉之善士；一

國之善士，斯友一國之善士；天下之善士，斯友天下之善士。以友天下之善士為未足，又尚論古之人。頌其詩，讀其書，不知其人，可乎？是以論其世也。是尚友也。」（《孟子・萬章下》）透過閱讀大師的經典（頌其詩、讀其書），我們不僅能與全球的學者交流（友天下之善士），更能尚友古人，與那些在人類文明的歷史上，貢獻最為卓著的思想家對談。透過經典閱讀，我們將古往今來的大家都納入到我們思想的溝通共同體中。透過以大師、善士作為我們的溝通的夥伴，我們即能在「尚友」的經典閱讀中，走向「以友輔仁」、「里仁為美」的良序社會整合。

　　雖然在數位時代中，我們連以「束之高閣」來形容那些被棄置不顧的紙本書籍都已經是用詞不當了（因為它們更多地是已經被掃描儲存在「雲端」中）。跟隨報紙等平面媒體走向消亡的腳步，紙本書籍除了藉助文化工業所製造的通俗作品仍能一息尚存在外，紙本書籍（特別是學術性書籍）幾乎已經逐漸小眾到只能採用「隨需印刷」（Print on Demand）的地步。在如此不利的環境下，五南出版社繼出版「經典名著文庫」、「經典哲學名著導讀」與「大家身影」等系列後，持續規劃出版「大家觀點」系列。在我看來，這些系列，將足以提供臺灣讀者在數位時代，透過經典閱讀所形成的思想溝通共同體，來重建公眾的智識世界。每一本思想經典都對人類文明歷史的發展影響巨大，但經典所承載的知識量極為龐大，我們因而在「經典名著文庫」之外，需要「經典哲學名著導讀」來協助我們理解經典的內容。經典不是憑空出現的，正如黑格爾在《法哲學原理》序言中所說的：「就個體而言，每個人本來都是他時代的產兒；那麼，哲學也就是被把握在思想中的它的時代。」經典是重要思想家用學說概念來掌握他那個時代的創造性表現，我們因而需要對思想家的個人傳記（「大家身影」）與他的思想發展歷程（「大家觀點」）有所理解，才能更好地在我們的思想溝通共同體中，透

過經典閱讀，與這些思想大家展開更為深入的對話討論。這些系列，正好符合孟子要求經典閱讀，應達到「頌其詩，讀其書，不知其人，可乎？是以論其世也」之「知人論世」的要求。

臺灣在過去一、二十年來的教育改革中，受到美國哈佛大學通識教育的啟發，也非常重視在大學通識教育中的經典閱讀課程。只不過經典閱讀的難度相當大，它更經常要求進行跨領域的涉獵，以致我們發現，即使在學院中專設課程，經典閱讀仍常收效有限，更遑論透過經典閱讀，即能為廣大的公眾提供一個能建構智識世界的思想溝通共同體。但現今，五南出版社在經典名著之外，更出版了「經典導讀」、「大家身影」與「大家觀點」等系列叢書，這將可以大大減少我們與經典名著的距離，從而得以把思想家當成我們可以聚在一起共同討論的朋友。想像我們能透過《亞里斯多德哲學導論》的背景理解，來與亞里斯多德對談他的《形上學》與《尼各馬可倫理學》，或透過亞當‧史密斯的傳記與思想導論，來理解他從《道德情感論》發展到《國富論》的思想觀點與歷程，這對我們理解我們置身所在的世界情境，將有多大的幫助。「大家觀點」系列的出版，因而完整了經典閱讀所需要的最後一塊拼圖。這對大學通識教育與公眾智識等人文素養的培養與深化，都將極有裨益。

在數位時代，人文素養更顯重要。臺灣的出版界能有此眼光與魄力，我非常樂見其成，因而不揣淺陋，特為之序。

林遠澤
國立政治大學哲學系特聘教授
台灣哲學學會會長
序於 2022 年 9 月

獻給 Cynthia Farrar

τί οὖν κωλύει λέγειν εὐδαίμονα τὸν κατ᾽ ἀρετὴν
τελείαν ἐνεργοῦντα καὶ τοῖς ἐκτὸς ἀγαθοῖς ἱκανῶς
κεχορηγημένον μὴ τὸν τυχόντα χρόνον ἀλλὰ τέλειον
βίον;

有什麼能妨礙我們説，幸福就是合乎完全德性
的活動，並且有充足的外在的好，而且不是度
過任意的時間，而是完整的一生呢？

CONTENTS

CONTENTS

前　言

ix　　　我寫這本書是當作某種告別。1970 年從耶魯大學畢業時，我得到梅隆獎學金（Mellon Fellowship）的資助首次來到劍橋，後來的十五年中，除了偶爾回到美國，我在那邊待了差不多十二年。劍橋在很多方面都是我思想與情感的家園：此前我從沒見過這樣一個對人帶來溫暖、鼓勵，同時又極富挑戰的思想環境。或許這就是我逗留如此之久的原因。1985 年，當我決定返回美國時，我就想在思想上（如果不是情感上的話）標記下我在劍橋度過的時光。我關於亞里斯多德的大部分研究都完成於我在克雷爾學院（Clare College）的那段時間，一開始是學生，之後是研究員。所以我決定寫一本亞里斯多德哲學的導論。我喜歡寫導論這個想法，首先是因為，我認為這會迫使我在一個寬廣的背景下工作，我需要澄清很多年間的思想，而不是聚焦於某個單獨的論證；其次是因為，我想寫一本那些不是亞里斯多德專家的朋友們也能理解的書，他們會在平常的交談中無數次地問我：「你覺得亞里斯多德對這個問題會怎麼看？」

　　　我不想逐一列舉我在劍橋的諸多友人，如果你是其中之一並且正在閱讀這些文字，我想說你在我的內心和思想中非常重要。然而，我要提到那些曾經幫助過我進行亞里斯多德研究的朋友們。首先，我要感謝我在劍橋生活的一部分，而且這一部分也陪伴我回到了美國：我的妻子，辛西婭·法拉（Cynthia Farrar）。但是我不會陷入通常的陳腔濫調，說「如果沒有她的幫助會如何如何」，部分原因是，這些確實是陳腔濫調；另一部分原因是，我不確定這是不是事實：即使辛西婭沒有這樣支持我，我覺得我也會寫完這本書。我在這裡提到她，僅僅是因為她幫助我理解了亞里斯多德說的「人依據自然是政治的動物」。正是透過參加她在劍橋關於修昔底德的課程，並且透過觀察她的生活，我懂得了如何將政治理論

x　研究與積極的城邦公民生活結合成一個協調的整體。我還要感謝

那個「古代哲學幫」，我曾經是其中的一分子。在與邁爾斯‧伯恩耶特（Myles Burnyeat）、傑佛瑞‧勞埃德（Geoffrey Lloyd）、M. M. 麥肯齊（M. M. Mackenzie）、大衛‧塞德利（David Sedley）、馬爾科姆‧斯科菲爾德（Malcolm Schofield）以及格里高利‧弗拉斯托斯（Gregory Vlastos，和他只共事了兩年時間）進行的無數研討班、課程和私下討論中，我學會了如何閱讀古代哲學文本。實際上，我在劍橋幾乎每週都會有一天和他們中的某一位在一起，翻譯和闡釋某個亞里斯多德的文本。最後我想要提到提摩西‧斯麥里（Timothy Smiley）和伯納德‧威廉斯（Bernard Williams），我從這兩位朋友那裡最多地學到了如何「做哲學」。然而，我不想獻給他們一個深情的告別。我在向一種生活方式告別，而不想和那些幫助構成這種生活方式的人告別。

我確實想要向一個人告別，但是卻不可能了。查爾斯‧帕金（Charles Parkin），克雷爾學院的靈魂，1986 年秋天他突然死於心臟病。他是那種非常謙遜的人，無所不知卻不發表任何東西。他愛他認識的人，一直在學院裡獨身生活。他並不為世人所知，而克雷爾學院的學生和研究員們都很愛他。他是政治思想史家，而他的興趣包括整個世界。在我剛到劍橋的時候，有幾個夜晚，我們一起觀察他顯微鏡下的細菌，透過他的望遠鏡拍攝月球的環形山，安靜地坐著聽火車駛出各個歐洲車站的錄音。我們也會討論亞里斯多德。就在二戰後，查理斯得了肺結核，在劍橋外的療養院待了兩年。在這期間，他有了一種領悟，感到自己真正理解了主體與客體的同一。他曾經告訴我，他認為自己的餘生都是在試圖重新抓住那個瞬間，我想他會喜歡這本書。

我要感謝美國國家人文基金會（National Endowment for Humanities）提供的獨立研究獎學金，使本書的部分研究和寫作得以完成；感謝安德魯‧梅隆基金會（Andrew W. Mellon

Foundation）給我的獎學金，讓我初次訪問劍橋；感謝劍橋大學及克雷爾學院的院長和研究員，為我提供了進行研究的理想環境；耶魯大學惠特尼人文研究中心（Whitney Humanities Center），為我提供了遠離塵囂的辦公室，在那裡我可以不受學期中日常事務的干擾寫作本書。阿蘭・寇德（Alan Code）、傑佛瑞・勞埃德、傑瑞米・麥諾特（Jeremy Mynott）、馬爾科姆・斯科菲爾德、提摩西・斯麥里、伯納德・威廉斯和麥可・伍茲（Michael Woods）閱讀了本書先前的草稿，他們都給了我詳細而有價值的評論。寇德和我頻繁而長時間地在越洋電話裡討論亞里斯多德——我甚至懷疑我們支持了一顆通信衛星的發射。我要特別感謝他建議我把科米蛙[1] 當作我需要的「非人的個體」，來說明潛能與現實的不同等級。我在耶魯的助教——克里斯多夫・達斯汀（Christopher Dustin），就我的課程內容寫了大量的評論，極大地幫助我統一了本書中用到的資料。

　　最重要的，我要感謝劍橋和耶魯那些聽我講授亞里斯多德的學生。他們使我相信，這種難度的內容對於他們來說很有趣，而這類書籍會對他們很有幫助。

---

[1]　科米蛙（Kermit the Frog），美國電視節目《芝麻街》中著名的布偶角色。——譯者注

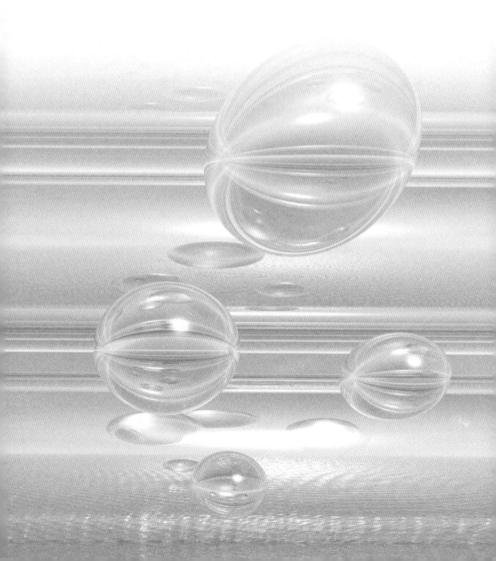

Chapter **1**

理解的欲求

1　　　亞里斯多德在《形上學》開頭寫道：

> 所有人都依據自然欲求認識。一個表現就是我們在感覺中獲得的快樂；因為即使排除掉它們的用處，感覺自身就被我們所喜愛；在所有感覺之中，我們最喜愛視覺。因為不僅和行動有關，即便在我們不做任何事情的時候，也喜愛視覺甚於幾乎其他一切。因為在所有感覺之中視覺最能讓我們認識事物，並揭示事物之間的很多區別。[1]

亞里斯多德認為我們有一種欲求、一種力量，它驅策我們追求知識。當然，對某些人，這種欲求沒有表現出很大的影響；但對另一些人而言，它在我們的生命中扮演著極為重要的角色。亞里斯多德無疑相信，正是這種欲求激發了他的研究和思考，使他寫下了《形上學》，他也相信這種欲求會讓別人去研究它。也正是這種欲求，讓我寫這本書，讓你閱讀這本書。

　　亞里斯多德如何知道我們擁有這種欲求呢？我們並不知道某種欲求的內容，除非我們知道什麼東西能夠最終滿足它。透過欲求的滿足，我們就能知道那種欲求的對象。這就是亞里斯多德為什麼會談到我們在感覺中獲得快樂。如果我們追求的知識僅僅是一種手段，為的是更進一步的目的，比如說，為了獲得凌駕於他人之上的權力，或者為了控制環境，那麼我們內在的欲求就不是對知識的欲求。它可能是權力意志或是對控制的執念。我們從感官能力的單純運用中獲得快樂，這是我們確實欲求知識的一個標誌。因為儘管我們確實利用感覺提供的知識在世界中生活，達成某些實際的目的，

---

[1]　《形上學》I.1.980a21-27。希臘語的「知道」（to know）是「eidenai」。

但是這種知識也因其本身被我們追求。

在亞里斯多德看來，閒暇至關重要。只有當人類發展出幫助他 2
們應對生活必需的技藝之後，他們才能轉向不為達成任何實際目的
的科學。[2]亞里斯多德說，這就是數學誕生於埃及的原因：因為正是
在那裡，祭司階層有閒暇去追求知識本身。但是，求知的自然欲求
在它能夠完整表現之前，不得不靜候歷史的發展，等待存在有閒階
級的社會出現。在那之前，一個觀察者也許能夠察覺人們在感官經
驗本身之中獲得的快樂，但他不可能理解這種快樂只是人類靈魂中
更深層力量的表面顯現而已。我們不禁好奇：亞里斯多德本人是否
生活在一個適合領會這一欲求真正內容的時代呢？

亞里斯多德當然認為，在個人的歷史中，求知欲的內容在不
斷發展，也就是說，一個人對他想要知道的東西會發展出越來越
豐富的感覺。世界的結構和我們自己靈魂的結構共同促進了這種
發展。[3]人並非生來就有知識，但是人生來就擁有獲得知識的能力。
但是，如果他想要運用這一能力，世界也必須與他合作。人生來
擁有辨識感覺現象的能力，這是他和其他動物都擁有的能力。他
的靈魂保留了感官接觸的記錄。另一方面，世界在與人的感覺接觸
的過程中給了人重複性和規律性。透過反覆接觸，我們感覺的辨識
發展成了記憶，之後又發展成亞里斯多德所說的「經驗」（expe-
rience）。亞里斯多德把經驗描述為「靈魂中的普遍物整體」。[4]從
對個別人的反覆感覺中，我們形成了人的概念，而**我們看到的這
個東西是一個人**」就是經驗。假如普遍物，或者概念，並未以某種
方式**已然**蘊藏於個別事物中，我們就不能將單純的感覺辨識轉變為

---

[2] 《形上學》I.1.981b13-25、I.2.982b20-24。

[3] 參見《形上學》I.1.980a27-981a12；〈後分析篇〉II.19.99b35-100b3。

[4] 〈後分析篇〉II.19.100a7。

關於個體的知識。就像亞里斯多德說的：「儘管一個人感覺個別事物，感覺卻是關於普遍物的。」[5]世界為人類的好奇心提供了一條供其馳騁的道路。因為普遍性蘊藏於個別事物中，一個人最初在個別事物中的探索，會很自然地引領他去把握體現在其中的普遍物。獲得了經驗，或者關於個體的知識，我們就能構想出更抽象的知識形式，也就是技藝（technai）與科學（epistêmai）。[6]認識發展的每個階段都以前一階段為基礎，而世界的結構本身幫助我們從「無知的洞穴」上升。正是因為世界為人類的探究提供了路徑，人類求知的欲求才有希望得到滿足。

　　但是世界並未「扼住我們的咽喉」，把我們拔出洞穴。我們必須具備某種東西，驅使我們去利用世界的結構。從童年開始，人類就展現出天生的好奇心。確實，英國精神分析學家梅拉尼·克萊因（Melanie Klein）曾把這種童年的好奇心稱為 epistemophilia──對知識（epistêmê）的愛。[7]但我相信，「好奇心」並非概括這一驅動力的最好方式。我們或許應該去思考一下人們感到困惑的自然能力。我們認為這種能力理所當然。然而關於我們的一個驚人事實是，我們不能僅僅觀察現象，我們想要知道它們**為什麼**發生。我們可以想像這樣的存在者，他們僅僅觀看天上的日落月升，他們可能會期待有規律的變化，但他們對於為什麼發生變化缺少好奇心。不過我們不是這樣的，天體的運動**向我們**發出尋求解釋的呼喊。

　　亞里斯多德說：正是出於驚奇，人類才第一次開始哲學思考，甚至現在也是這樣。[8]也就是說，哲學誕生於人類感到困惑和驚懼的

5　〈後分析篇〉II.19.100a17-b1。

6　《形上學》I.1.981a1-b10。

7　Melanie Klein, *Love, Guilt and Reparation*, Hogarth Press, 1981, pp. 87, 188, 190-191, 227-228, 426, 429.

8　《形上學》I.2.982b12-22。

自然能力。關於天體為何如其所是這樣的問題，除非我們有了解釋，否則我們不會感到滿意。這種不滿意和求知欲是一體的：它推動我們去探索、去解釋。亞里斯多德認識到神話也是人類困惑的表現，神話被設計出來解釋現象，由此來減輕我們的不安。當然，神話最多只能提供暫時的安慰，因為它們所提供的解釋不能令人滿意。我們終究會被自己的自然傾向引領，真誠地尋求解釋本身。

　　在尋找解釋的過程中，人們不可避免地會遇到困難。[9]在最嚴肅的問題上，當然存在著互相衝突的意見；這些意見都表達了對現象有說服力但各不相同的論述。對亞里斯多德而言，這些困難正是哲學的出發點。正是透過開闢一條穿過困惑或困難的道路，哲學智慧才逐漸成長。因此亞里斯多德將《形上學》中的整整一卷都用來羅列圍繞「什麼是實在的基本要素？」這個問題而產生的困惑。[10]正如他所說的：「我們應當事先考察所有的疑難……因為，在一開始不提出疑難就進行探究的人，就像不知道該去往何處一樣。」[11]亞里斯多德用打結做比喻。當我們面對那些不知該如何解決的困難時，我們的思想就被捆綁住了。我們被限制住了，探索不能繼續前進，求知欲也受到挫敗。因此，當我們像兜圈子一樣不斷回到一個無法解決的難題時，就會感到沮喪；當我們突然理解了如何解決難題並繼續前進時，就會感到輕鬆和快樂。根據牛津版的譯文，亞里斯多德說，當我們解決了困難時，我們會享受到「思想的自由嬉戲」（free play of thought）。[12]希臘語 euporia 字面的意義是「容易

---

[9] 《形上學》III.1.995a25-b3。

[10] 《形上學》III。

[11] 《形上學》III.1.995a33-b1。

[12] euporesai：《形上學》III.1.995a27（牛津舊版和修訂版的翻譯，參見12 頁注釋 24〔本書 18 頁注腳 24。——譯者注〕）。

通過」。它的反義詞 aporia 就是亞里斯多德用來形容困難或疑難的詞，字面意思是「很難或無法通過」。

亞里斯多德在一部作品的開頭，通常都會羅列先前思想家思考這個問題時遇到的困難。對不熟悉亞里斯多德的讀者而言，這些開頭的章節會顯得極其無聊。因為如果不了解亞里斯多德那個時代的思想背景，這些難題會顯得不清不楚、枯燥乏味。然而，即使亞里斯多德列出的困難不會立即變得鮮活，我們也不該忽視他這種哲學方法的重要性。對亞里斯多德而言，哲學始於問題和困惑。我們被自然的求知欲引導，為解釋本身而尋求解釋；因為發現這個世界令人困惑是我們自然的一部分。說世界在本質上令人困惑，則是一種誤導。我們應該說，世界對我們這樣的存在者表現得令人困惑。但是，一旦我們形成了關於世界的問題，哲學（至少是萌芽形態的哲學）就已經開始了。透過提出和回答問題，我們盡己所能使世界對我們而言變得可以理解：而對亞里斯多德來說，使世界變得可以理解就是哲學活動。

儘管很難抵達真理，但亞里斯多德說在另一種意義上，真理又容易獲得。[13] 幾乎所有的信念都戳中了真理。信念是在與世界相互作用的基礎上形成的，而亞里斯多德認為，一個信念中沒有一點真理的情況是非常罕見的。不僅知識是透過許多思想家和研究者謙卑的努力積累起來的，就連錯誤信念的形成通常也是合理的。亞里斯多德說真理是「沒有人會錯過的大門」。因此，研究人們的信念——甚至是錯誤的信念——是有意義的，因為透過看清人們如何跌倒，我們才有可能更清楚地把握真理。

亞里斯多德認為，真理是困難的，其原因不在於世界，而在於我們：「因為正如蝙蝠的眼睛之於白晝的光輝，我們靈魂中的理性

---

[13] 《形上學》II.1.993a30-b15。

之於那些**依據自然**最為清晰的事物也是如此。」[14] 就事物而言，依據自然最為清晰是什麼意思呢？亞里斯多德區分了無條件的最可理解的事物和對我們而言最可理解的事物。[15] 我們的生命始於無知，我們必須開闢從個別經驗到普遍真理的道路，這條道路非常曲折，當我們朝著真理前進的時候，並不習慣它們。儘管最初對我們而言最可理解的事物和無條件的最可理解的事物是不同的，它們在本質上卻彼此關聯。因為，從我們現有的知識（或無知）狀態和困惑出發，我們彷彿走上了一條道路，朝向發現世界真實樣貌的方向前進。一旦把握了有關世界的基本真理和實在的結構，我們就會認識到，沒有什麼像它們那樣清楚。作為有系統的研究者，我們的工作就是要把依據自然最清楚的事物轉變為對我們而言最清楚的事物。正是這一活動滿足了我們的求知欲。實在的基本真理對我們也不再像白晝的光輝那樣刺眼了。

因此，儘管哲學起源於驚奇，它卻終結於驚奇的缺失。[16] 比如：我們可能會驚訝於發現正方形的對角線與它的邊不可通約，然而一旦我們了解不可通約的理論，對角線要是可通約反而變得怪異了。因為這個理論告訴我們對角線為什麼必然如此。一個人實現了這種缺失，他也就獲得了智慧（sophia）；為智慧本身追求智慧就是哲學（philosophia）——字面意思就是「愛智慧」。在理解了世界的原理和原因的哲學家那裡，求知欲獲得了最終的滿足。

但是，如果哲學是我們原初內在欲求的終極目標，或許我們就要重新思考一下這種欲求是什麼。比如：我們並不滿足於知道天體以這種方式運動；我們也不滿足於羅列很多關於現象的事實。

---

[14] 《形上學》II.1.993b8-9。

[15] 比如《形上學》I.2.982a30-b30。

[16] 《形上學》I.2.983a13-21。

我們想知道天體**為什麼**這樣運動，現象**為什麼**如其所是。我們追求的不僅是知識，我們追求理解。我相信，亞里斯多德很清楚這一點。儘管用「知道」可以很充分地翻譯希臘語 eidenai，但亞里斯多德用這個普遍性的辭彙涵蓋了很多種類的知道。[17] 其中一類是 epistasthai（字面意思是，擁有知識〔epistêmê〕的狀態），它經常被翻譯為「知道」或者「擁有科學知識」，但是翻譯成「理解」（understand）其實更好。因為亞里斯多德說，當我們知道一個事物的原因時，就擁有了關於它的知識（epistêmê）。[18] 要擁有知識，人們必須不僅知道一個事物，而且必須把握它的原因和解釋。這就是理解它，在深層的意義上知道它是什麼，以及它是如何生成的。亞里斯多德說，哲學是關於真的**知識**。[19]

7 　　亞里斯多德在兩個意義上使用 epistêmê：首先，指一種組織起來的知識體系，比如幾何學；其次，指掌握了這種知識體系的人的靈魂狀態。這並非含糊其辭或模稜兩可。因為對於一個學會了幾何學的人，這種 epistêmê 就成了他靈魂的一部分。實際上，正是因為他的靈魂變成了 epistêmê，變成了有組織的知識體系，他才能被稱為幾何學家。我們需要注意，幾何學家擁有的不只是知識，而是組織起來的知識體系。幾何學家不僅知道三角形的三個內角和是 180 度，還知道三角形為什麼**必然**有這樣的內角，因為他可以給出證明。理解本質上是普遍性的，比如：幾何學家的證明並不解釋為什麼某個圖形的內角和是 180 度（除非是在偶然的意義上證明，亞里斯多德可能會這麼說）。幾何證明解釋的是為什麼所有的三角形都

---

[17] 參見 M. F. Burnyeat, "Aristotle on Understanding Knowledge," in *Aristotle on Science: The Posterior Analytics*, Editrice Antenore, 1984。

[18] 參見〈後分析篇〉I.2.71b8-12。

[19] 參見《形上學》II.1.993b19-20。

有這樣的內角。[20] 隨著我們尋求理解，我們就離開了個別的事實，走向構成其基礎的普遍原理、原因或解釋。

用 epistemophilia（對知識的愛）來描述最初激發孩子探索世界的內在動力極為貼切。但是如果只有最終滿足欲求的東西才能揭示欲求的真正內容，那麼認為 epistemophilia 指的是天生的好奇心，甚至是求知欲，就過於侷限了，因為那種欲求是為了獲得 epistêmê，即理解。

然而，epistêmê 還有比單純的理解更多的含義。因為，與「理解」概念本身的意思相比，epistêmê 使人與世界在一種更深刻、更重要的關係中連結起來。首先，世界不僅僅是我們理解的對象，它還是理解發生的情境。世界（向我們）顯現為令人困惑的，從而推動我們進行探索；然後，它誠實地交出它的真理，回應我們耐心的研究。這個世界本身想要被（我們這樣的存在者）認識，並且邀請人類去實現他們作為系統理解者的角色。想像一下，帶著理解的欲求降生在一個無法與之配合的世界上，是多麼令人沮喪！世界始終無法理解，而我們卻執著地鑽牛角尖。亞里斯多德對這個世界懷有極大的信心：實際上，他的哲學就是試圖將世界歸還給那些欲求理解它的生物。

其次，正是透過獲得對世界的理解，人才理解了自己。理解世界的計畫是我們之為我們的基礎。除非我們實現了這項計畫，否則不僅沒有完全知道理解的欲求是在欲求什麼，也不知道**我們**究竟是誰。也就是說，我們還不完全理解世界的系統理解者到底是什麼。因此，我們不能僅僅把目光朝向自身來獲得關於自我的知識。因為我們欲求理解，因為我們從根本上是有系統的理解者，自我理解在某種意義上必然是間接的。當我們第一次閱讀亞里斯多德的時候，

8

---

[20] 我會在第六章第二節中詳細討論這一點。

會感到他所做的很多工作完全不像我們現在說的哲學。他好像是一個科學家，熱切地探索著自然世界。但是，這種哲學與科學的二元對立，在亞里斯多德眼中，似乎只是建立在對內、外關係的膚淺理解之上。正是透過向外觀看世界，靈魂複製了世界的結構。理解了世界，人不僅成了他最根本上的所是──有系統的理解者，而且能夠透過觀看世界發現他的靈魂結構投射其中。（不是像現代觀念論者認為的那樣，因為人用他的形象構造了世界，而是因為人的自然使得世界能夠將它的形象印刻在人的身上。）

　　無論如何，我們很容易認出的哲學是人類探索世界的自然發展過程。**因為對亞里斯多德來說，epistêmê 本質上就是反思性的：除非人理解了「理解」在世界中的地位，否則他就不能理解世界。**與此類似，理解的欲求和理解這種欲求的欲求必然是同一的。因此，要從「通常」對世界的理解走向理解這個理解本身，或者說理解哲學思想自身的本質，並不需要額外步驟，也不需要視角變化。

　　亞里斯多德認為，人們會理解到，對第一原理和原因的理解是神聖的。[21] 毫無疑問，早先人們發現了潛藏在紛繁現象之下的基本原理，這必定顯得極為神奇，彷彿神賜的禮物，並不是普羅米修斯從嫉妒又吝嗇的眾神那裡偷來了這一切。我們就是這樣的，世界也是這樣的，所以我們的理解幾乎就是一種愛的饋贈。但是，亞里斯多德之所以認為理解是神聖的，有著更為清醒的理由。神本身就被認為是萬物的眾多原因之一，是第一原理。因此，知道第一原理，我們就理解了神。對神而言，這種知識是自我理解。假如有朽的我們洞悉神的本質而神自己卻一無所知，這當然是荒謬的。更合理的看法是，我們分享了某些神聖的東西。

9

---

[21] 《形上學》I.2.982b28-983a11；另參見《形上學》XII.7、XII.9；《尼各馬可倫理學》X.7。

這個看起來合理的思路有兩個顯著的結果。首先，由於神是萬物的第一原理，並且（至少部分）是由自我理解構成的，那麼這個理解本身似乎就是萬物的原因或原理。理解本身就是世界中的一種力量。其次，當人類獲得了這個理解，事實證明，他並不是理解了一個獨特的、神聖的對象：這個理解本身就是神聖的。因此在獲得這個理解的過程中，也就是在哲學活動之中，人類在一定程度上超越了自己的自然。亞里斯多德清楚地意識到了這個結果：

> ……他會過（沉思的生活），並非就他是人而言，而是就他有某種神聖的東西而言……如果相比於人，理智是神聖的，那麼依據理智的生活與人的生活相比就是神聖的。但是我們千萬不要聽從這樣的建議，是人就要思考人的事情，是有朽者就要思考有朽的事情；而是要盡可能讓自己不朽，盡最大的努力依照我們之中最好的東西生活；因為即使它在體量上很小，它在力量和價值上卻超過所有一切。[22]

所有人依據自然都有一種欲求，引導他們超越自己的自然。悖謬的是，正是在超越自身自然的神聖過程中，人才最完全地實現了自身：

> （理智）似乎也就是每個人自身，因為它是人身上有權威的和更好的部分。假如一個人並不選擇**他的**生活而是其他東西的生

10

---

[22] 《尼各馬可倫理學》X.7.1177b26-1178a2。舊的牛津版譯文用「理性」（reason）來翻譯 nous，修訂本用「理智」（intellect）。我則用「心靈」（mind），我會在第四章第三節說明理由。（中譯文在大多數情況下仍保留「理智」。——譯者注）

活，那是很奇怪的⋯⋯對每個事物適當的東西是依據自然對這個事物最好的和最快樂的；因此，對人而言，符合理智的生活是最好的和最快樂的，因為理智比其他任何東西更是人。[23]

人類擁有理解的欲求，如果它得到滿足，就會將人從人的生活中提升起來，上升到神聖的存在。當一個人這樣做的時候，他也就最完全地實現了自身。這種關於人類自然的觀點並不容易理解。

本書的目的在於更深入地理解亞里斯多德所說的「所有人依據自然欲求認識」。為了理解《形上學》的這一行文字，我們必須要穿越亞里斯多德哲學的主體部分。因為我們可以從廣義和狹義來研究理解的欲求。廣義上講，我們必須要理解亞里斯多德自己理解世界的努力。因為只有當我們按照亞里斯多德的方式認識世界，我們才能認識到，對他而言理解的欲求是一種什麼樣的欲求。並且，亞里斯多德認為，如果想要領會人在自然中的位置，我們必須努力去理解自然本身：因為只有嚴肅地研究自然本身，人才能最終獲得自我理解。正是為了這個目標，理解的欲求始終鞭策著我們。這把我們帶向了狹義的問題：我們必須研究理解的欲求在亞里斯多德的哲學世界中占據什麼位置。在本書中，我試圖兼顧這兩種視角。我試圖提供一個亞里斯多德哲學世界的廣闊圖景，以此來闡明「人依據自然欲求認識」的重要意義。如果我們根本不知道「擁有自然」是什麼意思，我們就不能理解對人來說，依據自然行事是什麼意思。因此第二和第三章會從整體上展現亞里斯多德的「自然」觀念。在第四和第五章中，我聚焦於亞里斯多德對人的自然的論述。第四章

---

[23] 《尼各馬可倫理學》X.7.1178a2-7。

關於人的靈魂：感覺能力、思考和理解世界的能力、欲求能力，以及在這些欲求的基礎上思慮如何行動的能力。人還有能力組織和塑造他的欲求，第五章關於人的這種能力，他能將自己塑造成在社會中透過倫理生活獲得真正幸福的存在者。亞里斯多德說，「人依據自然是政治的動物」。如果我們想要了解亞里斯多德的世界，就必須要明白，理解的自然欲求如何與另一項自然的命令共存，即在政治社會中過倫理上有德性的生活。最後，在第六章，我會全面論述理解的欲求是對什麼東西的欲求。亞里斯多德發現了研究實在整體結構的可能性。他稱這種研究為「第一哲學」；後來的注疏者稱之為「形上學」。我首先會介紹亞里斯多德的邏輯學，因為邏輯學是展示實在整體結構的重要工具。然後我會展示成熟的形上學和神學中的幾個核心觀念和論證，這就是理解的欲求引領我們到達的地方，我會對此做出評價。

　　我相信，這種研究亞里斯多德的雙重進路，即在廣義和狹義上追索「理解的欲求」，概括了他哲學的本質。這種進路可以幫助讀者理解，在亞里斯多德論述世界的任何觀點上，他在做什麼，以及為什麼這樣做。因此，本書可以作為亞里斯多德哲學的導論。我想要幫助讀者，因為我認為那些對亞里斯多德抱有嚴肅興趣的人，不可能不去閱讀他的著作。任何試圖去閱讀他的人都知道這並不容易。他的希臘文以一種凝練的風格寫就（我承認，這是一種後天獲得的品味，在一段時間之後你會喜歡上它），儘管英譯本提供了極大的幫助，但仍然難以理解。有時候，譯者為了彌補這種凝練的風格，會做出一些闡釋，說明他們認為亞里斯多德講的是什麼。這樣做有時會有幫助，但有時也會誤導讀者，即便是對一個聰慧並且在其他方面受過良好教育的讀者來說也是如此。在本書中，我努力使亞里斯多德的作品更容易理解。在每一節的開頭，我都會列出要討

12

論的文本,當我引用亞里斯多德時,我通常會對譯文作出評論。[24]
我希望讀過本書也讀過英譯本的讀者,接下來可以自己去閱讀和理
解亞里斯多德。我希望對很多人來說一直難以理解的偉大著作,能
夠變成他們的精神食糧和愉悅的泉源。

　　因為我嘗試清楚地展示亞里斯多德的哲學,並且為它提供一個
導論,所以本書有特定的侷限。比如:它並不是一本全面的導論。
我並不打算按部就班地概括亞里斯多德的所有主要立場。相反地,
這是一本**哲學性的**導論:嘗試處理亞里斯多德的概念和論證,並賦
予它們生命力。這需要我在闡明某一個概念或論證時,花費大量的
時間和精力。儘管我確實涉及了亞里斯多德文本的很大一部分,而
且嘗試展現亞里斯多德哲學世界的宏觀圖景,但是這幅圖景不可能
面面俱到,除非它不再是哲學性的,也不再是導論。此外,我幾乎
沒有針對論戰對手捍衛我對亞里斯多德的闡釋。亞里斯多德大概是
歷史上被評注最多的思想家,讀者應該知道,對於我在本書中提出
的每個觀點,有思想的、嚴肅的亞里斯多德研究者都會提出相反的
觀點,給出不同的闡釋。儘管我可以用更長的篇幅來捍衛自己的觀
點,但是我不可能在這本書裡這樣做,除非我放棄導論的目標,不
過我對此並不介意。本書的主旨既不是給讀者一份亞里斯多德每部
著作提綱挈領的總結,也不是要給讀者一個絕對確定的闡釋,而是
要讓讀者能夠自己閱讀和理解這些作品。

---

[24] 本書中,我的引文主要出自 *The Complete Works of Aristotle, The Revised Oxford Translation*,因為它比牛津原來的譯本 *The Works of Aristotle Translated into English* 有了重要的改進。然而原來的譯本仍然很不錯。我偶爾會用原來的譯本,也偶爾會做一些我自己的訂正和翻譯。我會把這些都標注出來。

　　當我們開始這一研究時，可以設想自己與亞里斯多德的世界的關係——也就是與他的信念體系的關係，就像亞里斯多德與他所生活的世界的關係一樣，正是理解的欲求驅動著我們所有人。就亞里斯多德而言，它是理解整個世界的欲求；就（此時此刻的）我們而言，它是理解世界很小一部分的欲求，也就是理解亞里斯多德的信念和體系。作為亞里斯多德的研究者，我們無需認為我們從事的活動和亞里斯多德自己的活動存在根本不同。亞里斯多德竭力使世界變得可以理解，並且相信它在終極的意義上可以理解；而我們嘗試讓亞里斯多德對世界的論述變得可以理解，或許我們還有更多的理由相信它在終極意義上可以理解。因為就算亞里斯多德錯誤地認為世界意在被理解，我們認為亞里斯多德的哲學本身意在被理解肯定不會錯。因此，認為我們只能透過把亞里斯多德當作研究對象來了解他，就是錯誤的。因為我們研究的形式在根本上與他的並沒有什麼不同，我們應該至少能夠重現某些曾經困擾他的思想難題，由此對他認為哲學從事的那類活動，產生新的洞見，而且這種洞見不是旁觀者的，而是切身參與其中的。

　　因為我主要關注於亞里斯多德相關的真實，而不是亞里斯多德觀點本身的真實性，所以我幾乎沒有花時間去對他在科學史上定位，只是偶爾會對比亞里斯多德的概念和現代的觀念，比如「原因」。但這種對比是為了揭示亞里斯多德的世界與現代世界有多麼不同，而不是展示亞里斯多德的信念與我們現在所認為的真理有多大差距。這是將我們的研究侷限於亞里斯多德的哲學世界需要付出的代價，但是我有兩個謙卑的理由接受這種侷限性。首先，我沒有能力討論亞里斯多德在科學史中的角色：其他人已經做過、能夠做，或者會做得更好。其次，我也不想告訴讀者，也許是從事研究的科學家，他讀到的亞里斯多德對他來說毫無用處。很多處理 17 世紀科學革命的書傾向於把亞里斯多德主義當作已經死掉的東西：

一個值得檢查的標本，但毫無疑問是死的。但如果科學仍是一項生機勃勃的事業，充滿了關於如何進行闡釋和概念化的難題，那麼一個從事研究的科學家是從哪個方向獲得啟發就沒有什麼差別。因此，與其詳述亞里斯多德的目的因概念為什麼（現在被認為）是錯誤的，我更願意嘗試用盡可能鮮活的形式來展現這個概念，展示在亞里斯多德的體系中是什麼驅動和維繫著這個概念。

最後，我還要提一點。亞里斯多德相信，為了理解自己，我們必須理解世界。他也相信，要理解世界，我們必須理解自己。特別是，如果人們仍然不明白理解的欲求在自己的靈魂中和整個世界中扮演的角色，仍然不明白人類的理智及其理解能力，仍然不明白追求自己的欲求對自己和別人的代價是什麼，他們就不可能理解這個世界。亞里斯多德試圖讓自己和學生擺脫這種無知。儘管現代世界可能早已拋棄了亞里斯多德觀點的很多細節，但是我相信，他所堅持的理解和自我理解之間的互相依賴，是確定無疑的，而這個看法的深刻內涵，我們才剛剛開始領會。

Chapter ②

自　　然

一、自然作爲變化的內在原理[1]

15 　　如果要理解對人類而言什麼是**依據自然**欲求理解，我們必須理解對於某物而言什麼是依據自然（phusei）存在。[2]亞里斯多德在《物理學》第二卷開頭寫道，存在物可以被劃分為依據自然存在的和由於其他原因存在的。[3]我們用「原因」來翻譯的希臘語單詞，意思並不是現代意義上的原因：也就是足以產生某個結果的在先的事件。它的含義其實是事物的基礎或根據。亞里斯多德隨後說，除非我們知道某物為什麼是其所是，否則我們就不理解它，而原因就給出了「為什麼」。[4]我們稍後會討論亞里斯多德的原因概念，眼下重要的是，亞里斯多德認為，說某物**依據自然**存在就是在說它的原因。

　　亞里斯多德認為他能毫無問題地確定依據自然存在的事物，範例就是活著的有機體——動物和植物，也包括了它們的部分以及「簡單的物體」——土、氣、火、水。亞里斯多德的任務是要找出將自然物和其他事物區分開的典型特徵。他說：「它們每一個都在**自身之中**（within itself）擁有變化和靜止的原理。」[5]生長的能力在植物和動物中很明顯，動物可以在周圍的環境中移動，即使是最簡單的元素也擁有朝固定方向運動的傾向。比如：火具有朝向宇宙邊緣運動的傾向，除非被阻礙，它會一直這樣運動。當火到達宇宙邊緣，它的「向上」運動就會停止。[6]

---

[1] 相關閱讀：《物理學》II.1-2。
[2] 參見《物理學》II.1.192b38。
[3] di' allas aitias：《物理學》II.1.192b8-9。
[4] to dia ti：《物理學》II.3.194b17-20。
[5] 《物理學》II.1.192b13-14。
[6] 參見《物理學》II.1.192b37。

有人也許會問：如果自然是變化的**內在原理**，那麼自然如何能 16
成為原因？自然似乎更多地是某物自身的一部分而非原因。我們可
以這樣開始：考慮一下亞里斯多德將存在物劃分為自然物和由於其
他原因存在的事物時所做的對比。由於其他原因存在的典型是人造
物，人造物的存在依賴外在的來源，一個工匠用某種材料製造了這
個人造物。顯然，工匠就是他所製造的人造物的原因。但是為什麼
只有當這種創造性的原理是外在的，我們才將它單獨提出來作為原
因呢？自然物的奇妙之處在於它們似乎在自身之內擁有這種創造性
的力量；因此，如果我們想要知道某物為什麼是其所是，就應該關
注這種創造性的力量。這似乎就是亞里斯多德的推理，因為他總結
道：「自然是變化和靜止的原理或原因，它就在以首要的方式擁有
它的事物**之中**。」[7]

我們對這個內在原理還幾乎一無所知。亞里斯多德的前人提出
過一個理論，一個事物的自然是構成它的質料。根據亞里斯多德的
記載，安提豐（Antiphon）論證，如果你將一張床種在地下，那麼
從腐爛的床中不會生出一個小床，而會萌發出能長成樹木的幼苗。
據說安提豐認為這表明床的真正自然是木頭，而床的形式只是加
於其上的性質。[8]如果這樣使用技藝的類比，人們就會認為形式只是
表面上的：它是在可塑的和變化的實在上的一種流動的標記。但是
在亞里斯多德看來，這種觀點錯誤地運用了技藝與自然的類比。他
對人造物與自然物之間的差異就像對二者的相似之處一樣感興趣。
恰恰是因為人造物擁有外在的變化原理，所以加於質料之上的形式
才彷彿是表面上的。但是，成長為一個男人，正是一個小男孩的**自
然**。因此，我們不能認為一個人之所以是人，只是由於表面上加在

---

[7] 《物理學》II.1.192b21。

[8] 《物理學》II.1.193a9-17。

血肉和骨骼之上的偶然性質。比方說，假如你「種下一個人」，也就是讓他經歷出生、繁衍和衰亡的自然過程，那麼生長出來的會是另一個人，而不是單純的肌肉和骨骼。亞里斯多德認為，如果我們正確地運用技藝與自然的類比，就必須擺脫那種認為床的形式是表面上加於木頭之上的想法。相反地，我們必須認為床擁有自己的完整性，並且要問：**床是什麼**？這個問題的答案不可能是木頭。正如亞里斯多德說的，一堆木頭最多不過是一張**潛在的**床：[9] 也就是說，這堆木頭能夠被一個嫻熟的工匠做成一張床。要成為一張床，必須要有形式現實地加在木頭之上。因此亞里斯多德認為，如果我們認為床也擁有某種自然，那麼更恰當的看法是將床的形式確定為它的自然。事實上，假如床是自然物的話，把它種在地下，它就會長出一張床。但床不能生出床，這就表明它並沒有自然。因為床的形式並不是內在於床的原理。亞里斯多德和安提豐在這一點上是一致的，他們的區別僅僅在於，安提豐認為它揭示了自然物的自然，而亞里斯多德則認為它表明了自然物與人造物之間的重要差別。

但如果形式是內在於自然物的，我們應該如何區分自然物的形式和質料呢？畢竟，就人造物而言，質料有明確的含義，它在工匠加工之前就存在，人造物毀壞之後也還會繼續存在。但是 (1) 如果自然物的自然是使它成為自然物的內在原理，並且 (2) 形式是這個自然的選項之一，那麼形式似乎從一開始就必然是自然物的一部分。那麼，形式就不能被定義成附加在質料上的性質，這個質料在自然物存在之前以及（或許）之後都存在。[10]

---

[9]　《物理學》II.1.193a34-35。

[10]　參見 J. L. Ackrill, "Aristotle's Definitions of *Psuchê*" in J. Barnes, M. Schofield, and R. Sorabji eds., *Articles on Aristotle*, vol. 4；另參見本書第四章第一節。

　　亞里斯多德透過技藝與自然的類比，讓我們對自然物的形式有所認識。一個工匠能夠將形式加於多種質料：他能夠用這塊或那塊木頭製造床，也可以用蠟或銅造一個球。[11] 在每種情況下都存在一個**過程**，透過這個過程，質料獲得了某個具體的形式。而就所有生物而言，也存在著生成的過程。亞里斯多德將這一自然的生成過程概括為，有機體實現其（自然的）形式。誠然，我們的確在成熟的有機生物中看到了一定層次的組織，這是生長與成熟過程的結果。在有機體成熟之前它並不存在。我們至少可以在最低限度上認可質料在形式變化中持存的觀點。在有機體死亡之後，它就失去了變化與靜止的原理；留下的就是質料。然而，這最多只是一種弱化的表述，因為質料在死亡的同時就開始消亡。質料似乎要依賴形式才能成為其所是的質料。

　　實際上，形式似乎也在某種意義上依賴質料：就自然有機體而言，與很多人造物不同，一種形式只能在唯一的質料類型中實現。人的形式不能以青蛙的質料或鐵來實現。簡而言之，對有機體，我們缺乏像人造物那樣清晰明確的區分質料和形式的標準。然而，亞里斯多德認為，如果技藝確實模仿自然，我們可以從模仿物出發逆向推理，達到那個它所模仿的東西。[12] 我猜測，亞里斯多德會贊同下面這個反事實條件句：「**假如存在**神聖的工匠（Divine Craftsman），他會將自然有機體的形式加於適當的質料之上。」當然，亞里斯多德會否認這句話的前提：他認為沒有神聖的工匠。然而，因為技藝確實模仿自然，我們就可以把自然物看作**彷彿**是被

18

---

[11] 另參見《形上學》VII.7-9；本書第六章第五節中會進一步討論。

[12] mimeitai：《物理學》II.2.194a21。為確定自然物中形式／質料的區別而進行逆向推理的進一步討論，參見本書第四章第一節。

創造出來的。從這個角度看，創造就是把形式加於質料之上。[13]

　　有一個或許是杜撰的故事，講的是一個小孩問愛因斯坦無線電是如何工作的。愛因斯坦讓小孩想像一隻從紐約延伸到芝加哥的巨大的貓，有個人在紐約咬了貓的尾巴一口，貓就在芝加哥叫了出來。據說愛因斯坦這樣說道：「無線電波正像是這樣，只不過沒有那隻貓。」

19　　　自然的形式正是神聖工匠會加在質料上的東西，假如真有這樣一位神聖工匠的話；但這樣的工匠並不存在。形式的發展**內在於**有機體自身生長成熟的過程，但是有機體內在的變化原理是它的自然。因此，一個事物的自然似乎是推動它**趨向**實現自身形式的發展動力。那麼，亞里斯多德又怎麼能將有機體的自然等同於形式呢？答案是，形式能夠在潛能與現實的不同層次上存在；後面我們還會詳細考察這一點。一個年輕的有機體的形式不能被等同於它當下的組織和結構。在不成熟的有機體已有的結構之外，它在自身之中還擁有未來生長和發展的動力。這個動力就是形式，儘管在這一階段，亞里斯多德認為形式應當被理解為潛能或是**能力**（dunamis）。年輕和健康的有機體的形式是一種內在動力，它推動有機體朝向自身形式的實現。這並不像乍看起來那麼悖謬，因為當有機體成熟之後，它的形式就不再是潛能了。在成熟的有機體中，形式作為完滿的現實存在。在有機體的成長中，形式本身從潛能發展為現實，並且指引著這個過程。因此，我們不能將自然的形式等同於有機體的結構。結構參與構成形式，但形式同時還是動態的、有力的和主動的，它們是實現結構的動力。

13　實際上，亞里斯多德認為質料和形式都不是被創造出來的。參見《形上學》VII.7-9。對亞里斯多德來說，創造指的是創造形式與質料的複合物，創造就是將形式加於質料之上。參見本書第六章第五節。

　　形式也是成熟與不成熟的有機體之間的連結，對亞里斯多德來說，有機體成長的過程要導向一個目的（telos），即一個成熟的、功能發揮良好的有機體。成熟的有機體是成長過程發生的「所為之物」（that for the sake of which）。[14] 但亞里斯多德也認為有機體的自然就是目的，或是「所為之物」。[15] 這裡似乎又有某種悖論的味道。如果有機體要依靠變化的內在原理來實現其目的，那麼這個在成長過程中並不存在的目的，怎麼能被等同於有機體的自然呢？亞里斯多德的答案是，我們應當將目的當作是（**充分實現的**）形式。因為形式在整個發展過程中，一直都是它的自然。形式**既是**這個過程指向的目標，生長「為此」而發生，**也是**指引這個過程的東西。不成熟的有機體的自然就是成長為這個物種中成熟的一員；而成熟的有機體的自然就是在最完滿、最積極的意義上成為該物種的一員。對亞里斯多德而言，這是同一個自然，它是主動和動態的形式，在潛能與現實的不同層次上，在適當的質料中發揮作用。

　　17 世紀以來，西方科學逐漸放棄了將形式作為宇宙基本結構的觀點。人們認為，如果我們理解了質料的全部性質，就會看到形式從這些性質中顯現出來。亞里斯多德的世界並非如此，認識到這一點非常重要。在亞里斯多德的世界裡，不能用質料來理解形式。形式必須在存在論中占據基礎性的地位，它們才是基本的存在物。

　　我猜測，亞里斯多德有一整套理由相信形式是不可還原的。如果技藝模仿自然，那麼形式必然是質料之外的東西。床不會僅僅因為木頭而存在，必須有一個工匠將形式加於木頭之上。自然物的原理存在於自身之內，但這並不會削弱一個事實：原理必然是質料之外的東西。毫無疑問，亞里斯多德認為他可以在經驗觀察的基礎上

20

---

[14] 《物理學》II.2.194a27（to hou heneka）。

[15] 《物理學》II.2.194a28-29。

支持形式不可還原的信念。對亞里斯多德而言，質料是無限定的，缺乏秩序的。如果我們看一下基本元素 —— 土、氣、火、水 —— 僅靠這些元素，要完全解釋像血肉這樣有序的統一體看起來是不可思議的，更不用說解釋活的有機體了。亞里斯多德也有理論上的理由認為這是不可能的，[16] 因為每一種基本元素本身都擁有（原始的）自然：火向上朝著宇宙的周邊運動，土向中心運動，氣和水占據著居間的位置。如果不存在另外的賦予秩序的原理，就沒有什麼東西能讓元素結合在一起：如果沒有外在約束，元素就會朝著它們自然位置的不同方向飛散而去。

21　　　亞里斯多德相信，一個有序的統一體總能與構成它的質料區別開來。對一個有序的統一體而言，要成為**有序的**，就需要一個賦予其秩序的原理。亞里斯多德比較了一堆東西和一個音節。[17] 一堆東西根本不是真正的統一體，它可以僅僅被看作是質料成分的聚合。而作為對比，音節 ba，不能被僅僅看作是其成分 b 和 a 的簡單聚合。要成為一個音節，而非僅僅是 b 和 a 兩種形狀的連接，就要由一個理解語言的人在書寫或論述中去塑造它。這個人 —— 或者說他靈魂中的語言知識 —— 就發揮了組織原理的功能，他塑造了這個音節。

　　　　亞里斯多德說，質料是一種相對的東西。[18] 他的意思是，一個事物的質料必須連結它的形式來理解。質料總是不如形式那樣有組織，但是它自身也擁有一種組織。實際上，可以說存在著質料與形式的等級序列。比如：亞里斯多德說動物的質料是它們的部分：心臟、肺、大腦、肝、四肢等。但這些部分本身也是形式和質料的複

---

[16] 參見 Sarah Waterlow (Broadie), *Nature, Agency and Change in Aristotle's Physics*, Oxford: Clarendon Press, 1982。

[17] 比如參見《形上學》VII.17.1041b12-32。

[18] 參見《物理學》II.2.194b9（pros ti hê hulê）。

合物，它們由同質的質料——肉、內臟和骨頭——以特定的組織構成。[19] 所以，雖然肺、肝和手等等都是人的質料，人卻不僅僅是一堆肝和肺之類的器官。他是肝、肺等以特定組織方式構成的結果。因此，除了肝、肺和四肢本身體現出來的組織，還需要一個原理，將人的器官和四肢組織成人的形式。這個推理可以一直繼續下去，肉和骨頭是人的器官和四肢的質料，但是手臂不僅僅是一堆肉和骨頭，它是肉和骨頭以特定組織構成的結果。因此，除了肉和骨頭本身所體現出的組織，還需要一個原理，將肉和骨頭組織成手臂。把這個推理再往前推一步：肉也有自身的組織，它本身就是形式和質料的複合物。僅僅從肉的質料（火與土）所體現的組織來看，就不能理解肉本身的組織。肉不僅僅是一堆土、水和熱量，這些質料必須由**另外的原理**來組織。這樣組織起來之後，肉就能作為人四肢的質料存在。[20]

22

　　亞里斯多德和現代生物學家都會同意下面這個虛擬條件句：「假如這個小孩生活在一個能提供充分支持的環境裡，他就會成長為一個成熟、健康的成年人。」然而，對現代生物學家而言，這一條件句的真實性，是基於這個孩子**已經達到的質料結構**。這個孩子已經具有了一種結構，確保他在得到充分支持的條件下，能夠成長為一個健康的成年人。相反地，對亞里斯多德而言，孩子實際的質料結構本身並不足以保障其正常的發展。然而亞里斯多德確實贊同這個虛擬條件句。不過，他不認為這個條件句是**實實在在的真**：也就是說，它是真的，但不是因為任何實際存在的東西。這個孩子會在健康的環境下成長為成熟的成年人，這是基於形式在孩子之中**現實地**存在。這個形式就是那個另外的原理，既是孩子已經獲得的質

---

[19] 參見《論動物的繁殖》I.1.715a9-11。
[20] 我會在本書第二章第三節中進一步討論這一點。

料結構的原因，也是其未來發展的原因。它並不僅僅是質料結構發揮功能的狀態，而且孩子之中的這個形式，即便存在，也不是發展得最完滿的狀態。它存在於孩子之中，是一種可以獲得完滿發展的能力或潛能。

然而，如果這一能力不是質料結構發揮功能的狀態，那麼它的存在怎麼能被觀察到呢？自然能力（natural powers）是否超出了經驗研究的領域呢？並非如此。但我們需要仔細一點，才能說清楚在何種條件下它們能被觀察到。顯然，能力不是感覺的直接內容。它們也不能在顯微鏡下被觀察到。如果一位聰慧的科學家終其一生只能觀察一種不成熟的自然有機體，始終對生成與毀滅的普遍事實一無所知，那麼他不可能察覺有機體中存在著一種能力。只有回顧有機體的成長過程，才能顯出這種能力。從完全發展的有機體的角度來看，我們意識到在不成熟的有機體中存在著一種力量，它指引有機體向著其成熟狀態生長和活動。然而，儘管關於能力存在的最初觀念必然是回溯式的，這並不意味著能力是不可觀察的。

亞里斯多德認為生成與毀滅的自然過程的規律性有著非常重大的意義。假如目的論的生成過程僅僅發生一次，那麼人們必須等它結束，才能理解使這一過程發生的那個預先存在的力量。[21] 因為生長的自然過程的發生有著非常可靠的規律性，例外情況可以被視為敗壞或有缺陷而被排除，所以經驗證據可以表明在不成熟的有機體中確實存在著一種能力。此外，不成熟的有機體的形式並非只是

---

21 黑格爾相信，人類歷史就是這樣一個獨一無二的過程。所以，對黑格爾而言，哲學在本質上就是回溯。因為只有從已經實現的目的這個制高點回顧，才能完全理解人類活動的全部意義。正如黑格爾所說：「密涅瓦的貓頭鷹只有在黃昏時起飛。」（《法哲學》〔Philosophy of Right〕，〈前言〉，13 頁）

使其發展的能力，還表現在結構和組織之中。雖然形式不只是幼年的有機體的物質結構發揮功能的狀態，但它是那個結構的原因。而且，雖然不成熟的結構本身不足以確保其發展成更複雜、更成熟的結構，但不成熟的結構顯現出的形式（在適當的條件下）卻足以確保其發展。

自 17 世紀起，人們習慣於蔑視所謂的催眠力（virtus dormitiva）解釋。催眠力解釋得名於莫里哀的戲劇《無病呻吟》（*Le Malade imaginaire*），劇中有一位愚蠢的醫生被人問到某種藥粉是如何引起睡眠的。他回答說藥粉裡有催眠力——一種引起睡眠的能力。反對催眠力解釋的核心是，它根本什麼都沒解釋。說某種藥粉能催眠是因為它擁有帶來睡眠的能力，只是重複了這種藥粉能催眠。

毫無疑問，莫里哀筆下的那個醫生是個蠢貨，而他的「解釋」是個騙局。我認為，他留給西方文化的遺產是一種關於充分解釋的錯誤觀念。人們普遍相信，如果一個解釋具有催眠力解釋的那種結構，它必然是循環論證，沒有解釋效力。因此，亞里斯多德所謂的能力，不可避免地被看作是可疑的。我認為，這是一個錯誤。對於某些有著催眠力解釋結構的解釋，可能會存在一個有效的反駁，但是這個反駁並不是原理層面的。即使我們並不生活在亞里斯多德的世界，想像我們的世界像他描述的那樣，也並不荒謬。在這樣的世界中，我們無法用質料的微觀結構來解釋有機體發展的能力。在這樣的世界中，這種能力就是形式，而形式也是宇宙的根本組成部分：沒有任何更基本的東西能夠解釋它。

在亞里斯多德的世界中，形式作為一種潛能或能力確實有助於解釋生長、發展，以及活的有機體的成熟機能。對於形式的存在，也有經驗上的檢驗。假如不成熟的有機體裡沒有某種結構，或者發展的過程沒有規律性，那麼，在亞里斯多德眼中，無論後果如何，

24

我們都沒有理由認為存在這樣一種能力。莫里哀筆下的那個醫生的荒謬之處，不僅表現在他的催眠力解釋上，而是首先表現在，他沒有注意到自己並不生活在亞里斯多德的世界裡（而在科學史上的那個時代，他本該注意到這一點）；其次，他只是援引了「能力」，卻完全沒有理解催眠力作為一種解釋是怎樣發揮作用的；最後，他沒有做任何事情去確定那種藥粉是不是真的有這種能力。（他本可以設計一些測試來區分偶然的入睡和真正的誘因。）

亞里斯多德說每個具有自然的事物都是一個實體（ousia）。[22] 對亞里斯多德來說，實在形成了一個帶有依賴性的等級序列。比如：白色會存在，但是它只能作為某種東西**的**顏色而存在。[23] 實體位於這個等級序列的基礎位置：它是其他實在所依賴的東西，而它並不依賴任何其他東西。實體的這種特性非常抽象，我們可以知道實體在存在論上是獨立的，但是仍然不知道世界上有什麼東西符合這種描述。《形上學》第七卷代表了亞里斯多德探討實體問題的成熟思想，這也許是亞里斯多德全部作品中最困難的文本。幸好我們不是一定要去鑽研那個文本，才能理解亞里斯多德為什麼說每個具有自然的東西都是一個實體。因為，亞里斯多德從我們稱為實體（因為它們在存在論上有一定程度的獨立性）的東西中區分出了首要意義上的實體。無論最終作為首要實體的是什麼東西，我們都能明白，擁有自然的東西至少在存在論上享有一定程度的獨立性。

自然有機體是實在和自我決定的核心要素。因為它們每一個都在自身之中擁有變化的原理，所以有一個客觀基礎，可以將它們和外部環境中的其餘東西區別開來。這不僅意味著，我們這些觀察者

---

[22] 《物理學》II.1.192b33。我們需要從一開始就注意，亞里斯多德的實體觀念會隨著時間發展。

[23] 例如參見《形上學》VII.1。

發現了一些顯著的功能性組織，因此從相對同質化的實在中挑選出一些，作為我們關注的對象。自然形式在存在論上是基礎性的，並且每個具有自然的東西都在自身之中擁有這樣一個原理。此外，引導著有機體生長、發展和典型活動的原理，就存在於這個有機體自身之中。外界環境僅僅提供了一個背景，在這個背景中，有機體上演它的生命戲劇。環境可能會有助益或妨礙，但是除此之外，它在有機體的發展和生命中沒有什麼重要作用。[24] 這個內在原理並不像一個插在已經存在的電腦上的額外晶片，它恰恰最清楚地展現了這個有機體自身之所是。當一個有機體達到了成熟狀態，我們就認為它最完滿地成為了其所是。所以，當它的形式發展到完滿狀態，它就最完滿地成為其所是。[25] 引導著變化、生長和典型活動的原理，就展現了這個有機體的自我決定。

　　所以，正是由於自然，每個自然有機體都是實體。[26] 因為擁有自然，一個有機體就相對獨立於外部環境，並且自我引導。它為性質的歸屬提供了一個主體，而它自己的存在並不依賴於另一個主體。[27] 不過這裡有一個難題。如果說自然有機體**因為**它的形式才是一個實體，這看來很奇怪。這似乎暗示了，它**依賴**它的形式才成為它所是的那個實體，這似乎威脅到了有機體存在論上的獨立性。如果一個自然有機體依賴其形式，它怎麼能是一個實體呢？有人會說，形式展現了有機體最真實的所是。形式不是有機體的性質，

26

[24] 關於環境的重要性的現代觀念在哪些方面不同於亞里斯多德，相關討論可參見 Sarah Waterlow (Broadie), *Nature, Agency and Change in Aristotle's Physics*。

[25] 《物理學》II.1.193b6-7。

[26] 參見《物理學》II.1.192b33-34。

[27] 另參見《形上學》V.8.1017b13-14。

形式構成了有機體的存在本身。有人也許會指出，有機體依賴其形式，並不像性質依賴主體那樣。但有機物還是形式和質料的複合物，而形式在存在論上先於這一複合物。[28] 這一推理最終會促使亞里斯多德放棄將自然有機物當作**首要實體**（我們後面會看到這一點）。然而，我們可以繼續稱它們為實體，因為它們在自然世界中確實擁有某種存在論上的獨立性。

二、理解與「為什麼」[29]

　　亞里斯多德認為，在把握了為什麼之前，我們並不認為自己理解了某個事物。[30]「為什麼」這個表述看起來相當笨拙，雖然這是非常忠實的翻譯，不過這正是笨拙體現價值的一個例子。因為人們通常認為，亞里斯多德說任何回答「為什麼」的都是原因。這是時代錯亂的看法。用這種方式來理解的話，亞里斯多德就將「原因」相對化了，從而滿足了我們的興趣和好奇。實際情況恰恰相反。「為什麼」是這個世界的客觀特徵，它問的是，如果我們想要理解一個事物，**應當**對什麼感到好奇。「為什麼」這一表述指向了亞里斯多德所看到的人與世界之間的緊密連結。人依據自然是世界的發問者：他想要理解這個世界為何以這樣的方式存在。而這個世界做出回應：它「回答」人的問題。「為什麼」非常有趣地扮演了雙重角色，既作為疑問詞也作為指示詞，既是問題也是回答。而世界的「回答」不僅僅是回應人類的探究，還顯示出這個世界最終的可理解性，因此「為什麼」滲透於世界最基本的實在之中。

---

[28] 參見《形上學》VII.7-9，以及本書第六章第六節。

[29] 相關閱讀：《物理學》II.3.7-8、III.1-3。

[30] to dia ti：《物理學》II.3.194b18-19；參見〈後分析篇〉I.2.71b8-12。

　　亞里斯多德說，要把握一個事物的「為什麼」，就是要把握首要原因。[31] 從我們目前的了解看，我們或許會期望亞里斯多德將「為什麼」等同於一個事物的自然。因為形式是一個事物變化的原理，它讓我們最清楚地理解這個東西最真實的所是，以及它為何是其所是。亞里斯多德滿足了我們的這個期望，他確實把「為什麼」等同於對象的自然或形式。這似乎令人吃驚，除非你聽說過亞里斯多德區分了**四種**不同的原因：質料因、形式因、動力因和目的因。他實際上指的不是四種原因，而是表述原因的四種「**方式**」（fashions）。[32] 當然，亞里斯多德因為確定了表述原因的四種方式而感到自豪。但是他同時認為，對自然有機體的生成和人造物的製造而言，最多有兩種原因，即形式和質料。而質料終究要退居次席，因為它根本來講是不可理解的：在每一個層次的組織上，我們能理解的都是原理或形式。質料僅僅給予一個對象單純的個體性，它能被感覺，但不能被理解。[33] 嚴格說來，不可理解的質料不能告訴我們任何事物的「為什麼」。而所謂的形式因、動力因和目的因（至少在自然世界的很多事情上），是形式自身的三個不同方面。亞里斯多德說，這三個原因「通常彙集在一個東西上」。[34] 這個東西就是形式，它「通常」涵蓋了自然物的生成和人造物的創造的**所有**情況。[35] 因此，儘管亞里斯多德可以談論彼此重合的三種原因，

---

[31] hê protê aitia：《物理學》II.3.194b20。

[32] tropoi：《物理學》II.3.194b23-24、b26、b29、b32。

[33] 例如參見《物理學》III.6.207a24-32。質料可以在弱化的意義上被認為是可理解的，參見本章第三節對目的因的討論，以及第四節對質料和形式等級的討論。

[34] eis hen pollakis：《物理學》II.7.198a25。

[35] 這並不包括不動的推動者的影響，也不包括數學對象，如幾何對象和數字。參見《物理學》II.7.198a28-29。

他也可以談論**首要**的原因。他並沒有從這四個原因中挑出一個給予特殊的尊榮，他引述其中之一，也就是形式，它既可以被認為是形式本身，也可以被認為是動力因或目的因。形式的確就是一個東西的「為什麼」。

三、四種方式

28　　亞里斯多德確實認為，我們有四種方式來表述一個東西的原因。第一種是**質料**：或者說「一個東西從它生成，而它持存」。[36]典型的例子是人造物的質料：例如：銅可以被做成一個碗，然後又被熔化，鑄成一柄劍。銅就是質料，先是碗的質料，然後是劍的質料。我們陳述原因的其餘三種方式，是具體說明同一個東西——形式——的三種不同方式。

　　第二種方式是形式——也就是**形式本身**。既然這種原因和後面的原因並非截然有別，在這裡我們要了解的就是亞里斯多德如何描述形式。他把形式稱作「本質的 logos」，[37]「本質」是通行的翻譯，原文的字面意思是「是其所是」（the what it is to be）。[38]有機體的自然，在它之中變化的原理，展示給我們的就是它的「是其所是」。事實上，有機體擁有自然這一事實提供了一個形上學的基礎，讓我們可以在現代人認為的有機體的不同「性質」中做出區分。那些構成有機體本質的性質，就不應該被認為是有機體的性質。這些性質展現了這個有機體的**所是**。其他的性質——如白色、走動、6 英尺高——是有機體的性質；它們的存在依賴有機體，有

---

[36] to ex hou gignetai ti enuparxontos：《物理學》II.7.194b24。

[37] ho logos, ho tou ti en einai：《物理學》II.7.194b27。

[38] to ti ên einai.

機體就是它們從屬的主體。[39]

　　牛津譯本把「本質的logos」翻譯成「本質的**定義**」。[40]「定義」有時候是 logos 的恰當翻譯，但在這個語境中肯定不是。亞里斯多德在此試圖把形式說成原因；原因不是定義，而是世界中一個真實的東西。logos 是一個多義詞：它還可以表示量度、比例、秩序。本質的 logos 不必是一個語言對象；它可以是本質本身顯示出來的秩序、安排、量度。「本質的 logos」清楚地表明，本質，也就是一個東西的是其所是，在質料中顯示為一種秩序，或者量度。

29

　　恰恰因為本質顯示為一種秩序，它才是可理解的。理智能夠把握顯現於本質之中的秩序，**因此**我們能夠對它進行論述或定義。根據現在的譯文，亞里斯多德似乎是在說，潛在的肉，在獲得「定義中被說明的形式」之前，[41]還不具有它自己的自然。更為忠實的翻譯是：在獲得「**依據 logos 的形式**」之前。這裡的「定義」也是錯誤的翻譯，因為亞里斯多德的意思並不是潛在的肉要去符合語言上的東西；而是潛在的肉要去實現特定的秩序，這個秩序就是 logos。然而亞里斯多德的確從形式的秩序走向了形式的可定義性。例如：他說依據 logos 的形式就是「在定義時，我們據以說明肉和骨之所是的東西」。[42]這不是模稜兩可。亞里斯多德認為，**同一個logos**既表現在形式中，也表現在定義中：因此定義才能成為定義。定義是一個道出 logos 的 logos：定義說出了本質。亞里斯多德認為，秩序在根本上是可理解的：它就是自然有機體一遍又一遍地實現的東

---

[39] 我在本章第一節中開始討論這一區別；在第六章第五—六節，我還會做進一步的具體探討。

[40] 舊的牛津譯本譯為「對本質的陳述」（statement of the essence）。

[41] 《物理學》II.1.193b1-2。

[42] 《物理學》II.1.193b2。

西，它就是一個定義把握到的作為有機體本質的東西，它就是理智能夠理解的東西。因為自然有機體或人造物的形式告訴我們這個東西之所是，所以「**為什麼**」和「**是什麼**」在這裡合二為一。我們傾向於把哲學活動設想成至少同等地關注本質（真正存在的是什麼）和解釋（事物為什麼是其所是），對亞里斯多德而言，同一個研究可以揭示出這兩方面，因為一個事物的「**為什麼**」就是它的本質。

　　我們說明原因的第三種方式，是將它看作變化或靜止的首要來源。[43] 父親是孩子的原因，就像工匠是他製作的東西的原因，並且一般來說，引起變化的東西就是發生變化的東西的原因。[44] 希臘語的「變化的首要來源」經常被翻譯成「動力因」。因為首要來源或原理就是**引起**變化的東西。但這個翻譯有誤導性，有兩個理由。首先，它以一種時代錯亂的方式暗示，亞里斯多德已經區分出了現代的原因觀念；其次，它暗示這是一種不同於形式的原因，而非說明同一個原因的不同方式。讓我們依次思考這些理由。

　　亞里斯多德的「變化的首要原理」與現代的動力因觀念大相徑庭，最明顯的不同在於，就現代的、休謨之後的觀念而言，動力因是一個**事件**（event），它的結果有規律地跟隨其後；而亞里斯多德傾向於認為**事物**（things）──父親、建築師、醫生──是首要原理的典範。這個區別非常重大，要不是因為亞里斯多德確實區分了**潛在的**和**現實的**原因，[45] 這個區別足以摧毀動力因和首要原理之間的所有相似之處。建築師是房子的**潛在**原因，而正在建房子的建築師是房子的**現實**原因。想將亞里斯多德的原因等同於現代觀念的人堅持認為，現實的原因──比如正在建房子的建築師，正在治病

30

---

[43] 《物理學》II.3.194b29-30。

[44] 《物理學》II.3.194b30-32。

[45] 《物理學》II.3.195b4-6。

的醫生，養育孩子的父親——就是事件；確實，它是引起結果的事件，所以它應當被當作動力因。但我認為，亞里斯多德堅持認為正在建房子的建築師是現實的原因，這一點非常重要，而上述推論沒能捕捉到這個重要性。

為了看清這一點，讓我們稍稍考慮一下，為什麼現代的原因觀念會完全聚焦於事件。休謨認為，自然中的傳遞作用，不能在經驗中觀察到。人們能觀察到的全部就是一個事件接著另一個事件，人們永遠不可能觀察到那個將兩個事件黏合在一起的「**導致**」（causing）本身。當一類事件有規律地跟隨在另一類事件之後，我們就傾向於將前一個事件看作後一個事件的原因。但是休謨認為，我們永遠看不到「導致」，我們只是見證了事件。休謨並不認為我們應當拋棄關於因果性的說法，但休謨主義者們確實不得不重新解釋「原因」的含義。把一個事件分離出來作為原因，這應當被解釋成一種簡略的表達，它意味著那個事件在更大的規律性中占據特定的位置。說某個事件 x 導致了事件 y，就是說：x 是一個 X 類的事件，y 是一個 Y 類的事件；一般來說，一個 X 類的事件發生了，就會有一個 Y 類的事件跟隨它發生。我們甚至可以說 X 類事件帶來了（bring about）Y 類事件，但這麼說的意思只能是：假如 X 類事件**會**發生，那麼 Y 類事件**就會**跟隨發生。但是嚴格來講，所有傳遞作用的含義都應該被清除掉。我們現代人只把事件當作原因的一個理由就是，我們想避免訴諸任何經驗上不可觀察的東西，而我們認為實際的「導致」就是不可觀察的。

相反地，亞里斯多德認為，現實的「導致」是可以清楚地觀察到的：建房子的建築師是一個現實的「導致」，人們可以看到他的建造活動。對休謨而言，「導致」本身並不是一個事件：它發生於在先的事件和隨後的事件之間——假如確實有什麼發生了的話，但是什麼都沒有發生（至少，沒有經驗上可觀察的事情發生）。我

31

們現在探討的分歧，不僅涉及原因，還涉及**什麼構成了一個事件**。
重要的是，我們要意識到，「事件」並不是毫無疑問地給定的。我
們很容易忽視這一點，因為我們以為我們能確定任何一個時空點，
並把那裡正在發生的事情稱為一個事件。但亞里斯多德沒有這樣一
個模型來分離和確定事件，他沒有錶去計量時間，當他具體指示一
個對象的位置時，說的也不是對象在一個獨特的、無所不包的場域
中的位置。一個對象的位置被描述為包含著物體的邊界，[46] 亞里斯
多德確定事件的方式，是透過潛能的實現：實體的潛能導致並經歷
變化。

有一種方式可以說明休謨和亞里斯多德的區別：對休謨而言，
因果性必須被理解為兩個事件之間的關係；而對亞里斯多德而言，
只有一個事件──就是變化。亞里斯多德能夠挑出變化的單一事
件，而因果性必須被理解為物（或者是做著自己事情的東西）和這
一事件之間的關係。對亞里斯多德來說，變化是潛能的實現。[47] 例
如：一堆磚塊是潛在的房子，而一位建築師能夠建造房子。潛能的
實現就是建造房子這一事件。亞里斯多德認為，變化可以被理解成
潛在的施動者和受動者的實現。[48] 因此，我們可以這樣來設想一個
變化：建築師實現潛能的方式是成為一個正在建房子的建築師；而
磚塊實現潛能的方式是成為一座被建造的房子。然而，這兩種潛能
的實現不是兩個獨立的事件。對亞里斯多德而言，施動者的實現和
受動者的實現就是同一個事件。

在《物理學》III.3 中，亞里斯多德論證，在一個變化中只有

---

[46] 參見《物理學》IV.4。

[47] 《物理學》III.1.201a10-11：在本書第三章，我會更加詳細地討論這
一點。

[48] 《物理學》III.3.202b26。

一個活動，這個活動發生在受動者身上。亞里斯多德想要表明，並不是每個變化的原因本身在作為原因起作用的時候，都必須經歷變化，至少有可能存在不動的推動者。因此，如果面對這樣的問題：「我們在哪能看到施動者實現的作用？」亞里斯多德會勉為其難地回答說：「在受動者那裡。」如果我們想像一位正在講課的老師和一位正在學習的學生，按亞里斯多德的意思，我們不應該認為這是兩個彼此關聯的活動：「正在教學的老師」和「正在學習的學生」是描述同一事件的兩種不同的方式。一個描述抓住了施動者的視角，而另一個抓住了受動者的視角。亞里斯多德認為，儘管可以用各種方式來描述這個活動，這仍然只是一個活動，它發生在學生身上。認為教師的教學發生在學生身上，乍一聽或許很奇怪，但對亞里斯多德而言，如果它確實發生在什麼地方的話，它就應該發生在那裡。進一步思考的話，這個觀點也不是特別奇怪：**教學**還能發生在別的什麼地方呢？我們可以想像一位老師在空曠的教室裡做一些動作，或者對一群鵝發表演說，但亞里斯多德不會認為他是在教學。除非有學生在學習，否則老師就不可能教學。

對建築師也是一樣，「正在建房子的建築師」和「被建造的房子」是從兩個不同的角度指示同一個事件。建房子的建築師的活動就發生在正變成房子的磚頭和砂漿中。同樣地，如果建築師不是在恰當的質料上進行這個活動，他就不是一個建房子的建築師，最多不過是一個做著別的什麼事的建築師。因此，將建房子的建築師說成是一個在先的事件，並且當作現代意義上的動力因，是徒勞的。「建築師建房子」所指的事件既是效果也是原因，事實上，因為對亞里斯多德而言只有一個事件，所以有關原因的辭彙是不能清除的。有關原因的論述要求人們注意到，一個變化涉及兩個不同的「對象」——施動者和受動者，但這並不意味著有兩個不同的事件——這是亞里斯多德要否定的。（相反地，休謨主義者總是可以

不用「原因」這個簡略的說法，而用〔對他來說〕更精確的方式描述一般性的規律，以及在這些模式中個別事件的位置。）

至此我們已經表明「變化的第一原理」不應當被理解為現代的動力因，但是我們有什麼理由認為它應該等同於形式呢？亞里斯多德真的確定了一個獨特的原因嗎？

我們已經看到，形式有兩個特性是亞里斯多德特別強調的：首先它們是自然物中固有的；其次它們是能動的。形式就體現在有機體中，它們是有機體變化的內在原理，它們也是有機體內部的力量，推動形式的實現（和再生）。[49]

在自然世界中，至少有三種方式可以把形式傳遞下去：有性生殖、人造物的創造，以及教學。人造物的創造是一個典範，工匠在他的靈魂中擁有技藝，也就是說，他隨後要賦予外在質料的形式最初居於他的靈魂之中。我們已經看到，形式可以存在於潛能和現實的不同層次上。人造物的形式，當它居於工匠的靈魂中時，是一種潛能或能力。正是由於靈魂中的這個能力，我們才能說他是一位工匠。工匠技藝的圓滿實現，就是他實際地製造出人造物。因此，建築師建房子的時候就是房子的形式在發揮作用。我們已經看到了，這個活動發生在被建造的房子**之中**。簡而言之，變化的第一原理就是發揮作用的形式。

亞里斯多德說正在建房子的建築師和正在教學的老師是變化的現實原因，不是因為他想要聚焦於在先的作為原因的事件，也就是作為我們所說的動力因的事件。而是因為他想要提出變化的**首要**原理，也就是處於最高實現層次的形式。亞里斯多德認為施動者是確定形式的東西：「**施加變化者總是會引入一個形式……此形式在推**

34

---

[49] 參見本章第一節。

動時，是這個變化的原理和原因。例如：現實的人使潛在的人成為人。」[50] 但他還說，如果我們要更確切一些，就必須認為這個原因就是形式本身：「在研究每個事物的原因時，我們總是有必要去尋找什麼是最確切的⋯⋯因此一個人建房子因為他是一個建築師，而一個建築師建房子是**由於建造的技藝。這個最後的原因是在先的；普遍而言也是如此。**」[51] 亞里斯多德無法將變化的第一原理僅僅看作是一個在先的事件，必須有某個東西在變化中持存並決定變化中的形式，這個東西就是形式。即便在技藝中，形式在某種意義上也是自身實現的原因。當我們把建築師當作變化的首要來源時，我們並不僅僅是將他看作原因，我們想知道是什麼最終構成了這個建築師。（一個房子）作為潛能的形式，就是建築師的技藝，這是建築師作為建築師的能力。建造技藝最高層次的實現就是建造者的建造活動，它在房子被建造時發生，並且與房子被建造的活動是同一個活動。正如亞里斯多德說的：「建築術在它製造的建築**之中**。」[52] 因此在亞里斯多德的世界中，沒有先於實現活動的在先**事件**可以單獨作為動力因。如果我們想要分離出任何可能有助於解釋這一活動的在先事件，我們就必然要確定一個事物，比如說建築師，或者是作為潛能或能力存在於建築師靈魂之中的形式。

　　教育與製造人造物非常類似，只不過老師賦予形式的「質料」是學生的靈魂。一個正在教學的老師能夠將他的知識傳授給學生，

---

[50] 《物理學》III.2.202a9-11（強調是我加的）。我用「施加變化者」和「變化」兩個詞來對應牛津譯本中的「推動者」和「運動」。在《物理學》中亞里斯多德並沒有從一而終地堅持這一觀點，但這至少是一個典範。

[51] 《物理學》II.3.195b21-24（強調是我加的）。

[52] 《論動物的繁殖》I.22.730b7-8。

這是老師將他靈魂中的（相關）形式或本質傳遞給學生的靈魂。老師教學是形式的活動，這種形式構成了老師正在傳遞的知識。如果教學是成功的，那麼學生的理智就會接受老師理智中的形式，就好像學生的理智是成功的老師的人造物一般。

有性生殖也是如此，設想一下人類這個物種，人類的成員能夠繁衍後代是人類靈魂本質的一部分。成為一個父親就是要擁有將人類的形式傳遞給其他成員的能力，這一能力構成了人類的形式本身。做父親正是這一能力的實現，即發揮作用的人類形式。

因此變化的第一原理是形式，現實的第一原理是正在發揮作用的形式。

我們提到原因的最後一種方式是目的（telos），或是「**所為之物**」（that for the sake of which）。[53] 例如：植物長出葉子是為了保護它們的果實並且將營養傳遞到根部，燕子造窩是為了保護，蜘蛛織網是為了捕食。[54] 每個例子中，植物和動物的活動都是為了發展、保存或保護其形式：「因為自然有兩重含義，質料和形式，後者是目的，因為其他一切都是為了這個目的，**形式必然是在『所為之物』意義上的原因。**」[55]「目的因」並非不同的原因，它只是提及自然的不同方式。亞里斯多德這樣總結他關於目的因的討論：「很顯然，**自然是一個原因**，是為了某個目的而發揮作用的原因。」[56] 我們的任務就是要理解自然或形式如何作為目的因發揮作用。

在亞里斯多德的世界中，形式不僅僅作為已經實現的狀態存在，它還作為朝著這一狀態的**努力**（striving）而存在。這種努力是

---

[53] 《物理學》II.3.194b32-33。相關閱讀：《物理學》II.3-9。

[54] 《物理學》II.8.199a20-30。

[55] 《物理學》II.8.199a30-32（強調是我加的）。

[56] 《物理學》II.8.199b32-23。

基本的存在論意義上的實在，它是幼年有機體中引導它朝向某個目的的不可還原的力量。作為形式實現狀態的目的，正是一個成功的努力。[57] 因為一個努力並不僅僅表達出一種實際的質料狀態，如果我們還沒有理解朝向什麼努力，我們就還沒有理解這種努力。我們需要將形式作為目的因，才能理解整個生長活動（在這種活動中，形式是潛能）。

在 20 世紀，很多哲學家的工作都表明了，目的論解釋與機械論解釋是相容的。[58] 比如我們可以說蜘蛛織網是為了捕食，也可以用神經生理學構成和基因遺傳來解釋它們有序的活動。也就是說，實際的自然結構是有目的行為的基礎。但是亞里斯多德並不相信這樣的相容性，認識到這一點很重要。[59] 對亞里斯多德而言，之所以

36

---

[57] 我們可以將這個解釋與人類活動看作成功的嘗試進行對比。根據這個分析，活動並不是嘗試加上身體運動，一次成功的嘗試就是一個活動。參見 Brian O'Shaughnessy, *The Will*, Cambridge University Press, 1980。

[58] 比如參見 Charles Taylor, *The Explanation of Behavior*, Routledge & Kegan Paul, 1964; Taylor, "The Explanation of Purposive Behavior," R. Borger an F. Cioffi, eds., *Explanation in the Behavioral Science*, Cambridge University Press, 1970; Hilary Putnam, "Philosophy and our Mental Life," in *Philosophical Papers: Volume 2: Mind, Language and Reality*, Cambridge University Press, 1975; Jonathan Bennett, *Linguistic Behaviour*, Cambridge University Press, 1976。

[59] 參見 John Cooper, "Aristotle on Natural Teleology," in M. Schofield and M. Nussbaum eds., *Language and Logos: Studies in Ancient Greek Philosophy Presented to G. E. L. Owen*, Cambridge University Press, 1982。至於將亞里斯多德解讀成相容論的嘗試，可參見 Wolfgang Wieland, "The Problem of Teleology," in *Articles on Aristotle*, vol. 1; Wieland, *Die aristotelische Physik*, Vandenhoeck & Ruprecht, 1970 以及 Martha Nussbaum, *Aristotle's De Motu Animalium*, Princeton University Press, 1978: Essay 1。

要使用最終的、處於實現狀態的形式，是因為只有訴諸它，我們才能理解目的論的行為。

這一點在亞里斯多德關於偶然性（tuchê）與自發性（to automaton）的討論中尤其清楚。[60] 偶然性與自發性非常重要，因為它們提供了**表面上的**目的論的例子。**一個自發性事件**是 (1) 有可能為了某事發生，(2) 實際並非因此發生，(3) 因為某些外在原因產生。[61] 比如：一塊石頭自發地砸到了一個人，它本有可能成為這個人的敵人的武器，然而事實上它只是從岩石上滾落下來而已。[62] 我們要注意，自發事件並沒有破壞原因的序列。石頭滾落是因為它自身的重量，或者用亞里斯多德的話說，是因為它要尋找自然位置，並且沒有受到阻礙。一個事件被看作是自發的，並不是因為它打斷了因果鏈條，或者因為它真是從不知哪裡冒出來的，而是因為它好像是為了某個目的而發生的，儘管實際上並不是為了這個目的。石頭並非為了砸到那個人而掉落，儘管它看起來可能如此。

37　　　偶然性和自發性一樣，看起來是有目的的，但它僅限於人的活動。[63] 比如一個人去市場買隻雞，結果遇到了他的債主。[64] 假如他知道債主在市場，他就會去那裡見他。假如有一個旁觀者，不知道這個債務人對什麼知情、什麼不知情，那麼他很可能會得出這個人去市場是為了見債主的結論，但這個旁觀者是錯誤的。這位債務人沒有這樣的打算，因為他不知道債主的行蹤。因此這位旁觀者的目的論解釋，儘管很有吸引力，卻是錯誤的。偶然性也沒有擾亂自然秩

---

[60] 《物理學》II.4-8.

[61] 參見《物理學》II.6，尤其是 197b18-20。

[62] 參見《物理學》II.6.197b30-32；另外的例子可參見 b15-18。

[63] 比如可參見《物理學》II.5.197a5-8、II.6.197b1-6。

[64] 見《物理學》II.5.196b33-197a5、197a15-18。

序，它們只是一些在人的常規事務中發生的事件，看起來好像是為了某個目的，其實並不是。它們也可能是為了另外的目的發生的，比如債務人和債主都是為了買雞來到了市場。

因此，如果看似有目的的狀態是某個過程的必然結果，而這個過程僅僅依賴有機體的質料狀態，亞里斯多德就會稱這種狀態為自發性。亞里斯多德並非一個相容論者，他明確對比了因為必然性發生的過程和真正有目的的過程。[65] 他甚至考慮了某種自然選擇理論，不過是為了反駁它。他問道，

> ……我們的牙齒不是**由必然性**產生的嗎？門牙尖銳適於撕咬，臼齒寬適合咀嚼，它們並非為了這個目的，而僅僅是個巧合；其他我們認為有目的的部分是不是也是如此呢？不管這些部分從何而來，它們的形成就好像是為了某個目的，這個東西就能存活下來，以適合的方式**自發地形成**……[66]

用現代的眼光去看亞里斯多德將必然性與自發性連結在一起會很奇怪，因為我們傾向於認為，如果一個事件是一個不可避免的確定過程的結果，那恰恰表明了這個事件**不是**自發的。但是對亞里斯多德而言，自發事件是那些看似有目的的事件。這就是他為什麼能夠將必然與自然連結在一起。如果有機體或者其功能性的部分是質料過程的必然結果，那就是自發地發生的。

因此，自發性對亞里斯多德的世界觀來說是嚴重的威脅。因為它破壞了形式作為首要原因的資格。如果形式是必然過程不可避免

38

---

[65] 比如參見《物理學》II.8.

[66]《物理學》II.8.198b23-31。

的結果，那麼形式就僅僅是附加在這些必然性之上的。[67] 形式無法提供**為什麼**；對必然的相互作用的論述卻可以提供。亞里斯多德這樣回應關於必然過程和自然選擇的假設：

> 這個觀點不可能是對的。因為牙齒和所有其他自然物，要麼總是，要麼在大多數情況下以一種固定的方式生成；但是沒有任何出於偶然性或自發性的事物是這樣……如果我們同意，事物要麼是偶然的結果，要麼是為了某個目的，如果它們不可能是偶然性或自發性的結果，那麼它們必然是為了某個目的……因此有目的的活動會出現在那些依據自然生成和存在的事物中。[68]

亞里斯多德的論證結構看起來是這樣的：

1. 自然物，如牙齒，總是或至少通常是，以某種方式發生

但是

2. 自發的或偶然的事件很少發生

由於

3. 事物要麼是為了某種目的，要麼是自發的（偶然的）

並且

4. 自然物不會自發地產生（因為 1 和 2）

那麼

5. 自然物必然是為了某種目的（因為 3 和 4）

---

[67] 亞里斯多德確實相信一些低級的物種是由自發的生成產生的，但是普遍而來，生物的生成依賴形式。

[68] 《物理學》II.8.198b34-199a8。

這個論證的效力可能比乍看起來更強。對現代讀者而言，牙齒總是以某種模式生成恰恰證明了這是一個必然過程，而不是沒有必然過程。亞里斯多德怎麼能在論證中用不變性反駁必然性呢？他的論證難道不是明顯錯誤的嗎？乍看起來似乎是這樣，亞里斯多德似乎依賴自發性的兩個不同標準：表面上的有目的性，以及發生的罕見性。必然的過程是自發的，因為它們只是看起來有目的性。但是，隨後所謂的自發事件的罕見性被用來排除必然過程。我們難道不會反對說，如果產生表面上有目的結果的必然過程確實存在，那麼假設自發事件非常罕見就完全是個錯誤嗎？也就是說，我們難道不該拒絕前提 2. 嗎？如果必然的過程是普遍的，那麼自發的事件也是。

　　這個論證其實沒有那麼糟糕，但是我們必須在亞里斯多德的「秩序」概念的背景之下理解它。關於秩序，亞里斯多德相信兩個論題，並且為它們進行了相當有力的論證。如果我們接受這些論題，那麼這個論證就是一個好的論證。第一個論題是：

（Ｉ）秩序**自始至終**都是形式的表現。

我們已經看到，亞里斯多德認為質料是一個相對的東西。儘管肉和骨頭可以成為人四肢的質料，但是如果我們考慮肉本身，就會發現它也是形式和質料的複合物，形式是構成肉的質料的秩序和組織，以此類推。

　　第二個論題是：

（ＩＩ）在任何等級的質料中存在的秩序，都不足以生成下一個等級的組織所需要的秩序。

　　在此之外，我們還需要形式作為一種基本的、不可還原的力量，一種生長的能力。亞里斯多德認為，靜態的質料結構無法解釋它。我們要記住，一個生長的有機體的形式不僅僅是其現有的結構，它是有機體之中的一種力量，能夠使其達到更高等級的組織，直到有機體達到成熟的形式。亞里斯多德認為從必然過程產生結構的觀點不可思議，因為對他而言，必然過程不可能基於現實的結構。對亞里斯多德而言，認為肉這個等級的秩序，足以生成人類生命的秩序是荒謬的，這就如同認為一堆木頭中的秩序，足以讓這堆木頭自己變成床一樣。如果我們接受這兩個命題，那麼自發性的事件就非常罕見。因為普遍而言，質料的必然性質並不能成為生長過程的基礎。儘管產生秩序並非不可能——環境的力量可能會賦予某種秩序，但是這種情況非常罕見。

　　17 世紀以來，目的論解釋一直陷於汙名之中。圍繞「目的論」存在著大量錯誤的觀點，因此有必要強調，亞里斯多德所認同的，只不過是把形式看作存在論上基礎的實在，加上自然的形式通常都能夠從潛能發展為現實。亞里斯多德並不認同（荒謬）的逆向原因：即完成了的目的在先前的事件上施加了某種逆向的原因。這個令人困惑的觀點之所以出現，是因為採用了現代的動力因的概念，並且將動力因放在了生長過程的最後，認為是這個動力因導致了生長過程。（如果我們忘記了可能還存在其他不同於現代動力因的原因概念，就更容易將這一混亂不公正地歸咎於亞里斯多德。）無論如何，亞里斯多德確實相信世界上存在**真實的**目的性，真實的目的性要求目的**以某種方式**支配整個實現的過程。當然，嚴格說來，並非**目的本身**從一開始就起作用，是**形式**指引著從潛能到現實的發展。作為潛能存在的形式是有機體中的一種力量，驅動有機體獲得某種特徵，即現實的形式。作為現實性的形式是目的或目的因。

當然，在生長過程的一開始，潛在的形式是由先前現實的形式決定的。在自然生成中，孩子潛在的形式是由父母（之一）現實的形式透過有性生殖傳遞的。在人造物的創造中，工匠靈魂中的形式被實現。說到底，現實的形式是現實的形式生成的原因。所以在這一引申的含義中，目的從一開始就在那裡，它確立起一個朝向目的的過程，這個目的就是現實的形式。

41

亞里斯多德也不認同在自然中存在有意識的設計這樣的觀念，確實，他明確反對自然是某種神聖目的或神聖工匠的表現。我們傾向於認為，如果在自然中**確實**存在某種目的，那麼必然存在某個賦予其目的的行動者，這就是為什麼我們經常聽人說目的只不過是理智投射在（沒有理智的）自然之上，亞里斯多德不會同意這個觀點。他相信形式是基本的實在，並且在各處都看到了被引向這一形式實現的自然過程。然而，如果要就此得出結論，認為目的性的首要觀念是**沒有理智**的卻是錯誤的。一個有目的的生長過程是有理智的還是沒有理智的，取決於「理智」的含義。如果理智僅僅等同於意識，那麼自然有機體的變化當然是沒有理智的。在實現成熟的形式的過程中，儘管沒有一個理智引導或創造，自然過程仍在實現其目的。不過亞里斯多德的世界在本質上是可理解的，這是一個有序的、有組織的世界，充滿了目的性，它應當在這種意義上被理解，即人的自然就是探求世界的秩序，並理解它。假如這個世界不是與理智如此相似，人就不可能理解它。對亞里斯多德而言，我們理解目的性，不是（人類）理智投射到自然之上的結果；這是一個有目的的、可理解的、「有理智的」自然投射到人類理智上的結果。

事實上，有理智的人進行的有目的的活動是對自然的模仿。[69] 亞里斯多德說，假如一所房子是依據自然生成的，它就會像被建造

---

[69]《物理學》II.8.199a8-10、b26-30。

那樣生長。建造房子一步一步的過程——其目的是一個完成的居所——是對自然的模仿。彷彿是自然教會了人有目的的活動,也就是說,有意識的有目的活動是從充斥於自然之中的(無意識的)有目的活動中習得的。一個人可能會有意識地做有目的的活動,但是意識並不是目的性本身的本質特徵。甚至人類也能夠從事有目的的活動,而無需有意識地計畫所有的步驟:「因為沒有觀察到一個行動者在思慮就認為目的不存在,是荒謬的,技藝並不思慮。」[70] 學會了建築技藝的工匠,就將房子的形式內化到他的靈魂之中。當他工作的時候,房子的形式就在發揮作用。他不需要思慮,或是花很多時間有意識地思考,他有目的的活動或多或少是自發的,這是形式的活動。

康德認為我們對目的論的判斷給予自然一種**概念上的因果關係**(conceptual causality)。[71] 他對這一事實印象深刻,即有機體的部分服務於整體,有機體的各種活動共同保存生命和種族繁衍。比如:當一隻**蜘蛛**在織網,整個織網的活動似乎是為了保存這隻蜘蛛,它的所有部分似乎都服從於這個目標,這個目標就是蜘蛛這個有機體的存在。看起來蜘蛛這個概念發揮了因果性的影響,對於康德來講,問題就變成了:「概念這種像理智一樣的存在物,如何在自然中產生因果影響?」

亞里斯多德接受形式的實在性,因此按照某種解釋,他也相信概念性的因果關係。也就是說,他相信蜘蛛的形式確實可以發揮因果性的影響。然而這並不意味他認為因果性依賴我們的理智,或者是我們的理智在自然中的投射。形式使世界可以理解,在這個意義上,我們也許會認為形式是概念性的,它們是當我們研究這個世界時投射到我們理智上的東西,並且只有形式才是當我們沉思時理

---

[70] 《物理學》II.8.199b26-28。

[71] 康德:《判斷力批判》。

42

智所沉思到的東西。然而我們不要因此認為，概念僅僅存在於理智中。確實，正是因為概念真實地存在於（無意識但類似理智的）自然世界中，形式才能在自然物中實現，我們人類才能用概念進行思考。因為只有當我們在世界中遇到這些形式，才能從降生時的無知狀態，進入一個可以隨心所欲沉思的狀態，世界中的形式給予了人類概念去進行沉思。

四、動物的心臟[72]

如果形式是自然的基本力量，那麼生長和生成就不可能是由質料中發生的必然過程決定的。生成的自然過程在這方面類似於人造物的製造。[73] 亞里斯多德認為，用下面這種方式去解釋一棟房子的結構是很荒謬的：它的基礎又重又厚，由石頭製成，是因為重的質料自然位於底部；它的屋頂較輕，由木頭製成，是因為輕的質料自然會位於頂部。假如是這樣，那麼質料將會主宰形式。而亞里斯多德認為恰恰相反，是形式主導質料。我們已經看到，在靈魂中擁有房子形式的建築師，目的是要將形式賦於適當的質料。他的計畫是建造一個居所，他的行動可以被看作為了建造一個他能造出的最好的居所，將可用的質料組織起來。因此就像亞里斯多德說的那樣，儘管房子的產生**不能沒有**質料，但它並不是**由於**質料才產生的。[74] 房子的基礎要由重的石頭製成並非是因為石頭自然地沉在下面，而是因為一個好的居所應當有一個堅固的基礎，人造物的質料要服從形式。

43

---

[72] 相關閱讀：《物理學》II.9；《論動物的構造》I-IV；《論動物的繁殖》I, II, IV。

[73] 《物理學》II.9。

[74] 《物理學》II.9.200a5-6。

亞里斯多德認為，「有目的因的**所有**其他事物」情況與此類似。[75] 自然有機體和人造物由質料構成，而質料確實擁有某種有限的必然屬性，但是有機體和人造物的生成和構成不可能是質料必然性的體現。在自然生成和技藝創造中起重要作用的那種必然性，亞里斯多德稱為「**假設的必然性**」（hypothetical necessity）。[76] 假設的必然性從完成的目的回溯到實現這一目的的過程，或是回溯到構成這一目的的部分的結構。**如果**鋸子是用來伐木的，那麼它**必然**由能夠伐木的質料製成，[77] 而這種質料——鐵——必然要按照某種形式被塑造，鐵自身沒有任何性質可以憑藉單純的必然性讓它成為一把鋸子。將假設的必然性看作一種神祕的反向作用的動力因是錯誤的，不是做好的鋸子讓它自己被製作出來，像鋸子這樣的人造物是由能夠製造工具的人製作的。是匠人的能力，也就是他靈魂中鋸子的形式，製造了一把鋸子，這是先在的動力因。假設的必然性表現在匠人對如何製造一把鋸子的思慮之中，也會表現在他可能進行的思慮之中，假如他進行思慮的話。[78] 因為我們已經看到，工匠製作產品時並不需要實際進行思慮。

因此假設的必然性最終是合理性的必然性（necessity of rationality），如果鋸子要擁有這種功能，它就**必然**擁有這樣的結構和組成。這種合理性有時是明確的，比如一個人思考如何製作一把鋸子的時候；這種合理性也經常是隱含的，比如一個訓練有素的匠人在做一把鋸子的時候。但是**我們**弄清楚要有一把鋸子必然需要哪些東西的推理過程，就是將鋸子的合理性（它的結構和組成）呈現出來的過程。

---

[75]《物理學》II.9.200a7-8。

[76] to anankaion ex hupotheseôs：參見《物理學》II.9.200a13。

[77]《物理學》II.9.200a10 以下。

[78] 對亞里斯多德思慮的解釋，參見第四章第五節。

　　當我們離開人造物，進入自然的領域，就不再有需要去呈現的明確推理過程了，因為並不存在一個思考如何才能最好地製造一個人或一隻青蛙的創造者。如果形式是自然世界的基本力量，那麼在這個世界中，基於假設的必然性的思慮應當是有效的。因為如果自然過程真的是為了某個目的，那麼我們應該能夠從要達到的目的出發，回溯達到這一目的的過程，我們也應該能夠讓目的中顯現出來的結構變得可以理解。亞里斯多德說，最好的研究過程是，從每一組動物表現出來的現象開始，去探究這些現象的原因。[79] 這種策略的道理在於，我們必須要理解目的因，即生物最終達到的形式。因為只有理解了這個形式，我們才能進行回溯的推理，確定它為什麼必然用**這種**方式達到。

　　形式作為自然世界的基本力量，使得基於假設的必然性的推理獲得了合法性。這又反過來確保了自然世界的合理性，例如：如果一個人的各個部分是為了他成為一個人，即獲得他的形式、從事他的典型活動，那麼只有根據什麼是人，人的各個部分才變得可以理解。

45

　　最適當的理解是說，人具有如此這般的部分是**因為**人的本質就是如此這般，並且**因為**它們是他存在的必然條件；如果我們不能這樣說，那麼接近的說法是，要麼對於人來說沒有它們就幾乎無法存在；至少我們還可以說，最好是有它們在。接下來我們就可以說：因為人是如此這般，他的生長過程就必然是如此這般，因此這個部分最先形成，然後是下一個；我們可以按照類似的方式解釋所有其他自然物的生成。[80]

---

[79] 《論動物的構造》I.1, 640a13-19。
[80] 《論動物的構造》I.1.640a33-b4（重點是我加的）。

儘管自然世界在很大程度上是合乎理性的，但這絕不意味著我們能夠省略掉對它的經驗觀察。只有透過仔細觀察青蛙或人，我們才能了解什麼是青蛙或人的形式。我們必須觀察牠們的生長和典型活動；我們必須進行解剖，觀察牠們的部分。自然世界的合理性不能在缺少經驗觀察的情況下顯現出來，而是在我們對它進行了觀察之後所做的理論思考中顯現的。我們的理論思考建立在這樣的假設之上，即動物各個部分的構成方式，必然（或多或少地）是為了這個動物達到自己的形式。這一假設使研究者得以從兩個方向思考：從實在性到合理性，再從合理性回到實在性。從對青蛙的觀察中，我們理解了什麼是青蛙；一旦我們理解了什麼是青蛙，就能回溯地推論出青蛙各個部分必然發揮的功能。

亞里斯多德的動物學著作《論動物的構造》和《論動物的繁殖》就運用了這類推理，在假設的必然性支配的世界中，這類推理是必要的。提出了假設的必然性之後，亞里斯多德在生物學研究中運用了這種推理。我認為，在研究他的生物學著作時，我們能夠解決所有亞里斯多德學者都會遇到的一個困惑。一方面，亞里斯多德堅持自然哲學的真正主題是形式而不是質料，[81] 形式不僅不是由必然的質料過程產生的，而且質料本身是不可知的、不可理解的。另一方面，亞里斯多德又花了很多時間和精力去研究各種生物的質料：動物的部分、肉、骨頭以及內臟組織。我們或許會好奇，亞里斯多德為什麼不能避免這樣的研究？如果不理解形式實現於其中的質料，我們就不能理解人的形式嗎？想理解人是什麼，一定要知道人的部分和構成嗎？

---

[81] 比如參見《論動物的構造》II.I.5.645a31-b4；《論動物的繁殖》I.1、II.1；《物理學》II.2。

　　要解決這個困惑，我們需要知道形式和質料有不同的等級。亞里斯多德說，動物的質料是構成牠的不同部分——頭、手臂、心臟、肝、肺等等。[82] 這些部分並非簡單的質料；它們是以某種方式組織起來的肉、骨頭和內臟組織。[83] 也就是說，它們自己也是形式與質料的複合物。比如：透過研究心臟的原理，我們能夠理解如果心臟要發揮它的功能，為什麼必須是如此這般的。如果用一種帶有悖論意味的方式說，就是在研究形式的同時我們也要研究質料。亞里斯多德說：「沒有一個動物的部分是純粹質料的，或者純粹非質料的。」[84] 我們真正了解的質料（心臟）其實是它的形式（或組織原理）。當然，我們可以進一步推進這個推理，比如說我們可以研究構成心臟的組織。但是，那些構成動物不同部分的同質的質料——肉、骨頭和內臟組織——自身也是形式與質料的複合物，每一種都由土、氣、火、水四元素按照一定的logos構成。[85] 透過理解由內臟組織構成的心臟的功能，我們也能理解內臟組織的結構或形式。以這種方式，合理性可以從生物的形式一直傳遞下去。如果人要成為這樣一種動物，就必須擁有一個器官來發揮這樣的功能；要發揮這樣的功能，它必須由擁有如此結構的組織構成……雖然我們的研究深入到質料之中，但是我們的理解觸及的全都是形式。[86]

47

---

[82] 《論動物的繁殖》I.1.715a8-11。

[83] 比如參見《論動物的構造》II.1。

[84] 《論動物的構造》I.3.643a24-6。

[85] 《論動物的構造》I.1.642a18-24，II.1。

[86] 確實，甚至當我們進入到四元素時，我們還可以繼續前進。因為所謂的四元素自身也是由更基本的力量構成的：參見《動物的構造》II.I.646a15；《論生成與毀滅》II.2；《氣象學》IV. 10。土是由冷和固體，氣是由熱和液體，火是由熱和固體，水是由冷和液體構成的。

　　因為形式在存在等級秩序的每一個層次都會出現，亞里斯多德就可以用兩種方式設想動物的形式。一種是從動物所有質料的方面盡可能做抽象。比如：人在本質上是理性的動物，亞里斯多德可以在沒有具體說明理性如何在動物中實現的情況下陳述這一本質。另一種是將形式看作由具體的實現方式體現。按照這種方法，當我們理解了理性在動物中如何以這樣一些器官和部分實現出來，我們就能更充分地理解人是什麼。亞里斯多德在作品的很多地方都使用了這兩種方式，但是很顯然，在他的生物學作品中，第二種方式是主導性的。這就是他為什麼能以那麼大的熱情投入對動物的細緻研究之中：

　　在就我們的理解所及研究了天上的世界之後，我們要繼續研究動物，盡可能不忽略這一領域的任何成員，無論多麼卑微。儘管牠們之中的某些對感覺來講缺乏吸引力，然而塑造牠們的自然會給予所有能夠追尋其因果連結，並有意於哲學的人以巨大的快樂。如果對自然的模仿具有吸引力，因為這展現出畫家或雕刻家模仿的技藝，那麼對於所有那些有辨識原因的眼睛的人來說，原初的實在卻沒那麼有趣，就太奇怪了。因此我們不能帶著孩子氣的厭惡在考察低級動物時退縮，自然的每個領域都是令人讚嘆的。就像赫拉克利特，有陌生人來拜訪他，發現他在廚房的火爐前取暖，因此猶豫要不要進來，據說赫拉克利特吩咐他們不要害怕進來，因為即使是在廚房中也有神。我們應當鼓起勇氣，不帶任何反感地去研究每一種動物，因為牠們全都會向我們展示出自然和美的東西。沒有任意性，一切都為了某個目的，在自然的產品中達到了最高的水準，她的生成和結合的最終結果是某種美的形式。

如果有人認為研究其他動物是一項不值得做的事情，那麼他必
然也會輕視對人的研究。因為沒有人能在觀察人類軀體的原
料──血、肉、骨頭、內臟等──時不感到噁心。此外，討論
任何部分或結構，我們關注的或討論的不是質料的構成，而
是整個形式。同理，建築學的真正對象不是磚頭、泥漿或木
材，而是房子；因此自然哲學的主要對象不是質料性的要素，
而是它們的構成，以及實體的整體，如果不依賴實體，質料不
能自己存在。[87]

　　事實上，亞里斯多德有很好的理由選擇第二種方式。因為有
理由將質料的形式方面（也就是動物各個部分的形式，以及構成各
個部分的肉、骨頭、內臟組織的形式）看作是表現了動物整體的形
式。亞里斯多德認為，在身體裡沒有任何骨頭是作為一個分離的東
西存在的，每個骨頭成為其所是，部分原因都在於它在其中發揮作
用的整個有機體。[88] 正如質料的東西，比如血管，它獲得作為血管
的存在是透過在有機體中發揮作用。亞里斯多德說：「血管本身什
麼也不是。」[89] 因此，即使在質料的層次，活的有機體的質料成其
為質料，也因為它是形式的表現。而當我們從骨頭和血管進入到動
物有組織的部分時，同樣的推理依然有效。

49

　　比如：人的形式是人的手以這種方式存在的原因。這也是我
們為什麼能夠在假設的必然性的基礎上，從人是某種類型的動物推
論出他擁有手。[90] 亞里斯多德認為，假定人透過雙手獲得出眾的智

[87] 《論動物的構造》1.5.645a4-37。

[88] 《論動物的構造》II.9.654a34-b6。

[89] 《論動物的構造》II.9.654b2-3。

[90] 《論動物的構造》IV.10.687a9-b4；另參見《論動物的繁殖》II.6；《政
　　治學》I.4.1253b33。

力，因為他有使用雙手的天賦，所以理智得以發展，從而讓他能夠以更豐富的方式使用它們，這種觀點是錯誤的。正確的說法是，自然「像任何明智的人會做的那樣」行動：人被賦予了手是因為他擁有實踐理性，可以在各種用途中去運用它們。確實，手是顯示實踐理性最為卓越的器官。人可以透過它製造和使用工具，因此亞里斯多德說它是為了更多工具的工具。亞里斯多德說，自然僅僅向那些能夠使用它們的動物分配特定的器官、肢體等等。[91] 這就是我們為什麼永遠不會在無理智動物身上發現雙手，也是我們為什麼必然能在表現出傑出的理智和實踐理性的這類存在者身上找到雙手。

因此，從人類的實踐理性能力出發，我們可以推論出手的存在。然而，儘管人的形式使手的存在和結構成為必然，手也是人的質料的一部分。因此人的形式決定了人的質料，人的形式決定了手之為手。因為手自身是形式和質料的複合物 —— 以**這種特定的**方式構成的肉和骨頭，那麼人的形式必然也是手的形式的原因。亞里斯多德關於死亡的討論證實了這一點。亞里斯多德說，一個死人的手，就不再是真正的手了：它只在名義上還是手。[92] 手之為手，不僅僅是按照某種方式被塑造，以及由某種質料構成，它還必須能夠發揮手的功能。但是如果手是活人的質料的一部分，那麼這個質料就會在死亡的同時也被毀滅。甚至肉、骨頭和內臟組織也在死亡時開始分解為它們的質料。它們在死亡的同時就失去了將它們組織起來的原理，即使分解的過程相對緩慢。這再一次表明，肉、骨頭以及內臟組織的原理本身就是人類形式的體現。

---

[91] 《論動物的構造》III.1.661b23 以下（因此我們永遠無法找到一個既有尖牙又有獠牙的動物，因為自然製作任何事物都不是徒勞的）。

[92] 《論動物的構造》I.1.640b34-641a21。

　　亞里斯多德認為不存在任何嚴格的程式可以揭示自然世界的合理性，這一點在關於動物分類的討論中尤其清楚。柏拉圖提出了一種劃分法（即二分法），我們可以用它來劃分物種。但是亞里斯多德認為，任何嚴格的劃分都會導致不自然的分類。[93] 比如我們開始這樣一種劃分：

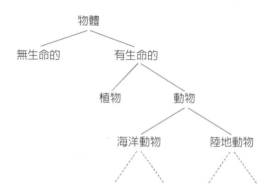

這種劃分會不自然地將鳥這一類別分在兩個類中（海生鳥類和陸生鳥類），而這兩個類別並不是統一的鳥的子類。按照這樣的劃分，就沒有統一的鳥這個類別了。

　　亞里斯多德對任何嚴格的分類步驟都持懷疑態度，因此，較之於構建出一套精細的法則，亞里斯多德僅僅勸告人們依靠本能。[94] 就是說，當人類研究自然世界時，很自然就會觀察到現象間的相似與區別。透過運用先天的對相似性的感覺，人們就可以將不同種類的鳥分入一個統一的屬之中，對魚和其他動物也是一樣。因此嚴格的分類步驟是不可能的，也是不必要的。人們只需要依靠對同和異的感覺（當然，這基於仔細的觀察），就可以正確地劃分這個世界。

51

---

[93] 《論動物的構造》I.3。
[94] 《論動物的構造》I.3.643b10-16。

　　亞里斯多德給出的不僅僅是一個實用性的判斷，認識到這一點很重要。他不是像實用主義者那樣，說人只要按照他的興趣和對相似性的感覺去劃分世界就足夠了。對亞里斯多德而言，只有因為人在世界當中有一個特定的位置，人依靠自己的判斷才會有根基。因為自然本身就是理性結構的表現，而人又是這樣一種存在者，他依據自然就能領會和理解理性的結構，因此人類在揭示自然的合理性的探索中可以跟隨自己的本能和判斷。在這裡我們又遇到了「來自哲學可能性的論證」（argument from the possibility of philosophy）。因為人類依據自然就是這個世界有系統的理解者，當他探究自然的大千現象時，他就（或多或少）可以依靠自己做出的系統判斷。當然，這些系統判斷在兩個方向上是推理的產物：一個是從在經驗探索中遇到的現象向前推進到普遍原理；另一種是反向的推理，基於假設的必然性，從我們對種—形式（species-form）的理解，反向推理出在經驗探索中人們預期會遇到的現象。

　　亞里斯多德對動物心臟的討論就是這種雙向推理的很好例子，[95] 亞里斯多德說，心臟必然是感覺的首要來源，這一點既可以是理性的推論，對感知而言也非常顯然。[96] 首先，感覺的來源必然是一個統一的、單獨的器官，因為感覺的功能是統一的。[97] 也就是說，一個人並沒有若干種不同的意識，一種對觸覺有意識，另一種對視覺有意識，還有對聲音和味道的意識。我們對視覺、聲音和味道的感覺，構成了對世界統一的感覺意識，因此我們會期待找到一個統一的器官作為這個意識的載體。我們還期望這個器官位於靠近

52

---

[95] 比如參見《論動物的構造》III.3-5；《論動物的繁殖》II.4、II.6。

[96] 《論動物的構造》III.4.666a18-20；另參見 666a3-8。

[97] 《論動物的構造》III.4.666a13-15；另參見《論靈魂》III.2。

動物中心的位置，因為這樣一來它離身體的每個部分都是（幾乎）等距離的，因為人的感覺能力涵蓋了身體的所有部位。在經驗探索中，我們確實找到了這樣的器官，那就是心臟。當然，心臟並不完全居於中心，但這也是可以預料的。因為自然擁有這樣一種傾向，將最高貴的器官置於最高貴的位置：而上面和前面是比下面和後面更高貴的。[98] 此外，感覺和運動是向前引導的，因此有理由認為感覺和運動的首要來源是位於上面和前面的。[99] 因為感覺需要熱，我們會期望這個感覺的首要來源也是熱的來源。[100] 它還應當是血液的來源，因為血液正是從熱的源頭獲得了溫度和流動性。

　　動物胚胎的發育也為心臟首要的重要性提供了證據。[101] 經驗探究表明，心臟顯然是胚胎中第一個發育的器官（至少亞里斯多德這樣認為）。然而，亞里斯多德並不滿足於停留在經驗觀察上。他說，很顯然，不僅對感覺而言，**甚至在理論上**，心臟也是生長的第一原理。[102] 這是因為，就像脫離父母的小動物必須能夠照顧自己，胚胎（當它作為一個獨立的胚胎脫離父母時）必然也擁有其自身生長的第一原理。理性告訴我們，首先發育的器官應當是引導胚胎進一步生長的原理，因此心臟必然是這一器官。而這一推理從下面的想法中獲得了進一步的佐證：動物透過感覺能力和自我運動的能力

53

---

[98] 《論動物的構造》III.3.665a21-26、III.4.665b18-21。

[99] 《論動物的構造》III.3.665a11-15。確實，我們能進一步理解肺和氣管的位置與結構，因為空氣必須從肺被導入心臟：參見《論動物的構造》III.3；《動物志》I.16-17。

[100]《論動物的構造》III.5.667b22 -31。

[101] 參見《論動物的構造》III.4.666a20a34-b1；《論動物的繁殖》II.4、II.6。

[102]《論動物的繁殖》II.4.740a1-23（強調是我加的）。

與自然中的其他事物區分開。因此我們會認為感覺和運動的原理在動物的生長中首先出現：這個原理就是心臟。[103]

　　這是雙向推理的一個範例，亞里斯多德認為世界的自然和人在世界中的位置替這種推理提供了證明。因為這個世界是合理的，我們就能夠從自己在感覺經驗中遇到的現象推論出使這些現象可理解的普遍原理。相反地，我們也可以從理性的普遍原理推論出應當顯現這些原理的感覺現象。人能夠在兩個方向進行推理，並且最終，他的所有推理應當能構成一個和諧的、可理解的整體。當然，不可否認，亞里斯多德也用這個方法得出了錯誤的結論。比如：其實是大腦而非心臟，控制著感覺，而亞里斯多德認為這是不可能的。他認為，大腦是用來冷卻血液的器官（這就是它為什麼位於身體的盡頭），而感覺的來源必須位於熱的源頭。[104]儘管亞里斯多德得出了關於大腦和心臟的錯誤結論，並不是他的理論本身驅使他得出了這些錯誤的結論，他的錯誤是由於這個基於假設的必然性的具體推理過程，由此他推斷出心臟的首要作用。這個方法本身只是促使我們將動物的各個部分理解為以特定的方式對整個動物的功能發揮有所貢獻。參照某種動物的典型活動，我們就可以理解牠的各個部分。因此亞里斯多德認為動物的組織和生長體現了某種合理性，並不是錯誤的（當然他還並不理解這種合理性的基礎）。

　　正是這種可理解性，在生成變化中得以保存下來。亞里斯多德說，動物生成的原因是，沒有任何動物個體可以永存不朽。[105]因此動物要努力用唯一可能的方式去實現不朽，那就是產生與牠同類的後代。用這種方式，牠們的物種就能永遠存在。父母將家族的相似

54

---

[103] 《論動物的繁殖》II.6.742b33；《論動物的構造》III.4。

[104] 《論動物的構造》II.7。

[105] 參見《論動物的繁殖》II.1.731b24ff；另參見《論靈魂》II.4.415a26-b7。

性傳遞給子孫後代，[106] 然而在持續的生成變化中保存下來的首要東西是每個物種形式的、可以理解的結構。真正不朽的是每個物種的可理解性。

---

[106] 亞里斯多德關於家族相似性遺傳的論述，參見《論動物的繁殖》IV.3。

Chapter ③

變　化

一、巴門尼德的挑戰[1]

55　　亞里斯多德認為，自然是變化的內在原理。如果我們要充分理解對人而言擁有自然意味著什麼，就必須理解亞里斯多德的「變化」概念。這並非無關緊要的問題，因為在亞里斯多德成長的思想環境中，「變化是可能的」這一點絕非顯而易見。正如亞里斯多德所說：

> 最早研究哲學的人，在追尋真理和事物自然的過程中，因為缺乏經驗而被誤導，可以說，正是缺乏經驗將他們推向歧途。因此他們說沒有任何東西生成或毀滅，因為生成的東西必然要麼從存在中生成，要麼從非存在中生成，而這兩者都是不可能的。存在的東西不可能生成存在（因為它已經存在了），也不可能有東西從非存在中生成。[2]

這很明顯是指蘇格拉底之前的巴門尼德及其追隨者，他們認為變化是不可能的。巴門尼德論證，要有變化，就意味著有某物從非存在的狀態變成了存在。但是從非存在中不能生成任何東西，而存在的某物也不能生成什麼東西，因為它已經存在了，所以就不會生成。

　　亞里斯多德對巴門尼德的回應，提供了他的哲學方法的範例。一方面，亞里斯多德確信，沒有好的理論會導致明顯錯誤的結論。正如他所說：

> 認為所有的東西都是靜止的，**並且為了表明這一理論是合理的**

---

[1]　本章第一至第三節的相關閱讀：《物理學》I.7-8、III.1-8。

[2]　《物理學》I.8.191a24-31。

而不顧感覺，這是理智貧弱的表現，這會導致對整個體系的質 56
疑，而不僅是某個細節。此外，這不僅是對物理學家，也是對
幾乎所有科學和所有公認意見的攻擊，因為變化和所有這些都
有關係。[3]

自然是**變化**的內在原理，而亞里斯多德認為我們應當直接承認它的
存在：

> 要試圖證明自然存在是荒謬的，因為顯然有很多這種東西存在
> 著，而且要用不明顯的東西去證明明顯的東西，就是一個人無
> 法區分自明的和不自明的東西的標誌。[4]

巴門尼德顯然不會對亞里斯多德的這種進路感到滿意，我們相信感
覺會引領我們走向實在的自然，而巴門尼德論證的目的，就是要破
壞我們對感覺的信任。所以，指出我們在周圍見到的變化的明顯例
子，是沒有用的。一旦我們沿著他的論證前進，就會認為感覺的證
據本質上是虛幻的，並將它們拋棄。在巴門尼德看來，從虛幻的井
中汲水來救濟我們對實在的飢渴是荒謬的。然而這正是亞里斯多德
所做的，至少在巴門尼德看來是這樣。

　　至於亞里斯多德，他對懷疑論沒有什麼耐心。[5]他確信，真理必
定與我們在周圍明顯所見的實在**和諧一致**。哲學的要義不是要破壞

---

[3]　《物理學》VIII.3.253a32-b2（強調是我加的）。（我用「變化」
〔change〕來翻譯 kinêsis，而不採用牛津譯本的「運動」〔motion〕。）

[4]　《物理學》II.1.193a3-6。

[5]　比如可參見 G.E.L.Owen, "Tithenai ta phainomena," in S. Mansion ed.,
Aristote et lesproblemes de methode, Louvain, 1961。

我們前理論的信念，而是幫助我們理解它們。哲學讓我們更深刻地認識我們平常的信念**為什麼**是真的。所以，我們平常對這個世界的信念就成為哲學活動的起點，這些信念可能被修正，但絕不能被完全拋棄。因此，亞里斯多德哲學方法的一個公理就是：如果一個論證的結論與我們平常對這個世界的信念極不一致，那麼，無論這個論證看起來多麼強而有力，其中必定蘊含缺陷。

57　　雖然亞里斯多德很快就否定了那些極端論證有可能正確，但他仍然非常嚴肅地對待它們。因為，如果真理確實與我們平常的信念和諧一致，那麼一個強而有力卻與信念不一致的論證必定會成為我們理解真理的阻礙：「因為結論不能滿足思想，思想就不會安定下來，它被緊緊束縛住，因為不能駁倒這個論證而無法前進。」[6]真理不僅與平常的信念和諧一致，還構成了一個和諧的整體。只要理論論證和明顯的感覺證據從相反的方向拉扯我們，我們就依然處在被放逐的境地，遠離真理。此外，我們還會覺得這樣的放逐令人懊惱。當思想打了結，我們就感到很不自在，尋求理解的自然欲求遭受了挫折。[7]亞里斯多德認為，正是透過解開思想的結，我們尋求理解的欲求才獲得了真正的滿足。如果我們理解了，一個**表面上**強而有力的論證為什麼僅僅是表面上強而有力，我們就既從疑難的束縛中解放了思想，又更深刻地理解了我們平常的信念**為什麼**是真的。透過解決令人困惑的難題，比如巴門尼德的挑戰，我們就從一般的知識上升到了理解，從平常的信念上升到了哲學的智慧。因此，儘管亞里斯多德從不認為巴門尼德有絲毫正確的可能，他還是以最大的尊重對待巴門尼德的論證。

　　亞里斯多德哲學方法的另一個標誌性特點，是他從自己反對的

---

[6] 《尼各馬可倫理學》VII.2.1146a24-27。

[7] 《形上學》III.1 以及本書第一章。

觀點中尋找某些真理。我們已經看到，他說真理「看起來是一扇眾所周知的門，任何人都不會錯過」。[8]一定有某些理由使一個強而有力的論證顯得有說服力。只有我們理解了隱藏在（根本上是錯的，但乍看起來有說服力的）論證之中真正的真理，才能理解這種表象——真理的表象。亞里斯多德贊同巴門尼德的原理，即非存在不能產生任何東西。[9]他贊同這一點是因為他們共同信奉一條更為基本的原理：充足理由律。如果某物**從非存在**中生成，那麼就沒有理由解釋為何它現在生成而不是早些或晚些生成，也沒有理由解釋它為何在這裡而不是別的地方生成。巴門尼德和亞里斯多德都會同意下面這個條件句：

58

> 如果有變化這麼一回事，我們必然能夠理解它。

巴門尼德和亞里斯多德都相信，在思想和存在之間有著深厚而緊密的關聯。因為巴門尼德認為變化不可理解，所以否認變化的實在性。他相信他可以從變化的**不可思想性**（unthinkability）得出其**非實在性**（unreality），亞里斯多德基本上同意這一推斷，他的任務是表明變化的概念是融貫的、可理解的。亞里斯多德認為變化的存在是顯而易見的，需要做的是對變化進行分析，這個分析可以說是將世界以可理解的形式歸還給我們。在某個意義上，這確保了變化的實在性，因為世界的實在性必然是可理解的。

亞里斯多德相信，變化需要一種實在與非實在的混合。如果完全沒有任何東西存在，那麼什麼都不會產生，但這不是變化之前存在的情況。對亞里斯多德來說，變化總是一個主體的變化，這個主

---

8 《形上學》II.1.993b4-5。
9 比如參見《物理學》I.8.191b13-15。

體在變化之前、變化之中和變化之後一直存在。[10] 例如：一個學習
樂器的人從不懂音樂變成了懂音樂的。我們可以用很多方式來描述
這個事實。[11] 比如：考慮下面這兩句話：

1. 這個人變得懂音樂了。
2. 不懂音樂的變成了懂音樂的。

儘管這兩個描述都是真的，第二句可能在形上學上有誤導性。因
為 2. 並沒表明在變化的過程中有某個東西是持存的。人們或許會
錯誤地將其解釋成：存在可以直接從非存在中產生——不需要任何
進一步的限定。相反地，1. 使我們認識到存在一個在變化中持存的
主體。「懂音樂」是主體（一個人）的性質，而這個人在獲得了音
樂的才能之前已然存在，在那之後也繼續存在。所以亞里斯多德贊
同一個懂音樂的人不能從非存在中產生，但是他並不認為這裡發生
了從非存在中產生存在。一個懂音樂的人是從某種東西中產生的：
源自一個人（這個人在學習之前，沒有演奏樂器的能力）。亞里斯
多德也贊同如果一個人**已經**懂音樂了，他就不能再變成懂音樂的人
了。儘管必然有某種東西是變化的主體，然而還必須有某種它所不
是的東西：也就是說，變化要導向的東西。

　　然而這一分析似乎並沒有解決問題。就算有某個人存在，如
果他不懂音樂，那麼從變得懂音樂這一點來看，他似乎還是另一種
非存在。問題似乎再度產生：存在（懂音樂）如何從非存在（儘管
是個人，卻不懂音樂）之中產生？亞里斯多德意識到了這個問題，

---

[10] 《物理學》I.7.190a14-16、a33-b5。

[11] 參見《物理學》I.7.189b32-190a13。

他用潛能與現實的理論來解決它。[12] 對於那個不懂音樂的人，除了不懂音樂之外，我們還能說點別的。一個不懂音樂的人實際上擁有學習音樂的**能力**。那麼，在一種意義上，存在從非存在中產生——一個曾經不懂音樂的人變得懂音樂了，這確實是一種變化。然而，在另一種意義上，也是存在從存在中產生——那個**潛在地**懂音樂的人變得（現實地）懂音樂了。如果想要掌握變化的實在性和可能性，我們就需要將這兩種意義都牢記在心。

一旦我們認識到潛能與現實在亞里斯多德關於變化的解釋中發揮關鍵作用，另一個乍看起來令人困惑的問題也就迎刃而解了。亞里斯多德說，即便是自然有機體（也就是一種實體）的生成也需要一個作為基礎的「基底」（substratum）。[13] 實體的生成提出了一個難題，因為生成的實體不能被理解為某個性質在一個持存的主體中產生。實體不是任何東西的性質，然而亞里斯多德說，在動植物的生成中，有某種東西是變化的基礎，它就是有機體從中生成的種子。這似乎很奇怪。當然，種子在實體生成之後就不存在了。種子並不是實體，（生成的）實體也不是種子。那麼，在變化過程中持存、作為基礎的基底去哪裡了呢？為了回答這個問題，我們必須認識到種子自身是形式與質料的複合。比如說，一個人的形式來自父親，由於擁有這一形式，我們可以說這個種子（潛在地）是一個人。我們這樣說的意思是，如果這個種子被植入女性的子宮，在一般情況下它會成長為一個人。形式先於自然實體的生成而存在，並且持續存在，變成了那個實體的形式。儘管在這個過程中，它從潛在存在的實體形式變成現實存在的形式。質料在這一變化過程中也是持存的，然而它本身不能被認為是變化的主體。如果在生成之前

60

---

12 他在《物理學》I.8.191b27-9 中提到了這一理論，在 III.1-3 中發展了它。

13 《物理學》I.7.190b1-3。

就存在於種子中的質料沒有被人的自然（作為一種能力或潛能）賦予形式，它就不能變成一個人。

二、對變化的分析

變化若要可能，必須有某種東西在變化之前就已經存在，它還要有成為變化中生成之物的潛能。這種潛能不應該被理解為一種純粹的可能性，潛能是真實的：它存在於世界中。例如：種子的形式是存在於種子之中真實的能力，能使種子成長為一個自然實體。正如我們看到的，這種能力不是種子的質料狀態：只有形式才是它之所是。

亞里斯多德定義變化的時候，他關注的是這個先於變化存在的潛能。他說，**變化就是潛在的存在本身的實現過程**。[14] 這個定義可能令人困惑，我們很可能會認為，潛能的實現就是一個完成了的產物，比如：潛在的人的實現就是一個人。但是，說到**作為潛能**的潛能的實現過程，就是要把潛能轉變為現實的這個過程區分出來。亞里斯多德仍然喜歡使用人造物作為例子。他說：當**可被建造的東西**（to oikodomêton）實現時，它就**被建造**（oikodomeitai），並且這就是**建造的過程**（oikodomêsis）。[15] 一旦房子建好了，就會有一個現實的房子，而在這個意義上潛能發展成了現實。但是潛能的實現過程本身卻不再存在了，因為有待實現的潛能不再存在了。

61

從亞里斯多德的變化定義出發進行推論，就可以很直接地產生一系列結果來將它概念化。第一，對亞里斯多德而言，變化在根本上是有方向的。因為變化是潛能的實現，而整個變化會朝著它的完

---

[14]《物理學》III.1.210a10-11（hê tou dunamei ontos entelecheia, hêi toiouton, kinêsis estin），另參見 201a16-18 和 III.2.202a5-6。

[15]《物理學》III.1.201a16-18，另參見 201b5-15。

成進行，並且會在潛能完全發展為現實時停止。正如亞里斯多德說的，變化是從某物出發到達某物。[16] 第二，如果我們不知道一個變化是朝向何物，我們就不理解這個變化到底是什麼。因為潛能是世界中的基本狀況，它們不能被還原為對象實際的質料狀態，除非根據潛能朝向的目標，否則就無法充分理解變化。因為變化是潛能的實現過程，因此除非根據變化的終點，否則就無法充分理解變化。第三，我們會很自然地認為，任何變化的東西都是由一個獨特的原因導致其變化的，即一個施加變化者（changer）。因為如果變化是潛能的實現過程，必然存在某些原因使潛能在此刻實現，而非之前或之後。畢竟，潛能已經在物體之中存在了一段時間，所以我們不能在潛能本身之中找到對變化開端的解釋。如果我們設想，變化可以在潛能存在的任何時刻發生，但沒有理由解釋它為何此刻開始而不是在別的時候，這就會違反充足理由律，從而使變化不可理解。相反地，如果變化在物體與施加變化者接觸時開始，我們就能夠解釋為什麼變化在那個時候發生。[17] 要完成這一解釋，我們需要更多地認識那個施加變化者：是什麼使它成為一個施加變化者。亞里斯多德的回答是，施加變化者總是要帶來一個形式。[18] 理解這一點的範例還是人造物的創造：建築師是變化的獨特原因，木頭可以潛在的是一幢房子，但是如果沒有一個建築師開始將房子的形式賦予木頭，我們就無法解釋這一潛能的實現。而這個建築師之為建築師（一個對質料賦予形式的人），是因為他的靈魂中擁有形式。作為建築師，一個擁有建造能力的人，這一形式在他的靈魂中是潛在

62

---

[16] 例如《物理學》V.I.224b35-225a1（pasa metabolê estin ek tinos eis ti）。

[17] 參見《物理學》III.2.202a5-12，另參見 VIII.4.255a34-b1。

[18]《物理學》III.2.202a9-11，另參見 VIII.5.257b10。

的;但是當出現了合適的質料,他就能運用他的能力,並且成為一個造房子的建築師,而形式就從潛在的狀態變成了現實的狀態。因此,是那個體現在獨特原因(建築師)之中的形式,引起了質料中的變化。

對於自然有機體,情況要更複雜一些,因為有機體擁有變化的內在原理。因此我們在某種意義上可以說那些有機體是自己變化的,亞里斯多德的確稱它們為「自我推動者」或「自我施加變化者」。然而,問題仍然是,應該有某種讓潛能實現的基礎,而這個基礎不能在潛能本身中找到。亞里斯多德在很多地方都論證過,儘管有機體應當被看作是有組織的統一體,但它們不應被看作是同質的。在一個自我推動者之中,我們能夠區分出被推動的部分和引起運動的部分。[19] 亞里斯多德的觀點很容易讓我們感到困惑,部分原因是他的討論高度抽象。例如:我們可能想知道,如果生長中的有機體的形式是潛能,它是否需要有機體內的一個獨特的原因來使它運動?如果需要,這不就破壞了形式作為變化的內在原理嗎?但是,如果形式不需要一個獨特的原因(由此保住了「變化的內在原理」這個頭銜),這不就破壞了任何潛能的實現都需要一個獨特的原因這個原理嗎?

形式能夠保住「變化的內在原理」這個頭銜。因為自然有機物是形式和質料的複合物。與解釋變化(也就是有機體的生長)有關的潛能,是存在於質料之中的潛能。質料的潛能就是承載形式。有機體的形式才是變化(也就是質料潛能的實現)的獨特原因。當然,我們也可以把形式描述成使有機體獲得完全發展的形式的潛能或能力,但這麼說並不是反對形式有能力作為變化的獨特原因發揮

63

---

[19] 參見《物理學》VIII.1、VIII.4-5,特別是 258a1-27。

作用。此外，在生長的有機體之中作為潛能或能力存在的形式，其存在確實依賴一個獨特的、在先的現實性：在父親身上實現了的形式，這位父親又將這個形式傳到了他的種子之中。[20]

　　某些闡釋者反對亞里斯多德的這一原理，即所有經歷變化的東西都需要一個獨特的變化原因，認為這個原理只是他物理學體系的臨時補充。他們認為，亞里斯多德提出這個原理只是為了獲得想要的結論，即必然存在一個推動整個物理世界的不動的推動者。[21]亞里斯多德正是出於神學上的考慮──物理世界應當有一個神聖的原因──才假定了「變化需要獨特的原因」這個原理。我認為這種反駁沒有什麼說服力。因為亞里斯多德決定用潛能的實現來分析變化，正是這個決定主導著「需要獨特的原因」這個原理。一旦做出了這個決定，他就只需要認識到潛能在沒有實現的時候就已經存在了很久，並且相信對於變化何時發生應當有一個解釋，這樣他就會假定有一個獨特的原因引起了變化。

　　亞里斯多德變化定義的最後一個結果就是，變化原因的實現和變化主體的實現是同一的。[22]亞里斯多德在這裡試圖區分出一個事件（變化）的原因，而不是一個完成的產品（如房子）的原因。因為他把變化定義為潛能的實現，他就不能說變化的原因是先前一個潛能的實現；如果這樣說，就會陷入無窮倒退：任何已經發生的變化都需要一個先前的變化來使其發生。所以，儘管變化的原因必然區別於變化的主體，然而它們二者的實現就是同一個活動。「建築師建造房子」和「房子被建造」指的是同一個活動，儘管它們以不同的方式描述同一個活動。因此如果我們需要指出一個變化的獨

---

[20] 比如參見《物理學》III.2.202a9-12。

[21] 參見《物理學》VIII。

[22] 參見《物理學》III.3；這一點在前面的第二節中也討論過。

特原因，就像亞里斯多德那樣，我們必須指出一個東西，即一個實
體，而不是一個事件。在亞里斯多德的世界裡，沒有什麼先前的事
件可能成為變化的原因。唯一可能在變化之前存在並作為原因的，
就是一個有能力引起變化的**東西**，這種能力的運用就是變化本身。

64

　　儘管「單一實現」（single actualization）這個論題深埋在亞里斯
多德物理學體系之中，但是它對西方哲學卻有著深遠的影響。在黑
格爾著名的主奴辯證法中，兩個行動者之間有著生與死的鬥爭，每
一方都想要獲得對方的承認。為了避免死亡，被征服的一方向他的
新主人臣服為奴。諷刺的是，奴隸透過努力工作獲得了勝利，儘管
他的辛勞可能是服務他的主人，因此是異化的和被迫的，但實際上
在工作中他使自己的靈魂客觀化。因為建築師的建造活動與房子的
建造是同一個活動，奴隸在他的辛勞中發現了內在靈魂的外在表達。

　　黑格爾想用主奴辯證法含蓄地批評亞里斯多德對奴隸制和奴隸
主階級的辯護。根據亞里斯多德的理論，只有當人擁有閒暇，為了
探索本身而進行探索時，哲學才會產生。[23] 只有這時，理解的欲求
才能完全表達出來，因為只有這時，人們才不會囿於探索實現某些
必需目的的手段。不再需要去確保生活必需品，人們才能為了理解
本身而尋求理解。所以亞里斯多德把理論理解放在實踐能力（某種
技藝的知識）之上。對亞里斯多德來說，理論理解完全是神聖的，
而且只有奴隸主階層才有資格獲得。相反地，黑格爾將主人描繪為
懶惰和墮落的。正是因為他從奴隸誠實的勞動中「解放」了出來，
他被剝奪了在世界中實現自己靈魂的機會。但是黑格爾在批評亞里
斯多德的政治理論時，使用了一個亞里斯多德物理學的基本原理。
與亞里斯多德相對，黑格爾認為，奴隸的勞動反映出一個自我異化

---

[23] 比如參見《形上學》I.I.981b13-982a3。

的必然階段。在他能夠獲得真正的自我認識之前，他必須在勞動中先將自己客體化，從而為後來在勞動中找到自我，為達到主客體的和解掃清障礙。而在亞里斯多德看來，恰恰相反，在創造的過程中根本沒有異化。工匠在製造的過程中從未變成別的什麼，因為工匠作為工匠展現自己，以及工匠在自身之外創造某種東西，這二者是同一個活動。

65

　　眾所周知，馬克思批判了黑格爾的主奴辯證法。在資本家雇主之下，產業工人並沒有獲得黑格爾神話中的奴隸所獲得的相同成功。在馬克思的世界裡，是勞動給予了事物價值。因此如果資本家雇主想要獲利，勞動者的生命和能量中必然有相當一部分要被異化。如果資本主義要運轉，勞動者透過他的勞動投入創造物的價值必然成為資本家的財產。因為建築師建造房子與房子被建造是同一件事情，資本主義的勞動者被異化了。被建造的房子不僅僅是他創造的東西，還是他勞動的客體化。資本主義社會的勞動者因為在本質上與其勞動相分離，因此從他在最根本的意義上所是的東西中異化了。亞里斯多德主義關於工匠的靈魂與人造物之間關係原理又一次出現了。

三、變化的媒介（一）：無限

　　對於亞里斯多德而言，所有的變化都是一個持存的主體的變化。自然對象是典型的變化主體，它可以變大變小，可以獲得或失去某個性質，可以變化空間位置。所有這些變化都發生在時間和空間之中，要理解變化，我們必須理解變化發生的媒介——空間、時間以及物理意義上的大小。但是亞里斯多德認為，如果我們要理解空間、時間和質料，我們就必須理解無限。亞里斯多德說：「無限

首先在連續體中顯現出來。」[24] 也就是空間、時間和質料的連續結構。所有的變化都發生在時間中,而時間是無限可分的;這些物理變化發生在無限可分的質料上;物理對象位置上的變化,是這個對象穿過了一個無限可分的空間。除非亞里斯多德讓無限可分的概念成為可以理解的,否則就不能保證變化是可以充分理解的,也不能保證變化的實在性。[25] 因為「自然的知識是關於大小、變化和時間66 的……每個探索自然的人都必須要討論無限問題」[26]。

但是我們並不清楚,亞里斯多德說變化的媒介無限可分到底意味著什麼。我們可能會希望他將無限可分性當作一種潛能,說某個大小無限可分,就是說這個大小能夠以某種方式被劃分。然而當亞里斯多德說某個東西潛在的是 P 時,他通常的意思是指它有可能變成現實的 P。但是這裡與之對應的現實性是什麼呢?無限地切割一個有大小的物理對象不可能是一個現實的過程,因為很顯然,我們所要進行的任何物理切割都會落在一個擁有有限大小的東西上,這個東西只需要有限次的切割就會被完全毀壞。這也不可能是理論上的劃分:也就是說用頭腦中的操作來劃分有大小的東西,[27] 因為有朽的人類只能進行有限次的理論劃分。即使我們像亞里斯多德那樣相信物種的永久性和世界的永恆性,也沒有辦法能將理論劃分傳遞給下一代人。[28] 這樣看來,我們還是沒有把握到某個大小具有無限

---

[24] 《物理學》III.1.200b17-18。

[25] 亞里斯多德在《物理學》VI.1-2 中論證它們的無限可分性。

[26] 《物理學》III.4.202b30-35。

[27] 參見 David Furley's 關於理論劃分的解釋:*Two Studies in the Greek Atomists*, Study I, "Indivisible Magnitudes," Princeton University Press, 1967。

[28] 我有意忽略了那些能夠完成超級任務(supertasks)的行動者;參見 Paul Benacerraf, "Tasks, Supertasks and the Modern Eleatics," *Journal of Philosophy*, 1962。

可分的潛能是什麼意思。因為不僅是這個潛能永遠不可能被完全實現，而且也沒有任何劃分的過程可以展示這種潛能。

亞里斯多德認識到了這裡存在問題，他說，我們不需要認為所有的潛能都必須按照銅被雕刻成銅像的方式來理解。[29]因為「存在」有很多含義，說無限存在更類似於說「現在是白天」或是「奧林匹克比賽正在進行」，在一個事情總是接著另一個的意義上。[30]沒有一個時刻奧林匹克比賽是作為一個完成了的實在存在的。而是一個比賽接著另一個比賽。我們甚至可以區分出潛在的和實際存在的比賽：當它們發生的時候，一個接著一個，比賽確實存在，因為這就是它們存在的全部含義。這意味著，當我們說大小是無限可分的，我們所說的是它能夠經歷某種劃分的過程，而當它被劃分的時候，這個能力才被實現出來。

然而在奧林匹克比賽和無限的劃分之間，存在一個重要的不對稱。儘管並沒有一個時刻，比賽和劃分會產生一個完成的實在，但是至少會有一個比賽結束的時刻。與此相對的是，任何劃分過程都只能在有限次的劃分之後結束。亞里斯多德意識到了這個不對稱，因為他並沒有將對無限的分析與奧林匹克比賽進行類比。他繼續說道：「普遍來講，無限擁有這種存在的模式：一個事物總是接著另一個，每個事物都是有限的，但總是不同的。」[31]普遍而言，無限**存在**於這種意義上，即**總是**會發生另一件事情。亞里斯多德對無限本質的闡釋是說，總會存在一些尚未實現的潛能。某個大小是無限可分的，這是由於我們可以現實地開始對它進行劃分。當然，

[29] 《物理學》III.6.206a18-25。

[30] aei allo kai allo gignesthai：《物理學》III.6.206a22。

[31] 《物理學》III.6.206a27-29。

任何這樣的現實過程都會在有限次劃分之後終止。但是這並不意味著這一過程不能證明某個大小無限可分。是不是這樣，並不取決於劃分的過程，而是取決於在某個劃分結束之後，還可能進行更進一步的劃分。無論出於什麼原因劃分終止（它必然會終止），這個原因都不會窮盡所有可能的劃分。重要的是，體現在變化中的無限可分性，是我們這些進行哲學思考的人可以理解的。我們不是一定要看到無限的劃分，這也是不可能的，我們只需要認識到（總是存在的）沒有實現的劃分的可能性。我們認識到質料實際上不可能被無限劃分，這並不是一個關於質料的事實，而是一個關於我們自己的事實：我們是進行劃分的人，我們既不能進行也不能見證現實中的無限劃分。

68

因此亞里斯多德必須要區分兩個過程，一個是潛在的無限，另一個是現實的無限。沒有任何劃分能夠保證一個長度透過劃分成為現實意義上的無限。然而，一個實際的劃分過程在有限次劃分之後終止，但是在做出所有可能的劃分之前，就是潛在的無限可能發生的時候。當這個劃分過程一個接一個地發生時，我們就可以說無限**現實地產生了**。與之相對的是一個可能發生但沒有發生的過程。[32] 即便這樣說，亞里斯多德依然可以堅持認為透過劃分達到無限是潛在的，而不是現實的，因為這個劃分過程只能揭示這個長度潛在地是無限的。[33]

人們很容易認為一個大小潛在地是無限的，因為可能會有一個

---

[32] 《物理學》III.6.206a23-25、206b13-14。

[33] 《物理學》III.6.206a16-18、206b12-16；另參見《形上學》VIII.6.1048b14-17。我在論文 "Aristotelian Infinity," *Proceedings of the Aristotelian Society*, 1979-1980，頁 192-193 討論了這幾行的翻譯和闡釋問題。

持續進行的沒有終點的劃分過程。[34] 事實上，恰恰相反。更準確的
說法是，對亞里斯多德來講，恰恰**因為**大小潛在上無限，才可能有
這樣一個過程。一個物理意義上的大小潛在上無限，並不是因為存
在任何一個過程，而是因為這個大小的屬性。這個大小的結構決定
了，任何劃分都只是部分地實現了它無限的可分性，總還是有尚未
實現的可能的劃分。這樣看來，亞里斯多德似乎必然要將無限作為
質料永恆的潛在性。因為如果變化依賴空間、時間、質料的連續結
構，那麼這個世界中，必然有什麼東西向我們顯示它的連續性。[35]
否則我們就無法理解變化了。因為我們人類不可能執行或見證無限
的劃分，這個世界就必然要保證劃分過程不會終止。我們必然能夠

69

---

[34] 20 世紀一個著名的數學學派被稱為「直覺主義」，它反對「現實
的無限性」這個概念。他們試圖用潛在的無限澈底重新解釋數學中
關於無限的一切討論，也就是進行沒有終點的過程的能力。我們需
要注意，在亞里斯多德的潛在的無限與直覺主義的觀念之間差別其
實很大。亞里斯多德和直覺主義者都會同意，一個大小是無限可分
的，他們也都會將這闡釋為不管對這個大小進行了多少次劃分，總
還是可以再做進一步的劃分。但是他們兩方主張的可能性大不相
同。亞里斯多德的意思是，**假如有**一個劃分者**可以**繼續劃分這個長
度，那麼不管進行了多少次劃分，他總是**可能**再做下一次。對於亞
里斯多德來講，只有最後一個「可能」至關重要，因為這關乎這個
大小的結構，而不是一個過程存在與否。與此相反，直覺主義者的
首要關注是有創造力的數學家的能力，他要努力重構數學，從而揭
示它是一種人類的創造。人類無法實際進行無限次的劃分，正是促
使直覺主義者否認存在現實的無限的原因。與亞里斯多德不同，直
覺主義者將潛在的無限建立在這樣一個過程的基礎上，不管一個數
學家進行了多少次劃分，**原則上講**他依然可以進行下一個。

[35] 關於亞里斯多德對連續的定義，參見《物理學》V.3；另參見《物理
學》III.6.206a14-16。

理解關於世界的這個事實：我們必然能夠認識到存在尚未實現的可能性。這樣我們就保證了變化既是真實的，又是可理解的。

　　對亞里斯多德而言，正是因為一個大小透過劃分而成為無限的，某些過程才是可能的。我們可能會認為，在亞里斯多德回應芝諾（Zeno）關於劃分的悖論時，這個理論會產生問題。[36] 芝諾是巴門尼德的學生，他提出了一系列悖論，用來表明變化是不可能的。在其中一個悖論中，他說阿基里斯（Achilles）不可能從運動場的 A 點跑到 B 點，因為要跑到 B，他首先要到達 AB 的一半，而要達到 AB 的一半，他又要先到達四分之一，以至無窮。這樣看來，阿基里斯甚至都不可能開始運動，因為要到達任何一點，他都要首先跨過無窮多的點，而芝諾認為，這是不可能的。為了回應芝諾，亞里斯多德區分了潛在的和現實的點。[37] 在一條線上的點有幾種可能的實現方式，一種是人在它那裡停下，一種是人在它那裡掉頭，還有一種是在它那裡對這條線做出劃分。在亞里斯多德看來，假如阿基里斯要在這個過程中走過現實存在的無限個點，那麼他確實沒有可能走過有限的長度 AB，但是沿著一個長度的持續運動，並沒有將這個長度上的任何一個點實現出來。亞里斯多德會認為，如果阿基里斯持續地跑，可以在一分鐘之內跑過 AB 這個距離；假如他用前 30 秒跑過這個距離的一半，然後休息 30 秒，再用 15 秒跑到整個距離四分之三的位置，然後休息 15 秒……等，那麼他就不可能跑完全程。因為這種斷斷續續的跑法，會讓他實現 AB 這個距離中間的無限多個點，而那是不可能的。

　　對目前的討論來講重要的問題是，亞里斯多德似乎讓一條線上存在無限多的點依賴一個過程的存在。亞里斯多德否認一條線上實

---

[36] 《物理學》VIII.8.263a4-b9。

[37] 《物理學》VIII.8.262a12-263a3。

際存在無限多的點，他之所以否認這一點，是因為他認為某些種類的過程（比如斷斷續續地跑）是不可能的。但是他並不否認無限多的點在潛能的意義上存在，他也不認為這種潛能的存在依賴任何類型的過程。儘管亞里斯多德否認一條線上存在無限多的點，但是這並不像乍看之下那麼奇怪。因為他否認一條線是由點組成的。線是一個連續體，而沒有連續體是由點組成的。[38] 因為我們不需要也不應該認為，一個長度是由點組成的，這樣我們就不需要也不應該認為點實際上是存在的。

對亞里斯多德而言，點實際上並不獨立於我們對它們的「探尋」存在，但它們也不是我們創造出來的。[39] 點只在衍生的意義上存在，它是進行劃分的永恆可能性。但是這些可能性不會全都實現出來。在《論生成與毀滅》中，亞里斯多德考慮了，如果假設一個無限可分的大小在現實的意義上被「澈底」劃分，會產生哪些難題。[40] 亞里斯多德設想的是，一個大小之中所有的劃分都被實現出來，會發生什麼。剩下的是什麼呢？剩下的不可能是一個大小，因為任何大小都是可以劃分的，這樣就和「澈底」進行劃分的假設矛盾了。[41] 剩下的也不可能是沒有大小的點。劃分就是將一個整體劃分成組成它的部分，但是我們不能設想沒有大小的點組成了一個長度，這顯然是荒謬的。

亞里斯多德解決這個悖論的方式是，區分一條線被「澈底」劃

71

---

[38] 《物理學》VI.I.231a20-b6、V.3.227a10-12。

[39] 參見 Michael Dummett, *Truth and Other Enigmas*, Duckworth, 1978, p. 18。

[40] 《論生成與毀滅》I.2.316a15-317a18。

[41] 關於原子論者對亞里斯多德論證的批判，參見 David Furley, *Two Studies in the Greek Atomists*, Study I。

分的兩個意義。[42] 一條線可以在一個意義上被澈底劃分，即它可以在這個長度的**任何地方**被劃分開來。但是它不可能在第二個意義上被澈底劃分（即便在潛能的意義上也不行），即在這個長度的**每一個地方**被劃分開來。這樣看來，我們可以實現**任何一個**點，但是不能實現**每一個**點，因為對於任何劃分過程而言，總是有可能做出但實際並沒有做出的劃分。

　　亞里斯多德在這裡嘗試做出一個哲學視角上的革命：他想要將無限從一個極富權威的位置上趕下來。傳統上，無限獲得它的尊位，是因為它被看作包含一切的整全。[43] 但是在亞里斯多德看來，認為無限包含一切，是概念上的混淆：

> 無限實際上和人們說的相反。並不是在無限之外什麼都**沒有**，而是**總有**一些東西在它之外……沒有東西外在於它的是完全和整全。我們就是這樣定義整全的──不缺乏任何東西，比如一個整全的人，一個木盒子……另一方面，缺乏某些東西或者外在於它還有某些東西的，不管缺乏或擁有的東西有多小，都不是「全部」。**整全**和**完全**或者是一回事，或者非常接近。任何沒有目的（telos）的東西都不是**完全的**（teleion），而目的就是一種限定（peras）。[44]

要理解這個論證有多麼天才，我們必須要認識到，「無限」的希臘文是 apeiron，它的第一個字母 a 是表示否定的字首，就像英語裡的 un。在希臘語裡「無限」字面的意思是「**沒有**限定」。亞里

---

[42] 《論生成與毀滅》I.1.317a3 以下。

[43] 《物理學》III.6.207a15-21。

[44] 《物理學》III.6.206b33-207a15。

斯多德的論證表明，無限是不完美和不完全的。這個論證的結構
如下：

假設：　　　　　　　　　　　　　　　　　　　　　　　　　72
1. 無限就是在它之外什麼都沒有。
但是
2. 在它之外什麼都沒有的東西被說成是完全的和整全的。
亞里斯多德提出的例子是有限的範例——獨立的對象，他們是
個體的實在，自然實體或者人造物。
3. 整全＝完全。
但是
4. 每一個完全的東西都有目的。
並且
5. 目的是一個限定。

讀者可以從 3～5 得出結論：
6. 整全是有限定的（peras）。
但是
7. 無限是沒有限定的。
因此，最初的假設是錯誤的：
8. 無限**總是**可能有某些東西外在於它。

「無限實際上和人們說的相反」，因為將無限和整全等同起來
是荒謬的。因為那等於說，**無限**有一個**限定**。無限必然沒有限定，
這一點對亞里斯多德來講，是一個分析性的真理，也就是它的真完
全取決於這些詞的含義。

在廢黜了「無限」的至尊地位之後，亞里斯多德就可以論證：「無限並不包含，就它是無限而言反而被包含。因此，**作為無限**，它是不可知的，因為質料沒有形式。」[45]亞里斯多德經常在無限與質料之間進行類比。[46]將無限與質料同等看待，正是亞里斯多德要實現的概念革命的核心主張。對於某些前蘇格拉底思想家，特別是阿那克西曼德（Anaximander），無限是宏偉和神祕的東西。它是一個包羅萬象的永恆原理，主宰著整個世界的變化和流轉。相反地，對亞里斯多德而言，世界是有限的、永恆和非生成的。然而，亞里斯多德確實需要一種作為基底的質料，從它之中可以形成各種事物，因此，我們可以大體上公正地說，無限被當成了質料性的原理。

對亞里斯多德來講，無限是內在於自然之中的，而不是一個超越的原理。因此他可以說，我們首先在連續體中遇到無限。[47]就像質料一樣，無限並不包含這個世界，而是被包含的。包含它的就是形式。[48]最重要的是，質料本身僅僅是潛能，它能夠存在的唯一方式就是被作為**有形式的**質料。[49]無限僅僅潛在地存在，就像質料那樣。[50]至少部分源於它的潛在性，無限像質料一樣不可知。[51]質料之為質料，是不可知的，因為它缺少形式，而形式是可知的。無限不可知，既因為不確定的東西不可知，也因為理智無法穿過的東西不可知。

---

45 《物理學》III.6.207a24-26。

46 比如參見《物理學》II.6.206b14-15、207a21-6、a35-b1、207b34-208a3。

47 《物理學》III.1.200b17。

48 《物理學》III.7.207a35-b1。

49 參見《形上學》V.1050a15、1049b13；《論靈魂》430a10；另參見《形上學》XIII.107a30 以下。

50 《物理學》III.6.206b14 以下。

51 參見《物理學》III.6、207a24-6、a30-2。

在這裡，我們遇到了一條重要線索，一直通達亞里斯多德哲學的核心。假如一個事物的原因鏈條是無限的，那麼我們就不能認識到對它的解釋，因為理智不能穿過無限的序列，也就是沒有限定（peras）的序列。但是我們可以認識事物的原因，因此這些原因在數量上必然是有限的。[52] 假如一個實體是其所是的特徵是無限的，那麼實體就是不可知的。但是我們可以知道一個實體是什麼，因此在這個實體的本質或定義中，必然只有數量有限的特徵。[53] 貫穿亞里斯多德的著作，這個主題反覆出現，哲學的可能性，也就是滿足人理解的欲求的可能性，取決於這個世界對人類熱愛探尋的理智而言是可以理解、可以通達的。因此這個世界必然是一個有限的地點，包含著有限的對象。這就是「來自哲學可能性的論證」。亞里斯多德從**如果**我們要理解這個世界，那麼這個世界就必然是某個樣子，論證出這個世界實際上就是那個樣子。如果我們想要理解這個論證，就必須要理解，對亞里斯多德來說是什麼使哲學成為可能。並不是我們按照自己的形象創造了這個世界，也不是將世界的各種可能性還原成我們的可能性。世界**就是**這樣，它可以被認識，我們的理解能力本身就是這個世界的一個真實組成部分。至少，我們是世界的一部分，我們的認識能力是我們之所是的根本。因此，理解並不是我們投射到世界上的東西，為的是讓世界也對我們顯示為可理解的。理解本身就是這個世界最基本的構成要素。

74

四、變化的媒介（二）：時間的無限性[54]

亞里斯多德為了解釋三個明顯不同的現象發展出了關於無限

---

52 比如參見《形上學》I.2。

53 比如參見〈後分析篇〉I.22。

54 相關閱讀：《物理學》IV.10-14。

的理論：大小的無限可分性、數字的無限性、時間的無限性。[55] 但是，說時間潛在地無限，比說一段時間可以無限劃分意味著更多的東西。雖然一段時間也是一個連續體，但是亞里斯多德還想強調一個過程的概念：時間是不停飛逝的。他認為時間是沒有起點和終點的。[56] 但是亞里斯多德如何解釋時間的無限延續呢？他的解釋需要訴諸人類理智的作用，而且不僅僅是在量度中的作用，還有在時間的存在本身中的作用。亞里斯多德對時間的論述有兩個層面，首先，他給出了對時間本質的理論理解。其次，他還想解釋我們對時間的經驗。這兩個層面是彼此相關的，因為亞里斯多德認為，時間部分地由我們對它的經驗構成。因此，亞里斯多德的計畫是，經由我們對時間的經驗達到對時間的理解，我們又一次看到了基於經驗的可能性去論證實在。

某些早期思想家把時間等同於變化，[57] 亞里斯多德認為，這肯定是錯的。首先，變化發生在特定的地點，在一個變化的物體之中，然而在所有地方都有同樣的時間；其次，變化可以有不同的速度，更快和更慢，但是時間不能這樣。變化的速度是參照時間界定的，比如：快的變化就是發生在很短時間裡的變化。

儘管時間不是變化，亞里斯多德也在這個通常的信念中發現了一個重要的真理：

> 沒有變化就不存在時間，當我們理智的狀態完全不變的時候，或者沒有注意到它變化的時候，我們不認為時間流逝了，就像那些神話中說到的和英雄們一起睡在薩丁島的人醒來

---

[55] 《物理學》III.4，III.6.206a9-12。

[56] 另參見《物理學》VII.1-2。

[57] 《物理學》IV.10.218b9-20。

時那樣，因爲他們將更早的「現在」與後來的連結在了一起，並且將它們變成一個，去掉了中間的間隔，因而沒有注意到它。因此，假如現在沒有任何區別，就是同一的，那麼就不會有時間，同樣地，當我們沒有注意到差別，那麼這個間隔似乎就不是時間。如果我們沒有區分出任何變化，就沒有意識到時間的存在，理智就好像處於同一的狀態，當我們感覺和做出區分時，我們就說時間流逝了，很顯然，時間並不獨立於運動和變化。那麼很顯然，時間就既不是運動，也不獨立於運動。[58]

在這裡，亞里斯多德從我們對時間的經驗的本質出發，論證時間的本質。當我們沒有變化時，就不覺得時間在流逝，因此時間依賴變化。亞里斯多德並不是說時間是主觀的，那些和英雄們一起睡在薩丁島的人們將兩個不同的「現在」連在一起，一個是先前的「現在」，另一個隨後的「現在」。雖然對他們而言，好像沒有時間流逝，但他們是錯誤的。並不是任何關於時間流逝的主觀判斷都是正確的。然而，亞里斯多德確實認爲，如果不能對**可以**經歷變化而持存的靈魂做出解釋，就不能解釋時間的客觀實在性。這裡的挑戰就是去理解，亞里斯多德如何透過我們對時間的把握達到對時間客觀性的理解。

　　理智經由亞里斯多德對「現在」的討論進入了他的時間理論：

只有在標記了變化之後，也就是標記了之前和之後，我們才能　76
理解時間；只有當感覺到變化中的之前和之後，我們才能說時
間流逝了。我們標記時間的方式是，判斷一個事物不同於另一
個，而第三個事物在它們之間。當我們認爲兩端的事物不同於

---

58 《物理學》IV.11.218b21-219a2。

中間的事物，靈魂**就宣稱有兩個現在**，一個在之前，另一個在
之後，只有這時，我們才說存在時間，我們說的這個東西就是
時間。我們認為，被現在限定的東西就是時間，我們可以把這
一點確定下來。

因此當我們將現在感覺為單一的……就不認為有時間流逝
了，因為沒有發生變化。另一方面，當我們感覺到了之前和之
後，就可以說存在時間。因為時間就是這個，就之前和之後而
言的運動的數量。[59]

只有當我們感覺到變化中的之前和之後，才會說時間流逝
了，正是這樣的感覺使我們賦予時間以數量。變化或運動的數量恰
恰就是時間之所是，[60] 但是那個數量本身是客觀的嗎？通常當亞里
斯多德談到計數，他關心的是列舉某種離散的東西，一堆離散的
東西才是可以計數的。[61] 這就意味著，亞里斯多德想的是，一個人
挑選出一個特定的時間單位，比如說由天體運行標記的一天，然後
「宣稱一個現在」。有多少天，是透過宣稱有多少個現在來量度
77　的。[62] 變化以及我們對它的認識，才是我們認識之前、之後，以及

---

[59] 《物理學》IV.11.219a22-b2；另參見 IV.11.220a24-26、
IV.12.221a13-14、b2、b7﹑b11、b22、b25-6。

[60] 《物理學》IV.11.219.b1-2；參見 220a24-26、221b2, b11。

[61] 《形上學》V.13.1020a7-12；另參見〈範疇篇〉6。

[62] 亞里斯多德也說過時間是運動的**量度**（《物理學》IV.11.220b32-
221a1、221b7、b22-23、b25-26），他還經常談到量度時間（比如
參見《物理學》IV.12.220b14-222a9，根據我的統計，僅僅在這
段話裡就出現了 20 次「量度時間」）。我們很自然地會困惑，
亞里斯多德是不是區分了兩種時間，一種是運動的量度，另一種
是運動的數量。比如說，我們可以量度不可通約的時間段，但是

不同的「現在」標記的時間間隔的基礎。這個認識本身，也就是標記出不同的現在，確認了時間的實在性，同時也是時間本身的**實現**，時間只不過就是變化的數量或量度。

當靈魂「宣稱有兩個現在」時，我們就意識到了時間的流逝，但這是怎樣的一個宣稱呢？一個在時間中持存的靈魂存在於現在：它可以透過自己的存在指明過去和未來。靈魂宣稱「現在」，就是意識到當下這個時刻。這個宣稱有某種無可否認的性質，它不可能是錯誤的。因為靈魂可以宣稱現在的唯一時間就是當下，它有可能在過去宣稱某個現在，也可能在未來宣稱某個現在，但是當它實際宣稱一個現在時，它必然是處在（那個時候的）當下。說靈魂宣稱兩個現在，要麼是它意識到在兩個不同的時間它都宣稱了現在，要麼是它在過去的某個時間宣稱現在，而那個時間不同於它現在宣稱的。靈魂不需要依賴外在的變化才能認識到時間的流逝，它可以在自己的狀態中記錄變化。比如：我們可以躺在一間黑暗的屋子裡，意識到時間的流逝。只有「當我們自己不改變自己的思想，或者沒有注意到正在發生的變化」，「時間對我們來講才似乎沒有流逝」。[63] 有人可能會說，宣稱現在就像啟動和停止一個內在的思想馬表。但類比馬表可能有誤導性：因為這意味著一隻表有自己的量度單位。但是在亞里斯多德看來，我們所宣稱的那些現在就是最基

卻不能對它們賦予數量。我並不認為亞里斯多德考慮了這個差別。他用動詞 anametreô 和 katametreô（精確地量度）來描述量度（220b32-221a4），他通常用這些辭彙來表示一個整體被劃分為不同的部分（katametreô：參見《物理學》VI.7.237b27、VI.10.241a13；anametreô：參見《物理學》VI.7.238a22；《形上學》V.25.1023b15）。亞里斯多德似乎將計數和量度等量齊觀的段落，參見《物理學》IV.11.220a24-26、a32-b3、220b14-24、221b7-23、223b12-20。

[63]《物理學》IV.11.218b21-23。

本的單位，它們將某個間隔標記爲時間的間隔。（當然，我們可以選擇按照某些自然標記來宣稱現在，我們認爲它們意味著時間的統一流逝，比如太陽在天上的位置。）與精神馬表進行類比有一定的誘惑力，因爲我們很自然地希望這個量度有一個比我們宣稱現在更客觀的基礎：我們可能會認爲，在宣稱那些現在的時候，我們只是將時間限定在一個先前存在的客觀量度之中。在精神馬表的比喻中，我們已經預設了時間的全部內容。但是對亞里斯多德而言，時間是我們與自然的其他部分之間一種相互作用的結果。在自然中存在變化，它們中的很多表現出規律性。我們認識到這種規律性（這種認識體現在靈魂對現在的宣稱上），就既是對時間的認識也是時間的實現，時間就存在於靈魂所宣稱的現在之間。[64]

亞里斯多德明確承認時間依賴靈魂：

> 同樣值得探究的是時間如何可以與靈魂連結起來，爲什麽時間被認爲存在於大地、海洋、天空的一切之中……我們可以問，假如靈魂不存在，時間是否還存在；因爲如果不可能有人計數，也就不可能有任何能夠被計數的東西，因此很顯然不可能有數字；因爲數字是已經被或者是可以被計數的東西。但是如果只有靈魂，或者只有靈魂中的理智，才能進行計算，那麽除非存在靈魂，否則就不可能存在時間，那麽時間就不過是靈魂的性質，如果沒有靈魂也可以存在變化。[65]

時間是某種量度，因此，假如沒有靈魂或者靈魂中的理智去進行量度，時間也不可能存在。但是這並不意味著量度是主觀的，或者靈

---

64 參見《物理學》VI.6.237a5-6、a9-11。

65 《物理學》IV.14.223a16-28。

魂做出的任何量度都是正確的。它僅僅意味著，如果我們不討論對變化做出量度的靈魂，就不可能充分地論述時間。正是從靈魂這個在時間中持存的東西，這個活在當下，記得過去，預見未來的東西的視角，變化得到了量度。然而，儘管時間的實現在某種意義上既依賴量度變化的靈魂，又依賴變化本身的實在性，但是時間給出了理解變化的可能性。作為變化發生在其中的媒介，時間對靈魂提供了機會，讓變化可以理解。

79

　　但是，如果我們想讓**時間**變得可以理解，就一定要去理解在時間的客觀序列中，我們扮演的構成性角色。我們不能完全獨立於我們對時間的把握或經驗，去理解時間「自身」是什麼，因為時間的實在性部分地來源於靈魂的量度活動。時間依然可以是變化的量度，但是這需要我們在時間之中去進行量度。理解這個深刻觀念的一種方式，是去考慮一個事件在**某個時間**發生到底意味著什麼。要讓一個事件在某個時間發生，那個事件就必然與現在處於某種確定的關係之中，也就是說，與靈魂當下宣稱的現在這個時刻處於確定的關係之中。[66] 比如說，從特洛伊陷落到現在，天體旋轉了有限的圈數，靈魂可以依據天體的旋轉量度流逝的時間。

　　但是如果要考慮世界的整個歷史怎麼辦呢？亞里斯多德的世界不是被造的，而是永恆的。因此，假如我們可以量度包含了世界歷史中全部事件的時間，它必然是無限延伸的一段時間。但是怎麼可能有無限延伸的時間段呢？當我們試圖將亞里斯多德關於時間的有限性與任何大小都必然有限的討論結合起來，他的自然哲學似乎就陷入了前後不一致的境地。首先，時間被認為是變化的量度，我們挑出某種統一的運動，讓這種運動成為標準，依據這個標準去量

---

[66]《物理學》IV.13.222a24-29。

度某個變化的時間。對亞里斯多德來講，量度的範本是天體有規律的圓周運動，他認為那是永恆的。[67] 但是，其次，運動著的物體要穿過一定大小的空間。[68] 因此如果時間是無限的，而且時間透過運動被量度，那麼為什麼時間的無限性不能證明無限延伸的大小也存在呢？

80 　　對於這個問題明顯的回答是，亞里斯多德認為，只有圓周運動才是有規律的、連續的和永恆的。[69] 而圓周運動並不是真正無限的。[70] 儘管在經過圓周的時候，運動總是在繼續，但是我們不能在嚴格的意義上說這個圓是無限的。因為如果圓是無限的，那麼經過的每一個部分都必然和先前經過的部分不同，並且不能被再次經過，圓周運動並沒有滿足這個必要條件。因此，儘管天體總是在進行規律的圓周運動，並且因此給出了一個量度，可以據此量度其他變化的時間，它們卻並沒有經過無限延伸的大小。

　　這個回答並不完全令人滿意，雖然天球可能是有限的，但是天體在全部時間經過的**路徑**必然是無限的。亞里斯多德承認，如果時間是無限延伸的，那麼長度也必然是無限延伸的。[71] 他繞過了這個難題，將時間的量度限定在具體事件上。**每個事件**都在時間之中，但**所有事件**並**不在時間之中**。[72] 事件在時間之中是說它被時間包圍，也就是說有之前和之後發生的事件。所以儘管在世界歷史中的每個事件都在時間之中，因此我們可以量度從那個時間到現在有

---

[67] 《物理學》IV.14.223b12-21；參見《物理學》VIII.8-9。

[68] 比如參見《物理學》VI.1.231b18-232a22。

[69] 《物理學》VIII.8-9。

[70] 《物理學》III.6.206b33-207a8。

[71] 《物理學》VI.2.233a17-20。

[72] 《物理學》IV.12.221a1-222a9。

多少時間流逝了，但是我們不能將先前世界歷史中的全部事件當作處在時間之中，我們**不能量度**在先前的世界歷史中有多少時間流逝掉了。

　　那麼，亞里斯多德怎麼能說世界是永恆的呢？說世界是永恆的，它就必然在一切時間都存在。對亞里斯多德來講，這麼說是什麼意思呢？說世界必然總是存在，就是說沒有任何時間點上這個世界不存在。但是由於時間是變化的量度，天體的運行給出了標準的量度，那麼假如沒有這個世界，也就是沒有變化，也就沒有任何時間。這樣看來就面臨著一個危險，說世界是永恆的，本來看起來是一個關於這個世界本質的很高深的形上學論斷，但是如果按照這樣的理解，這個說法很可能就會變成一個很顯然的分析真理——僅僅分析這幾個概念的含義就能夠得到。**當然**沒有一個時間是世界不存在其中的，因為假如世界都不存在，就根本沒有時間可言，更不用說世界不存在於其中的時間了。說「過去總是有變化，在所有的時間也總將會有變化」也毫無幫助。[73] 因為說過去**總是**有變化，不過是說沒有一個過去的時間，在其中不存在變化，這麼說並沒有什麼大不了的。因為假如沒有變化，也就沒有時間，因為時間是變化的量度。與此類似，說將來也總是會有變化，看起來也不再是一個關於未來的形上學發現，而是一個分析真理。說時間不僅是變化的量度，也是靜止的量度，同樣沒有什麼幫助。因為所有的靜止也都在時間之中，因此時間必然超越任何靜止，在兩個方向上延伸。[74] 比如：我們可以說，一個動物暫時停止了運動，但是在這段時間裡，就像在這個動物的整個生命之中，牠的變化和靜止是可以被量度的，我們也不可能設想一個完全靜止的處於時間之中的天體。說這

81

---

[73]《物理學》VIII. 9.266a6 以下。
[74]《物理學》IV.12.221b7-14。

個世界不是被生成的，也沒有幫助，[75] 因為說世界不是被生成的，就是說沒有一個它生成的時間，這麼說也沒什麼大不了的。

亞里斯多德確實給出了一個論證，讓我們可以打破這個循環。在《物理學》VIII.1，他論證說，如果假設存在第一個變化就會導致荒謬的結論：

> 我們說變化是可變的事物就它是可變的事物而言的實現。因此每一種變化都必然涉及能夠進行那種變化的事物的存在……此外，這些事物必然要麼有一個開始，在那之前它們尚未存在，要麼是永恆的。假如每個可變的事物都有生成，那麼在這個變化之前，就必然已經有了另一個變化，在其中那個能夠變化或者能夠導致變化的東西得以生成。另一方面，假設這些事物在先前全部的時間裡都存在，沒有任何變化，哪怕稍加思考就知道是不合理的，如果進一步思考我們就會認爲更不合理。因爲如果我們說，一方面存在可變的事物，另一方面存在導致變化的事物，有一個時間存在第一個導致變化的事物和第一個承受變化的事物，而在另一個時間沒有這樣的東西，而只有靜止的事物，那麼這個靜止的事物之前必然處於變化的過程之中，因爲必然有原因導致它的靜止，靜止是運動的缺乏。因此，在這第一個變化之前，就有先前的變化。[76]

亞里斯多德論證，假如我們設定第一個變化，那麼在它之前必然還有變化。（同理，他還論證如果假設最後的變化，也會有在它之後

---

[75] 參見《論天》I.10-12。

[76]《物理學》VIII.1.251a9-28。

的變化。）[77] 如果他說存在第一個變化是荒謬的，那麼我們可以理解他說總是存在變化就不僅僅是一個分析真理。同樣地，亞里斯多德說世界是永恆的，這句話也不應該被理解成無限延伸的時間長度，而只是沒有一個時刻是世界存在的第一個（或最後一個）時刻。

亞里斯多德論證的不過是時間**潛在的**無限性，也就是說，對於時間中的任何一個時刻，都可以找到更早和更晚的時刻。事實上，這個論證還帶來了一個更嚴重的問題：它是不是甚至連時間的潛在無限性都沒有證明？比如：假設我青春的第一次和最後一次心跳都是荒謬的，這只是表明我青春期的心跳構成了一個**模糊的**帶有確定性的全體。[78] 亞里斯多德從未考慮過時間中的不同時刻構成了一個模糊的全體，那麼讓我們也就簡單地假設它們並非如此。[79] 時間的無限性僅僅是一種潛能，這一點與理智扮演的角色密切相關。在亞里斯多德看來，時間在現實意義上的無限延伸，對我們來講毫無意義，因為我們不可能把握到現實的無限延伸。但是時間的本質是我們可以理解的，因為時間的實在性就體現在靈魂的量度之中，那麼時間的無限性就完全建立在如下事實之上：給定任何變化，總是可以量度出更早和更晚的變化。對此我們無需做更多說明，因為在亞里斯多德的世界裡面，也沒有更多東西可以明說了。因為我們對時間的經驗部分構成了它的實在性，亞里斯多德可以從我們對時間的經驗推論出時間存在的本質。

83

---

[77] 《物理學》VIII.1.251b28-252a5。

[78] 參見 Michael Dummett, "Wang's Paradox," in *Truth and Other Enigmas*, Duckworth, 1978；Crispin Wright, "Language Mastery and the Sorites Paradox," in G. Evans and J. McDowell eds., *Truth and Meaning*, Clarendon Press, 1976。

[79] 參見 David Sanford, "Infinity and Vagueness," *Philosophical Review*, 1975。

　　這樣看來，亞里斯多德的時間理論就陷入了康德第一個二律背反的羅網之中。康德認為，他建立了兩個同樣有效的論證，一個結論是世界沒有開端，另一個結論是世界在時間上有一個開端。世界沒有開端的論證，在結構上和亞里斯多德的論證非常相似。為了證明世界有一個開端，康德假設世界沒有開端，由此推論出，在當下之前，必然已經有（現實的）無限延伸的時間流逝過去，而在他看來，這是不可能的。亞里斯多德會既承認世界沒有開端，又接受現實的無限時間是無法理解的，因此不可能有現實的無限時間已經流逝，但是他不會認為康德的這個論證是有效的。在亞里斯多德看來，從世界沒有開端這個前提，只能得出第一個變化是無法量度的結論。考慮到理智對任何變化做出的量度，理智總是可以對更早的事件做出量度。正是為了強調這種對於時間性的說法的重要性，亞里斯多德說時間**在潛能的意義上**是無限的。

五、變化的悖論：芝諾的飛矢[80]

　　我們看到，亞里斯多德關於變化的觀念，是為了回應巴門尼德對於變化實在性的攻擊。我們可以來看看，亞里斯多德的這個理論如何應對芝諾關於飛矢的悖論，這個悖論是否認變化可能性最大的挑戰之一。我們可以從《物理學》兩段高度濃縮的段落中重構這個悖論。《物理學》VI.9 這樣開頭：

84　　　然而，芝諾的推理是錯誤的，他說如果只占據和本身大小一樣空間的事物是靜止的，並且如果在位移中的事物總是處於現在之中，那麼飛矢就是不動的。這是錯誤的，因為時間並不是由

---

80 相關閱讀：《物理學》VI。

不可分割的現在構成的，就像其他的大小也不是由不可分割的
東西構成的。[81]

他隨後說：

> （芝諾的飛矢悖論）已經在上面給出了，他說飛矢是靜止的，
> 之所以產生這個結果，是因為他假設時間由現在構成：如果不
> 認可這個假設，就不會產生這個結論。[82]

在我看來，這個悖論的結構如下：

1. 只占據和本身大小一樣空間的事物是靜止的。
2. 一支飛矢在運動時是在當下運動的。
3. 在當下，這支箭只占據和它自身大小一樣的空間。
4. 因此，在當下這支箭是靜止的。
5. 因此，一支運動的箭，在運動的時候是靜止的。

在這個論證的重構中，有一個方面值得提及。「在當下」（in the
now）是亞里斯多德常用的一個表達方式，它把握到了一個對芝諾

---

[81] 《物理學》VI.9.239b5-9。我對這句話裡的「根據相等的東西」（kata
to ison）的闡釋是「占據和自己相同的空間」（牛津譯本裡用的是
「占據相等的空間」）。希臘人很難表達空間的觀念，這個闡釋保
留了希臘語的含義，同時也提示了這種不太自然的表達。

[82] 《物理學》VI.9.239b30-33（我用了比較字面的翻譯「時間由**現在**構
成」，牛津譯本裡用的是「時間由**時刻**構成」，我們會看到，這個
差別非常重要）。

的論證至關重要的概念，但是芝諾的這個概念卻被很多研究古代物理學的學者忽視了，這個概念就是「**當下的瞬間**」（the present instant）。[83]注疏者們傾向於認為芝諾的意思是，在某個時刻，這支箭只是占據和它大小一樣的空間。[84]但是這個悖論的力量，以及亞里斯多德的回應，都依賴下面這一點：芝諾關注的是箭飛行中的那個時刻，就是當下的這個時刻。

亞里斯多德從兩個方面反駁這個悖論。首先，我們可以從引文中看到，他否認時間是由很多「現在」構成的。現在不過是過去和將來的分界，它本身沒有長度。當他說到「很多現在」（ta nun）時，說的是一些沒有延續長度的瞬間，它們每一個現在、過去或將來都可能出現。因為每一個現在都沒有時間上的長度，很多現在加在一起也不可能構成一個有一定長度的時間。[85]因此，即便芝諾正確地說每一個現在飛矢都是靜止的，這也並不能得出結論，認為這支箭在整個飛行過程中都是靜止的。因為這個飛行過程不應該被認為是由現在構成的。因此，即便所有的前提都是正確的，也並沒有出現悖論，因為這個論證是無效的。這個論證的基本假設是，如

---

83 一些注疏者試圖以此作為證據，認為「現在」這樣的說法並不在芝諾的論證之中。比如參見 Gregory Vlastos, "A Note on Zeno's Arrow," in R. E. Allen and D. Furley eds., *Presocratic Philosophy*, vol. 2, Routledge & Kegan Paul, 1975, pp. 187, 192；G. E. L. Owen, "Zeno and the Mathematicians," *Proceedings of the Aristotelian Society*, 1957-1958, p. 165 注釋 38。我認為這些論證沒有什麼說服力。比如 Parmenides, Diels-Kranz 28B8:5 就提到了「現在」（nun）。

84 比如參見 Owen, "Zeno and the Mathematicians," p. 157; Vlastos, "A Note on Zeno's Arrow," p. 192；Jonathan Barnes, *The Presocratic Philosophers*, Routledge & Kegan Paul, 1979, vol. 1, pp. 276-285。

85 參見《物理學》IV.10-14。

果一個對象在給定時間範圍內的每一個當下的瞬間都具有性質 P，那麼它在整個時間範圍內都具有性質 P。在亞里斯多德看來，這個假設本身就是無效的，它之所以顯得有效，是由於誤解了時間的本質。

其次，亞里斯多德也否認這個論證的前提為真。在他看來，認為這支箭在某個現在是運動的還是靜止的都是錯誤的。因為運動一定有速度，而決定速度的是在給定的時間穿過的距離。因此一個對象以某個速度運動，它必然在某個時間段中穿過了某個距離。[86] 因此，說一個對象在某個現在中運動是沒有意義的：

> 我們要表明，沒有什麼東西可以在某個現在中運動。因為如果這是可能的，那麼就可能有更快和更慢的運動。假設在這個現在中，更快的運動穿過了距離 AB。如果是這樣，那麼更慢的運動在同樣的現在就會穿過比 AB 短的距離，比如說 AC。但是由於更慢的運動要穿過 AC 必然要用掉整個現在，那麼更快的運動要穿過同樣的距離就要用掉比現在更少的時間。這樣我們就有了對現在的劃分，然而我們又說現在是不可分的。因此，任何事物都不可能在現在處於運動之中。[87]

這段話的意思是，運動的對象以不同的速度運動，因此如果對象可以在現在運動，那麼我們就可以用不同的速度對不可分割的現在進行劃分。因為就像上面的例子表明的，我們可以問運動速度更快的物體穿過 AC 需要多少時間（AC 就是運動速度更慢的物體在現在

---

[86] 《物理學》IV.14.222b30-223a15。

[87] 《物理學》VI.3.234a24-31；另參見 VI.5.237a14、VI.8.239b1、VI.10.241a24-26。

穿過的時間），而答案必然是某個比現在更短的時間。[88]

但是亞里斯多德繼續說，我們也不能說一個物體在現在是靜止的：

> 也沒有什麼可以是靜止的，因為我們說，能夠處於靜止之中的東西，只能是那些依據自然可以運動但是此時此地並沒有運動的東西，因此，既然沒有什麼東西可以在現在運動，顯然也就沒有什麼可以靜止。
>
> 此外，對於兩個時間來講，現在都是一樣的，一個東西有可能在一個時間運動，在另一個時間靜止，在整個時間中運動或靜止的東西，在這段時間的任何部分都是運動或靜止的，那麼就會得出，同一個東西同時既是靜止的又是運動的，因為這兩個時間有相同的端點，即現在。
>
> 此外，我們說一個事物靜止，就是說它的整體和部分在現在和過去都是同一的；但是現在不包括過去，因此就不可能在現在中包含靜止。這樣看來，運動物體的運動和靜止物體的靜

87

---

88 原子論者無需受困於這個論證，因為這個論證假設了占據現在的運動是連續的運動，而原子論者可以否認這一點。原子論者將現在當作時間性的原子，他可以允許兩個對象用不同的速度運動，這麼說的意思是，在下一個現在，這個物體距離前一個現在有兩個空間原子的距離，而另一個對象則只有一個空間原子的距離。我們不能問這個更快的物體什麼時候只有一個空間原子的距離，用這種方式來劃分現在，因為根據原子論者的理論，根本就沒有這樣的時間。當然，對亞里斯多德來說，這種不連續的運動根本就不是運動。參見《物理學》VI.1.231b18-232a22；D. J. Furley, *Two Studies in the Greek Atomists*。

止，都必然要占據時間。[89]

靜止像運動一樣，必然發生在一段時間內。運動要求一個對象在不同的時間處於不同的地方，靜止則要求對象在不同的時間處於相同的地方。

因此亞里斯多德在這方面攻擊芝諾論證的前提。前提 1. 是錯誤的，因為在「現在」，一個對象只占據和它本身大小相等的空間，因此既不運動也不靜止。[90] 事實上，亞里斯多德認為我們不可能精確地對一個運動的對象定位。[91] 我們只能精確地對一個靜止的物體定位，說它占據一個和自身大小相等的空間，或者說它現在的位置是什麼。[92]

如果芝諾說的「當下」指的是（按照亞里斯多德對他的理解）當下這個瞬間，那麼前提 2. 也是錯誤的。因為箭並不是在當下這個瞬間運動的。如果我們把「當下」理解為一個時間段，那麼前提

---

[89] 《物理學》VI.3.234a31-b9。在這個立場和亞里斯多德所說的存在某個變化發生的第一個瞬間（《物理學》VI.5.235b6-236a7）之間似乎存在某種張力。假設正在發生的變化是一個運動的物體停了下來（參見《物理學》VI.8），我們或許會認為，必然存在這個物體處於靜止狀態的第一個瞬間。迫於這個論證，亞里斯多德確實討論了一個物體在某個瞬間停止（《物理學》VI.5.236a17-20），但是我認為，更加完整的回答是，在這段時間中存在這個物體停下來的第一個瞬間，我們也可以說這是「這個物體處於靜止的第一個瞬間」，只要我們沒有誤認為這個對象在某個瞬間處於靜止狀態。亞里斯多德明確反對存在靜止的第一個瞬間，而理由就是，不管是運動還是靜止，都不可能在某個瞬間發生（《物理學》VI.8.239a10-14）。

[90] 參見《物理學》VI.8.239a23-b26。

[91] kata to ison：《物理學》VI.8.239a23-b26。

[92] 《物理學》VI.8.239a26-b1。

2. 就變成了顯然正確的，那麼前提 3. 就是錯誤的：在現在這個時間段中，飛矢並不僅僅占據和它自身長度相等的長度。

　　亞里斯多德的論證看起來很有說服力。但是具有諷刺意味的是，這個論證或許比亞里斯多德的任何其他論證都受到了更嚴厲的批評。最常見的批評（或許受到了微積分發展的刺激），針對亞里斯多德認為一個對象不可能在某個瞬間運動。我們可以說一個對象在某個瞬間運動，如果那個瞬間在這個對象運動的時間段中。[93] 這個批評認為，我們應該區分一個對象**在某個瞬間之中**（in an instant）運動和一個對象**在某個瞬間上**（at an instant）運動。[94] 說這個對象在某個瞬間之中運動，就是說它在這個瞬間之中實際上穿過了某個距離；也就是說將這個瞬間理解為一個很短的時間段。亞里斯多德認為說一個對象在某個瞬間**之中**運動是荒謬的，從而否定了這種可能性，這無疑是正確的。但是這麼說並沒有表明，一個對象不可能**在某個瞬間上**運動。這麼說的理由無非就是，那個瞬間包括在一段時間之中，在這段時間中，這個物體是運動的。

　　然而，這個反駁既沒有公正地對待芝諾，也沒有公正地對待亞里斯多德。根據這個反駁，箭在某個瞬間上運動，當且僅當它在包含這個瞬間的一段時間裡運動。但是芝諾不會滿意我們將前提修改為，存在一段時間，在這段時間裡，箭是運動的。他會說：「當然，如果箭在運動，那麼它就不可能**在當下之外的時間**運動。但是你已經承認了，箭並不是**在當下之中**運動，意思是，在當下它實際

---

[93] G. E. L. Owen, "Zeno and the Mathematicians," pp. 157-162 給出了這個反駁的經典表述。他反對亞里斯多德，認為時間是否由現在構成與這個問題完全無關。

[94] Owen, "Zeno and the Mathematicians" 和 Vlastos, "A Note on Zeno's Arrow" 提出了這一點。

上沒有穿過任何距離。你想要說，箭**在當下之上**運動，意思是當下是一段時間中的一部分，而在這段時間裡，箭確實移動了一段距離。但是，你已經承認了，除了在當下之上，箭不可能在其他時間運動。因此，說箭因為在某個其他的時間運動所以它在當下之上運動，是荒謬的！」[95]

現代闡釋者把箭不可能「在現在之中」運動，理解為箭不可能「在某個瞬間之上」運動，這樣的理解在不經意間鈍化了芝諾的論證。因為這樣一來，從微積分的概念出發，說箭可以在某個瞬間之上運動就意味著在包括這個瞬間的一段時間中運動，就太容易了。但是因為芝諾關心的是當下這個特殊的情況，我們不能僅僅用在某個瞬間之上運動來回應他。這樣的概念要麼不能用在這裡，要麼就是多餘的。如果我們不假設有一段時間（這段時間可以被劃分為過去和將來兩部分），在其中箭**是運動的**，就不能應用在某個瞬間之上運動的概念。因為這樣的話我們只能說，箭在某個瞬間之上運動，如果它在包含這個瞬間的一段時間中運動。但是如果我們跟

89

---

[95] 關於芝諾追隨巴門尼德的證據，參見柏拉圖的《巴門尼德》127a-128e。關於巴門尼德僅僅關注現在，而否認過去和未來，參見 Diels-Kranz 28B11，尤其是第 5-6 行。弗拉斯托斯否認芝諾的箭與現在有任何關係。他認為，「現在」是亞里斯多德偏愛的術語，亞里斯多德以一種年代錯置的方式用它來描述芝諾的悖論。這個論證缺乏說服力。因為重要的並不是「現在」這個詞是否出現在亞里斯多德的時代之前。按照我的理解，芝諾的悖論並不依賴任何關於「現在」的技術性用法，而是一個非常普遍的關於當下的概念，或許正是由於這種普遍性本身，我們很難看清應該如何反駁這個悖論。一個普遍性的當下概念顯然在芝諾的時代就有了。芝諾的老師巴門尼德就說過：「它不是過去也不是將來，因為它完全就是**現在**。」（Diels-Kranz 28B11:5）正是巴門尼德的看法，即某個事物可以僅僅存在於當下，讓芝諾的飛矢具有力量。

隨亞里斯多德，假設存在一段時間，在其中箭是運動的，那麼「現在」僅僅是這段時間的瞬間劃分，這樣一來，訴諸在某個瞬間之上運動的概念就是多餘的，因為我們已經假設了箭運動所需要的一切。

另一種反駁芝諾的現代進路就是否認前提 1.，也就是否認如果對象只占據和它自身大小相等的空間，那麼它就是靜止的。[96] 任何對象在任何瞬間都只占據和它自身大小相等的空間，即便它在持續運動之中。比如我們可以想像自己在一架從紐約到倫敦的飛機上，在旅程的任何瞬間，我們都只占據和我們自身相等的空間，畢竟每個人只買一張機票，但是在整個旅程中我們都是運動的。如果我們這樣思考，就很難理解前提 1. 怎麼可能是正確的。但是這樣一來，這個悖論看起來就太沒意思了，我們甚至懷疑，這樣戰勝芝諾是不是太容易了？

這種懷疑是有道理的。如果我們不能毫無疑問地假設存在一段時間，在其中某個對象在運動，我們就不能繼續說，這個對象在這段時間的任何瞬間運動。芝諾對於「當下」的使用，目的就是要動搖我們的這個假設，即存在一段時間，既包括了當下的瞬間，這個對象又在其中**運動**。因為，正如亞里斯多德在討論關於時間的第一個難題時指出的，對於任何一段包括了當下的時間而言，有些是過去，其餘是未來。[97] 芝諾可能會問：「我們怎麼能說，箭在**已經發生**或者**將要發生**在它上面的某些事情的意義上**在運動**呢？」

當然，**如果**我們可以說我們在從紐約到倫敦的飛機上，那麼我們也可以說我們在整個旅程的任何瞬間都在運動，雖然在那個瞬間，我們只占據和我們自身大小相等的空間。但是，芝諾想要問的

---

[96] 參見 Jonathan Barnes, *The Presocratic Philosophers*, vol. I, p. 283 。

[97] 參見《物理學》IV.10 。

是：我們怎麼能說有任何時間，在其中飛機是運動的？是不是當我們看到某個對象運動的時候，就自己加上了「一段時間」這個概念？但是我們已經接受了下面兩個命題，第一個是一個對象可以運動的唯一時間就是當下——前提 2.；第二個是在當下它並沒有實際穿過任何距離——前提 3.。看起來並沒有任何時間，我們可以說這架飛機（或者箭）在其中運動，就像我們可以說它在某個瞬間上運動那樣。前提 1. 看起來顯然是錯誤的，除非我們用乞題的方式假設存在一段時間，對象在其中運動。

一種不必落入乞題陷阱的回應是否認前提 2.，也就是否認一個對象需要在當下之中運動。我們可以說，一個對象在某段時間內運動，僅僅是因為它在這段時間的不同點處在不同的位置。這樣我們就可以說，一個對象在當下的瞬間運動，如果那個瞬間包括在對象運動的一段時間之內。對於芝諾充滿懷疑的問題：「你難道認為一個對象**在運動**，僅僅是因為它在過去和將來占據不同位置嗎？」我們可以坦然地回答「是的」。[98] 這就是不想在關於時間的科學理論中加上當下延續的人會給出的答案。那些不想給當下特殊位置的理論家，可能會喜歡這個解決方案，勝過亞里斯多德的方案。

然而，值得注意的是，這個策略就把勝利拱手讓給了芝諾。因為我們用現在進行式「X 正在運動」來談論需要進行一段時間的事件，這段時間的全部都被認為是當下。我們也可能會談論一個對象在某個瞬間運動，但是這種用法是從前面那個首要的用法裡面衍生出來的。但是我們正在考慮的這些理論家認為，嚴格說來，任何時間段都不能被稱為當下。因此這些理論家應當同意芝諾的看法：**根**

91

---

[98] 這是想要透過塞拉斯所謂的「科學意象」（scientific image）對付芝諾悖論的人所持的立場。參見 Wilfred Sellars, *Science, Perception and Reality*, Routledge & Kegan Paul, 1963；另參見 Bertrand Russell, *The Principles of Mathematics*, Allen and Unwin, 1972, pp. 347, 350。

據我們的日常語言，箭在它飛行的過程中是不動的。我們可以既承認這一點，同時又堅持箭在不同的時刻處於不同的位置。

在這個分析之中，芝諾的勝利不只是字面上的。任何接受了這個分析的人，就會認為他先前關於運動的一些信念是片面的，也就是依賴人類的視角。從這個人類的視角看，箭似乎是運動的，因為在一定的時間範圍內發生了變化，而這個時間段可以被合法地認為是當下。而支持這個分析的人會說，如果根據一種非人類的科學觀念，那就根本沒有一段時間可以被稱為「當下」。所謂的「飛」矢，不過是因為它在不同的時間處於不同位置而已。

在亞里斯多德看來，對於芝諾飛矢的這種理解是荒謬的。完全不涉及當下，完全不涉及靈魂量度變化的時間概念，必然是前後不一致的。如果我們不想讓芝諾獲勝，那麼首先攻擊的就應該是前提3.：在當下飛矢只占據和它自身相同長度的空間。我們不能指出明顯的錯誤來反駁這一點；而是要發展出一種關於時間的理論，根據這種理論，當下可以被理解為一段時間。這是亞里斯多德策略的一部分，這一點可以從他認為時間並不是由現在構成的理論中看到。任何時間段都只能被認為是由更小的時間段構成的，如果有了這個理論，即任何當下都是由一段時間構成的，我們就可以用不同於亞里斯多德的方式，理解一個對象在某個瞬間或當下的瞬間運動是什麼意思了。也只有這樣，我們才能說一個對象雖然只占據和它自身相同的空間，但是在某個瞬間運動。這遠不是一個無關緊要的真理，它依賴將當下理解為一段時間的那種時間理論。

人們常說，芝諾悖論讓希臘人感到困惑，只是因為他們缺乏現代微積分的概念，特別是在某個瞬間運動的概念。到現在，我們應該清楚了，這樣的說法沒有根據。人們還經常說，亞里斯多德關於在某個瞬間不可能有運動的論證，極大地妨礙了運動力學的發展。一個好的論證確實可能產生讓其他事物停滯下來的效果，這或許確

實是亞里斯多德的遺產。但是人們通常認為，亞里斯多德給出了一個錯誤的論證，這個論證極其惡劣地影響了所有相信它的人。這個看法是沒有道理的，亞里斯多德的論證是有效的，我們並沒有內在的理由認為它對運動力學的發展產生了負面的影響。

我們已經看到，亞里斯多德的論證是，一個運動的物體必然以某個速度運動，而速度是在一定的時間裡穿過一定距離。因此問一個物體在某個瞬間的速度是荒謬的，因為瞬間並不是一個時間段，也就更不可能有在它之中穿過的距離。由於在某個瞬間運動的物體不能以某個速度運動，因此它在這個瞬間就是不運動的。

微積分和運動力學的發現都沒有表明這個論證存在錯誤，相反地，在運動力學中，人們發現這個論證是有用的，那就是一個物體在越來越短的時間之中運動，直到這個時間趨向於瞬間，求速度的極限。每一個透過求極限得出的速度，都是在某段時間裡通過的距離除以這段時間的長度。傳統上，這個極限叫作運動物體的「瞬間速度」，或者說是一個物體在某個瞬間的運動速度。這個理論並沒有表明亞里斯多德的論證存在錯誤，只是亞里斯多德沒有預見到「瞬間速度」或者「在某個瞬間運動」這樣的表達方式，它們代表著速度的極限。當然，現代運動力學超越了亞里斯多德的運動力學，部分原因在於我們對於極限的理解比亞里斯多德好很多，但是承認這一點非常不同於認為亞里斯多德關於在某個瞬間不可能存在運動的論證是錯誤的。[99]

---

[99] 有人可能會反對，說我們不能認為運動只能發生在某個時間段之中。因為如果我們考慮一個一直在加速的事物，那麼描述這一現象最自然的方式就是說在任何時刻，這個物體都以不同的速度運動。如果是這樣，就意味著在這個加速過程中，沒有任何時間段，它以固定的速度運動。但是如果我們詳細考察，這個反駁並不成立。因

93 　　由於微積分並不會自動讓芝諾的飛矢變得無效，我們就有理由回過頭去重新考察亞里斯多德的解決方案。這樣做會同時告訴我們，什麼構成了對一個懷疑論論證的反駁，以及芝諾的悖論為什麼依然令人著迷。我們在前面看到，亞里斯多德既反對這個論證的有效性，又反對它的前提。他認為這個論證無效，因為即便我們同意箭在每一個當下的瞬間都是靜止的，也並不意味著它在飛行的整個時間中靜止。理由在於，一段時間並不是由當下的瞬間或者現在構成的。

　　但亞里斯多德並沒有**證明**時間不是由現在構成的，相反地，在《物理學》IV.10-14 中，他發展了這樣一種時間理論，根據這種理論，一段時間可以被說成是由更小的時間段（而不是瞬間）構成。他確實論證了芝諾的前提是錯誤的，但這個論證依賴他關於時間結構的理論，這一點並沒有被充分證明，而只是被強有力地呈現出來。當然，每個證明最終必然依賴某些本身不能被證明的前提，因此亞里斯多德並沒有想要證明每一個假設。事實上他反覆強調，我們要區分需要證明的東西和不需要證明的東西，用後者來證明前者。[100]

為一個物體在時間 T 的瞬間速度，就是計算這個物體在趨向於 T 的時間間隔中的速度。因此為了確定瞬間速度，我們就要能夠確定這個物體在特定時間段中的速度。在持續加速的過程中，會發生下面的現象：如果我們挑出那段時間中的任意兩個瞬間（不管它們距離有多近），並且分別計算趨向於那兩個瞬間的速度的極限，結果會是不一樣的。如果我們想要說「在任何瞬間，這個物體的速度都是不同的」，這樣並無不可，只要我們不認為在某個瞬間發生了某種特別的事情，因為如果那麼說，我們就被我們的辭彙誤導了。

[100] 比如參見《物理學》VIII.3.253a32-b6。

　　我認為，亞里斯多德的起點是，在飛行過程中箭顯然是運動的，這個信念建立在感覺經驗的基礎上。亞里斯多德和芝諾同意感覺提供的證據，但是對於這些證據的理解大不相同。芝諾是巴門尼德的忠實信徒，他認為我們的經驗必然對現實的本質給出歪曲的呈現；而亞里斯多德與他相反，他認為感覺經驗表明，那個導致了巨大矛盾的論證必然存在錯誤。在《物理學》III-VI 中，他構建了一套關於空間、時間以及變化的理論，用這種理論，他想要用抽象的方式描述他清楚地看到的運動確實發生著。問題在於，物理學中的論證需要依賴一些假設，這些假設即便用很成熟的方式思考，看起來也不是自明的或者免於批評的。比如：亞里斯多德認為時間是運動的量度，時間的存在和本性被認為來自變化的存在和本質。此外，正如我們看到的，亞里斯多德的推理是，既然時間是變化的量度，那麼時間的存在就依賴進行量度的靈魂或者理智。

　　像亞里斯多德一樣，我們也傾向於相信，物體確實運動，也一定有某種理論可以解釋這樣的運動如何可能。時間不是由現在組成的，這個看法在亞里斯多德的整體理論框架之內看起來是完全合理的，如果我們接受了那個理論，就能知道如何回應芝諾。但重要的是意識到，是我們而不是芝諾被芝諾的謬誤說服。[101] 芝諾會認為，亞里斯多德的理論犯了乞題的錯誤，因為它假設存在這樣一段時間，這段時間要麼以當下作為沒有長度的瞬間劃分出過去和未來，要麼就完全是當下的一段時間。

　　然而這並沒有說明亞里斯多德的回應存在根本上的錯誤，認為這個回應錯誤，就是因為假設了我們只有不做任何預設，或者以

---

[101] 我在《亞里斯多德與邏輯理論》（*Aristotle and Logical Theory*, Cambridge University Press, 1980）第六章更詳細地討論了用這種方式回應懷疑論。

完全自明、毫無爭議的預設，才能回應懷疑論者。但是對於大多數有趣的懷疑論論證而言，比如芝諾的這個，這樣的反駁方式並不存在。最好的方式就是按照亞里斯多德的策略，用我們真誠相信的前提構建論證來回應芝諾。鑒於這些前提是我們真誠相信的，那麼對我們自己而言，這個懷疑論的悖論也就不再成問題了：它不再是一個真正的難題。這就是應對芝諾這樣的極其天才的論證最好、也是唯一的方式。懷疑論的難題不能基於絕對毫無爭議的假設簡單打發掉，它只會消失。但是即便是真誠的相信，不管有多麼真誠，並不能保證對於個人或共同體而言，一直都是穩定的。假如用來回應懷疑論悖論的預設遭到質疑，那麼先前我們認為已經被埋葬了的悖論就會重新困擾我們。我們或許可以構建另外一個理論去回應這個悖論，但是沒有哪種理論可以保證一個精彩的悖論一旦被打倒就永世不得翻身。因此我們可以既認為時間不是由現在構成的，又認為這個信念可以被顛覆。因為這個基本的懷疑，我們必須承認，芝諾的飛矢可能還會成為那些相信變化的人（亞里斯多德和我們）需要面對的嚴峻挑戰。

Chapter ④

人的自然

一、靈魂[1]

96 　　傳統上靈魂被認為是有生命的東西的原理，在亞里斯多德看來，我們訴諸靈魂首先是為了解釋動物生命的兩個顯著特點：運動能力和認知能力，後者包括感覺和思考。[2]但是，先前的思想家將靈魂看作一個獨立的對象，他們將靈魂與肉體結合，但是並未解釋這兩者如何連結在一起。[3]亞里斯多德認為他可以依靠形式與質料的區分，充分說明靈魂，及其與肉體的關係。他將靈魂定義為「潛在具有生命的自然肉體的形式」，[4]因為生物體的形式是它的自然，那麼靈魂就是生物的自然，即生物變化與靜止的內在原理。

　　形式是肉體的實現，而質料是潛能，因此靈魂就是活的有機體的實現。[5]在這裡亞里斯多德引入了一個區分，一個是學習了一門知識（epistêmê），另一個是實際運用知識。我們可以將一個人的知識看作實現，因為他已經超越了僅僅是有可能學習知識的階段，他確實已經擁有了知識，可以隨心所欲地運用它。但是，比起實際運用知識，這種狀態的實現等級還不夠高。當他進行沉思的時候，他的知識處於活躍狀態，而當他沒有進行沉思的時候，他的知識就還是一種可以啟動的能力——如果願意的話可以進行沉思。與此類

97 比，有機體可以在不同的實現等級上活著。生物醒著的時候，它們處於生命的活躍狀態，在睡著的時候，它們依然活著，但只是在最低的意義上運用生命的能力。亞里斯多德認為，靈魂是活著的生物的**第一實現**。[6]

1　本章第一和第二節相關閱讀：《論靈魂》I.1-2、II.1-12。

2　《論靈魂》1.1.403b25-27、III.3.426a17-19。

3　《論靈魂》I.3.407b13-26。

4　《論靈魂》II.1.412a20-21。

5　《論靈魂》II.1.412a10, a22；另參見 II.5。

6　《論靈魂》II.1.412a27-28、b5。

　　因為靈魂是形式，亞里斯多德認為他就此解決了靈魂與身體如何結合到一起的問題。形式與質料並不是兩個彼此不同的部分，混到一起就能構成一個活著的有機體。有機體本身就是一個統一體，只是在哲學分析之下，可以被認為擁有形式與質料兩個方面：

> 這就是爲什麼我們可以認爲靈魂與肉體是不是「一」的問題毫無必要，這就像是問一塊蠟和它的形狀是不是「一」，或者普遍而言，一個事物的質料與它是什麼的質料是不是「一」。「一」有很多含義，但是在嚴格的意義上是實現。[7]

靈魂不是一個特殊的成分，可以把生命吹入一個無生命的肉體。它是活物的某個方面，而活物就是一個功能發揮良好的統一體的典範。

　　這是有機體被認為是實體的一個原因，事實上，當亞里斯多德寫作早期作品〈範疇篇〉時，個別的有機體正是實體的典範，它們「是最嚴格意義上的、首要的、最是實體的」[8]。因為一個有機體本身就是一個主體，性質都是謂述它的，因此在存在上依賴它，有機物是實在的基礎。「所有的實體似乎都意味著『這個某物』（this something）。」[9]亞里斯多德用「這個某物」表示某個確定的、存在論上獨立的實在。個體有機物的組織賦予它確定性；它是各種性質依附的主體，而非某個作為基礎的主體的性質，這一點賦予它存在論上的首要地位。但是，亞里斯多德撰寫〈範疇篇〉的時候，他還

---

[7] 《論靈魂》I.1.412b6-9；另參見 II.1.413a3-7、II.2.414a19-28。

[8] 〈範疇篇〉5.2a11。

[9] 〈範疇篇〉3.b10。我將「tode ti」字面地翻譯為「這個某物」，而牛津的譯本翻譯的是「這個」（this）。我更喜歡字面化的翻譯，儘管看起來有點怪，因為我們很快會明白對亞里斯多德而言，這個詞是一個形上學術語。參見第六章第六節。

98 沒有區分形式與質料。[10]有了這個區分之後,亞里斯多德也就很自然地要去重新思考什麼是首要實體的問題了。因為如果個體的有機體是質料與形式的複合物,那麼它似乎就依賴它的形式或靈魂,才成為它所是的那個有機體。讓我們暫時不去討論什麼是首要實體的問題。在他撰寫《論靈魂》的時候,亞里斯多德認識到,至少**在某種意義上**,靈魂才是實體。[11]因為他說,由於形式或本質,個體的有機體是「這個某物」。沒有形式的質料,缺少一切定義,因此不能依靠自身存在,也就不能被算作「這個某物」。正是形式、本質或靈魂,使得一個有機體獲得了不管哪個層次上的確定性和獨立性。

但也正是因為靈魂與肉體必然要在活的有機體那裡形成一個統一體,我們很難區分它們。[12]人造物提供了形式與質料區分的原初模型,在這裡匠人顯然將形式加到獨特的質料之上。但是與之相對,在活著的有機體之中,質料與形式總是密切地結合在一起,並沒有獨立存在和持存的質料,可以不時將靈魂加入其中。事實上,一個活的有機體的質料恰恰要依賴靈魂,才是它所是的質料。某種特定的靈魂,比如說人的靈魂,也需要特定種類的質料。[13]活的有機體確實是一個統一體,因此對於亞里斯多德來講,真正的挑戰並不是表明靈魂與肉體可以形成一個統一體,而是表明這個統一體怎麼可以合理地被認為有兩個方面,靈魂與肉體。

---

[10] 參見 Alan Code, "Aristotle: Essence and Accident," in R. Grandy and R. Warner eds., *Philosophical Grounds of Rationality: Intentions, Categories and Ends*, Clarendon Press, 1985 和 "On the Origins of some Aristotelian Theses about Predication," in J. Bogen and J. McGuire eds., *How Things Are: Studies in Predication and the History of Science*, D. Reidel, 1985。

[11] 《論靈魂》I.1.412a8、b10-11。

[12] 參見 J. L. Ackrill, "Aristotle's Definitions of *Psuchê*", in *Articles on Aristotle*, vol. 4 以及第二章第一節。

[13] 《論靈魂》II.2.413b25-27。

　　亞里斯多德也意識到了這個難題。他並沒有簡單地將一個領域裡的區分轉移到另一個領域，而對這種轉換是否可行毫無意識。他有很強的理由認為，形式與質料的區分可以被用在活物的領域之中。靈魂是實體，因為它是肉體的本質，也就是肉體的「是其所是」。[14]這就是依據 logos 的實體。一個事物的本質或 logos 是某種可以理解的秩序。我們很快就會看到，理智把握一個事物的方式就是把握它的 logos。這樣就有一條從理智到世界的反向道路，可以向活著的有機體的形式或靈魂的觀念賦予內容。研究一個活著的、運轉良好的有機物，理智最終把握到了在有機物中實現了的形式。用哲學的方式反思對有機體的認識，我們就能了解這個有機體的形式。

　　亞里斯多德認為，我們至少可以從技藝與自然的類比入手。他讓我們設想一個人造物，比如說一把斧頭，是一個自然有機體。[15]它的本質就是砍的能力。假如它永遠喪失了這個能力，那麼它就不再是一把斧頭，除非是在名義上。與此類似，我們可以考慮一個器官，比如說眼睛，它的本質是看的能力。眼睛是一個很好的例子，因為我們可以設想，在眼睛失去看的能力之後，它的質料大體上還保持完好。（比如設想一位盲人的眼睛，或者一顆泡在福馬林中的眼睛。）眼睛是某種物質性的器官，擁有看的能力，一旦失去了這個能力，它就不再是眼睛了。問題在於，亞里斯多德是否可以將這個類比擴展，包括整個活著的有機體。他說，靈魂是一種實現，就像視覺或工具的能力一樣，[16]因此，如果我們可以了解某個有機體整體的獨特活動，靈魂就是從事那項活動的能力。

99

---

[14] 《論靈魂》II.1.412b10-11。

[15] 《論靈魂》II.1.412b12-413a7。

[16] 《論靈魂》II.1.413a1。

　　但是我們怎麼研究某種**能力**呢？亞里斯多德認為，我們只能去盡可能細緻地研究它發揮作用的活動，看它們是如何發生的。在亞里斯多德看來，我們對靈魂的各種描述都太抽象了。我們可以說，靈魂是一個活著的肉體的形式，但是這麼說我們依然不理解如何清楚地區分一個活的有機體的形式與質料，這個說法沒有多大幫助。然而亞里斯多德並沒有依賴這個描述，他的策略恰恰相反，他詳細地研究靈魂，也就是活物得以活著的能力，從而幫助我們理解什麼構成了一個活物的形式。他說，對靈魂給出一個絕對普遍的定義是荒謬的。[17] 相反地，我們必須要考察各種不同的活物（植物、動物和人）實際的生活，由此我們發現，構成靈魂的那些能力形成了一個等級序列，營養、生長、繁殖的能力是所有活物都擁有的；動物區別於植物的特徵在於還有感覺；一些動物區別於其他動物的特徵是可以移動；而人區別於其他動物的特徵在於人可以進行實踐推理和理論推理。透過研究所有這些能力的運用，亞里斯多德認為他可以洞悉人的本質。

　　讓我們將注意力集中在靈魂較高的能力上：感覺、運動和認知。但是我們要注意，即便在最基本的生命功能（即營養和繁殖）之中，亞里斯多德也看到了某種神聖的跡象：

> ……對於任何達到了通常發展狀況的活物而言……**最自然的行動**就是生產出某個像它一樣的活物，動物生產出動物，植物生產出植物，從而就其自然所及，可以分有永恆和神聖。那就是**一切事物追求的目標，為了這個目標，它們做它們的自然能做的一切**……由於沒有任何活物能夠以不間斷的持存分有

---

[17] 《論靈魂》II.3.414b25；另參見 I.1.402a10-22、402b21-403a2。

永恆和神聖（因爲沒有任何可朽的事物能夠永遠保持同一），它努力用可能的唯一方式去實現那個目的，成功也有不同的程度；它並不是保持完全同一的那個個體，而是在某個和它**相似的**東西裡面繼續存在，它們在數量上不是「一」，而**在形式上是「一」**。[18]

亞里斯多德在活物的形式中賦予了某種力量，這種力量可以保存形式。雖然有機體個體是有朽的，但是它們在深層有巨大的動力要透過「最自然的行動」，也就是透過這個種族的繁衍保持其形式的存在。那麼神聖性何在呢？對於亞里斯多德來講，永恆性雖然是神聖性的一個標誌，但並非神聖性的充分條件。質料在某個意義上是永恆的，因為它既不是被造的也不會毀滅，但亞里斯多德並不認為質料是神聖的。我們需要更深層的理由去理解，為什麼保存形式是神聖的。但是我不會在這裡給出這個理由。我提到這個問題，只是想挑戰我們對亞里斯多德的理解：除非我們理解了，為什麼在繁殖這種最基本的生命活動中，一個有機體就它的自然所及分有了神聖，否則就依然沒有真正進入亞里斯多德的世界。

101

二、感覺

亞里斯多德的策略，是透過研究有機體的典型活動，尤其是感覺和運動，來闡明有機體的形式。在總結感覺活動時，他提到了形式：

感覺能力接收事物沒有質料的可感形式，就像一塊蠟可以接收

---

[18] 《論靈魂》II.4.415a26-b7（強調是我加的）。（我將「eidei d'hen」譯為「形式上是一」，而牛津版的翻譯裡面將它譯為「具體的一」。）

指環圖章的印記，而不會接收鐵或金。製造印記的是銅或金的
指環圖章，但並不是作為銅或金，與此類似，感覺受到有顏
色、氣味、聲音的東西影響，但並不是作為這些東西本身，而
是作為某種類型的東西，並且依據 logos。[19]

亞里斯多德似乎要透過形式來解釋形式。一個活物的形式（至少是
它感覺經驗的能力）是用它有能力接收形式來描述的。這是亞里斯
多德第二次運用蠟板和印記的類比。第一次是為了表明形式與質料
複合體的統一性。在這裡，這個類比指出了感覺能力與它所接收的
可感形式之間的統一性。但是如果我們還沒有理解感覺能力接收事
物的可感形式是什麼意思，我們就還沒有真正理解靈魂這種形式。

　　我們不要混淆一個事物的**可感**形式與它的形式，這一點非常
重要。比如說，一棵樹的可感形式首先表現在這棵樹看起來是一棵
樹；其次表現在這棵樹有能力引起處於恰當位置的感覺者感覺到它
102　是一棵樹。而一棵樹的形式是它的自然或本質。當然，可感形式本
身是形式的一種表現，樹之為樹的部分特徵就是它顯得像一棵樹。
但是樹的實在並不僅僅是它的表象，除了滿足眼睛的標準之外，一
棵樹還需要更多特徵。既然感覺能夠對這個世界給出準確的意識，
那麼在自然對象和這個對象的感覺者的意識狀態中，必然有結構上
的相似性。假如樹與看這棵樹的人的感覺狀態之間沒有結構上的相
似性，那麼我們就沒有理由稱那個人的靈魂狀態為**感覺到**一棵樹。
亞里斯多德所說的「可感形式」，正是要把握由「感覺」這個概念
保證的這種結構上的相似性。

---

[19] 《論靈魂》II.12.424a17-24（我將「aisthêsis」翻譯為「感覺能力」，
而不是牛津版的「感覺」；我沒有翻譯「logos」，而牛津版將它翻
譯成「形式」）。

亞里斯多德必然要用整體的變化理論來解釋感覺，原因有兩個。首先，當我們在感覺上意識到這個世界的某些部分時，我們在認知狀態上會經歷某種變化，比如：當我們看到一棵樹，我們會意識到我們正在看這棵樹。其次，當我們試圖解釋這種狀態上的變化時，必然要找到某種外在的原因，也就是我們感覺的對象。根據亞里斯多德的變化理論，某個**潛在地**具有某種形式的東西，受到某個已經擁有那個形式的外在對象的影響，經歷某種變化，從而接收那個形式。亞里斯多德認為感覺是對存在於這個世界上的特徵的準確意識，那麼他就會很自然地認為，可感對象擁有某種形式，而這個形式是感覺能力可以接收的。我們看到的樹擁有樹的可感形式，它導致我們的視覺接收它的可視形式。

然而，在亞里斯多德關於變化的普遍理論中，他認為，在施動者和受動者之間只有一個活動，這個活動發生在受動者那裡。建築師在自己的靈魂中有房子的形式，但是這個形式僅僅是實際從事建造活動的潛能。建築師進行的建造活動是發生在房子被建造之中的，而不是發生在建築師之中的，建築師的建造活動本身就是房子的形式處於最高等級的實現之中。與此相對，就感覺而言，這個因果關係的方向是反過來的：這個世界在接收者的感覺能力上造成某種因果性的影響。但是如果我們將感覺理解成某種變化，那麼世界對感覺者造成的因果性影響，就是發生在感覺者感覺能力中的單一活動。

當感覺者看到一棵樹的時候，在感覺者那裡發生的活動就是他**在感覺上意識到**一棵樹，這棵樹導致感覺者在感覺上意識到一棵樹。如果感覺是感覺能力接收事物的可感形式，那麼對感覺的意識就應該是處於最高實現等級的可感形式。**存在於一棵樹裡面的樹的**可感形式，就是導致處於恰當位置的感覺者產生樹的感覺意識的能

力。[20] 對於樹的感覺意識與存在於樹之中的可感形式是同一的，只是實現的等級更高。因為雖然樹擁有一棵樹的可感形式，但是它並不能感覺到它自身。樹完全沒有感覺意識，因為它根本沒有感覺能力。感覺意識的發生是兩個事物之間因果關聯的產物，一方面是物理對象，另一方面是感覺能力。可感對象和相應的感覺能力彼此之間的關係是擁有**同一個**實現的兩個潛能。可感對象擁有可以被感覺到的能力，而感覺能力擁有去感覺的能力。這裡面唯一的實現就是感覺活動，而這個活動發生在感覺者那裡。

但是亞里斯多德怎樣將對象的可感形式理解成某種潛能呢？形式不是某種實現嗎？亞里斯多德的回答是，我們必須要區分潛能和實現的**不同等級**。一個對象的可感形式是它的表象，這個表象是它**實際上**擁有的。我們來考慮一下**第一等級的實現**中一棵樹的可感形式。但是，當我們考慮樹擁有這個表象是什麼意思時，我們就會意識到，它的可感形式是在感覺者之中導致某種感覺意識的能力。樹的可感形式，雖然是**樹的某種實現**，但是**對於被感覺而言只是某種潛能**，實際上感覺到這棵樹才是這棵樹的可感形式在最高等級上的實現。這個可感形式更高等級的實現，只能發生在感覺能力之中。因此，可感形式最高等級的實現，並不是發生在可感對象之中，而是發生在感覺到那個形式的存在者的感覺能力之中。

104　　與此相似，動物的感覺能力也是動物靈魂或者動物形式的一部分，當然，靈魂也是動物的某種實現。但也是**第一等級**的實現。如果我們考慮什麼是感覺能力，我們會認識到那是一種接收可感形式的**潛能**。亞里斯多德認識到那是一種非常特殊的潛能，因為他雖然用接收可感形式的方式來描述感覺，但是對世界的感覺意識非凡

---

20 注意建築師的類比：存在於建築師靈魂中房子的形式，是建築師導致房子被建造的能力。而這個「導致」發生在被建造的房子之中的。

而特殊，我們不能僅僅用被動的感覺能力來描述。在這裡，亞里斯多德再次區分了不同等級的潛能和現實。[21] 他使用的類比是獲得和運用知識或理解。我們甚至可以說一個無知的年輕人是一個「知道者」，因為他屬於一個能夠獲得知識的物種。[22] 但是他僅僅在**第一等級的潛能**上是一個知道者，因為他是由特定的材料構成的，只要有了與這個世界的適當互動，他就能獲得知識。[23] 而一旦他獲得了某種知識，比如幾何學，我們就可以說他在更進一步的意義上是一個知道者。他的靈魂已經處於某種穩定的狀態了：[24] 他可以隨意構造和理解幾何證明。但即便是這種更高級的狀態，也依然是某種潛能，因為他的幾何學知識在於實際進行幾何學活動的能力之中。這時他的知識就可以被理解為**第二等級的潛能**——這是強調一個知道者可以進行實際思考的能力，也可以被理解為**第一等級的實現**——這是強調靈魂更高級的狀態。[25] 因為擁有這種知識，這個人可以被稱為**實際上的知道者**，但是這種現實性僅限於他可以隨意進行沉思的**能力**。[26] 因此，靈魂的這種狀態代表第一等級的實現。與這種狀態形成對照的是，一個人實際沉思一個幾何證明，也就是實際運用他的知識。

亞里斯多德認為，從擁有知識到實際運用知識的過渡，是一種非常特殊的變化。[27] 當一個人進行學習的時候，他的靈魂經歷一

105

---

[21] 參見《論靈魂》II.5。

[22] 《論靈魂》II.5.417a21-24。

[23] 《論靈魂》II.5.417a27。

[24] 「狀態」是 hexis。

[25] 關於潛能，參見《論靈魂》II.5.417a24-b19；關於實現，參見 III.4.429b5-9。

[26] ho eptstêmôn、ho kat' energeian：《論靈魂》III.4.429b6-7。

[27] 《論靈魂》II.5.417b2-7、b14-16。

種直接的狀態變化，無知的狀態被知識的狀態代替。但是當一個人擁有了知識，實際運用這種知識就不再是靈魂狀態的變化了。事實上，亞里斯多德說，實際運用知識可以幫助**保存**一個人已經獲得的知識。如果這可以被看作是某種變化，那麼必然是非常特殊的一種。它的特殊之處在於，它的結果——實際的沉思本身——是一種活動。[28] 活動（energeia）與變化（kinêsis）的不同之處在於，活動並非指向某個外在的目的，因此本身就可以是目的。一般的變化，比如建造房子或者學習，是指向某個目的的（一棟建好的房子或者知識），而當目的實現的時候，這個變化就停止了。[29] 與此相反，沉思不需要指向某個尚未實現的目標，我們可以僅僅因為它自身之故去做它，在任何點上都不需要停止。

感覺也是一種非常特殊的變化，一方面，可感形式從對象傳遞到感覺者那裡是一種變化。樹導致我看到一棵樹，感覺依賴某個外在原因，這個外在原因以某種方式觸動了對象與感覺之間的中介物，而這個過程的最終狀態就是感覺意識。另一方面，這個變化的產品——感覺意識——本身也是一個活動。亞里斯多德認為，觀看在任何瞬間都是完成的，我們因為它自身之故從事這個活動，而不是因為它是有用的。我們在前面已經看到，亞里斯多德認為，我們

---

[28] 尤其參見《形上學》IX.6。

[29] 亞里斯多德給出了這樣一個測試來區分活動和變化：如果在某事物正在做某事（Φ-ing）過程中的任何一個時間點，我們都可以說它已經做了這件事（Φ-ed），那麼正在做的這件事就是一個活動。比如：在一個人觀看的任何一個時間點，我們都可以說他已經觀看了；但是在一個人正在建房子過程中的任何一個點，我們都不能說他已經建造完了。因為一個人只有正在建造某個東西的時候，我們才能說他正在建造；而當他已經建成，建造過程停止之後，我們才能說他已經建造了。

在運用感覺能力的過程中感受到的單純快樂本身,已經表明了在我們的靈魂中有一種渴望認識的欲求。[30]

我們能夠從事這樣一種特殊的變化,也就是擁有對這個世界的感覺意識,是因為我們從父母那裡繼承了一種**經過發展的**感覺能力。[31] 我們似乎從一出生就擁有第二等級的感覺潛能,也就是我們的感覺能力。第一等級的潛能,也就是成為感覺者的能力,存在於種子(精子)之中,由父輩傳遞下去。因此從擁有感覺的能力到感覺的過渡,就像從擁有知識到運用知識的過渡,也是一種非常特殊的變化。[32] 但是,既然知識已經被內在化了,我們就可以隨意運用它了。而與此不同,感覺依賴某個外在對象,這個對象導致感覺能力活躍起來。因此感覺保持著與通常變化的相似性。在通常的變化中,現實地擁有形式的一方(比如說一個正在建造的建築師)導致形式被某個有能力接收它的東西接收(比如木頭)。作為原因的形式所進行的活動發生在承受變化的一方之中,比如正在建造的建築師的活動發生在被建造的房子之中,而不是在建築師之中。感覺與此類似,存在於可感對象之中的可感形式,只是一種被認知的潛能。而感覺能力是一種可以接收可感形式的(經過發展的)潛能。但是亞里斯多德認為,對象中可感形式的活動與感覺能力的活動,是同一個活動,雖然我們對二者的描述不同。[33] 這種活動發生在感覺能力之中,因此,可感形式最高等級的實現並不發生在可感對象之中,而是發生在感覺到那個形式的存在者的感覺能力之中。

因此,感覺就是一個單一的活動,但是有主觀和客觀的兩個

106

---

[30] 《形上學》I.1 980a21-27。

[31] 亞里斯多德認為尤其是從父輩那裡。

[32] 《論靈魂》II.5.417b16-19。

[33] 《論靈魂》III.2.425b26。

方面。感覺器官是一種「主觀的」潛能，也就是認識到存在於世界之中的可感形式的潛能。而自然對象中的可感形式是「客觀的」潛能，也就是使得感覺者意識到這個形式的潛能。這個可感形式顯然是實現出來的感覺活動所感覺的對象，可感對象可能現實地存在，即便當它沒有被感覺到的時候，但是如果我們要理解**可感**對象之為可感對象到底意味著什麼，我們就必須要認識到它擁有某種潛能，這種潛能的實現可以發生在實際感覺到它的感覺者的感覺能力之中，那種潛能是質料中的可感形式。這乍看起來可能顯得有些悖謬，因為我們認為形式是某種實現，但是感覺的物理學要求感覺能力「接收」的形式代表某種比對象之中的可感形式更高水準的實現。如果我們認為質料之中的可感形式是第一等級的實現，而第二等級的實現才是活動（也就是實際感覺到不帶質料的可感形式），那麼這種奇怪的感覺就會減弱很多。

107

在感覺者感覺能力中出現的可感形式，比可感對象之中的形式要高一個實現等級。在某些情況下我們有恰當的語言可以把這個區分標識出來，比如：希臘語中的「聲音」是 psofos，這個詞既可以指感覺者之外的潛能，也可以指感覺者之內的活動。也就是說，我們既可以用 psofos 指外在世界中的聲音，比如一棵樹倒下的聲音；也可以指在聽到那個聲音的人之中發生的活動。但是如果我們想要毫無歧義地指稱在聽者那裡發生的活動，我們可以用「發聲」（psofêsis、sounding）。[34] 根據亞里斯多德的看法，「發聲」**只能**發生在聽者那裡。但是，那些認為如果沒有聽見就不可能有聲音的人是錯誤的，因為雖然這個說法對於**作為活動**的聲音，以及**作為活動**的聽見，是成立的；但是如果我們說的是這個世界中的聲音，也就

---

[34] 《論靈魂》III.2.426a7-13。

是作為一種可以被聽到的潛能的聲音，就是錯誤的。[35] 要正確地看待這個情況，我們必須要區分不同等級的潛能與實現。比如：我們要區分這樣三種狀態：

1. 一棵樹立在樹林中。
2. 一棵樹在樹林中倒下，它發出的聲音沒有被聽到。
3. 一棵樹在樹林中倒下，它發出的聲音恰好被一個聽者聽到。

根據亞里斯多德的看法，在 2. 中我們可以說，這棵樹產生了某種聲音，也就是它在這個世界之中製造出某種聲音。這是第二等級的潛能，也就是被聽到的潛能。但是我們不能說這是「發聲」。只有在 3. 中，才有聲音真正的活動——「發聲」。這個活動出現在聽者的感覺能力之中。對於現代人而言，這麼說或許很奇怪，但是對於亞里斯多德而言，沒有被聽到的聲音必須要被理解成實際感覺的潛能。[36]

　　至此，我們描述了從世界影響感覺者的角度看發生了什麼。「聲音」和「發聲」這樣的辭彙說的是這個世界對感覺者的影響，但是我們也可以從聽者的角度描述感覺活動。就像「發聲」一樣，希臘語中的「聽」（akoê、hearing）也有歧義。它可以指聽的能力，也就是聽覺（比如：「在聽了那麼多聲音很大的演唱會之後，我的聽覺都和以前不一樣了」），它也可以指實際聽到某個聲音（比如「我聽到了聲音」）。但是如果我們想要毫無歧義地指實際

108

---

[35] 《論靈魂》III.2.426a20-26。

[36] 事實上，根據亞里斯多德的看法，我們甚至可以說一個沒有發出聲音的固體「擁有聲音」，因為在敲擊的時候它有能力發出聲音。參見《論靈魂》II.8.419b4-9。

聽到一個聲音，可以用「實際聽到」（akousis、active hearing）。[37]
這樣，同一個活動就既可以被稱為「發聲」，也可以被稱為「實際
聽到」。這沒有什麼神祕的，就像我們可以稱同一個活動為「一個
建築師在建造」，或者「房子正在被建造」。一個是從行動者的角
度描述，另一個是從受動者的角度描述，但是它們描述的是同一個
活動。

這樣看來，我們就可以從主觀和客觀的角度描述同一個聽的活
動：我們可以說它是「實際聽到」——這是從感覺者的角度描述；
我們也可以說它是「發聲」——這是從作為潛能的外在聲音的角度
描述。但是在這兩種情況下，我們都是在描述同一個狀態。我們可
以說實際聽到的就是某種聲音，也可以說它關乎某種聲音。說它就
是某種聲音的意思是，它是聲音的某種主動形式——「發聲」；說
它關乎某種聲音，是因為亞里斯多德很明顯要給出感覺的物理學。
在感覺之中，最高等級的實現，也就是可感形式最高等級的實現，
是發生在感覺者那裡的，但是這個活動是對外在現象的感覺。

在亞里斯多德的世界裡，如果作為潛能的形式是一種力量，這
種力量指向形式最高等級的實現，那麼**我們就應該將可感形式理解
為自然對象之中的力量，這種力量指向對形式的意識**。因為只有在
感覺者的意識之中，可感形式才達到了最高等級的實現。一棵樹的
可感形式是真正的力量，它指向這棵樹被感覺為一棵樹。感覺到這
棵樹必然發生在感覺者的感覺能力之中，但是感覺本身是可感形式
最高等級的實現。

然而，這裡有一個非常嚴重的問題：可感形式如何從自然對象
之中過渡到感覺者的感覺能力之中。因為正是這個過渡，讓可感形

109

---

[37] 《論靈魂》III.2.426a12。

式變成了意識的一部分。一棵樹有樹的可感形式，但是它並沒有意識到它作為樹的表象；但是對於感覺者而言，在他的感覺能力中擁有可感形式就是實際感覺到這棵樹。可感形式怎麼能夠把這個裂隙彌合上呢？這個任務就是要表明，這個世界的一部分（我們自己和其他動物）如何能夠意識到這個世界的另一部分？這個任務的危險之處在於，要防止過分物質化或者過分精神化地解釋從世界到理智的過渡。一方面，如果我們給出一個純粹物質化的論述，比如視覺影像（一棵樹）在感覺者的眼睛裡造成物理變化，那麼我們似乎就漏掉了意識。我們不清楚，這樣一個物質性的變化，如何能夠讓我們脫離這個毫無意識的物理世界。另一方面，如果我們給出一個完全精神化的論述，那麼就不清楚我們是否真的給出了一個關於**過渡**的論述，因為不清楚我們是不是從完全無意識的世界開始論述的。

　　事實上，亞里斯多德「可感形式」的概念完美地契合這樣一個連接世界的無意識與有意識部分的任務。當我們考慮亞里斯多德關於形式的普遍論述時，已經看到形式既不是純粹物質性的，也不是純粹非物質性的。形式不能被完全理解為質料的功能性或結構性狀態，但是結構性的組織是形式的**部分**表現。這是我在前面給出的關於形式的論述：一個年輕的有機體的形式**既**表現在它已經達到的組織之中，**也**存在於有機體未來成長和實現更高級結構的能力之中。這種能力本身不能被理解成最終實現的組織的表現，而只能被接受為基本的實在。當我們考慮感覺的時候，可能會期待某種類似的情況：可感形式是可感對象質料的組織，而感覺包括將被感覺到的對象中的這個形式傳遞到感覺器官之中。這個形式的傳遞似乎是物質性的，因此我們或許會期待《論靈魂》論述組織的物理傳遞過程。然而，如果形式並不僅僅是質料的組織，我們就會期待，接受可感形式這個活動的某些方面，不能用質料的性質來理解。我認為，這個方面就是感覺中包括的意識。

110

　　把握這一點的一個方法，就是理解關於可感形式的純粹物質性或者純粹精神性論述在哪裡犯了錯誤。根據**物質性的論述**，可感形式可以被理解成感覺器官獲得的性質。根據一種最生動的論述，感覺到紅色的玫瑰就是眼睛實際變成了紅色。[38] 眼睛並沒有吸收任何玫瑰的質料，但是玫瑰的紅色導致眼睛變成同樣的顏色。當然還有不那麼戲劇性的闡釋，只要認為可感形式僅僅是質料的某種有組織的狀態，就都是物質性的論述。當眼睛感覺到紅色玫瑰時，它並不需要實際變成紅色，而只需要獲得某種組織，這種組織在結構上類似於紅色玫瑰之中的組織。與之相對，**精神性的**論述主張，感覺能力接收可感形式不過是感覺者意識到可感性質。[39] 意識到我看到紅色的玫瑰，就是視覺能力接收了可感形式。我認為，我們可

111　以非常有把握地說，眼睛接收紅色玫瑰的可感形式不可能是說眼睛變成紅色。多少有些諷刺意味的是，我們有可能抓住希臘語的不足之處使用這樣的表述，因為希臘語在把握感覺上不夠豐富。希臘語表示顏色的詞 chrôma 毫無歧義地指可感對象的可感狀態，也就是說 chrôma 毫無歧義地指存在於紅色玫瑰之中的可以被感覺到的潛能。如果我們想要把握**顏色的**活動，也就是發生在感覺者那裡的感覺，就必須要放棄表達顏色的「客觀」辭彙，因為在希臘語裡沒有一個詞可以表示顏色的活動。也就是說，希臘語裡沒有「上色」這個詞（chrômêsis、coloring）。我們可以把握感覺顏色的活動，但

---

[38] 比如參見 Richard Sorabji, "Body and Soul in Aristotle," in *Articles on Aristotle*, vol. 4。

[39] 這一觀點最近的捍衛者是 M. F. Burnyeat, "Is Aristotle's Philosophy of Mind Still Credible?"（未發表）。過去的捍衛者包括約翰‧菲洛波努斯（John Philoponus）、湯瑪斯‧阿奎那（Thomas Aquinas）、弗蘭茲‧布倫塔諾（Franz Brentano）。

是只能依賴表達視覺的「主觀」辭彙。希臘語裡表示「視覺」的詞是 opsis，這個詞既可以指感覺能力（「他擁有視覺」），也可以指看的活動。我們也可以用希臘文中表示「看見」的詞 horasis 毫無歧義地指稱看的活動，當然，「看見」命名了顏色的活動，但是它並沒有把握到這個活動的「客觀」方面。它只是從感覺者這個「主觀」的方面把握到了顏色的活動。因此「顏色」是一個表示潛能的詞：我們可以說對象實際上有顏色（actively colored），但是這麼說的意思是它們可以（在恰當的條件下）對更高等級的實現（也就是看到）有所貢獻。[40] 對象的顏色是可感形式，這種形式最高等級的活動並不是某種顏色，而是看到顏色的活動。

但是如果「顏色」必須要用一種毫無歧義的方式來指稱對象中的可感形式，那麼感覺能力接收可感形式就不可能意味著眼睛變成了有顏色的。假如亞里斯多德確實認為看到紅色的眼睛變成了紅色，那麼他本可以說「顏色」存在歧義，既可以指對象中的可感形式，也可以指更高等級的實現——感覺能力中的形式。此外，假如紅色的玫瑰導致眼睛變成了紅色，那麼感覺就成了一種通常意義上的變化，但是我們看到，亞里斯多德努力強調，如果我們要將感覺看作某種變化，那麼這種變化必然非常特殊。[41] 事實上，我認為感覺包括某種特殊種類的變化，就已經足以排除對可感形式的純物質性論述了。因為假如一棵樹的可感形式僅僅導致眼睛之中單純物質

112

---

[40] 《論靈魂》III.5.430a16-17。當亞里斯多德說「光使得潛在有顏色的事物實際上有了顏色」，他的意思並不是光將顏色提升到看到的程度上。他的意思是，光是透明的中介物的一種狀態，使得有顏色的物體可以用恰當的方式去影響處於恰當位置上的感覺者。

[41] 對物質主義者的其他批評，參見 M. F. Burnyeat, "Is Aristotle's Philosophy of Mind Still Credible?"

性的或結構性的變化，我們就沒有理由認為這種變化相比通常的變化有什麼特別之處。這個變化的特別之處就在於，變化的結果是**看到**，也就是意識這個活動。

不管怎樣，當感覺能力接收了可感形式，感覺者確實經歷了某種物理變化。因此，對可感形式純粹精神性的論述也是錯誤的。普遍而言，自然對象的形式確實對這個擁有它的身體造成了一些不同。形式不可能完全用物質結構的方式來理解，但是形式的存在確實對那個結構造成了某些不同。亞里斯多德說，感覺能力和感覺器官是同一的，但是它們的所是（being）不同。[42] 這個差別在於，對感覺能力的論述是完全形式化的，而對感覺器官的論述，必然要說到那個形式在某種特定類型的質料中實現出來。比如：視覺能力單純就是可以看的能力，而眼睛就是看的能力在其中實現出來的物質對象。因為眼睛和視覺是相同的，當視覺能力接收了沒有質料的可感形式，眼睛就更是如此了。

亞里斯多德相信存在某種透明的中介物（在氣、水以及某些固體中，也存在於宇宙的外太空中），它本身可以處於實現或潛能的狀態之中。[43] 亞里斯多德認為，光就是透明的中介物的實現狀態；而顏色就是這樣一種能力，它可以推動現實中的透明物——也就是光——發生運動。[44] 亞里斯多德顯然對於從對象到感覺者的物理傳遞很有興趣：顏色在光之中導致某些運動，這些運動對透明的中介物本身造成了物理上的差別。亞里斯多德強調，只有基於這樣一種物理上的傳遞，我們才能看到顏色。如果一個人將一個有顏色的物體直接放到另一個人的眼睛上，那個人是看不到顏色的，在眼睛和

113

---

[42] 《論靈魂》II.12.424a24-28。

[43] 《論靈魂》II.7。

[44] 《論靈魂》II.7.418a31-b2、419a9-10。

被推動的光之間必然要發生物理接觸才行。假如亞里斯多德不認為這個變化對眼睛造成了任何物理變化，他不大可能對這個傳遞給出這樣一個物理性的論述。而且他顯然注意到眼睛經歷了某種物理變化：「氣以某種方式改變了瞳孔，而瞳孔將這個改變傳遞給第三個東西，這與聽覺相似……」[45] 亞里斯多德顯然注意到，我們很難忽視瞳孔的直徑根據光線的強弱發生變化。

　　在聽覺的問題上，亞里斯多德很清楚地描述了在聽覺器官中發生的物理變化。[46] 在樹林中倒下的樹推動了一些氣，這些氣從樹持續擴展到聽覺器官。[47] 聽覺能力，或者更確切地說聽覺器官，有氣在裡面，耳朵外面氣的運動推動了裡面的氣運動。[48] 這是一種物質性的描述，描述了聽覺能力如何接收沒有質料的可感形式。但是這個物理描述並沒有窮盡感覺活動的全部內容，因為我們並不僅僅是由於氣的運動才聽到的，而是由於某個聲音，聲音就是一種可感形式，一種不可還原的實在。但是很顯然，聲音的傳播確實包括了環境中的物理變化，而聽覺——也就是實際聽到——確實包含了感覺器官中的物理變化。亞里斯多德強調，嚴格說來聲音只能影響有聽覺能力的東西。[49] 並不是雷聲劈到了樹，讓它在森林中倒下，而是雷聲在其中存在的氣。雖然聲音並不是氣，也不是氣的運動，但是如果沒有周圍環境中氣的運動導致聽覺器官中氣的運動，聲音就不可能傳播。

---

[45] 《論靈魂》III.7.431a17-19。

[46] 《論靈魂》II.8。

[47] 《論靈魂》II.8.420a3-4；另參見 419b20、b25、b35、420a8、a23-26、b14-16。

[48] 《論靈魂》II.8.420a4-5。

[49] 《論靈魂》II.12.424b9-12。

亞里斯多德堅持認為，感覺**器官**必然是潛在的，而感覺對象是

114　現實的。[50] 這並不意味著眼睛實際上可以變成紅色。而只是暗示，眼睛接收了與紅色玫瑰中相同的可感形式，在更高的實現等級上，同一個可感形式可能會表現為對紅色的**意識**。在這個更高的實現等級上，可感形式並不需要是現實的紅色。但是假如亞里斯多德認為實際進行的感覺沒有對感覺器官帶來任何物理變化，那麼他就應該說，是感覺**能力**，而非感覺器官，是潛在的，而感覺對象是現實的。感覺器官的潛在性確實有某種物理表現，雖然這種物理狀態並不等於潛在性。比如：觸覺器官既不是熱的也不是冷的，如果它想要感覺到這兩個極端的話；視覺器官是沒有顏色的，聽覺器官是沒有聲音的。亞里斯多德說感覺能力是兩個極端之間的中道，這兩個極端確定了某種感覺的範圍。[51] 他說，視覺可以看到黑和白，是因為它在現實的意義上兩者都不是，而潛在地可以是任何一方。但是假如亞里斯多德真的認為感覺器官沒有經歷物理變化，他又為什麼要將感覺能力的中道（也就是接收深色和淺色可感形式的能力）描述為感覺器官的實際性質（即沒有顏色）呢？在亞里斯多德看來，感覺能力是一種中道，部分表現在感覺器官實際的物理狀態上。這個中道狀態會受到極端狀況的破壞，非常亮的光或者非常大的聲音可能會破壞視覺或聽覺。[52] 考慮到中道狀態至少部分表現在器官的某種實際的物理狀態之中，我們可能會期待，對於中道狀態的破壞意味著器官中的某種物理變化。這就是為什麼當亞里斯多德討論理

---

[50] 比如參見《論靈魂》II.11.423a30-424a15、II.12.424a24-32、
　　 III.4.429a25-b3；參見 II.10.422a34-b2。

[51] 《論靈魂》II.11.424a4-6。

[52] 《論靈魂》II.12.424a28-32、III.4.429a31-b3、III.2.426a30-b7。

智（nous）時，否認它有任何物理器官。[53] 看到強光可能會破壞視覺能力，但是思考最強而有力的思想卻只會加強理智的敏銳度。但是假如他不認為在認知意識中有**某種**物理表現，就不需要否認理智也有某種物理器官了。他的推理過程似乎是這樣的：假如理智確實擁有某個物理器官，那麼思考強而有力的思想就會破壞思考能力。這個推理能夠成立，只能是因為亞里斯多德同時認為，破壞可能體現在器官物理狀態的變化之中。亞里斯多德給出了一個類比來說明感覺能力受到破壞是什麼意思：非常暴力地撥動琴弦會毀掉一把里拉琴的聲音。[54] 顯然，里拉琴經歷了某種物理變化，同時經歷了產生和諧聲音能力上的變化。感覺能力本身不是一個大小，而是某種物理大小（感覺器官）的logos。[55] 這個logos──秩序、組織或比例──以及logos的破壞，確實有某種物理表現。[56]

115

---

[53] 《論靈魂》III.4.429a29-b5。

[54] 《論靈魂》II.12.424a30-32。

[55] 《論靈魂》II.12.424a26-28。

[56] 在討論感覺的部分臨近結束時，亞里斯多德問，那些沒有感覺能力的事物是否可能被可感形式影響（《論靈魂》II.12.424b3-18）。他的第一個答案是「不可能」：如果氣味只是一種可以被聞到的潛能，如果顏色只是一種可以被看到的潛能，它們就不可能影響到無法感覺到它們的事物。後來，他改變了想法：因為帶有臭味的東西確實將周圍的環境都變得很臭。雖然氣受到了臭味的影響，但是氣並沒有感覺到它。因此亞里斯多德隨後又問：感覺到氣味除了是某種受動之外，**還能是什麼呢**？他的回答在那些對可感形式做精神性闡釋的人和做物質性闡釋的人之間引發了一場爭論。物質主義者依賴「牛津古典文本」中的文本 ...（ê to men osmasthai kai aisthanesthai）...（II.12.424b17），這句話可以翻譯成「……或者這裡有聞到**和**意識」（參見 Sorabji, "Body and Soul in Aristotle," pp. 69-70）。根據物質主義者的看法，亞里斯多德的意思是感覺到氣味既包括了一個

那麼感覺能力接收沒有質料的可感形式到底是什麼意思呢？

116 這個說法不能僅僅被理解為意識，那要怎麼理解它呢？我認為我們應該按照字面意思理解它。一個感覺器官接收可感形式，就是這個感覺器官在這個可感形式的意義上變得與可感對象相似。這一點部分表現在感覺意識上，部分表現在感覺器官接收某種 logos 或秩序上。因為感覺能力中的可感形式比可感對象中的可感形式有更高等級的現實性，我們不需要假設器官實際上接收了相同的可感性質，形式上的相似性並不存在於此。對任何使玫瑰看起來是紅色的 logos 而言，當一個人看到了這個玫瑰的紅色，那個 logos 就表現

生理上的受動，又包括了對氣味的意識。雖然亞里斯多德有可能這樣認為，但是他在這裡的意思不可能是這樣的。因為第一個動詞 osmasthai（聞）本身的意思就是**感覺到**氣味。因此亞里斯多德不太可能用它來表示某種生理性的影響，從而與意識對立。聞（osmasthai）本身就是一種感覺或意識的方式（aisthanesthai）。另一方的精神性闡釋者則強調，這裡的希臘文本有缺損，這裡的「和」（kai）應該去掉（Burnyeat, "Is Aristotle's Philosophy of Mind Still Credible?"；A. Kosman, "Perceiving that We Perceive," *Philosophical Review*, 1975）。在大多數抄本中，這句話都是 ... osmasthai aisthanesthai ...，但是在一個抄本傳統中，一個抄寫員寫了三遍「ai」，19 世紀的一位編輯認為中間的那個「ai」是「kai」的遺存，意思是「和」或者「也」。精神性闡釋者認為根本就不應該有中間那個 ai。這樣一來，這句話應該譯作「……或者聞到是不是就是意識……？」但是，即便精神性的闡釋者在這句話的讀法上是正確的，即便聞確實是對於氣味的意識，這種意識依然可能對嗅覺器官帶來某種物理性的變化，接受精神性闡釋者的讀法並不一定產生有利於他們的結果。而且即便就在這幾行裡面，我們也有理由反對他們的理解。因為我們應該記得，亞里斯多德問除了某種受動之外，感覺之中**還有什麼**？我們有理由認為，即便某種受動也產生了意識，這種受動本身也會產生生理上的後果。

在了眼睛之中。感覺器官沒有接收質料的意思是，在看到玫瑰時，眼睛沒有吸收任何玫瑰的質料。這個闡釋在《論靈魂》的後面得到了確認，亞里斯多德說，感覺能力潛在地是感覺對象。他繼續說：「（感覺能力）必然或者是事物本身，或者是它們的形式。前者當然是不可能的，出現在靈魂之中的不是**石頭**，而是它的形式。」[57] 這裡被否定的可能性就是可感形式和質料一起進入靈魂。正是因為這非常荒謬，亞里斯多德認為，感覺僅僅是接收可感形式，而沒有質料。

三、理智[58]

人不僅有感覺世界的能力，還因為擁有理解世界的能力而和其他動物不同。世界也並不僅僅是呈現在感覺面前的那個樣子，在感覺表象之下還有一個實在。比如我們可以看到青蛙在池塘邊跳躍，我們也可以摸到、聞到，甚至嘗到牠們，但是這些關於青蛙的感覺經驗並沒有告訴我們青蛙的生活**真正**是什麼樣子。除非研究青蛙生活的細節，否則我們就不可能澈底了解青蛙的生活，我們需要了解牠們如何繁殖、如何捕食，理解那些將青蛙的質料組織成一隻成熟青蛙的原理。成為青蛙是某種確定的事情，而人是唯一有能力在感覺經驗的基礎上探究青蛙到底是什麼的動物。本節要討論的問題就是，當一個人從無知發展到深刻理解他在自然中遇到的事物實際如何，在他的靈魂中到底發生了什麼樣的變化？

因此我們關心的並不是青蛙本身，而是世界的可理解性，以及這種可理解性對人產生的影響。青蛙不過是自然世界中的一個例子，它們會在回應人的探究時交出真相。在亞里斯多德的世界裡，

117

---

[57] 《論靈魂》III.8.431b27-432a1。

[58] 相關閱讀：《論靈魂》III.2-4。

可理解性和真理內在地連結在一起。在回應人們的研究時，世界給出了青蛙生活的**本質**。青蛙生活的終極實在，也就是青蛙的是其所是，才是在終極的意義上可理解的。人有這樣的能力，能夠從他在世界中遇到的事情出發直達根源，也就是發現它們到底是什麼。正是對理解的欲求促使人從事這樣的探究，而對世界的深刻理解滿足了人的那個欲求。

那麼就有一個單一的活動——沉思世界——既反映了世界的可理解性，又體現了人最真實的所是。如果表象之下的實在不能滿足人們的探究，我們就沒有理由認為這個世界是可理解的。這個世界的可理解性就是它能夠被理解的能力，而理解就是人把握事物真正所是（而不是它們直接呈現給我們的表象）的能力。當人理解了這個世界，他也就理解了某些關於自己根本性的東西，理解世界就是他之所是的根本，人依據自然就是這個世界的系統理解者。透過讓世界對他自己變得可以理解，他獲得了對自己到底是什麼的深刻理解。人是唯一可以理解他在世界中遇到的事物的動物，青蛙體現了青蛙生活的原理，但是理解這些青蛙的原理總是要脫離具體的青蛙。青蛙不可能參透牠們生活的根本。人是唯一能夠真正理解青蛙的動物。人也可以理解自己，不同於青蛙，人既體現了人類生活的原理，也有能力理解那些支配他生活的原理。事實上，理解人的自然就是人的自然的一部分。那麼他是如何做到的呢？

我們看到，亞里斯多德用不同等級的「理解」來闡明靈魂與肉體的關係。[59] 因為我們從研究靈魂開始，這裡或許可以調轉方向，用我們已經了解到的靈魂的發展，來說明人如何理解這個世界，以及如何沉思它。比如：我們可以考慮科米蛙生活的不同階段：

118

---

[59] 《論靈魂》II.1.412a10、a22、II.5；參見本章第一節。

1. 科米蛙還是一個胚胎

2. 科米蛙是一隻蝌蚪

3. 科米蛙是一隻睡著的成年青蛙

4. 科米蛙活躍地生活：捕食蒼蠅、跳進池塘、尋找伴侶等等。

在每一個階段，科米蛙都體現了一隻青蛙的形式，但是有不同等級的潛在性與現實性。作為胚胎，科米蛙是一隻青蛙，但是只有最低級的潛能。如果有合適的環境，這個胚胎有能力發展成某種東西（蝌蚪），而這種東西又有能力發展成一隻青蛙。蝌蚪也在潛能的意義上是一隻青蛙。但是蝌蚪的潛能比青蛙胚胎的潛能**等級還高**。因此在前兩個階段，科米蛙雖然體現了青蛙的形式，但是這個形式還是胚胎或蝌蚪中的某種力量或能力，可以獲得更發達的組織。然而在 3. 和 4. 兩個階段青蛙的形式得到了實現，不過是不同等級的實現。靈魂僅僅是科米蛙**第一等級**的實現，它是一種活著的能力，即便在睡著的時候，也可以發揮作用。與之相對，當科米蛙實際運用這種能力，那種活動就是**第二等級**的實現，也就是實際運用牠成熟的能力去生活。因為形式可以在不同等級存在，我們可以理解同一個形式始終都存在著。科米蛙的胚胎有能力變成一隻活的青蛙，而科米蛙有更高的能力去過完滿的生活。實際活著的是同一個形式，只是此前處於較低等級的實現和潛能之中。

我們看到，形式可以在兩個意義上是現實性：在一個意義上，就像理解；在另一個意義上，就像沉思。這兩個含義顯然彼此相關，理解了的人**能夠**在他願意的時候進行沉思，[60] 因此沉思比理解體現了更高等級的現實性。因此，我們或許會期待在亞里斯多德本

119

---

[60] 《論靈魂》II.5.417a27-28、III.4.429b5-7。

人的思想發展中也有相似的階段：

> （I）作為一個年輕人，他可以被稱為靈魂學家，因為他是一個人，而人是這樣一個物種，它能夠獲得關於動物靈魂（psuchê）的知識。

現在他是一個靈魂學家，因為他擁有了**第一等級**的潛能：學習活物及其生命原理的能力。

> （II）在與他的父親討論了醫學，跟隨柏拉圖學習，進行了大量生物學研究（包括非常詳細地觀察青蛙），並且撰寫了《論靈魂》之後，亞里斯多德在實際擁有關於靈魂的知識或理解的意義上成了一個靈魂學家。

現在，只要他願意（也就是沒有外在的妨礙），他就能思考靈魂的問題。[61] 這種狀態也是一種能力，但是表現了一種比獲得知識的能力更高等級的潛能。他的靈魂有了一種更高級的狀態，可以隨時運用。[62] 就他擁有這種能力而言，我們可以說他是一個現實的理解者，但是這種現實性僅止於在他想的時候進行思考。[63] 因此這是第一等級的現實性。與此對比，還有下面的情況：

> （III）亞里斯多德實際沉思青蛙到底是什麼。

---

[61] 《論靈魂》II.5.417a24-28。

[62] hexis：《論靈魂》II.5.417a21-b2。

[63] 《論靈魂》III.4.429b5-9。

這種活動是更高等級的現實性，和它相比前兩個階段只是表現了不同等級的潛能。[64]

因此，在科米蛙身體發展的不同階段與亞里斯多德思想發展的不同階段之間，確實存在著對應關係，而且這個關係甚至比這裡呈現的還要更加密切。因為當亞里斯多德的研究將他引向青蛙生活的基礎，他的理智接收了科米蛙身上體現的相同形式，也就是青蛙的靈魂。要獲得關於青蛙生活的靈魂學知識，亞里斯多德的理智必然要變成青蛙的靈魂，他的理智必然要變成他努力去理解的實體。

但是亞里斯多德的理智怎麼會變成青蛙的靈魂呢？亞里斯多德認為，理智與感覺能力的發揮有類比性。感覺能力與可感對象的關係，與理智與可理解對象的關係相同，[65] 感覺能力接收沒有質料的**可感**形式。[66] 事物的本質是可理解的，因此理智沉思本質。當我們看到一隻青蛙，感覺能力接收了可感形式，而當我們研究了青蛙的本質，可以思考青蛙到底是什麼，我們的理智就接收了可理解的形式。

亞里斯多德論證，在理智中必然有某種特殊的能力，可以去理解形式或本質。普遍而言，亞里斯多德透過不同種類的對象，或者不同種類的功能，來分辨不同的感覺和認知能力。比如：視覺和其他感覺能力的區別在於，它的對象是可見的。視覺就是那種能夠看到可見對象的能力，聽覺就是能夠聽到聲音的能力，嗅覺就是能夠聞到氣味的能力等。同樣的原理在更高的認知領域也成立。本質就是一種特殊的對象，如果人能夠把握本質，那麼靈魂就應該有一種獨特的能力與之對應：

120

---

[64] 《論靈魂》II.5.417a28-30。

[65] 《論靈魂》III.4.429b17-18。

[66] 《論靈魂》II.12.424a17-19、III.4.429a15-16、III.8.431b26-432a3。

　　既然我們能夠區分一個大小與什麼是一個大小，區分水和什麼
是水，以及很多其他的情況（雖然並不是所有的情況，因為在
某些情況下，事物和它的形式是同一的），肉與什麼是肉或
者由不同的能力來分辨，或者由同一個能力的兩種不同狀態
分辨，因為肉必然包括質料，就像塌鼻子的（snub-nosed），
這個在**這個**之中（a this in this）。透過感覺能力我們分辨熱和
冷，也就是由構成血肉的 logos 結合到一起的要素，而血肉的
本質特徵要由某種不同的東西把握……67

亞里斯多德在這裡論證，理智中必然有某種特殊的能力，去把握本
質。他稱這種能力為 nous（理智），雖然他也用這個詞來普遍地指
思考能力，不過我們這裡討論的是人類最高認識能力的活動。68

　　理智能夠把握本質。但是本質是形式與質料複合物的**形式**。
因此理智理解的東西完全沒有物質性的方面。亞里斯多德說，肉是
「這個在這個之中」，也就是說，**這個**（肉）的形式在**這個**質料之

---

67 《論靈魂》III.4.429b10-18（我沒有翻譯 logos，而牛津版中將它翻譯
　　成「比例」）。

68 與此相似，亞里斯多德也非常寬泛地用 theôrein 和 noein 來指很多不
　　同的認知活動，就像我們用「思想」（think）一樣。但是，他也在
　　狹義上用這兩個詞來指人們運用理論理解的能力，也就是理智最高
　　的活動。譯者們通常用「沉思」（contemplating）來翻譯這個活動，
　　我也遵從這個用法，至少在一定程度上。如果語境足夠清楚，我認
　　為我們也可以依據亞里斯多德的例子，使用「思想」，但是我們需
　　要注意，這裡討論的是人的理解能力的特殊運用。（譯者注：因為
　　考慮到 nous 的寬泛用法，作者將它翻譯成「心靈」（mind）。在我
　　看來 mind 這個譯法過於寬泛，無法切合亞里斯多德的大多數討論，
　　因此在譯本中，我將作者的 mind 統一翻譯成「理智」。）

中。因為肉是形式與質料的複合物，肉也就不同於肉的本質。當理智理解了肉的本質，它就將形式從物質性的對象中提取了出來。亞里斯多德的例子乍看起來或許令人困惑，因為他傾向於將青蛙的血肉當作青蛙的質料，而將青蛙的靈魂當作本質或形式。但是我們一定要記住，質料是一個相對的概念。[69] 雖然青蛙的血肉是青蛙的質料，也就是被**青蛙**的形式原理組織起來的，但是這個肉本身還是形式與質料的複合物。肉是土、氣、水、火按照形式的構成原理組織起來的，在這個組織的每一個等級，都是形式的組織原理告訴我們肉或者青蛙**真正**是什麼。亞里斯多德堅持認為，在事物發展的各個階段，本質都是完全形式化的。只有將事物的本質等同於形式，我們才能將理智探究事物真正是什麼，理解為將形式從物質性的對象中提取出來。

122

為了強調這一點，亞里斯多德將本質與數學中的抽象對象進行對照。[70] 我們傾向於認為一個幾何對象，比如一條直線，是一種純粹形式化的對象，但是亞里斯多德否認這一點。亞里斯多德說：一條直線，就像塌（鼻子），是這個（形狀）在這個（質料）之中。對亞里斯多德而言，幾何之中的直線，就是一條通常的物理上的直線（比如門邊）。幾何上的直線看起來完全形式化的原因在於，我們脫離物質對象抽象地**思考**它。[71] 如果想要達到某種真正形式化的東西，我們必須要問直線**是什麼**？答案可能是：兩點之間最短的距離。這就是體現在一條直線中的形式。

亞里斯多德允許一些事物與本質相同。[72] 我們可能會期望這

---

69 參見第二章的第一、第三和第四節。

70 《論靈魂》III.4.429b18-20。

71 對於這個問題更全面的討論，參見第六章第二節。

72 《論靈魂》III.4.429b12；另參見《形上學》VII.6，以及本書第六章第六節對《形上學》這一章的討論。

些「事物」是沒有質料的事物：因為這是物質對象被理解成了體現在獨特質料中的本質。與本質相同的「事物」是形式，比如青蛙的靈魂這個形式就等於它的本質。因為在這個形式中沒有質料，青蛙的靈魂就是青蛙的所是。當人的研究達到了青蛙生活的基礎，他沉思到的就是青蛙的形式，這個形式與它自己的本質一致。問題在於：當人們進行沉思的時候，在理智中到底發生了什麼。

　　亞里斯多德切入這個問題的方式，與他常用的方式一樣，就是去考慮一系列與思考或沉思的本質有關的疑難問題，對這些疑難問題的解答也就幫助我們闡明了理智的工作原理。第一個難題是解釋理智如何可能思考這個世界，亞里斯多德論證，既然理智能夠思考**一切**事物，它必然是完全純粹的，沒有任何受動。與感覺能力不同，理智沒有身體器官，因為物質性的東西會妨礙和歪曲它的思考能力。[73]看到強光會破壞眼睛的logos，但是思考強大的思想只會促進理智的思考能力，因此他說理智在思考之前**不是任何現實的東西**。在進行思考之前，它除了思考的潛能之外沒有任何別的本質。但是如果理智是簡單和沒有受動的，它又怎麼能思考這個世界呢？因為思想是一種（特殊的）受動，在世界與理智之間的這種互動似乎要求在世界和理智之間有某種共同的東西。[74]普遍而言，當施動者在受動者那裡產生某種影響，在施動者與受動者之間就有某種共同的東西，也就是說受動者處於潛能狀態而施動者處於實現狀態。比如：如果建築師能夠將房子的形式加到一堆木頭之上，那麼這些木頭就是一棟潛在的房子。甚至在理智的問題上，亞里斯多德也接受了這個普遍的原理。雖然理智在進行思考之前並不是現實的東西，但是它在潛能的意義上是一切可理解的東西。但是既然在思考

123

---

[73] 《論靈魂》III.4.429a15-b5。

[74] 《論靈魂》III.4.429b22-26。

之前，理智能夠變成事物可理解的形式，這個能力就應該和那個影響它的東西（也就是可理解的形式）有某種共同之處，因為思考可以發生是毫無疑問的。

　　但是，如果我們試圖說清這個將人的理解能力與世界被理解的能力結合到一起的共同的東西是什麼，就是一個困難得多的問題了。亞里斯多德用理智能否沉思自身提出了這個問題，[75] 這個難題在於解釋理智如何可以**既**思考世界**又**思考自身。因為靈魂的不同能力是透過它們理解不同種類的事物進行區分的，[76] 比如：視覺是看顏色的能力，聽覺是聽聲音的能力。看起來理智是思考可理解對象的能力。但是，如果理智的特徵在於把握**某種類型的事物**，而理智可以**既**沉思世界**又**沉思自己，那麼看來理智和世界就是同一種事物。[77] 這樣，亞里斯多德就提出了一個兩難的問題：要麼世界中的事物本身就是思想性的，要麼理智就是和自然事物混合在一起的。正是對這個疑難的解答，開始向我們顯明理智如何運作：

　　當我們說理智**潛在地**是任何可以思考的事物，但是在它進行思

---

[75] 《論靈魂》III.4.429b26-29。

[76] 《論靈魂》III.2.426b9-12。

[77] 在試圖論述我們如何意識到我們在感覺時，亞里斯多德遇到了一個類似的難題（《論靈魂》III.2）。如果是感覺能力導致意識，那麼視覺似乎就可以既感覺到有顏色的物體又感覺到它自身。但是如果感覺能力是透過對象的種類做出區分的，那麼只有當視覺能力本身有了顏色，它才能被視覺感覺到。亞里斯多德的結論是，在一個寬泛的意義上確實如此，在感覺活動中，感覺能力接收了對象的可感形式。僅僅是在感覺行動中，我們意識到我們正在感覺。因此，接收可感形式似乎就包括了反思性的意識。看到紅色本身也是意識到我們在看到紅色。

考之前**現實地**什麼都不是，這種相互作用中的共同要素是什麼
難道不是一個疑難嗎？它思考的東西必然在它之內，就像我們
說字母可以被寫在字板上，但實際還沒有寫上，這正是理智的
情況。

**理智本身就像那些思考對象一樣是可思考的，因為在沒有質料
的對象中**，思考和被思考的東西是相同的；因為理解與對象是
相同的。（我們必須要在後面考慮理智為什麼不是一直在進行
思考。）**在那些包含質料的東西中**，每個思考對象都只是潛在
地存在。那麼結論就是，雖然沒有理智在它們之中（因為僅僅
就它們可以與質料分離而言，理智才是它們的潛能），理智還
是可以被思考的。[78]

　　亞里斯多德要解決這個兩難，卻一直堅持理智不可能是物質性的。
在思考之前，理智不是任何現實的東西，而僅僅是思考和理解的純
粹潛能。但是即便在沉思之中，理智也完全不和物理性的東西混
合。沉思是理智**變成**思考的對象。這些是「沒有質料的對象」，也
就是形式或本質。因此，理智就像任何思想對象一樣是可以被思考
的。因為理智在沉思的時候，與沉思的對象**相同**，因此要沉思任何
對象，理智必然也同時在沉思自身，因為那就是在思考的理智的所
是，因為理解與理解的對象是相同的。

　　但是那些有質料的事物呢？理智難道不是也可以思考它們
嗎？理智能夠思考自然世界嗎？亞里斯多德說，那些有質料的事物
在潛能的意義上是可理解的，它們與那些在現實意義上被思想的
「沒有質料的事物」有某種關係。「沒有質料」的事物是本質或者
形式，也就是形式與質料複合物之中非物質性的方面。如果是這

125

---

[78] 《論靈魂》III.4.429b29-430a7。

樣，理智（在思想時完全就是思想的對象）確實與自然世界有某種關係。亞里斯多德認可這一點，他說在自然事物中「每個思想的對象都只是在潛能的意義上存在」。因此自然事物本身並不是精神性的，但是它們與精神性的事物有充分的關係，因此我們不必認為自然世界對於理性而言完全不透明。但是這個保證了自然世界至少在潛能意義上可理解的關係是什麼呢？

首先，自然事物與「沒有質料的事物」（也就是理智在思考中變成的事物）在形式上是相同的。比如：青蛙是一種複合物，是特定的形式在特定的質料中，即**這個**（形式）在**這個**（質料）之中。[79]這樣看來，青蛙就僅僅在潛能的意義上是可以理解的。理智不可能把握複合物的質料，但是它可以把握青蛙的靈魂，也就是青蛙的形式，它與青蛙的本質等同。[80]難題在於確定對於這些「沒有質料的事物」而言，說理智和它的對象相同是什麼意思。它們至少是相同的形式。考慮到亞里斯多德在這裡關心的就是形式，所以他將「沒有質料的事物」單獨提出來進行討論，我們可能會認為除此之外也沒有更多可說的了。因為形式的同一性條件不過就是它們是相同還是不同的形式，僅此而已。如果形式可以在不同等級的潛能和現實中存在，那麼在理智與對象關係的這個問題上，除了它們是相同的形式之外，應該還可以知道更多東西。科米蛙的胚胎和成熟的科米蛙有相同的形式，但是亞里斯多德並沒有就此結束。他發展出了潛能和現實的不同等級，從而保證了年幼和成熟的科米蛙體現了相同的形式。

但是，當亞里斯多德理解了什麼是青蛙，他的理智變成了青蛙

126

---

[79] 另參見《形上學》VII.10.1035b27-30。

[80] 另參見《形上學》VII.11.1037a5-7、a27-30、a33-b4、VII.6.1031a28-b14、a18-21、1032a4-6。

的靈魂又是什麼意思呢？這個青蛙的靈魂與科米蛙之中體現的青蛙的靈魂之間是什麼關係呢？此外，當亞里斯多德深入到青蛙生活的基礎時，他的理智所變成的那個青蛙的靈魂，與當他實際沉思什麼是青蛙的時候他的理智所變成的青蛙的靈魂之間又是什麼關係呢？

我們還可以讓這個問題更加尖銳，我們可以問，在科米蛙自然發展的不同階段1～4與亞里斯多德思想發展的不同階段（I）～（III）之間是否有什麼關係。這兩個序列都可以被看作從潛能到現實的上升序列，但是我們可以用類似的方式將作為科米蛙形式的青蛙靈魂與作為亞里斯多德理智中的形式的青蛙靈魂進行排序嗎？這個問題關於兩種靈魂之間的關係，一種是理智在思考什麼是青蛙時變成的靈魂，另一種是思想對象的靈魂。這個問題應該有答案，因為當青蛙的靈魂出現在亞里斯多德的理智之中，這是他與這個世界中的青蛙靈魂各種相互關係的產物，這些關係包括他觀察的那些青蛙，他接受的靈魂學和動物學指導（那些老師的理智已經變成了青蛙的靈魂）等。亞里斯多德就像其他人一樣，生來只有單純的理解能力，如果他想要理解世界中的那些形式，就要與它們產生關係。如果我們知道如何描述這種相互關係，我們就能夠對作為理智的青蛙靈魂與作為活物形式的青蛙靈魂進行排序。

我想提到兩種理解這種關係的模型，它們會產生不同的理智與世界的關係。第一個是「**自然繁殖**」模型（natural reproduction）。一對人類夫婦可以共同將人的靈魂傳遞給他們的後代。我們可能會認為人類理智變成青蛙的靈魂，是一種廣義的繁殖過程的結果。如果是這樣的話，人類理智所變成的青蛙靈魂就和活著的青蛙之中的靈魂處於同樣的實現等級上。亞里斯多德實際沉思什麼是青蛙的活動，與科米蛙過著自己的生活，這兩者之中有關的青蛙靈魂處在相同的實現等級上。當然，也有與繁殖模型無法類比的地方。亞里斯多德的理智不可能產生蝌蚪，但是亞里斯多德可以教會其他人青蛙

127

生活的原理，從而在他們的理智中產生青蛙的靈魂。

　　第二個是「**技藝創造**」模型（artistic creation）。這個模型與匠人將自己靈魂中的形式加在世界中的質料上相反，世界中的形式將它們自己加到我們的理智之上。雖然成為一個實際的理解者或知道者，並不是受動的典型形式，但是也非常接近，從而可以被當作一種特殊的形式：受到世界之中那些可理解的東西的影響。[81] 雖然這種特殊類型的變化沒有特殊的名字，但是亞里斯多德將這個轉變與建築師開始進行實際的建造比較。[82] 我們看到，建築師的靈魂之中有房子的形式。[83] 這是「一個沒有質料的事物」，在靈魂中擁有這個，使建築師可以將形式加到恰當的質料之上。建築師的技藝為了建造而存在，而非相反，這個實際的建造又大大先於建築師的技藝。[84] 實際的建造之所以能夠發生，是因為在建築師的靈魂中有形式，但是建造活動並非不同於這個形式的東西，那是形式最高等級的實現：發生在房子被造過程中的活動。[85] 建造是一個活動，它之所以能夠發生是因為形式（在建築師靈魂中的形式），也是為了形式（一棟房子），同時也是這個形式的活動。實際的理解者，就像建築師一樣，能夠從擁有知識到運用知識，但是與建築師不同，理解者的活動發生在他自己之中。[86] 這裡顯然有一個轉換，從擁有理解——這是一種靈魂狀態，到運用理解。我們或許可以就此理解靈

---

[81] 《論靈魂》III.4.429a13-15、b24-26、II.5.417b7、b14-15；另參見本書第四章第二節的討論。

[82] 《論靈魂》II.5.417b7-12、b14-16、III.4.429a14-15、b24-26、b29-30。

[83] 《形上學》VII.7.1032a32-b2、b12-14。

[84] 《形上學》IX.8.1050a4-12。

[85] 《形上學》IX.8.1050a25-34；《物理學》III.3；另參見本書第二章第三節和第三章第二節的討論。

[86] 《形上學》IX.8.1050a28-b1。

魂中的形式如何過渡到更高等級的現實性。

128　　　亞里斯多德在沉思與感覺之間的類比也支持這種創造的模型，思考像感覺一樣，是一種特殊種類的受動，只不過是可理解的東西而不是可感覺的東西造成了受動。[87] 事實上，亞里斯多德有時候將理解者實際進行的沉思比喻為視覺看到顏色。[88] 我們看到，亞里斯多德說，理智與對象的關係可以類比於感覺能力與感覺對象之間的關係。[89] 可感對象的活動與感覺能力的活動是同一的，雖然對這兩者的描述不同。[90] 根據亞里斯多德關於變化和創造的普遍原理，那個活動發生在感覺能力之中。因此，可感對象與感覺能力彼此之間的關係就像兩個潛能有同一個實現，這些潛能的實現就是實際接收沒有質料的可感形式。我們已經看到，與「主觀的」潛能，即感覺能力相應，還有一個「客觀的」潛能，即思考對象的可感形式。

如果思想與感覺之間的這個類比成立，我們就會預見到，理智與事物的形式或本質這兩種不同的潛能可以共同產生一個行動——沉思。當然，這個類比不可能非常嚴格，因為感覺總是要求有外在可感對象存在，而實際進行理解的人可以思考任何他想要思考的東西。[91] 但是我們還是可以設想一個包括兩步的過程，首先，在實際研究青蛙生活的過程中，我們最終得以理解青蛙是什麼，這個活動就是理智接收可理解的形式。這第一步要求一個外在對象，也就是體現在青蛙之中的形式。在理解了青蛙的生活之後，思考者的理智獲得了一種穩定的狀態（hexis），現在他就**能夠**隨時思考青蛙生活

---

[87] 《論靈魂》III.4.429a13-14。

[88] 《形上學》XIII.10.1087a19-21。

[89] 《論靈魂》III.4.429a17-18、II.5.417b18-19。

[90] 《論靈魂》III.2.425b26-27。

[91] 《論靈魂》II.5.417b19-28。

的原理了。（人類）理智的這種狀態，是處於更低狀態的青蛙的靈魂，低於思想者實際沉思什麼是青蛙時，青蛙的靈魂所處的實現狀態。[92] 正是由於這種得到發展的思考能力，他成為一個實際的理解者。[93] 實際理解者的理智變成了它可以沉思的每樣東西，但是在思考之前，它保持潛在狀態。因此，實際的理解者與潛在的理解者不同，因為他所擁有的潛在性的種類和等級不同。實際理解者的潛能是他擁有的理解（epistêmê）。其次，理解者隨時想要思考青蛙的生活時，他理智中青蛙的形式就經歷了這種轉換，從（理智之中）第一等級的實現過渡到第二等級的實現。

但是，青蛙的靈魂實際被人沉思，是比青蛙過著牠們的生活時青蛙靈魂更高等級的實現。因為透過研究青蛙的實際生活（以及青蛙成長和穩定的不同時期）我們才理解了青蛙的生活。理智實際上思考或變成的可理解的形式，體現了比理智在思考之前可以接收的可理解形式更高的現實性。青蛙實際生活的那種活動是青蛙形式的實現，但是從理智（更高）的角度看，體現在實際的青蛙生活中的青蛙的形式，相對於得到理解而言是一種潛在性。理解青蛙的生活本身相對於實際沉思青蛙是什麼，又是一種潛在性。如果我們用創造的模型來理解思考（我確實是這樣認為的），那麼實際思考青蛙是什麼，就是青蛙靈魂**更高的**現實性，比這個靈魂在活著的青蛙中發揮作用等級更高。當亞里斯多德實際思考青蛙的生活時，他的理智就是青蛙的靈魂處於更高等級的現實性，比它作為科米蛙實際生活時身體之中的那個形式等級更高。

普遍而言，在自然對象和自然有機體中的形式或本質，必然比存在於實際沉思它們的理智中的相同形式或本質現實性等級更低。

---

[92] 《論靈魂》III.4.429b5-7。

[93] ho epistêmôn ho kat' energeian：《論靈魂》III.4.429b6。

這乍看起來似乎很奇怪，因為自然對象的本質是一種實現，是那個
對象的實現。但是，自然對象的本質也可以從另一個不同的方面來
思考，也就是可理解性的角度。本質不僅給了我們實在性——那個
東西到底是什麼，同時也給了我們那個東西之中什麼是可理解的。
因此，我們一定要將質料中的本質看作**第一等級**的現實性。理智接
收的可理解形式就是事物的本質，理智能夠思考它。而在理智實際
思考時可理解的形式就變成了第二等級的現實性。[94]

這個單一的實現活動，從「主觀」角度看就是理智實際進行
沉思，我們不大容易從「客觀」視角描述它。我們可以將它描述為
對象可理解的形式從第一等級的現實性上升到第二等級的現實性，
但是對這個過渡的描述還是暗示了理智。問題在於「本質」這個
詞，至少在我們用它來指自然物之中的本質時，很難描述成從自然
意義上的第一等級的現實性**上升**到精神層面的第二等級的現實性。
在這個意義上，「本質」與「顏色」之類描述潛能的辭彙有很大的
相似之處。我們要記得，「顏色」只能用來指對象之中可以被看到
的潛能；在關於顏色的辭彙中，沒有哪個可以把握到這種潛能的實
現，雖然這種實現可以從「主觀」角度描述成「看到」。[95] 與此相
似，雖然「本質」是對象的實現，但是如果我們用「本質」來描述
思考活動這種本質更高等級的實現，就顯得非常牽強。或許亞里斯
多德最多就是將本質稱為「沒有質料的事物」。有質料的事物，比
如青蛙，是可理解的，因此它們對理性而言並非完全不透明，但是

[94] 既然理智可以接收事物可理解的形式，我們就會傾向於將可理解的
形式當作第二等級的實現（將體現在質料之中的本質當作第一等級
的實現）。但是「可理解的形式」就像「可感的形式」一樣，可以
被用來指第一和第二等級的實現。
[95] 參見《論靈魂》III.2.426a11-15，以及本書第四章第二節。

作為有質料的事物，它們的可理解性僅僅是一種潛能。理智把握到的是沒有質料的事物，這也是理智在理解時變成的東西，這些就是本質。但是恰恰因為本質是沒有質料的東西，它們可以上升到精神性的第二等級的實現。也正是因為「沒有質料的事物」可以上升，物理世界潛在地是可理解的。精神性的第二等級的實現既有「主觀的」也有「客觀的」方面：從主觀方面看，它是實際進行沉思的理智；從客觀方面看，它是本質、形式，或者沒有質料的東西。與此相對，第一等級的實現只有客觀的方面，即體現在自然物中的本質。

但是，只有自然對象的本質或形式才是可理解的。因此從一個角度看，形式是對象的實現，但從另一個角度看，它就是潛能，要在實際的沉思中實現出來，**對那個形式的實際沉思就是那個形式本身最高等級的實現**。這樣，在質料中的形式就可以被認為是努力要被理解。當然，從「客觀的」角度看，質料中的形式什麼也沒有做，只不過是那個對象的形式而已。比如青蛙的形式並沒有做任何事情，只是作為內在原理，指引著青蛙的生長和活動。但是在過這種青蛙的生活時，這隻青蛙也在做著牠所能做的一切從而得到理解。當亞里斯多德在生物學研究中理解了什麼是青蛙，他的理智就接收了青蛙的形式。亞里斯多德毫無疑問認為自己有這樣的經歷：他可以理解動物的生活。因此他必然有某種觀念，來描述他的理智接收了青蛙的形式是**什麼樣的**。從現象的意義上講，看起來是一個人理解了青蛙生活的原理。但是，這同一個經驗也可以被描述成**青蛙形式的自我理解**！因為在實際的思考中，在理智和對象之間沒有區別，理智完全就是它所思考的形式。因此，如果從另一個角度描述，實際思考青蛙是什麼的理智，就是青蛙的形式在思考自身。普遍而言，理智思考形式的時候這個形式所達到的現實性，就是這個形式實現了自我理解。這樣看來，所有在質料中的形式對於它們的自我理解而言都是潛能。我們可以說，亞里斯多德那裡的本質，就

131

是一種要實現自我理解的力量，實現了的自我理解就是形式處於脫離質料的狀態之中。

我們現代人傾向於認為理智與對象是不同的。當我們將「對……的理解」用在一個對象 S 上時，我們認為「對 S 的理解」不可能與 S 本身相同。但是在亞里斯多德那裡，當 S 是本質或形式時，對 S 的理解就是 S 本身最高等級的實現。

亞里斯多德知道思考包括反思性的意識。就像我們在感覺的時候會意識到自己在感覺；我們在沉思的時候也會意識到自己在沉思。[96] 這個反思性的意識並不需要獨特的思想能力，將理智的實際思考當作對象。這種對沉思的反思性意識本身就是理智實際進行沉思的一部分。因此，正如亞里斯多德所說，理智可以被思考，就像思考的對象可以被思考一樣。[97] 因為思考一個對象的時候，一個人同時意識到他在思考，對於對象的思考和對於思考的意識都是思想對象本身處於最高等級的現實性之中。

但是，我們說對形式的沉思總是比自然界中的形式處於更高等級的現實性之中，這裡有一個例外，那就是當一個人沉思人是什麼的時候，我們首先來考慮亞里斯多德自己成長中的轉變。

(1*) 亞里斯多德的胚胎擁有作為（第一等級的）潛能的人類靈魂，這個胚胎擁有發展成為一個人的能力。

(2*) 這個胚胎發展成了一個人，靈魂是亞里斯多德的身體潛在地擁有生命的形式，在這個意義上，它是實體。

---

[96] 參見《尼各馬可倫理學》X.9.1170a29-b1；另參見《論靈魂》III.2、III.4。

[97] 《論靈魂》III.4.430a2-3。

132

亞里斯多德的靈魂是他活著的身體第一等級的實現，與之相對，這個能力的實現是：

(3*) 亞里斯多德實際過著他的生活：從事研究、與柏拉圖辯論、思考青蛙是什麼、思考人是什麼、教導亞歷山大、指揮奴隸，也就是實際過著他的生活。

(3*) 的階段代表了人類靈魂最高等級的實現，不再僅僅是一種可以被理解的潛能，因為理解人是什麼本身就是亞里斯多德實際生活的一部分。為了看清這一點，我們再來看看亞里斯多德思想發展中的相應階段：

（I*）作為一個年輕人，他可以被稱為靈魂學家，因為他是一個人，而人是這樣一個物種，它能夠獲得關於動物靈魂的知識。

（II*）在與他的父親討論了醫學，跟隨柏拉圖學習，進行了大量生物學研究（包括非常詳細地觀察人），並且撰寫了《論靈魂》、《尼各馬可倫理學》等著作之後，亞里斯多德在實際擁有關於靈魂的知識或理解的意義上成為了一個靈魂學家。

（III*）亞里斯多德在實際沉思人是什麼。

在（III*）的階段，亞里斯多德的理智必然是人類靈魂達到最高等級的現實性。但是達到這個現實性等級的人類靈魂，不可能比 (3*) 中亞里斯多德實際生活中的人類靈魂等級更高。因為（III*）是 (3*) 中的一個要素：亞里斯多德在實際沉思人是什麼，這本身就是亞里斯多德現實生活的現實部分。然而，雖然沉思人的靈魂本身可能是現實的人生的一種表現，但是並不必然如此。我們可以考慮將軍尼西阿斯（Nicias）職業生涯的高峰，他的生活非常成功也非常積極，但是與沉思無關。

133

（III**）尼西阿斯實際指揮著軍隊、進行戰術辯論等等。

尼西阿斯過著一種積極的、豐富的人生。但是因為他的生活裡面相對而言沒有沉思的位置（尤其是沉思人是什麼這樣的問題），尼西阿斯的生活，相對於進行沉思的生活，就是人類靈魂較低等級的現實性。由於實際沉思著人類靈魂的理智本身（它也是人類靈魂）就是理解和沉思人類狀態的那個人的靈魂的組成部分，這就意味著，理解了人類靈魂的那個人本身就體現了人類靈魂更高等級的實現，高於過著雖然成功但與沉思無關生活的人。積極地沉思人類靈魂是人類靈魂更高等級的實現，高於其他人類活動。純粹從自然角度考慮理智與世界的相互關係，就會得出這樣的結論：沉思是一種更高形式的活動，高於沒有沉思的人類生活。[98]

134　　　　確實應該是這樣的。因為人依據自然就是這個世界的系統理解者。在非沉思生活中，理解的內在欲求沒有得到完全的實現。但是當人們將注意力轉移到自身之上，當他洞悉了人生的根本，就會了解到，他是這樣的一種存在者，他的自然就是要超越自己的自然，至少是在下面這個意義上實現超越：人是自然世界中唯一一種存在，他的形式的最高表現就在這個存在者自身之中。青蛙最高的形式不在青蛙之中，因為青蛙並不能夠理解牠們自己。但是人類靈魂的最高等級，就在實際沉思人類生活本質的那個人的理智之中。事實上，自然世界中**任何**形式最高等級的實現，都是某個理解了它的理智實際對它進行思考。

---

[98] 參見《尼各馬可倫理學》X.7.1177b26-1178a8；我會在本書第六章第八節詳細討論這個部分。

因為人依據自然就是這個世界有系統的理解者，當他在理解自己作為系統理解者的角色時，他必然意識到，在自然世界中，他是形式的最高實現場所。在人理解世界的時候，人的理智就成了世界的鏡像：也就是說，理智變成了他所理解的形式。但是我們不能將「成為鏡像」理解成**僅僅**是對世界的反射。因為雖然人的理智在變成形式之前，首先要遇到世界中的那些形式，他理智中的形式比他在世界中遇到的形式實在等級更高。理智並不僅是形式的儲藏室，它是形式本身的最佳表達。

然而，如果人是世界的**系統**理解者，我們還需要回答，世界如何使得對它本身的系統理解成為可能。我們已經看到，自然對象中的形式在潛能的意義上是可理解的。但是如果人要實現對世界的系統理解，他就不能僅僅把握到彼此分離的形式，好像它們是可理解性中彼此分離的原子。要成為一個有系統的理解者，人必然要把這個世界看作一個可理解的整體。要實現這一點，世界本身就必然構成一個可理解的整體。那麼問題就來了：我們有什麼理由認為世界構成了一個有系統的、可理解的整體呢？亞里斯多德要在考慮了自然世界與神的關係之後才能回答這個問題。但是我們需要注意的是，這個問題在人將自己理解成這個世界的系統理解者，並且在思考自己能夠在多大程度上成功實現自己的自然時，就已經提出了。

135

四、主動理智[99]

亞里斯多德並不認為沉思可以僅僅透過理智有能力接收可理解的形式，以及包含形式的對象擁有可理解性來得到解釋。在先前的論述裡，我們討論了太多潛在性，來解釋現實的沉思如何發生。我們看到了存在沉思的潛能，以及被理解的潛能，但是我們怎麼能夠

---

[99] 本節相關閱讀：《論靈魂》III.5。

僅僅從這兩種潛能得到現實性，也就是實際的思考呢？肯定得不出來。亞里斯多德認為，現實性在存在論和時間上都先於潛在性。[100]在自然世界中，可能有一些過程，在其中某種潛能發展成為現實，但是這個潛能的存在必然依賴先前的現實。比如：一個胚胎的靈魂是成長的潛能，但是它的存在依賴主動的、現實的形式，這個形式是由雄性的親代在他的精子中作為潛能傳遞下去的。[101]但是在理智之中有什麼能作為在先的現實性呢？不可能是自然對象中的形式，因為不管自然事物多麼主動、發展水準多高，從理智的角度看，它的形式都必然還是某種潛能。這個在先的現實性也不可能是理智，至少不是我們到現在為止描述的那個理智，因為作為思想，理智**不是任何現實的東西**，它僅僅是一種可以進行思考的潛能。因此，如果說有某種在先的現實性，它必然是我們到現在為止還沒有討論到的東西，處於最高實現等級上的形式必然要以某種方式對此負責。

亞里斯多德在《論靈魂》III.5 中給出了答案，但是這一章充滿了闡釋上的問題，我們有必要全文引用：

> 在任何種類的事物中，就像在自然整體之中，我們看到有兩種要素，一個是質料，它潛在地是這個種類的所有個別事物；另一個是某種原因，它是製造者，產生了它們所有（後者之於前者，就像技藝之於材料），在靈魂中也必然有類似的兩種要素。事實上，正如我們描述的那樣，理智因為能夠變成一切事物而是其所是，還有另一個是因為產生一切事物而是其所是：這是某種類似光的主動狀態，因為在某種意義上，光使得潛在的顏色變成了現實的顏色。

136

---

[100] 《形上學》IX.8。

[101] 《形上學》VII.7.1032a24ff。

在這個意義上的理智是分離的、非受動的、不混合的，因為就
其本質而言就是主動性（因為主動的總是高於被動的要素，生
成性的力量高於質料）。

現實的知識等同於它的對象：在個人之中，潛在的知識在時間
上先於實際的知識，但是在無條件的意義上，即便在時間上它
也不是在先的。它並非有時候思考、有時候不思考，在分離的
時候，只有它是其之所是，只有它是不朽的和永恆的（我們不
記得是因為它是非受動的，而被動的理智是可朽的）；沒有它
就沒有任何東西進行思考。[102]

看起來，亞里斯多德引入了另一種理智，來解釋我們的理智如
何進行思考。一代又一代的闡釋者稱之為「主動理智」（nous
poiêtikos，雖然亞里斯多德本人從來沒有用過這個說法），來將它
區別於「被動理智」（nous pathêtikos）。顯然，被動理智就是我
們已經描述過的那種能力，憑藉它我們接收事物可理解的形式。但
什麼是「主動理智」呢？什麼是這個「製造」一切事物的理智呢？
我認為，錯誤的理解是，亞里斯多德描述了理智的兩種不同能力，
如果是這樣，我們就不得不去考慮這兩者之間的關係。與這種思路
不同，我們可以去探究亞里斯多德說的第一點：我們看到了自然之
中質料與原因的差別，這個區分為什麼也要應用於靈魂呢？畢竟，
靈魂是活物的形式，而身體是質料，那麼在形式本身之中為什麼也
有一個質料與原因的區分呢？這個區分又是如何可能的呢？我們在
形式之中看到的區分是不同等級的潛能與現實之間的區分，這就表
明了，靈魂中的區分也不是在以某種方式彼此相關的不同能力之間

137

---

[102] 《論靈魂》III.5（牛津修訂版將最後一句中的 monon 翻譯成「首
先」，而非「只有」）。

的區分，而是在不同等級的現實性之間的區分。如果是這樣，那麼所謂的「主動理智」就是實際運用的理智，也就是說 nous poiêtikos 不過就是 nous energeiai（處於實現狀態的理智）。

「主動的理智」產生一切事物，就是說它使得一切事物變得可以理解。我們不能將這個「產生」理解成「主動理智」進行某種生產性的活動，這個「產生」說的是處於最高實現等級的形式，是處於較低實現和潛能等級上的形式的原因。如果存在於自然對象、甚至是成熟的有機體或者形式完美的對象中的形式，並不是處於最高實現等級的形式，那麼它就不能被認為是最基本的，它必然在某種意義上依賴最高等級的形式。但是存在於自然對象中的形式，從理智的角度看，不過是一種能夠被理解的潛能。在實際被理解的時候，這個形式上升到了最高等級的現實，成為了正在思考形式的理智。這樣看來，我們就應該預期，在自然世界中的形式必然以某種方式依賴理智。因為理智在實際進行思考的時候，就是形式最高等級的活動。最後，我們會看到，還有一種描述這種主動思考的方式，那就是將它稱為「神」。主動理智「產生」萬物可以被理解為神是這個世界的原因。

但是亞里斯多德的神並不從事任何生產性的活動。這個世界並不是祂的產品。亞里斯多德用技藝與質料的關係作為類比來闡明「主動理智」產生一切事物，正是這個類比給了我們最大的誘惑，將「主動理智」看作進行著生產性的活動。因為就生產活動而言，沒有比匠人將技藝加在尚未獲得形式的質料之上更好的例子了。但是這個類比關係並非在**匠人與無形式的質料**之間，而是在技藝與質料之間。技藝本身就是形式，它以某種現實性存在於匠人的靈魂之中，這個形式是存在於技藝產品之中的形式的原因：「從技藝之

中產生了事物，這些事物的形式存在於靈魂之中。」[103] 每個事物的
形式都是亞里斯多德所說的**首要**實體，正是因為它一個人造物成為　138
這個人造物。但是首要的原因並不是存在於產品之中的有質料的形
式，而是匠人靈魂中的形式。亞里斯多德說，在某種意義上，房
子產生於房子，「有質料的事物」產生於「沒有質料的事物」，因
為在建築師的靈魂中有房子的形式。[104]亞里斯多德將靈魂中的這個
形式或本質稱為「沒有質料的實體」。[105] 質料是能夠接收形式的東
西，而技藝與質料的關係就是（現實的）形式與（潛在的）形式之
間的關係。我們的理智能夠接收事物可理解的形式，但是在接收之
前，理智不是任何現實的東西。這個接收形式的單純的潛在性，正
是質料的比喻所描述的。當然，在理智之中並沒有真正質料性的東
西，當它接收了形式，它就是純粹的形式，但是它能夠接收形式，
以及最初沒有任何現實意義上的形式，使得我們可以用質料這樣的
辭彙去描述它。

　　亞里斯多德也用光來闡明主動理智「產生」萬物的方式，光並
不參與任何生產活動，它僅僅是透明中介物的一種狀態（hexis）。
事實上，是透明的東西實現的狀態。顏色僅僅是推動者，推動了
實現出來的透明，因此光是顏色能夠成為實際推動者的條件。在這
個意義上，「光使得潛在有顏色的事物變成現實有顏色的事物」。
當然，實際的顏色依然處於某種潛能狀態：最完全的實現在與「顏
色」有關的客觀辭彙中沒有名字，但是可以用主觀的方式描述為
「看到」（horasis）。如果要讓這個類比成立，那麼主動理智必然
是「透明中介物」的一種條件，這種條件使得事物可理解的形式，

---

[103]《形上學》VII.7.1032a32-b2。

[104]《形上學》VII.7.1032b11-14。

[105]《形上學》VII.7.1032b14。

在進行探究的理智上現實地留下印記。從自然的角度看，那些努力實現各自形式的自然有機體，如果從理智的角度看，就是要努力變得可以理解。但是除非有某種進一步的原因讓我們理解這些形式，否則它們就像黑暗中的顏色一樣。因為我們想要沉思形式，就必須在這個世界中遇到、經驗到那些體現在形式與質料複合物中的形式。如果只有無知的個人和體現在自然物中的形式，就還是只有太多的潛在性，無法解釋一個人如何實際進行沉思。因為我們生來具有的理智僅僅是思考的能力，而有質料的事物僅僅是潛在地可以理解，我們還需要在先的和當下的現實性。這就是為什麼需要在靈魂之內區分出原因和質料，因為這個區分在自然之中也存在。我們得以理解這個世界是因為我們與自然的相互關係，這種相互關係是根據因果關聯的基本自然原理發生的。但是僅僅依據我們的（被動）理智，以及體現在自然物中的形式，是無法解釋這種相互關係的。主動理智是我們所需要的那個在先的現實性，有了它才能解釋個人之中的思考是如何發生的。

但是那個透明的中介物又是什麼呢？因為主動理智與被動理智之間的區分是靈魂之中的，那個透明物就應該是靈魂的某種狀態，某種高級的狀態，使得靈魂更易於接受體現在自然之中的形式的影響。在《論靈魂》臨近結束的時候，亞里斯多德將一個對象的形狀和顏色透過透明中介物的傳播，比作蠟上的印記穿透蠟板。[106] 就好像可見物在蠟板的一端，而眼睛在另一端。蠟板接收了對象形式的「印記」，然後這個印記穿過蠟板從對象達到眼睛。在這裡蠟板被用來比喻透明的中介物，而在前面蠟板被用來比喻感覺或理智對形式的接收。我認為，對蠟板比喻的雙重運用使得亞里斯多德可以

---

[106]《論靈魂》III.12.435a5-10。

將這個透明物理解為處於更高級狀態的理智，比如理智正在實際進行探究的狀態，它做好準備受到世界中那些可理解的東西的影響。光是透明介質的某種狀態（hexis）。亞里斯多德偶爾用 hexis 作為「形式」的同義詞。[107] 這兩者都是主動的狀態，與缺失相對。雖然光是透明物的狀態，但是在那種狀態之下透明物滲透了（可見的）形式。當一個人實際學會了像生物學或幾何學這樣的學科，他的理智就擁有了某種狀態，正是因為這個狀態，他成了一個現實意義上的知道者。這個狀態就是理智變成了相關的形式，這個狀態就是形式。因此我們應該認為，理智上的透明，就是理智處於一種積極地準備好進行探究的狀態，在這種狀態之下，可理解的形式就可以在理智上留下印記。

當我們從學習了生物學過渡到實際沉思靈魂，我們的理智所變成的形式就上升到了最高等級的現實性之中，亞里斯多德很難區分「這個」主動理智和其他實際沉思（或者就是）這個形式的理智。事實上，他也很難將這個理智與主動理智本身區分開來。因為亞里斯多德通常的做法是透過形式，或者質料，或者這兩者，來區分事物。但是理智沒有物質性的要素，一旦它實際思考一個形式，它就（在形式上）等同於思考那個形式的所有其他理智了。這樣看來，就只有一個主動的理智，那就是主動理智本身。當然，亞里斯多德可以創造出一些標準，來區分我的和你的主動理智，區分我們的主動理智和主動理智本身。毫無疑問，你和我有不同的途徑（或者透過感覺經驗，或者透過教育等等）得以沉思本質。雖然我們的理智完全是非質料的，但是它們似乎和質料有**某種**關係：有時沉思形式

---

[107] 在這裡我要感謝 R. D. Hicks, *Aristotle, De Anima*, Cambridge University Press, 1907, p.501。他引用的文本包括《形上學》XII.1070a11、1069b34、1070b11、VIII.1044b32。

的意識，在其他時候進行感覺，而感覺經驗是與我們的身體結合在一起的。主動理智可以透過它與我們理智的因果關係，與我們的理智區分開來：因為形式此前以主動理智的方式存在，我們能夠理解在世界中遇到的形式。但是如果我們不管原因上的依賴性、不管學習的途徑，而僅僅關注我的理智對某個形式的實際思考，那麼我的理智與主動理智之間就沒有任何差別。當我實際沉思一個本質的時候，我的沉思沒有任何個別性。我完全拋開了身體所處的具體情境，甚至拋開了使我能夠思考這個形式的因果歷史，實際的思考似乎不發生在任何地點。亞里斯多德說理智是人之中神聖的要素，我認為我們應該按照字面意思理解他的這個說法。

141　　儘管主動理智解釋了我們如何進行沉思，還有一個問題就是：我們為什麼會停下？主動理智並不是有時候沉思，有時候不沉思。看起來主動理智總是照亮這個世界，那麼我們為什麼不能總是進行沉思呢？關於這個問題，亞里斯多德並沒有多說。但是我想他的答案是，我們並不是神，我們是人。作為人的特殊之處在於，在我們之中有某種非人的要素（這聽起來有些悖謬），即神聖的理智。然而實際思考的生活，也就是主動理智的生活，是一種我們只能在少數時間過的生活。當我們死了，我們的沉思能力自然也就隨我們而去了，因此亞里斯多德可以說「被動理智是可朽的」。

五、行動中的理智[108]

亞里斯多德說，人是行動的原理或來源。[109]不是事情發生在人的身上，而是人能夠做事情。人類的行動有多常見，就有多神祕。

---

[108] 相關閱讀：《論靈魂》III.9-13；《尼各馬可倫理學》III.1-5、VI；《論動物的運動》6-7。

[109] 《尼各馬可倫理學》III.3.1112b32。

一方面，我們的生活中充斥著行動，如果沒有行動，我們就沒有辦法理解活著是什麼意思；另一方面，人類的行動又是一種非常特殊的事件。在「手臂抬起」（arm-rising）之中只有一些是「舉起手臂」（arm-raising）。那麼在「手臂抬起」之外還有什麼才是「舉起手臂」呢？就手臂的物理運動而言，看起來沒有任何差別。我們很自然會去考慮這個運動之前的原因序列，「舉起手臂」與單純的「手臂抬起」相比，差別就在於人這個運動的來源。在行動中，人將自己與沒有靈魂的自然區別開來。這樣看來，我們就需要轉向靈魂去尋找人如何行動。

人的行動是動物運動的一種。亞里斯多德認為，所有的動物運動，都來自欲求。低等的動物有基本的欲望和感覺，想像就是建立在感覺意識之上。但是只有感覺和想像，還解釋不了牠們的運動。單純看到食物還不能促使動物向食物運動，必然有某些東西推動了動物的運動，這個推動的力量就是欲求。欲求與動物的運動有某種相似的結構：欲求針對的是動物缺少的對象，而動物的運動指向欲求的對象。正是在動物的運動之中，欲求有了實實在在的表達，我們可以認為動物的運動就是行動中的欲求。

人類和其他動物的差別在於，人有思考的能力，同時在基本的欲望之外，還有更複雜的欲求，比如理解的欲求。人的行動不能單純被理解為滿足基本的欲望。但是如果我們承認人有「高階」和「低階」的欲求，也就是說可以思考他想要什麼，以及如何獲得它，想要理解行動是如何產生的就困難多了。亞里斯多德用不同的功能區分靈魂的不同能力，但是欲求看起來跨越了靈魂的不同「部分」。[110] 因為亞里斯多德說，我們在靈魂的理性部分看到了「想

142

---

[110] 《論靈魂》III.9-10。（我很遺憾地說，不管是新的還是舊的牛津譯本，對這些章節的翻譯都存在錯誤。我會試圖向不懂希臘文的讀者

望」（wish）這種欲求，而在靈魂的「非理性」部分看到其他欲求，比如對食物和性的基本欲望。[111] 然而，如果區分靈魂不同部分的基礎是每個部分的功能，但是運動的原理似乎既在理性又在非理性的部分之中，那麼我們根據什麼認為靈魂有部分呢？這樣看來，要麼亞里斯多德需要放棄靈魂有部分的看法，要麼就要將運動的來源歸於某一個靈魂的部分。在這兩者之中，亞里斯多德選擇了後者。他說，看起來有兩種運動的來源，實踐理智和欲望。[112] 實踐理智與理論理智的差別在於，它考慮的是如何滿足一個欲求。它是理智的一部分，行動者用它考慮應該做什麼。亞里斯多德將實踐理智與欲望置於同一個靈魂能力之中，這種能力是運動的原因，這就是靈魂的欲求部分。[113] 因為雖然以某種精神過程表達出來的欲求，看起來非常不同於毫無思想的對食物的內在驅動，但是它們其實都有類似的結構：它們都是某種驅動力量，要透過行動達到某個（尚未達到的）目標。

143

解釋這裡的問題。牛津版的譯者使用「欲望」（appetite）這同一個詞來翻譯通常翻譯成「欲望」的 epithumia，和通常翻譯成「欲求」（desire）的 orexis。這樣看來欲望就貫穿了靈魂的不同部分。但這並不是亞里斯多德的意思。亞里斯多德認為，存在不同種類的**欲求**：有對於食物和性的基本欲望，有對理解、德性等事物的「高階」**欲求**。是欲求，而非欲望，貫穿了靈魂的不同部分。）

[111] 《論靈魂》III.9.432b5-6。

[112] 《論靈魂》III.10.433a9-30。（這裡亞里斯多德的意思確實是「欲望」。）

[113] to orektikon：《論靈魂》III.10.433a21。（牛津版錯誤地稱靈魂的這個部分為「欲望能力」。亞里斯多德的觀點是，欲望和實踐理智雖然看起來截然不同，但是應該被認為是包括在同一個靈魂的欲求部分之中，因為實踐理智和欲望都是驅動力，而亞里斯多德認為，動物之中所有的驅動力都是某種欲求。）

如果靈魂欲求的部分是一種單一的能力，既包括一個理性的部分（實踐理智）也包括一個非理性的部分（基本欲望），那麼我們就會好奇這些彼此分離的部分是怎麼合到一起的。如果實踐理智被置於靈魂的欲求部分之下，我們就應該可以將這個理智理解為欲求的表達。實踐理智又是如何工作的呢？認為我們的推理能力可以**服務於**欲求的滿足，看起來沒有什麼奇怪的，但是如果說理性本身是靈魂欲求部分的一個要素，**理性自身推動我們行動**，這至少乍看起來有些奇怪。要理解理性如何推動，我們必須要考察亞里斯多德關於思慮性選擇（prohairesis、deliberated choice）的理論。[114] 人們經常用「選擇」（choice）或「決定」（decision）來翻譯 prohairesis，但是這兩個翻譯都沒有表現出，至少在最典型的情況下，一個人是在經過思慮*之後*才做出一個 prohairesis。[115]

亞里斯多德關於思慮（bouleusis）的理論是一種欲求的傳遞性理論，行動者從對某個對象的欲求或想望（boulêsis）開始，[116] 想望的對象是對行動者顯得好的東西，但是這個表象協助構成了想望本身。因此，想望就既是有驅動力的（行動者被驅動著去獲得想望的對象），同時也是意識的一部分。也就是說，行動者意識到他對於某個目的想望本身就是那個想望的表現。想望驅使行動者開始一個思慮過程，在這個過程中，他考慮如何獲得他的目標。亞里斯多德將思慮描述成一個反向推理的過程，從欲求的目標開始，經過一連串的步驟（這些步驟能夠最好地實現目標），最終達到某個他立刻或者將要去做的行動。[117] 亞里斯多德給出的一個描述是醫生在考慮

144

---

[114] 《尼各馬可倫理學》III.2-4。

[115] 《尼各馬可倫理學》III.2.1112a15、III.3.1113a2-7。

[116] 《尼各馬可倫理學》III.4。

[117] 參見《尼各馬可倫理學》III.3、VII.3；《形上學》VII.7；《論動物的運動》7。

如何治癒病人時進行的推理：

> ……健康是靈魂中的 logos 和知識。健康的對象是如下思想產
> 生的結果：因為這是健康，如果對象想要健康，那麼就首先要
> 有這個，比如身體的統一狀態，如果要有**這個**，就必須要有熱
> 量，醫生這樣接著思考，直到達到最後一步，他可以直接採取
> 措施。之後從這一點開始的過程，即朝向健康的過程，就被稱
> 為「製造」。[118]

亞里斯多德將這個推理過程比作希臘幾何學中的分析方法。[119]古希
臘幾何學中有兩種方法，分析和綜合，相比之下我們更熟悉綜合。
在進行綜合的時候，簡單的要素構建起一個複雜的幾何圖形。比
如：在兩點間畫一條直線，或者圍繞某個固定的圓心畫一個特定半
徑的圓，歐幾里得《幾何原本》中的大多數證明都是綜合的例子。
而分析是為了幫助我們達到可以開始進行綜合的地方，我們從一個
完成的結果開始分析，比如一個複雜的幾何圖形，我們想要一步一
步把它畫出來。我們要透過一系列步驟對這個圖形進行劃分。在
每一步，我們都將這個圖形分析成只比它簡單一步的圖形。我們持
續進行這種分析，直到某個基本的結構，幾何學家可以直接開始畫
圖為止。這樣看來，分析就是一個解構的過程，一旦完成，我們就
可以反轉方向，開始進行綜合。思慮與行動的關係和分析的過程相
似，思慮從欲求的目標開始，將它分析成一系列步驟，從這個目標

145

---

[118]《形上學》VII.7.1032b5-10；另參見《論動物的構造》I.1，以及本書
第二章第四節討論假設的必然性的部分。（我沒有翻譯 logos，而牛
津版將它譯為「公式」〔formula〕）。

[119]《尼各馬可倫理學》III.3.1112b20-24。

一直回溯到進行思慮的行動者。思慮完成，行動者就可以開始進行「綜合」：他可以開始行動，從而達到他欲求的目標。

思慮通常都結束於某個決定，決定用某種方式行動。比如：醫生可能決定替病人裹上毯子對他加溫，這個經過思慮的決定就是一個 prohairesis。設想醫生同時意識到旁邊的櫃子裡就有毯子，那麼亞里斯多德就會說，他會**馬上**走向櫃子。亞里斯多德將某個行動看作一個實踐推理的結論，他認為，如果一個人決定了用某種方式行動，並且認為他的環境允許他這樣行動，那麼就不需要其他東西來解釋那個行動的發生了。因此，經過思慮的決定就是理智跨出自身進入行動之前的最後一步：

> 同一個東西被思慮和選擇，除了經過思慮的選擇的對象已經被決定了，因為它作為思慮的結果已經被決定了，並且成為經過思慮的選擇的對象。因為每個人在將推動行動的原理回溯到他自身以及他自身之中支配性的部分之後，就停止考慮如何行動了，因為正是這個在進行選擇。[120]

思慮不僅僅是一個理智過程，透過這個過程行動者認識到如何行動，它也是一個欲求的轉化過程。醫生從醫學知識和想要治癒病人的欲求開始，亞里斯多德指出，一個僅僅擁有醫學知識的醫生並不需要去治療任何人。[121]想要讓病人恢復健康的欲求促使醫生進行思慮，思慮將欲求轉化到思慮的每一個步驟。比如：醫生沒有單獨的

---

[120] 《尼各馬可倫理學》III.3.1113a2-7。（我用「經過思慮的選擇」，而不是「選擇」來翻譯 prohairesis，是因為我想要強調，至少在典型例子中，prohairesis 是思慮的結果。）

[121] 《論靈魂》III.9.433a4-6。

欲求去對病人的身體加熱。他獲得這個欲求的原因是他意識到，如果想要讓病人恢復健康（這確實是他的欲求），那麼他就必須要製造身體的統一狀態，而他可以透過加熱做到這一點。在認識到這個之後，他現在就欲求給身體加熱。醫生也沒有一個單獨的欲求，要去替病人裹上毯子，這只是因為他意識到，對他來講這是最好的方法來對病人的身體加熱。因此，思慮就是這樣一個過程，理智將想望的欲求目標轉化成行動者可以進行的行動。

有些哲學家抱怨亞里斯多德的「思慮」概念過於狹窄，尤其是他堅持認為我們只能思慮手段，而不能思慮目的：

> 我們不是思慮目的，而是思慮有助於實現目的的東西。因為醫生並不去思慮他是否要治療病人，演說家不去思慮他是否要說服聽眾，政治家也不去思慮他是否要產生法律和秩序，任何人都不去思慮他的目的。在確定了目的之後，他們考慮如何以及用什麼樣的手段去實現它。如果有幾種手段，他們就考慮用哪種方式最容易和最好地實現它，如果只有一種方式，他們就考慮這種方式如何實現它，以及如何實現這種方式，直到他們達到第一原因，在發現的序列中它是最後一個。因為進行思慮的人似乎是在進行探究和分析，就好像分析一個幾何結構……在分析序列最後的就是生成序列中的第一個。[122]

人們會提出這樣的反駁：我們難道不去思慮人生中的目的嗎？比如：我是要當醫生還是政治家。作為回應，亞里斯多德的支持者指出，**有助於實現目的的東西可以包括目的的構成要素**，比如我們可

---

[122] 《尼各馬可倫理學》III.3.1112b11-24。

以思慮，醫生還是政治家才是我們想要的好生活的構成要素。我們不去思慮是否要擁有好生活，但是我們可以思慮這個好生活包括什麼。

雖然這個「亞里斯多德式的」回答，與亞里斯多德關於我們 147
只思慮那些有助於實現目的的東西是一致的，但是我懷疑亞里斯多德是否會將這種思考也納入他所謂的「思慮」之中。因為亞里斯多德用「思慮」描述一種非常特殊的實踐推理，在這種推理中欲求從前提傳遞到結論之中。因此，我們不應該認為，我們說的每一個思慮都可以算作亞里斯多德說的「思慮」。亞里斯多德那裡的典型例子是，一個人從一個欲求的目標開始，考慮如何實現它。雖然關於目的構成性要素的考慮，也有可能包括欲求的傳遞，但是可能性不大。比如我們可以考慮，柏拉圖想要遠離政治做一個哲學家的決定。他的推理並不是「我有要過好生活的欲求。考慮到現在的政治氣候，我很可能會在政治生活中受挫，而哲學可能是一種好生活的方式……（他馬上開始從事哲學）」。這個描述的問題在於，它將從事哲學的欲求描述成了一種衍生品，來自對於好生活的欲求。我們無法想像柏拉圖的推理是這樣進行的，更合理的推測是，他發現自己從哲學之中獲得了巨大的滿足感，而在他考慮哲學生活是否值得過的時候，從事哲學的欲求通過了反思性的測試。他同時判斷，雅典的政治氣候使得一種可以接受的政治生涯變得不可能。這個推理並不是從過好生活這個目標開始，將欲求**傳遞**到從事哲學這種構成要素。我們更應該將它理解為**形成**對某個目的——即哲學生活——的欲求。這更像是愛上了什麼東西，而不是進行思慮。

確實有一些情況，我們可以對目的的**構成要素**進行亞里斯多德意義上的思慮，但是它們僅僅是一些非常獨特的推理。比如我們可以設想一個當代的大學生保羅，考慮是應該申請法學院還是醫學院。他對於成為律師或者醫生都沒有內在的欲求，他只想要一種有

財務自由的職業，這就是他心中的好生活。他的推理是這樣的：

> 我想要過好生活。這是一種有財務自由的職業生活。我的選擇
> 有法律和醫學。我知道我有某種語言能力，並且總是有能力説
> 服別人。假如我是一個律師的話，這將成爲我的優勢。同時我
> 還討厭血、容易噁心，當我和病人接觸的時候，我會感到緊
> 張，因此如果當醫生的話我會很不舒服。對我來講沒有其他理
> 由在法律和醫學之間進行選擇，那麼我會選擇法律，因此我會
> 申請法學院。

這樣的推理確實可以算作是亞里斯多德意義上的思慮：因為成為律
師的欲求來自想過一種財務自由的生活的欲求，但是思慮要求在目
的與手段之間有某種特殊關係。雖然對保羅來說，律師的生活是財
務自由這種目的的構成要素，但是保羅**將它當作實現目的的手段看
待**。亞里斯多德說的思慮，關鍵之處在於它僅僅關於那些能夠將欲
求從目的傳遞到手段中的實踐推理形式，或者是能夠從對目的的欲
求中產生出欲求的構成要素。

　　但是如果思慮是傳遞欲求，而一個經過思慮的選擇是思慮的最
後一步，那麼這就意味著經過思慮的選擇本身就是一種欲求。亞里
斯多德接受了這個看法：

> 經過思慮的選擇的對象是取決於我們的某個事物，它在思慮之
> 後被欲求，經過思慮的選擇就是對取決於我們的事物**經過思慮
> 的欲求**，因爲當我們經過思慮做出決定的時候，我們根據思慮
> 來欲求。[123]

---

[123] bouleutikê orexis：《尼各馬可倫理學》III.3.1113a9-12。

在其他地方，亞里斯多德說，經過思慮的選擇或者是「有思想的欲求」或者是「欲求的理智」。[124]它分有理性和欲求。[125]因此，思慮並不僅僅是將欲求從行動者的目標傳遞到經過思慮的選擇上，經過思慮的選擇本身就是一種欲求。但這是一種非常特殊的欲求。第一，這種欲求是我們完全確定的。和其他很多欲求不同，除非我們意識到自己擁有經過思慮的欲求，否則我們就不能有這樣的欲求。第二，對這個欲求的意識就是這個欲求本身的一部分。現代哲學家傾向於認為，意識區別於意識的對象。比如：一個人對食物有欲求，他對於這個欲求的意識不同於欲求本身。但是在亞里斯多德的經過思慮的選擇之中，一個人對欲求做某事的意識就是這個欲求本身的一部分。在思想與思想的對象之間沒有區別。第三，經過思慮的選擇本質上是一種反思性的欲求，這種選擇的本質之一就是人們對它有所意識。反思就是欲求本身的一部分。有自我意識的思想，比如說「我要用毯子把他裹起來」，就既是自我意識的表現，又是經過思慮的選擇。對亞里斯多德來講，這個思慮不能被認為是憑附在給定的欲求和動機之上的，就好像發生在靈魂的不同部分之中。思慮本身就是欲求的表達：它由想望推動，它是欲求的傳遞，它的結論或者是一個欲求（也就是經過思慮的選擇）或者是由那個思慮直接推動的一個行動。思慮並不僅僅是欲求的表達，它也幫助構成了我們的欲求。醫生想要讓病人健康的欲求，透過思慮，轉化為透過用毯子將他裹起來的方式使他健康的欲求。思慮使得我們的欲求變得具體，這樣我們就可以按照它開始行動。因此，思慮將以抽象方式

149

---

[124] dio ê orektikos nous hê prohairesis ê orexis dianoêtikê：《尼各馬可倫理學》VI.2.1139b4-5。

[125] hê de prohairesis koinon dianoias kai orexeô：《論動物的運動》7.700b23。

給定的欲求回溯到我們自身，它將欲求變成一種我們可以開始滿足它們的形式。

經過思慮的選擇既是一種欲求，又是一種有自我意識的推理，這一點具有重要的哲學意義。因為在西方哲學傳統中，有一個非常鮮明的傳統，認為人的自由就是對我們的欲求實施帶有自我意識的控制，但是在自我意識和欲求之間的關係到底是什麼並不清楚。對我們來講，自由之所以重要，並不是因為它是若干種價值中的一個，而是因為它構成了我們的存在本身。其他動物可能有信念和欲求，但是人區別於自然其他部分之處在於，能夠意識到自己的信念和欲求，考慮它們，並且基於這些考慮決定做什麼。人這種行動者不是僅僅被他的欲求推動去做某個行動，他可以反思自己的欲求，決定去滿足哪一個，以及如何去滿足它，這樣這些欲求對他而言就成為了理由。出於理由行動，行動者就體現了他的自由和人性，但是很不幸，我們還幾乎不理解這種自由的體現到底是什麼。由於這種自由構成了我們的人性，不了解它的運作，我們就還不了解我們的本質，還缺少對我們到底是什麼的理解。

根據康德的看法，自由的行動者必然能夠從一個外在於欲求本身的視角去反思他的欲求。除非我們能夠從一個審視欲求的視角進行思慮，也就是將欲求看作諸多要素中的一個，並且不受欲求的左右，否則思慮就不是真正自由的，獨立於欲求的決定作用。根據這種看法，反思之所以表現自由，恰恰因為它是某種**抽離**（detachment）。對於康德而言，有道德的行動者在思想上將自己從欲求、具體的興趣和環境因素中抽離出去，僅僅考慮一個純粹理性的意志會如何意願。黑格爾是亞里斯多德熱忱的學生，他批評康德關於自由意志的看法。在黑格爾看來，這樣一個意志太抽離於它自己的欲求，太抽離於進行思慮和行動的環境，從而變得空洞：它將永遠無法決定意願什麼。雖然對康德的這個批評被當代哲學家

廣泛接受，但是卻沒有其他對自由的分析得到了廣泛的認可。我在這裡關注的並不是確定行動者為自己的行動負責的最低條件，而是一種更高的自由概念。我們有一種直覺上的自由概念，在康德、斯賓諾莎和其他人那裡有不同的表達，這種自由概念的要求多於能夠做自己想做的事情，也多於我們的欲求不是強迫的產物，甚至多於我們能夠反思自己的欲求並且根據欲求進行思慮。這種直覺上的概念，要求我們的反思**有效地**形成和塑造我們的欲求。我們需要向這種有效反思中的自由概念賦予內容。

如果我們的目標是這樣一種反思的觀念，它既不脫離於它考慮的欲求，又是人類自由的表現，我們完全可以回到亞里斯多德實踐理智的觀念。他的「思慮」就是這樣一個精神性的活動，它既是一種反思，又是一個過程，在這個過程裡欲求既得到了傳遞又得以形成。醫生的思慮本身就表現了他想要進行治療的欲求，在這個過程中欲求被傳遞到手段之中；這也是替病人裹上毯子這個欲求產生的過程。當然，如果要表明任何一個亞里斯多德意義上的實踐推理同時也是人類自由的體現，我們還需要做更多的說明。但是我們至少可以將反思看作是欲求的表現，而非完全脫離欲求的行動。這一點對於任何想要將人類自由**自然化**（naturalize）的人而言都非常重要，也就是說，給出一種對自由的論述，使得人這種動物可以享受它。反思是我們進行的一種活動，如果亞里斯多德正確地認為我們所有的行動都是欲求的產物，那麼反思也必然是由欲求驅動的。我們想要理解的是，一個單獨的人類行動，怎麼可以同時是欲求的產物、欲求的體現、有效的反思，還是自由的體現。

亞里斯多德的倫理學給了我們工具，將人類自由自然化。我們已經看到他關於實踐理智的論述允許一個行動被同時描述成欲求的產物，欲求的表現和**某種**類型的反思。正是在《尼各馬可倫理學》中，我們看到了欲求可以被組織起來，從而產生有效的反思，

151

這種反思也同時是自由的體現。如果我們想要深入了解人類自由的本質，就一定要從亞里斯多德的倫理學著作中**抽取**出這個論述。因為亞里斯多德關注的並不是具體說明人類自由的充分條件，他關注的是過好生活的條件。對於亞里斯多德來講，好生活就是幸福（eudaimonia）的生活，幸福部分在於我們靈魂之中的欲求得到了某種組織。從某個方面講，倫理學就是研究人類欲求的組織。當我們考察好人的動機結構，我們就能看到，同一個行動怎麼可能既是人類自由的表現，又是某個欲求的勝利。

Chapter ⑤

倫理學與
欲求的組織

一、《尼各馬可倫理學》的要點[1]

152   我們回歸亞里斯多德倫理學的一個理由就是研究他的倫理學體系與我們的倫理學有多麼巨大和深刻的差別。我們可以說，今天的生活缺少一種融貫和有說服力的道德。[2]有很多種不同的道德力量將我們拉向不同的方向，但是當我們想要給出證成的時候，卻發現很難解釋為什麼要堅持某些特定的道德信念。構成西方道德視域的大部分要素都是從猶太－基督教傳統中繼承來的，在三百年前，如果有人問我們，你為什麼要按照希望別人對待你的方式去對待別人，我們毫無疑問會給出宗教上的答案。在過去三百年裡，人們極大地失去了用宗教信念為道德提供基礎的自信。部分原因是，人們越來越認為，道德信念應該能夠得到神聖權威之外的證成，那些信念對道德行動者來講應該是合理的。[3]但是在這種自信喪失之餘，並沒有出現其他形式的證成可以代替宗教的地位。當然，也有人給出了其他形式的證成，但是沒有任何一種獲得了普遍或深刻的尊重。

我們與亞里斯多德生活的希臘世界的一個差別在於，相比行動我們更強調意圖。在基督教的視角下，一個人生在富人家還是窮人家，一個人生活中是否有機會做好事，說到底並不重要。重要的是有一顆好心，過純潔的生活，意圖對他人做好事，並遵守《聖經》

153   和教會的規條。即便因為出生的偶然原因，一個人不能為自己的鄰

---

1   第一至第三節的相關閱讀：《尼各馬可倫理學》I-II。

2   關於這個問題的詳細討論，參見 Bernard Williams, *Ethics and the Limits of Philosophy*, Harvard University Press, 1985 和 *Moral Luck*, Cambridge University Press, 1981；Alasdair MacIntyre, *After Virtue*, Duckworth, 1981。

3   當然這個觀念至少可以回溯到蘇格拉底，參見柏拉圖：《歐敘弗倫》。另參見康德：《道德形上學奠基》和《實踐理性批判》。

人做任何事情，他依然可以愛他的鄰人。但是對於古希臘人來講，如果一個人被剝奪了過好生活的機會，就沒有任何東西可以補償這種損失。他們執著於命運或偶然性的概念，因為看起來有些處境或環境的因素可能會使一個人無法過著好生活。[4]即便是那些相信在冥府有來生的希臘人，也不認為在那裡能夠得到任何補償，一個人在來世依然忍受著無法過好生活的恥辱。偶然性或者命運對於人們意圖的挫敗使得希臘人感到恐懼，他們的很多文學和哲學作品都反映了這一點。

　　基督教試圖對偶然性做出補償。它承諾了一個來世，在那裡德性將會得到獎賞。但是，要讓這種應許得以可能，「德性」這個詞的含義就需要發生巨大的變化。對於希臘人而言，「德性」（aretê）的意思是「**卓越**」：有德性就是在做某些事情的時候卓越。阿基里斯是一個有德性的人，因為他是一個卓越的戰士，他為家庭、朋友提供了很多東西。而對於基督徒，「德性」的意思是某種**內在的**精神品質，它可能沒有或者只有很少外在的表現。假如一個人過著這種有德性的內在生活，那麼即便這個世界是不義的——它沒有認可或者獎賞一個人，這個人的德性最終將會得到認可。這樣的觀念是希臘人完全無法理解的，但是只要人們相信基督教，這個信念就對此世的偶然性和命運做出了補償。

　　然而，不管是不是相信基督教的來世，如果我們接受道德不應該僅僅得到宗教上的證成，那麼想要讚美內在的德性生活，這種生活本身就一定要成為人們要去過的好生活。康德試圖為內在的德性生活提供一種不依賴來世獎賞的證成，這並不是因為他失去了宗

4　關於這個問題的討論，參見 Williams, *Ethics and the Limits of Philosophy* 和 Martha Nussbaum, *The Fragility of Goodness*, Cambridge University Press, 1986。

教信仰，而是因為他想要為道德提供獨立的證成。康德主義道德的魅力在於，它直接將道德與一種有尊嚴的人的觀念——即人作為理性的自由行動者——連結起來。康德斬斷了道德與追求幸福之間的關係，他的理由是，如果行動者只是服從他碰巧具有的欲求，那麼道德是不可能有約束力的。行動者有可能缺乏那些欲求，而康德認為，我們無法容忍道德的約束力繫於如此不確定、如此偶然的一條線上。道德能夠約束行動者，完全因為他是理性的。這樣一來，道德就應該僅僅由理性的形式法則構成。行動者在做道德判斷的時候，要將自己看作是純粹理性的行動者，完全脫離了具體的欲求、激情和興趣。在康德看來，在道德中人可以實現最高的自由。

雖然康德主義的道德沒有提供來世的神聖補償，它確實給出了此世的**某種**補償。從康德道德角度看，真正重要的並不是一個人實際生活的方式和環境，而是一個人是否有好意（good will，又譯為「善良意志」）。如果一個人真的想要按照（自我立法的）道德法則行動，那麼他獲得的補償就是，他知道自己是一個好人，而不管他實際如何行動，不管他被迫行動的環境如何，不管他行動的結果如何。

康德和亞里斯多德都會認為對方的方案存在缺陷，康德不會認為亞里斯多德的倫理學能算是某種道德體系。[5] 亞里斯多德的倫理學試圖回答的問題是：對人來講什麼是好生活？因為亞里斯多德的人依據自然是政治的動物，他就要在社會中達到好生活，這樣一來，什麼是好生活的問題就不能脫離一個人生活的社會來回答，因為社會為好生活提供了背景和機會。如此一來，什麼是好生活的問題，

5　關於倫理與道德的差別，參見 Williams, *Ethics and the Limits of Philosophy*。

就一定要由政治學來回答。[6]在亞里斯多德看來，政治學的目的是透過行動能夠實現的最高的好。[7]他說，人們普遍同意，這就是幸福（eudaimonia）。《尼各馬可倫理學》的目標就是要給出反思性的理解，回答一個人如何透過在社會中過倫理的生活實現幸福。這個反思性的理解本身就具有實踐價值：

155

> 如果有某種我們所做的事情的目的，我們是因爲它本身欲求它（而欲求所有其他事情都是因爲這個之故）……那麼很顯然，這就是那個好和首要的好。那麼關於它的知識難道不是對人生有重要的影響嗎？我們不是像弓箭手瞄準一個目標那樣，更有可能命中我們應該命中的目標嗎？如果是這樣，我們就應該嘗試確定它是什麼，至少是以綱要的方式……[8]

　　康德會認為這樣的倫理學配不上被稱爲道德體系，對於康德來講，道德必然是自我立法或者**自律的**：它必然是一個純然理性的意志對自己的立法。如果只是想要實現某個給定的目的，比如說人的幸福，在康德看來都是**他律的**，因此不配被稱爲道德。

　　相反地，亞里斯多德也不會認爲康德主義的道德是倫理學。他會認爲，將人類幸福僅僅看作某個給定的目的，倫理學將它當作外在的目標去實現，非常怪異。幸福並非某個人**碰巧**擁有的某些欲求的實現，根據亞里斯多德的看法，人是有自然體質的，也就是有某些人之爲人確定的和值得追求的東西。幸福就在於過這種高貴的生活，滿足那些能夠讓人過著完滿和豐富生活的**必要的**欲求。雖然這

6　《尼各馬可倫理學》I.2.1-94a24-b11。

7　《尼各馬可倫理學》I.4.1095a15-20。

8　《尼各馬可倫理學》I.2.1094a18-25。

些欲求對於人們過著完滿的生活是必要的，但它們不能由先驗推理來確定。我們翻譯成「幸福」（happiness）的希臘文 eudaimonia 也可以翻譯成「人的繁盛」（human flourishing）或「福祉」（well-being）。因此亞里斯多德會問：

> 我們為什麼不應該稱一個根據德性和卓越的最高標準運用自己能力的人，在一種對他提供了充足資源的環境下，不是生活很短的時間而是整個一生，是幸福的呢？[9]

亞里斯多德認為，對這個問題的回答不可能是，因為一個人的幸福依賴他欲求的實現，而這些欲求的實現與他所過的有德性的生活可能有關也可能無關。對於亞里斯多德而言，對幸福的真正追求和有德性的生活是同一的。幸福的生活就是人們充分滿足他的自然，而滿足人的自然就是有德性的生活。對亞里斯多德而言，任何忽視這一點的思想系統都不能算作是倫理系統。

對康德主義道德最嚴厲的批評之一就是它缺少內容，非常有趣的是，這個批評最開始是黑格爾提出的，而黑格爾深受亞里斯多德的影響。[10] 他認為，從理性純粹形式的原理出發，不可能得出任何關於如何行動的實質性結論。一個純粹理性的意志與具體的行動環境完全不同，不能做出任何關於如何行動的決定。在亞里斯多德看來，這種貧乏的意志，不可能為倫理理論提供基礎。空洞性的批評一直用來反對康德主義道德，我們應該嚴肅看待這個指控，因為我們有普遍的共識，認為康德主義描述了道德中的客觀主義立場。

---

[9]《尼各馬可倫理學》I.10.1101a14-16。

[10] 參見黑格爾：《精神現象學》第 599-671 節；《法哲學》第 105-140 節；《哲學史講演錄》第三卷，pp. 457-464。

我們看到，康德主義道德鼓勵人們對自己的欲求保持疏離。這就導致了下面的看法：在我用客觀的方式看待世界的時候，我讓自己脫離當下的關注、興趣和情境，僅僅將自己看作和他人一樣的行動者。[11] 但是如果黑格爾的那種亞里斯多德主義的批評是正確的，那麼如果一個人真的從一種疏離的視角去看待包括他自己在內的所有行動者的興趣和關注，那麼也就沒有任何動機去做某個行動了。[12]

這樣看來，我們似乎既有哲學的也有歷史的理由回到亞里斯多德的倫理學。既然對康德主義道德可以對我們提供行動指導逐漸失去了信心，我們就有理由回到某種牢牢立足於人類動機的倫理體系。我們的希望是，這樣的倫理體系不僅可以回答如何行動的問題，而且可以在此生得到證成。亞里斯多德認為，倫理學立足於研究人類的欲求，而所有的人類行動都建立在欲求之上。我們很想知道，對人類欲求的研究是否可以得出關於我們應該如何行動的倫理結論。

157

---

[11] 比如可參見 John Rawls, *A Theory of Justice*, Harvard University Press, 1971 和 "Kantian Constructivism in Moral Theory," *Journal of Philosophy*, 1980；Thomas Nagel, *The Possibility of Altruism*, Clarendon Press, 1970；"The Limits of Objectivity," in *The Tanner Lectures on Human Values*, vol. 1, University of Utah Press, 1980 和 *The View From Nowhere*, Oxford University Press, 1986。

[12] 近來也有很多人主張這個亞里斯多德主義的批評，比如可參見 Williams, *Ethics and the Limits of Philosophy*；"The Presuppositions of Morality"，"Persons, Character and Morality"（收於 *Moral Luck*）。同時也出現了新康德主義的回應。新康德主義者論證說，這種疏離的視角目的並不是要產生行動的動機，而只是從某種外在於這些動機的立場去認可某些已經存在的動機。但是我們還是不明白，一種疏離的視角怎麼能夠實現這個目的，我們會認為，要麼它無法認可任何動機，要麼它就是悄然接受了他律從而認可了某些動機，也就是將某些它最終認可的動機混進了所謂「疏離」的視角。

　　《尼各馬可倫理學》的要點並不是要說服我們成為好人，或者向我們表明在人生的各種不同環境下如何行為得當，而是為了對那些已經過著幸福和德性生活的人提供更多的洞見，去看清自己靈魂的自然。《倫理學》的目的是對讀者提供自我理解，而不是說服或建議。當然，我們已經看到，亞里斯多德認為，自我理解是有實踐價值的：理解了人類幸福是什麼，就像弓箭手有了瞄準的目標，就更有可能命中目標。[13] 但是，這種理解僅僅對那些擁有**自我**理解的人才有實踐價值，也就是說，對那些已經過著德性生活的人才有價值，原因有兩點。

　　首先，倫理學不是一個能夠對如何行動給出明確規則的領域：

> 如果我們的討論有與主題相應的清晰性也就足夠了，因為並不是所有的討論都有相同的精確性，就像在各種技藝的產品中一樣……我們必須滿足於對我們所討論的主題，用大致和綱要的方式說明真理……因此，各種論述也應該用同樣的方式被人們**接受**，一個有教養的人標誌就是在每一類事物中尋求與它的自然相應的精確性；從數學家那裡接受或然性的推理，或者向修辭學家要求科學證明都是愚蠢的。[14]

158

倫理學不能被設想為一臺道德電腦，我們將關於周圍環境的資訊輸入電腦，它就能輸出行動的指導。想要知道應該如何行動，我們就要去考察一個好人會如何做出判斷。好人會對環境中重要的要素保持敏感，並且有動機去做正確的事情。倫理學並不是一套規則，倫理學著作也不能被當作某種軟體，只要安裝在我們身上就能變成好

---

[13] 《尼各馬可倫理學》I.2.1094a18-25。

[14] 《尼各馬可倫理學》I.3.1094b11-27；另參見 I.7.1098a20-b8。

人。我們不能透過將一套規則內化，就成為好人，因為根本就沒有可供內化的規則。

其次，人的幸福並不是某種可以從外在視角充分理解的東西。亞里斯多德區分了兩種人類行動的目的，一類目的不同於產生它的行動，另一類目的就是行動本身。[15] 這就是我們已經看到的在變化（kinêsis）與行動（energeia）之間的區分。比如：建造房子就是以房子這種產品為目的的，這個產品區別於建造的過程。與此不同，我們可能是為了健康而跑步，但是跑步也是健康的一部分。健康並不是某個最終狀態，而是在所有的跑步、游泳、良好飲食、良好睡眠之後產生的結果。健康就是一種狀態，在這種狀態之中，我們可以做所有這些行動。這個區分在亞里斯多德的倫理學中處於核心地位，因為有德性的行動並不是過好生活這個特殊目的的手段。有德性的行動構成了幸福生活，沒有德性的人是無法充分理解這一點的。從壞人的角度看，有德性的行動是繁重的、痛苦的和愚蠢的。從不成熟的人的角度看，有德性的行動可能有某些吸引力，但是他的靈魂還沒有得到充分的塑造，讓德性行動成為他最強大的欲求。他會感到相反欲求的拉扯，他只能用最膚淺的方式理解，有德性的行動是實現幸福的途徑。

這就是亞里斯多德為什麼不想讓年輕人參加他的課程：

159

年輕人不是政治學的恰當聽眾，因為他對生活中的行動缺少經驗，而政治學的討論正是從這些**開始**的，並且關於這些；此外，因為他傾向於跟隨自己的情感，他的學習將會是徒勞的，因為政治學的目標不是知識而是行動。不管他是年紀尚輕

---

[15] 《尼各馬可倫理學》I.1。

還是在品格方面幼稚都沒有差別，缺陷並不在於時間，而在
於他受制於情感，並且一直在追求情感的對象。對於這樣的
人，就像對於不自制的人，知識並不會帶來好處，但是對那些
按照 logos 欲求和行動的人來講，對這些事情的知識就會有巨
大的好處。[16]

亞里斯多德寫《倫理學》並不是為了勸說任何人成為好人，在《倫
理學》裡沒有什麼東西是為了吸引那些尚未過著倫理生活的人的。
裡面的論證都是「內部的」，針對那些已經有了良好的自然和心性
的人，那些在德性中培養起來的人。這些課程是為了幫助他們發展
有自我意識和融會貫通的倫理視閾，幫助他們用更有反思性的方式
過他們已經傾向於過的生活。當然，從沒有反思地過一種德性的生
活，到理解自己所堅持的德性和所過的生活，這本身就具有重要的
實踐價值，因為這種自我理解幫助構建了人的好生活。因此亞里斯
多德可以說，「我們進行探究不是為了知道德性是什麼，而是為了
變好，否則我們的探究就是沒用的。」[17] 雖然亞里斯多德確實研究
了德性和幸福是什麼，但是這個探究本質上講是實踐性的，它是為
了幫助一個好人進行理解，從而加強和鞏固他的好。

　　在這裡，對理解的欲求和在社會中過倫理生活的欲求就達成了
最大的和諧。在亞里斯多德看來，應該由那些已經過著倫理生活的
人來探究如何證成倫理生活，他們想要更深刻地理解他們已經有動
機去過的那種生活。但是這個探究的結果並不是對自己生活的理論
理解，因此它滿足的並不是去理解的欲求，而是一種帶有反思性的

160

---

[16] 《尼各馬可倫理學》I.3.1095a2-11；另參見 I.4.1095b3-13。

[17] 《尼各馬可倫理學》II.1.1103b27-29。

認可。他看到了有很好的理由去過一種倫理的生活，因為倫理的生活嚴格說來就等於好的生活，因此一個人對於倫理生活的理解強化了他要去過這種生活的動機。[18]

二、幸福與人的自然

亞里斯多德說，**如果**有某個我們僅僅為了它自身之故的目的，它就是最高的好。[19] 我們需要注意，亞里斯多德這裡用的是假設句，他並沒有簡單地設定有一個我們所有的行動都為了它的好。他確實論證了，至少有一個目的，不是從屬於其他目的的，我們是為了它自身之故追求它。因為如果我們為了 Y 做 X，為了 Z 做 Y……這樣就永遠沒完沒了，會陷入無窮倒退，我們的願望就永遠沒有止息。**如果**有這樣一個好，那麼對它的知識就會對我們的生活產生巨大的影響。

假如沒有這樣一個好，生活會變成什麼樣呢？那就會有不同的目的，我們都是為了它們自身之故去追求，它們本身並不從屬於任何其他目的。這樣說到底，人生潛在地就像神經官能症一樣。因為如果在某個情境之下，有各種目的要求人採取不同的行動，我們就會被朝著不同的方向拉扯，也沒有可能滿足彼此矛盾的欲求，我們最終選擇的**任何**行動都會留下後悔和懊惱。這樣一來，人自然也就成了神經官能症患者。但是我們的希望在於，這個世界和人的自然讓我們至少有可能不過這種神經官能症的生活。我們希望，人的動機結構至少有可能形成一個彼此和諧的整體。然而，如果最終有若

---

[18] 我會在下面的第五節裡進一步討論這個問題。我們會看到，理解的欲求與在社會中過倫理生活的欲求並不總是這種共生關係。參見第六卷第七章。

[19] 《尼各馬可倫理學》I.2.1094a18。

干迴然不同的目的本身，我們就無法保證，即便是我們當中最健康的人也不會變成神經官能症患者。

161　　　亞里斯多德確實相信人類行動有一個最高的好，那就是幸福，[20] 他將任何領域行動的好等同於這個行動的目的。[21] 在醫學裡面，好就是健康；在建築裡，好就是房子。因此，如果我們所做的一切事情有一個目的，那麼它就是人的行動所能實現的最高的好。在他看來，幸福就是人類行動最高的好，這一點是有普遍共識的；但是關於幸福到底是什麼，則有很大的分歧。[22] 最庸俗的人把幸福等同於快樂。[23] 而在亞里斯多德看來，這是適合野獸的奴性的生活。這種生活是野獸式的，因為如果人把滿足最基本的欲望作為生活的目的，他就沒有把自己和「更低」的動物區分開來。人比其他動物高級的一個原因就是他有能力組織自己的靈魂，他可以安排自己的生活，讓自己不僅僅從最基本的快樂中獲得滿足。快樂主義的生活忽視了這種屬於人的典型能力，這種生活是奴性的，因為它完全被最基本的快樂控制了。追求快樂的人完全沒有去組織自己的靈魂，一直保持在野獸的水準。那些指引他行動的基本欲望，在重要的意義上是外在於他的，他沒有做任何事情將自己與這些欲望分離，因此，追求快樂的人其實過著一種被強迫的生活。

　　如果要找到幸福是什麼，我們必須要關注人類生活的獨特之處。只有在人類的獨特行動中，我們才能發現實現人類幸福的獨特能力：

---

[20] 《尼各馬可倫理學》I.4.1095a14-30、I.7.1097a30-b6。

[21] 《尼各馬可倫理學》I.7.1097a15-24。

[22] 《尼各馬可倫理學》I.4.1095a15-17。

[23] 《尼各馬可倫理學》I.5.1095b13-22。

……說幸福是最高的好，看起來是老生常談，我們還需要更清楚的論述。**如果我們可以首先確定人的功能**，那麼或許就可以給出這個論述。就像對一個笛手、雕塑家，或者任何匠人，以及普遍而言，對於一切有某種功能或行動的東西而言，它的好就在於功能，對人而言看起來也一樣，如果他有功能的話。那麼會不會木匠、皮匠有某種功能或活動，而人沒有呢？他是不是依據自然就沒有功能呢？或者，像眼睛、手、腳、以及普遍而言的每個部分，顯然都有某種功能，我們是不是也能說人有某種不同於所有這些的功能呢？它可能是什麼呢？生命看起來對植物而言都是共同的，**但是我們尋求的是對人而言特殊的東西**。因此，讓我們排除掉營養和生長的生活。接下來是感覺的生活，但是它看起來是和馬、牛，以及每一種動物共同的。這樣看來，**剩下的就是一種擁有 logos 的要素實現出來的生活**（就這個要素而言，一部分是服從 logos，另一部分是擁有它並且實際運用思考）……如果人的功能是靈魂合乎 logos，或者不是沒有 logos 的活動，如果我們說某個東西與某個好的東西，有相同種類的功能，比如一個里拉琴師和好的里拉琴師，那麼在所有情況下都是這樣，德性可以加在功能的名字之上（因為里拉琴師的功能是演奏里拉琴，而好的里拉琴師就是演奏得好）。如果**我們說人的功能是某種生活，這就是靈魂符合 logos 的活動或行動，並且一個好人的功能就是好地和高貴地做這些**，如果任何行動在按照恰當的德性進行的時候就是做得好，那麼**對人來講的好就是靈魂合乎德性的活動**，如果有不止一種德性，就合乎最好的和最完全的。但是我們必須要加上「完整的一生」，因為見到一隻燕子還不是春天，一天也不是；因此一天，或者很短的時間，並不能夠讓一個人成為幸福

162

和至福的。[24]

在這段翻譯裡，我沒有翻譯希臘文的logos。牛津版把它翻譯成「理性原理」（rational principle）。因此根據那個翻譯，人的功能就是靈魂合乎理性原理的活動。這個翻譯的優點是，它強調了某種獨特的人類能力，一種將人類與自然的其他部分區別開來的能力。雖然「理性的原理」是翻譯 logos 的一種方式，但是我們已經看到，logos 還可以被翻譯成「秩序」、「安排」或者「比例」。在我看來，亞里斯多德在使用這個多義的 logos 時，既指秩序又指理性。人的功能是某種活動，這種活動要合乎靈魂中的某種安排或秩序。這就是亞里斯多德為什麼可以說，人的好是靈魂合乎德性的活動，因為德性就是靈魂的某種組織。[25] 這個秩序如何滲透進人的靈魂，就是倫理學的核心問題。當然，德性的運用經常要涉及人的實踐理性。但是如果實踐理性不是從靈魂的特定組織出發的，那麼實踐理性就是空洞的。事實上，正是因為人的生活有一定秩序，他才可以對它進行理性的思考：在他理智中的 logos 反映了在他靈魂中的 logos。

對於現代讀者來講，認為人有某種功能看起來很奇怪。而從身體的部分——眼睛、手、腳有功能，推論出整個人也有功能，這個推論看起來很薄弱。如果那就是我們認為人有某種功能的全部理由，那麼亞里斯多德的倫理學無疑就建立在非常糟糕的基礎上了。

---

[24] 《尼各馬可倫理學》I.7.1097b22-1098a20；另參見《動物的部分》I.5.645b14。

[25] 我將 aretê 翻譯成「德性」（virtue），而不是像修訂版的牛津譯本那樣翻譯成「卓越」（excellence）。我們會看到，對亞里斯多德而言，德性就是卓越。

但是，要理解亞里斯多德，我們經常需要首先看到他整體的哲學視野，然後再去理解某個具體的文本。如果我們認為，亞里斯多德已經論證了每一種自然的有機物都有某種自然，而人有某種獨特的自然，也就是某種獨特的變化和靜止的本原，那麼很顯然，人的功能就是過一種實現出來的生活，來表現他的自然。對人來講，人生的目的就是將他的形式用最好的方式實現出來，而亞里斯多德就將這個確定為人最高的好。

不過我們還是需要回答兩個問題。第一，人要實現自然，看起來就必須以某種方式超越他生來就有的那些基本欲求，因為我們已經看到，只是追求快樂和滿足基本欲望的生活，不過是一種動物性的存在，人的自然之中似乎有一部分就是要超越他與生俱來的自然。那麼我們肯定想要知道：這種超越如何可能呢？第二，即便亞里斯多德表明人有某種功能，也就是過一種合乎自然的實現出來的生活，而這就是人最高的好，我們為什麼應該認為，這樣的生活會對我帶來幸福呢？這兩個問題的答案彼此相關：如果人能夠組織好他的欲求，從而讓他欲求一種獨特的人的生活，那麼他就會有動力去過一種完全的人類生活，而過那樣一種生活就會滿足他組織好的欲求，因此可以被認為是幸福的生活。

164

三、德性

在亞里斯多德那裡，讓人能夠過真正幸福生活的欲求的組織，就是德性。我們要記住，對於古希臘人來講德性就是卓越。因此對亞里斯多德來講，德性就是靈魂的一些狀態，它們讓人能夠過一種卓越的生活：也就是讓他能夠最大限度地完成自己的功能：

> 我們不能僅僅把德性說成是某種狀態，還要說它是什麼樣的狀態。我們可以說，每一種德性或卓越，都向擁有它的事物帶來

良好的狀態，並且使那個事物的功能發揮得好，比如眼睛的
德性使眼睛和眼睛的功能發揮得好，因為正是由於眼睛的卓
越，我們能夠看得好。與此相似，馬的卓越既使馬自己好，也
使馬跑得好，可以很好地背著騎手，也可以很好地迎接敵人的
進攻。因此，如果每種情況下都是這樣，那麼人的德性就是這
樣一種狀態，它讓人變好，也讓人很好地完成他的功能。[26]

德性是靈魂穩定的狀態，它們使人可以做出在不同情況下如何行
動的正確決定，同時可以推動他去行動。正是靈魂中這些穩定的狀
態，構成了一個人的品格。我們通常並不認為品格是有組織的欲
求，但是品格確實以某種特定的方式推動我們行動。在亞里斯多
德看來，欲求是人類行動的唯一動力。事實上，他說，「德性是
某些經過思慮的決定，或者不是沒有經過思慮的決定。」[27] 隨後他
又說，德性是靈魂「經過思慮決定的狀態」（deliberative deciding
state）。[28] 但是我們在上面看到，一種經過思慮的決定，是一種特殊
的欲求，也就是一種經過思慮的欲求。[29] 這就是亞里斯多德為什麼
說，「經過思慮的決定或者是欲求的理智或者是有思想的欲求」
了。[30] 如果現代讀者認為這很奇怪，那很可能是因為，我們習慣了
一種比亞里斯多德更狹窄的欲求概念。如果我們認為欲求就是一種

165

---

[26] 《尼各馬可倫理學》II.6.1106a14-24。

[27] 《尼各馬可倫理學》II.5.1106a3。

[28] hexis proairetikê：《尼各馬可倫理學》II.6.1106b36、VI.2.1139a22。

[29] hê de proairesis orexis bouleutikê：《尼各馬可倫理學》VI.2.1139a22
以下。

[30] ê orektikos nous hê proairesis ê orexis dianoêtikê：《尼各馬可倫理學》
VI.2.1139b3。

力量，推動我們去實現某個目標，那麼「有思想的欲求」這個概念，或者認為德性是一種組織起來的欲求，就是完全無法理解的。但是在亞里斯多德那裡，欲求包括了比這豐富得多的一組動機狀態。欲望純粹就是一些力量，但是除了欲望之外，我們還有其他的欲求，比如經過思慮的決定，在那裡思想和欲求是一體的。在亞里斯多德的世界裡，欲求非常豐富，它們可以被塑造、被組織，也可以有理性充盈其中。

倫理德性是透過習慣逐漸形成的，[31] 沒有哪一種倫理德性是人們天生擁有的，[32] 但是在人發展出德性，並且可以過一種幸福的生活之前，他就沒有實現最高的好，沒有充分實現他的自然。看起來，人的自然有一部分就是要超越自然，就是要組織好他的靈魂，讓它不僅僅是自然的樣子。因此亞里斯多德說，人**依據自然**是政治的動物，只有在一個能夠促進人類幸福的政治社會裡，他才能充分實現他的自然。[33] 事實上，人類幸福的一部分就是在政治社會裡的積極生活。但是，雖然人依據自然是政治的動物，雖然他有能力形成正義感，也就是某種倫理上的判斷力，但是政治和倫理德性都不是自然而然產生的。我們透過做正義的行動變得正義，透過做勇敢的事情變得勇敢，透過做節制的事情變得節制。[34] 德性是品格的狀態，要獲得它們，就要去做那些假如他擁有那種品格狀態會去做的行動：

166

---

[31] 《尼各馬可倫理學》II.1。

[32] 《尼各馬可倫理學》II.1.1103a19。

[33] 參見《政治學》I.2；我在第六節會更詳細地討論人作為政治動物的地位。

[34] 《尼各馬可倫理學》II.1.1103b1-2。

　　……透過做那些我們在和其他人交易時的行動，我們變得正義或者不義；透過做面對危險時要做的事情，習慣於感到恐懼或者自信，我們變得勇敢或懦弱。在欲望和憤怒的情感上也是一樣，在恰當的情況下以這種或那種方式行動，有些人變得節制和溫和，另一些人變得放縱和暴躁。因此，總體來講，（品格）狀態來自相似的行動。這就是為什麼我們展示出來的行動一定是某種類型，因為狀態與這些類型之間的差別對應。因此我們從很年輕的時候形成不同的習慣，造成的差別並不小，事實上差別很大，甚至是全部的差別。[35]

　　這就是亞里斯多德為什麼認為他的課程對於那些沒有良好教養的人來講毫無用處。卓越來自習慣，而非聽課。

　　在亞里斯多德看來，習慣不僅帶來某種品格，讓人去從事某種特定類型的行動，還帶來了一種判斷力，能夠判斷在不同的環境下如何行動。我們一定要依賴習慣教人德性（而不僅僅是做有德性的行動），原因之一就是，沒有規則去規定一個有德性的人應該如何行動。這個問題的一個方面，可以回溯到蘇格拉底和他對定義的追求。比如說，他會問「什麼是勇敢？」對於任何非乞題的回答，比如說「在面對敵人時堅守陣地」，蘇格拉底都會給出一個反例，在某個情況下堅守陣地是愚蠢而非勇敢。部分問題出在，他不會允許在答案本身之中包含評價性的辭彙，因為這個評價性的辭彙還沒有得到定義，因此「以勇敢的方式行動」就會被看作是乞題的回答。在亞里斯多德看來，蘇格拉底告訴我們的就是，關於應該如何行動，沒有規則可以遵循，最多也就是說「以勇敢的方式行動」，但是除非一個人已經勇敢了，否則他就不知道該如何去遵守這個規

---

[35]《尼各馬可倫理學》II.1.1103b14-25。

則。[36] 但是已經勇敢的人不需要規則。他不僅有動機以勇敢的方式行動，而且會對他所處的環境有敏銳的判斷力。他可以判斷在這些環境下，恰當的行動是堅守陣地還是撤退。做出了判斷之後，他就會傾向於那樣行動。

習慣還將靈魂中的欲求組織起來。亞里斯多德說，一個人從某些行動中獲得快樂是擁有某種品格的標誌：[37]

> 快樂是靈魂的某種狀態，對每個人來講，他所愛的東西就是令他快樂的，比如對於一個愛馬的人來講馬是令他快樂的，對於愛觀看的人來講有好戲看就是令他快樂的，同樣地，正義的行動對於愛正義的人來講是快樂的。普遍而言，有德性的行動對於愛德性的人來講也是快樂的。對於大多數人來講，他們的快樂是彼此衝突的，因為這些不是**依據自然的快樂**，那些愛高貴的人在**依據自然的快樂**中感到快樂，有德性的行動就是這樣，因此這些行動對這些人來講是快樂的，同時也是**依據自然快樂的**。因此，他們的生活就不需要快樂作為偶然的吸引力，而是有快樂在生活自身之中的。因為除了我們說過的以外，不在高貴的行動中感到快樂的人也不是好人，因為沒有人會說一個不享受正義行動的人是正義的，不享受慷慨行動的人是慷慨的，其他情況也是一樣。如果是這樣，德性行動**本身就必然是令人快樂的**。它們同時也是好的和高貴的，並且在最高程度上擁有這些性質，因為好人能夠很好地判斷這些性質……[38]

---

[36] 參見《尼各馬可倫理學》II.2.1104a20ff。

[37]《尼各馬可倫理學》II.3.1104b3-28；參見 I.8.1099a7-25。

[38]《尼各馬可倫理學》I.8.1099a7-23。

有德性的人靈魂中必然有某種和諧，他從不會被矛盾的欲求拉扯，因此不會有任何神經官能症式的矛盾。這是因為，他的所有快樂都是**依據自然**或者**本身快樂**的。說一種快樂是**依據自然**的快樂，它必然來自一個過著卓越生活的人，也就是一個在最完滿的意義上實現了他的自然的人。亞里斯多德對人的看法至少在這個意義上是樂觀主義的，一個可以實現他自然的人就會過一種豐富的、完滿的、幸福的生活，他的各種欲求會是統一的、和諧的。因為一個行動就它本身而言是快樂的，也就是說快樂不是某個進一步目的的手段，而是做這個行動本身就令人快樂。比如說，一個節制者並不是為了成為一個好人而節制身體的快樂。節制者的標誌是，某些所謂的「身體快樂」在他所處的情境下並不令他快樂。[39] 亞里斯多德說，「倫理德性關乎快樂與痛苦，由於快樂我們做壞的事情，由於痛苦我們躲避高貴的事情。」[40] 但是倫理教育的任務並不是在欲求將我們引向壞事時讓我們去做高貴的事情，而是重新組織我們的欲求，讓我們從做高貴的事情裡面獲得快樂，從做壞事裡面感受痛苦。

　　從一個現代的、後佛洛伊德的視角看，這種統一的靈魂圖景看起來要求過高了。我們現代人傾向於認為即便是一個好人也會感受到不良的身體快樂，雖然他可以克制自己不向它們屈服。與此不同，在亞里斯多德心目中節制的人完全感受不到不良快樂的誘惑，在那些情況下，他的身體和靈魂共同將他引向同一個方向。事實上，在這些情況下，他從自己的節制裡面獲得快樂。這樣的人能夠成為我們的典範嗎？比如說，我們認為下面哪個人更值得讚賞呢：一個人必須克服誘惑才能去做正確的事，而另一個人毫不費力就可以做到？我們會不會認為這個毫不費力的人缺少判斷力呢？對亞里

---

[39] 《尼各馬可倫理學》II.3.1104b2-13。

[40] 《尼各馬可倫理學》II.3.1104b8-11。

斯多德來講，毫不費力就是一個節制者擁有良好判斷力的標誌。雖然身體的快樂在某些其他情境下對他來講極其快樂，但是他對自己實際所處的情境有良好的判斷，知道自己不會從中獲得快樂。[41] 在亞里斯多德看來，這就是真正值得讚賞的人。當我們讚賞一個人在誘惑面前保持克制時，我們想要彌補他的損失。我們欣賞他為了更高的目標努力，而不是滿足當下的欲望。雖然亞里斯多德承認，讚賞可以當作一種工具，在道德上給人鼓勵，但是對這個節制的人來講，我們最高的讚賞也完全不是一種獎賞，而是對一個真正幸福之人的承認，是我們對他的崇敬。真正幸福的人，他的快樂和痛苦與有德性之人的行動相合：他從勇敢的、節制的、慷慨的行動中獲得快樂。我們崇敬這樣的人恰恰是因為他很幸福，一個幸福的人引發我們的崇敬之情。

　　正如我們看到的，人類的快樂和痛苦並不是被自然嚴格固定的，它們可以透過習慣和訓練得到分配和組織。如果一個人從小就被訓練勇敢地、體貼地、節制地行動，他長大之後就會在這些行動中感到快樂，因此一個人進入倫理領域本身是一個非理性的過程。我們讓孩子在行動時考慮他人，並不是給他理由為什麼要這麼做，就算我們給他理由那也是次要的部分。一個孩子還不能理解在行動時考慮他人的理由，事實上這些理由無法從一個體貼的人以外的視角真正得到理解。相反地，我們因為孩子在行動時考慮他人給他鼓勵和獎勵，在他不考慮他人的時候勸阻他。在理想的情況下，這個鼓勵和勸阻的機制會尊重孩子的人格完整，但本質上並不是訴諸理性。在典型情況下，這個孩子為了得到獎賞或鼓勵，會開始在行動時考慮他人，也就是說為了某種外在的快樂。但是經過重複，他開

---

[41] 參見 John McDowell, "Are Moral Requirements Hypothetical Imperatives?" *Proceedings of the Aristotelian Society*, 1978。

始從這些行動本身之中感到快樂，這樣他就進入了倫理的世界。

亞里斯多德說，正是由於快樂和痛苦，人們會做壞事，但是壞人的快樂是以錯誤的方式分配的，因為德性就是對我們的幸福有所貢獻的品格狀態，因此在做壞事的時候嚴格說來我們就是在違背我們的自然，我們在削弱實現完滿生活的機會。比如說吸煙，一個人可能從吸煙中獲得很大的滿足，但是很顯然，他錯誤地分配了快樂，這些快樂會導致自我毀滅。對亞里斯多德來講，**所有的**惡性都是這樣的。相反地，德性之所以是德性，僅僅是因為它們鼓勵和幫助構成了完滿的生活。因此以倫理的方式生活，說到底符合一個人的最佳利益。以倫理的方式生活包括對他人做好事，但那也是因為對他人做好事（友愛關係或者公民關係）是人類幸福的一部分。雖然德性符合一個人的最佳利益，但是我們不可能將有德性的生活「賣給」一個沒有德性的人，我們沒有辦法用倫理的視角去誘惑他。只有一個已經在倫理視角之內的人才能看到，以倫理的方式行動是人類幸福的一部分。

亞里斯多德說，在某些方面，我們獲得德性就像獲得技藝。我們生來既沒有節制的德性，也沒有建造房屋的技藝，它們都不是自然而來的。[42] 我們透過反覆練習建造房屋來學習這項技藝，與此相似，我們也透過做勇敢的行動變得勇敢。然而在德性與技藝之間，也有一個重要的差別。[43] 在技藝中，最重要的還是那個完成的產品。房子的好就在於這個房子本身，但是一個行動體現出來的德性並不在這個行動本身。一個人可以做合乎勇敢德性的行動，卻不是以勇敢的方式行動。要以勇敢的方式行動，這個行動還得來源於特定的品格狀態。

170

---

[42] 《尼各馬可倫理學》II.1.1103a31-b2。

[43] 《尼各馬可倫理學》II.4。

　　亞里斯多德認為，以有德性的方式行動，需要三個條件。行動者必須要：1. 擁有實踐知識，比如一個行動是勇敢的（而不僅僅是合乎勇敢），那麼這個人就一定要知道在這些情況下堅守陣地是正確的事情，他必須要意識到這不是一個愚蠢或魯莽的行動。2. 他必須主動選擇這個行動，並且是為了這個行動自身之故選擇它。他做這個行動必須是因為在這些情況下，這就是勇敢的事情。3. 這個行動必須來自穩定的品格，不能是一個偶然事件，比如說一個人奮勇作戰僅僅是因為他沒有退路，他可能擁有活下去的強烈本能，但是並不勇敢。

　　技藝只要求 1.，即實踐知識，比如說一個建築師只需要知道如何建造房屋，而後兩個條件，即選擇和品格對於德性來講卻至關重要：

　　……作為擁有德性的條件，知識只有很少的分量或者沒有分量，而其他的條件就不是一點而是全部，即由經常做正義和節制的行為而來的那些條件。

　　某些行動被稱為正義和節制的，因為正義或節制的人會做它們；但並不是做了它們的人就是正義的和節制的，而是他像正義和節制的人那樣去做它們。透過正義的行動產生正義的人，透過做節制的行動產生節制的人，這麼說是正確的，如果不做這些事情，人們連變成好人的可能性都沒有。

　　但是大多數人不去做這些事情，而是躲在理論之中，認為他們是哲學家，可以用這種方式成為好人，這就像病人很認真地聽醫生說話，但是完全不去做醫生要求他做的事情。就像後者不能用治療改善身體，前者也不能用哲學改善靈魂。[44]

---

[44]《尼各馬可倫理學》II.4.1105bb1-18。

雖然亞里斯多德分離出了三個以有德性的方式行動的條件，但是我們能否孤立地找到這些條件並不清楚。因為沒有什麼規則能夠規定在給定條件下有德性的行動是什麼，確定在某個情境下如何行動的唯一方式，就是詢問一個有德性的人會如何行動（除非一個人自己是有德性的人，這時他就可以準確地判斷什麼行動是恰當的）。這樣看來，一個有德性之人的實踐知識就不是獨立於他的品格的，相反地，正是由於特定的品格，他為了某個有德性的行動自身之故選擇了它。

亞里斯多德將有德性者的實踐知識稱為實踐智慧（phronêsis，或明智）。[45] 一個有德性之人的決定並不是自動產生的，它們是推理和思考的產物，是有意識地判斷一個情境提出了什麼要求。我們可以說倫理德性是透過理智流淌出來的。但那是靈魂的另一個部分，不同於可以沉思本質和基本哲學真理的那部分靈魂。[46] 亞里斯多德透過不同的功能區分了靈魂的不同部分，沉思基本真理的功能與決定如何行動的功能大不相同。亞里斯多德很清楚地指出，哲學智慧（sophia）是比實踐智慧更高的知識形式：

> 認為政治的技藝或實踐智慧是最好的知識很奇怪，因為人並不是世界上最好的東西……即便這個論證說人是最好的動物，也沒有差別，因為還有其他東西的自然比人更加神聖，比如最明顯的就是那些天體。從先前說過的內容，我們很清楚，智慧是一種知識（epistêmê）加上關於依據自然最高的事物的理智（nous）。這就是我們為什麼說阿那克薩哥拉斯（Anaxagoras）和泰勒斯（Thales），以及像他們那樣的人擁有智慧但是沒有

---

45 《尼各馬可倫理學》VI.5。
46 《尼各馬可倫理學》VI.1。

實踐智慧，我們看到他們無知於對他們來講有好處的事，因此
我們說他們知道很多驚人的、可敬的、困難的和神聖的事情，
但是毫無用處：因為他們追求的不是屬人的好。而另一方面，
實踐智慧關乎屬人的事情，以及有可能進行思慮的事情。[47]

事實上，實踐智慧與哲學智慧構成了兩種根本上不同的生活。[48] 倫
理或政治的生活是在社會中積極的生活，《尼各馬可倫理學》的
主體部分都是在描述這種生活。在這種生活裡，實踐理智和**倫理**
德性是主導性的。[49] 與此相對，沉思的生活是哲學的生活，那是沉
思本質以及關於實在整體結構的真理。在這種生活裡，理智德性和
理智是主導性的，相對而言，這種生活會傾向於退出政治生活。[50]
但是如果倫理生活與沉思生活真的是在描繪兩種根本上不同的生
活，就會產生一個嚴重的問題：一種前後一致與和諧的人類生活是
否可能？看起來人可以成為太多東西。如果所有人**依據自然**都渴望
認識，而這是一種促使人沉思這個世界的欲求，那麼看起來這種欲
求就會將人從倫理生活裡拉出去，但是倫理生活應該是在描述好的
和幸福的人類生活。這樣看來，如果一個人堅定地處在倫理生活之
中，在他的靈魂中就必然存在衝突的欲求，即對於理解的欲求。但
是有德性的生活應該沒有這種欲求之間的衝突。另一方面，如果一

173

---

[47] 《尼各馬可倫理學》VI.7.1141a20-b9。亞里斯多德認為靈魂可以把握
　　第一原理（〈後分析篇〉II.19；《形上學》IX.10）。正是這種活動被
　　稱為「理智」。「知識」是一個人透過已經獲得的第一原理用嚴格
　　推理的方式獲得的東西。參見第六章第一節。

[48] 《尼各馬可倫理學》I.5.1095b17-19、X.7-9；《政治學》
　　VII.2.1324a24-34。我在第六章第七節會更詳細地討論這個問題。

[49] 《尼各馬可倫理學》II.1.1103a14-18。

[50] 參見《尼各馬可倫理學》VI.7, X.7-9，尤其是 1177b4-25。

個人完全臣服於理解世界的欲求，獻身於沉思的生活，那麼他似乎就會因此失去對人來講的好生活，我們會在後面回到這個難題。[51]

在這裡，重要的問題是，實踐理智是一個人之中的推動力量。[52] 實踐理智最高的狀態，也就是有德性之人最高的狀態，就是實踐智慧。這是一種得到充分發展的能力，去判斷好的和壞的目的，然後選擇恰當的行動去保證在人生的具體情境中實現這些目的。[53] 擁有實踐智慧的人有能力去決定什麼行動對他來講是真正好的，但是這些行動不僅僅是實現目的的手段，它們本身就是目的。因為這些行動構成了好生活，而活得好本身就是目的。這樣看來，實踐智慧就包含了思慮，但是我們看到，亞里斯多德堅持認為，我們只思慮手段，不思慮目的。[54] 同一個行動怎麼會既是手段又是目的呢？或許不可能，或許亞里斯多德只是前後不一致。然而我認為，這些表面看來矛盾的說法其實可以得到調和，同一個行動可以被看作既是手段又是目的。如果從對某個目的的欲求開始，進入到思慮，藉由實現那個目的的手段，直到經過思慮得出如何行動的決定，接下來的行動就是一個手段。但是從好生活的角度看，同一個行動構成了那個生活，而那個生活本身就是目的。事實上，亞里斯多德將目的包括進了他關於「良好思慮」的討論。[55] 一個能夠進行良好思慮的人，**既能夠**選擇行動所能實現的最高目的，**又能夠**透過推理知道如何實現它們。這樣，雖然思慮本身可能只關乎手段而無關目的，但是良好的思慮既關乎手段又關乎目的。

---

51 參見第六章第七節。

52 參見《尼各馬可倫理學》VI.2，尤其是 1139a22-b5。

53 參見《尼各馬可倫理學》VI.5，尤其是 1140b4-7，b20-21。

54 《尼各馬可倫理學》III.3.1112b11-24；參見本章第四節。

55 《尼各馬可倫理學》VI.7.1141b8-14、VI.9.1142b21-22；參見 VI.12.1144a20-29。

正是這個擁有實踐智慧的人，能夠進行良好的思慮。[56]但是良好的思慮如何促使人去行動呢？我們可以回到亞里斯多德關於思慮和經過思慮的決定（prohairesis）。[57]思慮始於對某個目的的想望，而想望本身既是一個欲求又是某種意識。想望推動了一個思慮過程，行動者從欲求的目的開始反向推理，推論出實現這個目的的步驟。思慮既是有意識的推理，也是對那個目的的欲求。它同時也將欲求從想望的目標傳遞到手段之中。思慮的最後一步，就是經過思慮的決定，決定以某種方式行動。決定同時是一個欲求和一種有意識的狀態，事實上，它在本質上是一種有自我意識的狀態，因為我決定以某種方式行動的意識部分構成了這個經過思慮的決定，這整個過程同時是實踐理智和欲求的體現。因此，亞里斯多德可以討論欲求的理智。實踐智慧就是一個有德性之人的欲求的理智表現出來的東西，他想望最好的目標，並且對於如何實現它們有很好的推理。

四、不自制[58]

亞里斯多德不僅對有德性之人的實踐智慧有興趣，也對無德性　175之人在實踐上的失敗有興趣。有一種失敗讓他格外有興趣，那就是一個人決定了某種行動對他來講是最好的，但是隨後違背了自己的判斷。這樣的人出於某種原因，無法按照他認為應該的方式生活。我說「這樣的人」，是因為亞里斯多德認為，不按照自己的最佳判斷行動並不是一個孤立的事件，偶爾會發生在有德性的生活裡。違背自己的判斷行動是一種品格上的缺陷，這種缺陷被稱為不自制。

不自制讓哲學家產生興趣的一個原因是我們甚至不清楚它如何

---

[56]《尼各馬可倫理學》VI.7.1141b8-10。

[57] 參見本章第四節。

[58] 閱讀：《尼各馬可倫理學》VII。

可能，蘇格拉底一個很有名的論證就是沒有人能夠在知情的情況下不去做最好的事情。[59] 粗略地說，這是一個概念上的論證，意在表明我們無法理解一個人怎麼會在認為一個可行的行動對他更好的情況下，選擇另一個行動。如果他確實認為前一個行動更好的話，我們要如何解釋他沒有做那個行動呢？因此，蘇格拉底的結論就是，一個壞的行動必然是在無知中做的，行動者對於什麼是最好的行動擁有錯誤的意見。

但是蘇格拉底既要為形成了不自制這個哲學問題負責，也要為把這個問題帶偏了負責。因為他將這個問題確定為關於知識或理解（epistêmê）的問題：「蘇格拉底認為，如果一個人擁有知識，卻有其他東西支配了知識，把知識像奴隸一樣拖來拖去，就很奇怪了。」[60] 這樣，一個非常普遍的問題，即一個人如何可能違背自己的判斷行動，就被轉化成了一個非常具體的技術性問題，即一個人的靈魂如何可能處於擁有知識或理解的狀態，但是那種狀態卻沒有支配他的行動。這是亞里斯多德從蘇格拉底那裡繼承來的問題，《尼各馬可倫理學》第七卷的大部分內容就是為了回答這個問題，他要表明一個人靈魂中的知識可能被強烈的激情暫時阻斷。不過有反諷意味的是，在試圖回答這個問題的過程中，亞里斯多德將不自制這個概念擴大了，包括了我們可能會說行動者「知道更好的行動」卻臣服於誘惑的通常情況。雖然任何想要了解人類狀況的人都會對這個問題感興趣，但不自制其實是一個很容易被人忽視的哲學問題。

我們說的**不自制** * 是這樣一種情況：1. 行動者有意識地做一個行動，2. 行動者認為另一個行動也對他開放，3. 在考慮了所有的要

176

---

[59] 柏拉圖：《普羅達哥拉斯》352b-353a。

[60] 《尼各馬可倫理學》VII.2.1145b23-24；參見《普羅達哥拉斯》352b-c。

素之後，行動者判斷另一個行動而不是他實際做的行動更好。[61] 這個**不自制** * 的概念會幫助我們聚焦在不自制裡面帶有持久哲學意味的問題上。一方面，這裡沒有提到任何具體的靈魂狀態，比如知識或理解，因此這個問題可以獨立於任何似乎是古希臘獨特的靈魂觀念（不管是蘇格拉底還是亞里斯多德的）。另一方面，**不自制** * 的概念也不至於因為寬泛而丟失了其中的哲學問題。我們通常說的臣服於誘惑的例子在亞里斯多德看來也是不自制，但並不一定是**不自制** *，因為不一定有證據表明在他行動的時候，被誘惑的行動者判斷，在考慮了所有的要素之後做另一個行動更好。每一個**不自制** * 的情況都必然是不自制，但是反之不然。

　　不自制 * 是一個非常哲學性的問題，因為我們甚至很難理解它如何可能。一個心理學家或者小說家或許會告訴我們人類必然生活在相互糾纏的誘惑之中，但是我們似乎還是無法理解一個人怎麼可能**不自制** * 地行動，因為一個行動者的信念、欲求、價值和行動是內在地連結在一起的。我們將一個存在看作行動者，也就是有意識地做出行動，條件就是我們可以在歸於他的一套信念和欲望系統中理解他的行動，我們必須要在他的信念和欲求中找到行動的理由。但是我們只能透過他有意識的行動來確定他的信念和欲求，也就是透過他說的和做的來進行判斷。[62] 正是在這些行動之中，他追求的價值才顯現出來，嚴格說來我們沒有獨立的管道通達他的價值。

---

[61] 這個界定來自唐納德‧大衛森，參見 Donald Davidson, "How is Weakness of Will Possible?" in *Essays on Action and Events*, Clarendon Press, 1980。

[62] 參見 Davidson, *Essays on Action and Events*，尤其是裡面的前兩篇論文，以及他的 *Inquiries into Truth and Interpretation*, Clarendon Press, 1984，第 9-16 篇論文。

177　因此如果一個人僅僅判斷「我不應當做 X」（X 是某種共同的道德規定），之後沒有遵守它，他還不能被稱為**不自制** *。在這種情況下，「你不應當做 X」的命令出現在他的意識中，但是沒有證據表明，他認為在考慮了**所有**要素之後，不做 X 是更好的選擇。之所以會有信念、欲求、價值和行動之間的內在關聯，是因為我們的思想有一種整體性。任何一個信念和欲求都以無數其他的信念和欲求為條件，僅僅孤立地給出一對信念和欲求，我們並不知道它會導致什麼行動，甚至是否會導致行動。我們會認為，如果一個行動者很渴，並且相信一杯水在他面前，他就會去做喝水的行動。但是如果他同時認為，假如這麼做就會被追捕他的人射殺，那麼他就不會去喝水。當然，除非他不在乎自己的口渴，而是想要結束生命。與此類似，如果只是孤立地看一個行動，我們就不知道哪個信念和欲求的組合給出了恰當的解釋。

　　要把任何行動看作意向性的（intentional），我們就需要一個信念和欲求相互影響的網路，構建一個複雜的、目的論式的行動者概念，在一個他或多或少理解的環境中以一種有目的的方式行動。在這個意向性行動的核心位置，是關於理性的預設。一個意向性的行動，就其本性來說，必然是一個從行動者的信念和欲求角度看合理的行動。任何對意向性行動的解釋必然要將行動者描述成理性的動物。而**不自制** *就威脅到了這個結構，這也是它為什麼在哲學上非常有趣的原因。考慮到思想的整體性本質，某個行動或許在行動者擁有的某一對信念和欲求之下看來很奇怪，但是在一個**不自制** *的行動中，一個行動者已經將他所有的信念和欲求都考慮進來了。思慮的結果一方面是一個意向性的行動，另一方面又和他更好的判斷相悖。

　　我們無法直接確定亞里斯多德如何看待**不自制** *。《尼各馬可倫理學》VII 中的長篇討論關於一般的不自制，而非**不自制** *，亞

里斯多德關心一切不自制的形式。他整體的倫理學建立在這樣的觀念之上，人的自然可以獲得德性，而德性的運用構成了幸福，因此失去控制這個普遍性的問題對他來講非常有趣。正是在關於不自制的討論中，亞里斯多德明確運用了他著名的方法論原則：一個哲學理論必須要「**拯救現象**」：

178

> 我們必須像在其他情況下一樣，列出現象，隨後首先討論疑難，之後如果可能的話就去證明全部有聲望的意見都是真的，如果不能做到這個，那就證明大多數和最權威的那些。因為如果我們既能夠解決疑難又能夠不觸動有聲望的意見，那麼我們就充分地證明了我們的問題。[63]

人們如何行動以及如何描述他們的行動，就是這裡說的現象，人們在行動中確實會違背自己關於什麼更好的判斷。一個哲學理論不需要保證所有的現象都完好無損，但是這個理論必須要讓這些現象顯得合理，就像它們在前哲學的思想中顯得合理一樣。亞里斯多德提到了蘇格拉底關於不自制不可能的論證，之後說他的論證「與明顯的現象矛盾」。[64] 亞里斯多德並沒有因此反對蘇格拉底的說法，或者指出這個論證中的某個步驟是錯誤的。即便他接受了蘇格拉底的立場，亞里斯多德也還是會提出這個批評：蘇格拉底很樂意留下一個悖論，但是一個充分的哲學理論應該更進一步，表明為什麼有很多表面的例子看起來是不自制的，雖然它們其實不是這樣。充分的哲學理論應該可以驅散悖論。有人可能會說，蘇格拉底試圖表明不自制不可能的方式是將所有不自制的情況都等同於**不自制 ***，而亞

---

[63] 《尼各馬可倫理學》VII.1.1145b2-7。

[64] 《尼各馬可倫理學》VII.2.1145b22-28。

里斯多德試圖拯救現象的方式表明，並不是所有表面看來的不自制都是**不自制***。當然，他對於失去控制的整體興趣，以及他的哲學方法，都會讓他考慮範圍很廣的例子，很多例子都和**不自制***關係不大。因此，如果我們想要發現亞里斯多德如何理解**不自制***，就需要從他的著作中抽取一些內容。

　　不自制*表現了一種自我意識中的問題。首先，**不自制***是我們反思人及其在世界中的位置時的一種障礙，妨礙了我們的前進。一方面，我們有一個哲學論證表明**不自制***不可能；另一方面，有很多明顯的不自制的例子：「如果結論不能滿足思想，思想就無法安寧，這時候它無法反駁論證，因此無法推進，於是思想就停滯了。」[65] 亞里斯多德很清楚，**不自制***對那些想要理解世界和人在其中位置的人來講是個問題，我們是不是也同樣是**不自制***的？事實上，有人可能認為**僅僅**因為我們是哲學家，**不自制***才是一個問題：假如我們是**不自制***的，「由內而外」**不自制***的經驗就不會比其他失去控制的經驗更成問題。事實上，亞里斯多德認為並非如此。就**不自制***是一種可能性而言，它只可能是有高度自我意識的存在者的經驗，因為他一定要積極地考慮自己的立場，並且判斷他應該以某種方式行動。正是因為有高度的自我意識，**不自制***的經驗（如果可能）必然不同於其他形式的失去控制或者臣服於誘惑。因此，**不自制***一定有某種讓自我意識感到意外的要素：自我意識必然在行動中經歷了與自身的不和諧：「很明顯，不自制的行動者在他進入這種狀態之前，並沒有**想到**他會這樣做。」[66] 亞里斯多德

---

[65] 《尼各馬可倫理學》VII.2.1146a24-27。

[66] 《尼各馬可倫理學》VII.2.1145bb30-31（牛津版的翻譯是「認為他**應當**去做某事」。希臘語可以容許這兩種翻譯，我更喜歡我的翻譯，因為不自制者最令人驚訝的錯誤並不是他應當做什麼，而是他會做

的一個普遍看法是：一切不自制的行動都包含某種程度的無知。但是具有反諷意味的是，**不自制*** 所要求的那種高度發達的自我意識考量表明，在**不自制*** 中有比一般的失去控制更高程度的無知。

亞里斯多德像我們一樣，認為在判斷和行動之間有一種必然的連結。當然，我們可以對這種必然性給出不同的論述。我們更關注解釋行動時的概念限制，也就是說，我們認為，可以合理地歸於一個行動者的判斷必然以某種方式在他的行動中得到體現。而亞里斯多德更關注讓一個行動成為必然的那些判斷，它們是靈魂中的思想要素。在亞里斯多德實踐三段論的一個版本中，一個判斷是普遍的，主張行動者去做某種類型的行動，比如「應當品嘗一切甜食」。另一個判斷是個別的，建立在感覺經驗之上，指出這個行動屬於應當做的類型，比如「這是甜食」。每當一個人接受這兩個判斷，並且有意識地將它們合到一起考慮，他就必然**直接**去做品嘗甜食的行動，這個行動本身就是三段論的結論。[67] 我們認為在判斷與行動之間的必然連結，會讓**不自制*** 顯得很成問題，對亞里斯多德來講，用實踐三段論作為經過思慮的行動的典範也會讓**不自制*** 很成問題。因為如果一個人主動和有意識地做出了某些判斷，他選擇的行動就必然應該緊隨其後。

人們有時候會說，亞里斯多德沒有為倫理衝突留下空間。問題在於，如果一個人有了一個相應的前提，他就必然會行動，不管他有什麼樣的信念和欲求。我認為這個批評並不完全公平，亞里斯多德明確認識到了衝突的可能性。[68] 如果我們將前提看作存在衝突的

什麼。一個壞人可能對自己說：「我應當幫助這個老太太，但是我不會幫她。」這不是不自制，而是惡）。

[67] 《尼各馬可倫理學》VII.3.1147a24-32；我們可以將這個和第四章第五節講到的思慮的模型進行對比。

[68] 《尼各馬可倫理學》VII.3.1147a32-35。

思慮過程的結果，就可以將實踐三段論和衝突的可能性協調起來。當行動者主張某些前提的時候，衝突其實已經發生過了，現在他做出的判斷（也是行動所依據的判斷）是「考慮了所有要素」的。亞里斯多德確實沒有告訴我們如何去考慮所有的要素，但是不管我們如何去考慮，亞里斯多德都認識到，這個世界中高度個體化的要素會對我們帶來衝突，這些衝突並不是在普遍判斷的層面。比如：一個人可能服從不吃豬肉這個普遍的禁令，但是在一個新開的飯館，服務員對他端上來一盤免費贈送的有巧克力覆蓋的培根，他就可能會吃掉它。這不算是**不自制** *，因為他可能完全沒有考慮應該做什麼。當不可預見的衝突真的發生時，一個人對於甜食的欲求就可能征服或者關閉對立的判斷。如果這樣的衝突是一個人本來可以預見的，並且本來可以在他先前的思慮中考慮到的，那麼我們就更接近**不自制** *了。比如說，如果一個人的判斷禁止他吃高熱量的事物，那麼他就應該預見到甜食的出現可能會導致衝突。當然，一個人可能對於最一般的經驗很無知，但是更有趣的情況是，他對自己很無知。

亞里斯多德給出了一些很複雜的討論，來解釋我們的知識或理解有各種可能被阻礙，但是這些情況幾乎沒有辦法解釋**不自制** *到底如何可能。這並不是亞里斯多德的失敗，因為他關注的並不是**不自制** *如何可能，而只是不自制實際上如何發生。如果實踐三段論的前提必然會得出行動的結論，那麼亞里斯多德就需要論述那些前提如何在某些情況下受到阻礙從而變得無效。他區分了人擁有知識或理解的不同含義，一個意義是他擁有知識但是在當下沒有運用，另一個意義是他現在實際運用知識。[69] 亞里斯多德認為，當一個人

---

[69] 《尼各馬可倫理學》VII.3.1146bb31-35；參見《論靈魂》II.5 和本章第三節。

實際運用知識的時候，不會出現在這個意義上的不自制。因此他關注的是另外一些情況，即一個人擁有知識，但是因為某種原因對知識的運用受到了阻礙。[70] 強烈的憤怒或者欲望可能實際改變身體的狀況，在這種情況下，一個人依然可以說出一個論證，就好像他真的在運用判斷，但是僅僅說出論證毫無意義，就像醉漢可以背誦恩培多克勒 (Empedocles) 的詩句一樣。[71] 強烈的激情就像藥物一樣阻礙了判斷，就像酒或者睡眠發揮的作用那樣。[72] 被激情征服的人，與一個雖然清醒但沒有運用知識的人相比，在更弱的意義上擁有知識，因為只有清醒的人才能按照自己的意願運用知識。說一個被激情征服的人擁有知識，只是因為當他從這種狀態中恢復過來以後，可以運用知識。亞里斯多德說，關於如何恢復清醒，他應該去找醫生，而不是哲學家。[73]

182

假如亞里斯多德僅僅認為**不自制** * 與喝醉相似，那不免令人失望，但是那並非他的看法。他試圖用因為酒精而醉來解釋因為憤怒而醉，這些不可能是**不自制** *，因為醉了的人幾乎不知道他在做什麼。這也不是很好的模型去理解擁有倫理德性的人如何可能違背自己的判斷行動，因為有德性的人不會讓自己陷入這種無法運用自己判斷的境地。這僅僅是在論述一個人如何被激情征服，雖然在通常的情況下他有更好的認識，這既不是**不自制** *，也不是倫理德性的崩潰。

但是亞里斯多德確實留下了一些線索去理解實踐上更嚴重的失敗：

---

[70] 《尼各馬可倫理學》VII.3.1147b9-17、1146b34-35、1147a11-14。

[71] 《尼各馬可倫理學》VII.3.1147a20, b12。

[72] 《尼各馬可倫理學》VII.3.1147a11-14。

[73] 《尼各馬可倫理學》VII.3.1147b6-8。

> 即便是在這些激情的影響下，人們也能說出科學的證明和恩
> 培多克勒的詩句，那些剛開始學習的人就可以將辭彙連綴起
> 來，但是還不理解，因為理解**一定要成為他們自己的一部
> 分**，這需要時間；因此我們必須認為，在不自制的情況下使用
> 語言和演員在舞臺上說話差不多。[74]

那些剛開始學習一門學問的人不同於因為酒精和激情而醉的人，
後者的判斷被阻斷了。學生們可能正處在他們思想能力的巔峰，也
很真誠地表達自己，但是他們學的還不夠多，因此還不知道他們
談論的是什麼，他們如果認為自己已經知道這些東西，那就犯了
錯誤。亞里斯多德說，知識必然要成為他們的一部分。亞里斯多
德想要表達的就是字面的意思，如果我們很字面地翻譯這裡的希
臘語，意思就是一個人要和他所說的東西變得「在自然上相同」
（sumphuênai）。

183　　　我認為，「在自然上相同」的意思就是嘴裡說的 logos 和靈魂
中想的 logos 一致。就學習者而言，他可能說出恰當的 logos，但
是他的靈魂還沒有接受恰當的形式。一個擁有知識的人在他所知道
的東西上肯定是正確的，但是一個正在試圖獲得知識的人（或者認
為自己正在獲得知識的人）卻可能有某種無知，他可能（錯誤地）
認為自己知道。擁有知識至少保證了有可能對那個知識有意識，
但是無知的一種形式就是對那種意識的錯誤感覺。我懷疑當亞里
斯多德將**不自制** * 者比作演員的時候，這個類比的意思並不是說，
他們兩者都沒有嚴肅對待他們說出的東西。假如那個類比緊跟著
背誦恩培多克勒的醉漢，這樣理解就比較合理。但是它實際上跟在

---

[74]《尼各馬可倫理學》VII.3.1147a19-24（強調是我加的）。

學生還不理解的例子後面,並且還有「在自然上相同」這個要求,這麼看來,這個類比的意思最有可能是這樣的:演員和**不自制 ***者的 logos 都沒有表達他們靈魂的真實狀況,沒有任何跡象表明**不自制 ***者沒有嚴肅對待他所說的東西。

說到靈魂無知的狀況,有倫理德性的人對我們提出了一個特殊的難題。一個幾何學的學生,在一種自我批判的情緒之下,至少可以在原則上做一個思想實驗,來確定他是不是真的理解幾何學,還是僅僅是自認為理解。比如他可以嘗試證明畢達哥拉斯定理,並且從這個定理推論出其他結果;如果他成功了,就可以增加他的自信,認為自己確實理解了 $a^2 + b^2 = c^2$ 是什麼意思。當然,他有可能在證明的時候犯錯誤,卻錯誤地認為自己證明了這個定理。但是我們很容易想像他發現自己證明不出來,這樣他就會發現他說出來的 logos 並沒有反映靈魂中的 logos。相反地,在倫理德性中,就沒有這種相應的思想實驗,哪怕在原則上都沒有。亞里斯多德反覆強調,倫理德性不是靠論證教會的,而是靠習慣,經由良好的倫理教養逐漸發展起來,只有在獲得了這些德性之後,一個人才會理解支持這些德性的反思性的哲學論證,這就是亞里斯多德為什麼認為倫理學的課程不該把時間浪費在年輕人身上。[75] 因此,雖然一個獲得倫理德性的人可以很清楚地認識到自己是誰,但是一個尚未獲得德性的人也很容易認為自己擁有了德性。他可以說出有德性之人的話,而且很真誠地這樣做,因為他確實相信自己所說的。然而,他的這個能力還很膚淺。他可能聽過一個 logos 主張倫理德性,他也深表贊同。但是根據亞里斯多德的看法,僅僅有一個 logos 是不能教會我們倫理原則的。[76] 因為靈魂不能僅僅靠聽到和同意就獲得一

184

---

[75]《尼各馬可倫理學》I.3,尤其是 1095a3-11。
[76]《尼各馬可倫理學》II.1-6。

個 logos。倫理德性的 logos 只能透過反覆行動獲得，也就是透過持續的和澈底的倫理教養。

　　亞里斯多德說：「惡性會逃過我們的注意，而不自制不會。」[77] 我認為，他的意思是，即便是一個壞人也會追求他認為好的目的。他不理解自己的目的是壞的，如果他理解了這一點，他也就不會追求它們了。與此不同，當**不自制 *** 的人一定要按照自己的信念行動時，會正視自己的無知。在這裡，我認為亞里斯多德說的是**不自制 ***，而不是一般意義上的失去控制，因為我們沒有理由認為一個情感上的醉漢可以意識到自己在做什麼。而**不自制 *** 的人則要面對這個無法逃避的事實：他所說的話，不管多麼真誠，與他所做的並不是「在自然上相同」的，他自己的行動就表明了他的無知。

　　蘇格拉底無法容忍知識被人「像奴隸一樣拖來拖去」。亞里斯多德在一個有限的意義上也同意，如果一個人在運用知識，他就不可能在這個意義上**不自制 *** 地行動。但是那並不意味著亞里斯多德認為**不自制 *** 是不可能的，因為他認識到，我們不應該把**不自制 *** 是否可能的問題，等同於行動是否可能違背知識的問題。在討論的一開始，他提到有些人贊同蘇格拉底的說法，認為沒有什麼東西可以統治知識，但是他們主張那些僅有信念（一種不那麼好的靈魂狀態）的人可以被快樂統治。[78] 之後，他明確承認**不自制 *** 即便在一個人僅有信念的狀況下也能產生：

185

---

[77]《尼各馬可倫理學》VII.8.1150b36。我在這裡給出的是一個更加忠實於希臘文的翻譯。牛津版的翻譯是「惡性沒有意識到自己，而不自制不是這樣」。這有些誤導性，因為在一個很重要的意義上**不自制 *** 也對自己沒有意識：**不自制 *** 的行動之所以可能，僅僅是因為在某種意義上，**不自制 *** 的人沒有意識到他靈魂中真正的動機狀態。

[78]《尼各馬可倫理學》VII.2.1145b31-35。

至於有人說當一個人用**不自制** * 的方式行動時，是違背了眞意見而不是知識，那不會對論證帶來任何差別；因爲有些人即便在意見的狀態下也會毫不猶豫地認爲自己有知識。如果是因爲對自己的意見只有較弱的信念，那些只有意見的人比有知識的人更容易違背自己的信念，那知識和意見並沒有什麼差別。因爲有些人對自己意見的確信毫不遜於那些有知識的人……[79]

不自制 * 的問題說到底是行動違背了一個人深思熟慮的判斷。對亞里斯多德來講，**不自制** * 的可能性在於，一個人的判斷是一個真誠但錯誤的有意識的信念。這個錯誤的信念不是關於這個世界，而是關於他自己的。比如說，一個**不自制** * 的人真的相信在**這些**情境下**這個**行動就是正確的。他的錯誤在於認爲這是他想要做的，也是他會去做的。因此一個**不自制** * 的人可能在他對於世界的判斷，或者什麼是好的判斷上是正確的。他的錯誤是關於他自己的。如果一個人沒有很好的教養，他就可能獲得這種對自己的錯誤信念。如果一個人沒有獲得倫理德性，會很容易認爲自己擁有它們。這時，他就會說出一個倫理的 logos，但是他的行動會向自己和他人顯示，他的靈魂與他所說的並不是「在自然上相同的」。**不自制** * 代表了一種自我意識上的失敗。亞里斯多德說，野獸不可能不自制，因為它們不可能形成普遍判斷，因此也就不可能在行動中違背這些普遍判斷。[80] 當我們從通常的不自制轉換到**不自制** * 時，自我意識的程度變得更高了，因為一個人的靈魂中必定有他的判斷在發揮作用，同時行動卻違背了它。但是那意味著思想和行動之間的分離必然更加嚴重。一個**不自制** * 的人對他自己來講是一個陌生人，在他的行

186

---

[79] 《尼各馬可倫理學》VII.3.1146b24-30。

[80] 《尼各馬可倫理學》VII.3.1147b3-5。

動，而非言辭中，他或許可以發現他是誰。[81]

五、自由與德性

　　有德性的人，與不自制的人相對，知道自己是什麼樣的人、想要什麼東西。在某個情境中，他知道正確的事情是什麼，並且在做正確的事情中感到快樂，他過著完滿、豐富、幸福的生活。德性是有動機行動的情感狀態，指向德性自身的運用，而德性的運用構成了人類的好生活。但是不管一個人對良好行動的判斷力多好，只要他沒有反思自己的品格，幸福就還有一個方面沒有實現，即自我認識。如果有德性之人的自我認識構成了好的生活，如果德性是帶有動機的情感狀態，可以促進和構成一個人過好生活的能力，那麼一個人就應該認為德性推動了一個有德性的人去反思德性。

　　德性行動的一個高標準就是對人類自由的運用，吸收了倫理價值的人會有意識地認可自己的品格。別忘了，倫理德性是透過習慣灌輸的，因此它們可以在行動者那裡以一種相對無意識的方式產生。在倫理反思中，一個人從能夠在正確的情境下做正確的事情，發展到有意識地理解他是誰、他在做什麼。反思自己的品格，以及隨後而來的自我接納或自我批判，可能都是由德性同時推動的，是德性的表現，同時**也是**人類自由的表現。有人可能因此會說，倫理德性推動了他們的自我理解。在得到了自我理解之後，他們也就實現了一種合理化（legitimation）。倫理德性的最高狀態是擁有它們

187

---

[81] 我借用了提摩西·威爾遜（Timothy D. Wilson）那個令人難忘的說法——「對自己來講的陌生人」；參見 "Strangers to Ourselves: The Origins and Accuracy of Beliefs about One's Own Mental States," J. H. Harvey and G. Weary eds., *Attribution in Contemporary Psychology*, Academy Press, 1985。

的人理解和認可它們，《尼各馬可倫理學》的目標就是幫助有德性的人從僅僅擁有好的品格，過渡到有意識地理解和接受自己的品格。這些課程是為那些有德性的人設計的，這樣的聽眾會在課程的帶動下，自己思考課程裡教授的思想，這之後他就會帶著反思認可自己的品格。但是這些課程本身也是德性的表現，它們是由亞里斯多德本人想要過卓越生活的欲求推動的，它們自己就是從僅僅擁有德性過渡到對德性進行帶有反思性的理解與合理化。在這個意義上，《尼各馬可倫理學》本身就是倫理德性的最高表現。[82]

　　這個反思和認可的過程是表現人類自由，同時也是表現欲求，我們可以考慮一下這個反思是如何產生的。在亞里斯多德那個時候，已經有了一個倫理共同體，體現了伴隨那些德性的價值，並且在這個共同體之中確實有一些有德性的成員。這個共同體有某些方法去教育它的年輕人，如果這個共同體有能力繼續存在下去，就可以把它的價值傳遞給下一代。我們看到，這種教育在很大程度上是非理性的，會有習慣化和訓練，鼓勵和勸阻，這些本質上都不是訴諸孩子的理性，而是他們想要獲得愛和鼓勵的欲求。但是如果這個過程的結果體現了自由，那麼這種教育就不可能有太大的強迫性，或者太粗暴。它必然要尊重孩子人格的完整，事實上，我認為，這種教育必然是孩子成長為一個有德性的人之後，反思他的人生與教育時也會欣然接受的。在理想的情況下，一個在良好的教養中長大的人，培養出來的人格和自我觀念，會在很大程度上體現共同體的倫理價值。假設這些價值可以體現在一個能夠過完滿生活的

---

[82] 在《倫理學與哲學的界限》（*Ethics and the Limits of Philosophy*）中，伯納德·威廉斯（Bernard Williams）質疑在亞里斯多德的倫理圖景中怎麼可能為倫理反思留下位置。我認為我這裡給出的闡釋就勾勒了對他的回應。

人身上，並且假設這些價值可以用一種非強迫的方式灌輸給人們，
那麼，當一個人經過反思決定根據那些能夠體現他品格的欲求行動
時，我們可以認為他在運用自由。但是他的品格同時也是一種文化
的產品，這些產品就是被這個人最終認可的欲求推動的。正是因為
共同體看重人的品格體現出的價值，這個共同體教育行動者去體現
那些價值。

但是一個欲求的勝利怎麼可能同時體現人類在有效反思中的自
由呢？我們傾向於認為反思是自由的體現，正是因為我們用反思去
控制欲求。在反思中，我們批判自己的某些欲求，然後採取相應步
驟去降低它們的力量；我們接受其他的欲求，然後採取行動去滿足
它們。這就是為什麼有些哲學家認為，批判性反思中的自我意識必
然要與正在被批判性反思的欲求分離。否則，反思就不可能體現這
個人的自由，這個反思會受制於某些欲求，從而不是完全自由的。
這種反思觀念的問題在於，我們無法解釋這種分離的自我意識如何
能夠做出決定。[83]

亞里斯多德並不是要解決這個問題，他的德性觀念對我們提供
了另一種關於反思以及反思與欲求關係的論述。亞里斯多德的論述
非常吸引人的原因之一或許在於，他的欲求觀念比很多現代哲學家
的要豐富得多。如果一個人認為欲求必然干擾或者扭曲理性思考的
過程，那麼我們就無法解釋同一個過程怎麼可能既是欲求的勝利，
又是在有效反思中體現的自由。當然，確實有一些欲求會有干擾和
扭曲作用。我稱這種一旦擁有就會因為要去滿足它而無法思考它的
欲求為**壓倒性**的欲求。這種壓倒性的欲求就是不自由的典型，它們
出現的時候一個人就被征服了。**扭曲性**的欲求會干擾思慮過程的合

---

[83] 參見第四章第五節。

理性，比如某些誘惑就可能帶有扭曲性，這個時候關於是否應該臣服於誘惑的「思慮」就會成為虛假的、帶有自我欺騙的性質，並且會清除掉對抗它的理由。如果我們只考慮那些壓倒性的或扭曲性的欲求，那麼如果想要自由地思考它們，確實要讓自己與它們分離。

　　但並不是所有的欲求都像這樣。如果同一個行動既是欲求的勝利也是人類自由的體現，那麼必然有一些欲求能夠實現真正的合理化，而且這種合理化本身必然也是欲求的體現。在有德性的人的靈魂中，有一些欲求會推動他開始反思，這種反思尋求將這些欲求合理化，我稱這些欲求為**尋求合理化的**欲求。一個人與這些尋求合理化的欲求之間的關係，並不僅僅是滿足它們的手段。這些欲求的出現，也不僅僅是要將他用作實現它們自私目的的手段。[84] 首先，這些欲求在意識中清楚地顯現，它們尋求的是用從理性思慮的角度來看完全公平的手段獲得滿足，因此對它們的肯定同時體現了一個人的自由。其次，這些尋求合理化的欲求構成了這個人的存在本身。行動者並不是那種自私地尋求合理性的欲求的工具，這種欲求想要獲得最大的效力，就是鼓勵行動者進行反思，最終就是意識到擁有和滿足那個欲求構成了他是什麼樣的人。倫理德性就是這樣的，它們是一些有組織的欲求狀態，推動有德性的人去反思那些構成了他是什麼樣的人，以及他想要成為什麼樣的人的要素，這種反思本身就是德性的體現。

　　有德性的人經過反思接受自己的品格，要讓這個過程同時也體現他的自由，必須要滿足某些條件。第一，這個人的品格不能是強迫的產物。一個有德性的人的品格是由非理性的鼓勵和勸阻逐漸

---

[84] 這是在尋求合理性的欲求與自私的基因之間一個非常重要的不同；參見理查・道金斯（Richard Dawkins）的《自私的基因》（*The Selfish Gene*）。

培養起來的，他並不是從某種獨立的視角出發進行選擇，才變成他現在的樣子，他是被勸誘進這種狀態的。在這個意義上，他是不自願地變成一個有德性的人的，並不是說這個轉變違背了他的意願，而是說他並沒有自由地意願去成為他實際成為的那個人。有些哲學家認為這種非理性的灌輸本身，就讓這個人透過反思的接受配不上「自由」二字。但是這種看法顯然是要求太高了，它讓我們無法解釋人這種動物如何能夠體現有效反思的自由。在亞里斯多德看來，人類的自然決定了一個孩子不能理性地想要去成為他將要成為的人。非理性的鼓勵和勸阻的重要性就在於此，它們應當尊重孩子的尊嚴和人格的完整，不是強迫性的或者粗暴的。當然，我們沒有絕對的標準區分強迫和非理性訓練的溫和形式。亞里斯多德認為，他可以區分出溫和的訓練，是因為他將自己關於道德教育的理論建立在人類自然的基礎上。

這就將我們引向了第二個條件：反思性的認可必然不僅僅是想要獲得滿足的欲求。亞里斯多德那裡有德性的人能夠滿足這個條件，這個人從研究《尼各馬可倫理學》中學到人有自然。人之為人有一些確定的和讓人生值得過的東西，德性讓人能夠過一種完滿的、豐富的、幸福的生活。因此有德性之人的認可就不只是一種想要獲得滿足的欲求，而是一種有組織的欲求狀態，**因為某個理由**想要獲得滿足。

第三，反思必須要準確而真實。因為德性是出於真實的理由想要獲得滿足，在這個意義上德性實現了一種真實的合理性，而不是虛假的認可。我們可以將這個情況與一個極端的例子進行比較，設想一個帶著反思折磨他人的納粹軍人，他經過了在黨衛軍訓練營中的恐嚇、野蠻和霸凌，變成了一個麻木不仁和殘酷的人。在他打開毒氣閥門的時候，他的反思是他很高興成為自己現在這個樣子，他會進行這樣的推理：那些猶太人根本就不是人，而是一些削弱和拉

低了人類種族的寄生蟲。在世界上除掉他們，是在幫助人類實現最高的自然。他甚至可能會在反思中認可自己的教育，認為要對抗猶太種族帶來的惡劣影響，就一定要變得強硬，對他們產生抗體。這個施虐者藉由反思的認可在結構上與有德性者類似，但是施虐者的反思性認可是他不自由的體現。因為他的品格是強迫的產物，他的推理是虛假的，是意識形態和政治宣傳的產物。

　　我們沒有絕對的標準可以判斷，某一種認可是真實的，構成了真正的合理性；另一種是錯誤的，是虛假的合理性。有德性者對自己品格的認可是從內在視角出發的，只有當這種認可是真實的，它才能被認為是合理的，但是並沒有一種獨立的視角可以判斷它是否真實。有些現代哲學家抱怨亞里斯多德的倫理學建立在過時的形上學生物學基礎上，在他們看來，人並沒有本質或自然，倫理學也不能建立在滿足一個人的自然之上。[85] 因此有德性者的認可是錯誤的，也不是一種合理性。在我看來，這種批評太強了。逃離亞里斯多德的科學是啟蒙運動以來科學發展的標誌，再加上 20 世紀某些語言哲學理論，[86] 讓一些哲學家認為亞里斯多德的本質主義完全就是一種古代理論。但是在我看來，這樣認為其實是忽略了亞里斯多德本質主義的本質，至少對倫理學理論來說是這樣。受亞里斯多德啟發的倫理學理論只需要認為，人們可以用一些倫理性的方式獲得幸福。我們只需要相信人類生活是獨特的，並且潛在地是值得過

191

---

[85] 參見 Bernard Williams, *Ethics and the Limits of Philosophy*，以及 *Morality: An Introduction*, Cambridge University Press, 1972。

[86] 我想到的是蒯因對分析與綜合二分的批評（Quine, "Two Dogmas of Empiricism"）以及維根斯坦在《哲學研究》（Wittgenstein, *Philosophical Investigations*）中對於「家族相似性」（family resemblance）這個觀念的發展。

的；有某些生活方式是完滿的和豐富的，而另一些配不上人這個身分，存在欠缺；在社會中有一些合作性的、倫理性的生活方式是完滿的和豐富的。在我看來，這些都是可信的，因為它們是正確的。

六、主奴辯證法[87]

另一種批評亞里斯多德的德性之人的方式值得嚴肅考察：他缺少進行某種自我批評的能力。比如：雖然亞里斯多德讚賞高貴的人，但是我們今天不是會認為亞里斯多德理解的這個「高貴」概念本身依賴一種建立在主奴關係之上的社會語境嗎？如果亞里斯多德讚美一種只有奴隸主階層才能過的生活，那麼我們不是應該仔細考察他所主張的這種生活方式嗎？如果一個倫理行動者對他品格的反思性認可真的反映了他的自由，那麼他就應該對他出生的那個社會的價值進行一些反思性的批判。如果他僅僅認可那個時代的價值，不管那個社會有多好，從這個角度看，他都是不自由的。對他來講，時代的價值僅僅是擺在他面前的，並不是他自由選擇的。

事實上，亞里斯多德確實對他那個時代的價值進行了批判性的反思。這並不明顯，部分原因是，**我們**不清楚這些批判性的反思是什麼，或者我們可以從中期待什麼；另一部分原因是，有某些關於政治思想史的錯誤觀念誤導了我們。根據很多哲學史，古希臘人並不進行批判性的反思。[88] 他們不加反思地「沉浸在城邦生活中」，接受了那個時代的價值。這種陳腔濫調完全是錯誤的，[89] 事實上，

---

87 本節相關閱讀：《政治學》I、III、IV、VII。

88 這種觀點的代表就是黑格爾的《哲學史》。

89 關於古希臘人如何反思民主政治理論，可以參見 Cynthia Farrar, *The Origin of Democratic Thinking*, Cambridge University Press, 1988 中引人入勝的討論。

192

甚至亞里斯多德對高貴的讚美（這表面看來是不加反思地接受了奴隸制）也是對先前高貴觀念的批評，即荷馬《伊里亞德》中的英雄觀念。在現代思想中，獨特的並不是進行批判性的反思，而是有意識地將這種反思作為探索的工具。如果說我們變得更具有自我意識，那也不是體現在更深地參與反思本身，而是更深地反思這種反思的本質。

　　正是因為我們還沒有充分理解能夠和不能夠從批判性反思中期待什麼，我們太輕易地認為亞里斯多德不加批判地接受了奴隸制。我們傾向於認為，在批判性反思中，我們必然要以某種方式**走出**自己的信念，將它們置於批判性的考察之下。但是亞里斯多德有意識地拒絕採用這樣的步驟，他的倫理和政治論證針對的是那些已經有德性的人，意在向他們表明，（從他們自己的視角看）有德性的生活是有意義的。這與柏拉圖截然不同，柏拉圖認為，如果一個人不能形成關於倫理生活的論證，而且這種論證需要對一個外人也很有說服力，那麼他就還沒有完全確保這種倫理生活。因此蘇格拉底和塞拉西馬柯（Thrasymachus）、格勞孔（Glaucon）、卡利克里斯（Callicles）這樣的倫理懷疑論者展開對話，要向他們表明，做倫理的人最符合他們的利益。[90] 根據卡利克里斯的看法，陷入合作性的德性，比如說正義，對實現人類幸福來講毫無疑問是種妨礙。蘇格拉底試圖表明他是錯的，但是他的這些論證恐怕是柏拉圖著作中最缺乏說服力的論證。

　　亞里斯多德方法的一個巨大的優勢在於，它給出了一個新的方式去應對倫理懷疑論。亞里斯多德並不認為需要去說服倫理世界之外的人相信他們是錯誤的，他關注的是向那些已經在倫理世界之

193

---

[90] 尤其參見《理想國》I 和《高爾吉亞》。

內的人表明，在這裡是好的。這樣，他就放棄了一個柏拉圖和很多現代哲學家都持有的看法：想要有效地攻擊懷疑論，我們必須從懷疑論者自己可以接受的前提出發，[91] 想要批評懷疑論的唯一方式就是與懷疑論者辯論。這種辯論要求提供一個先驗的論證，去證明倫理生活總是符合一個人的最佳利益。因為一個懷疑論者可能僅僅認為，一種非倫理的生活**有可能**對那些可以過這種生活的人來講更好。比如說，他們並不認為正義對所有人來講都是壞事，那些弱者或許可以從正義的社會裡獲益。只有對於強者來說，正義才是壞的，因為他們可以不要正義獲得幸福。但是如果我們一定要從幸福裡排除掉非倫理生活的可能性，那麼就需要一個先驗論證了。因為一個先驗論證可以抽象化人生的實際情況，表明無論如何倫理生活總是符合一個人的利益。

問題是，就我們所知，沒有任何先驗論證可以表明卡利克里斯關於幸福的觀念是錯誤的。這也是為什麼蘇格拉底與卡利克里斯的辯論讓讀者感到不適，好像蘇格拉底並沒有給出最好的論證。亞里斯多德的洞見在於指出，就算無法構建一個有說服力的先驗論證，也不意味著我們無法回應懷疑論的挑戰。是否能夠回應懷疑論的挑戰，取決於我們如何看待懷疑論的角色和功能。整體而言，懷疑論的挑戰想要摧毀對一組信念或實踐的反思性證成。如果我們認為對倫理生活的這種反思性證成是一種證明，可以在符合自己的利益方面排除掉所有其他的可能性，那麼只要能建構起另一種可能性就足以摧毀這個證成。懷疑論者只需要做很少的事情就可以摧毀我們，因為我們對自己設定了一個太大的任務。柏拉圖的論證失敗了，因

194

---

91 順便說一下，這個看法還引發了人們對康德「超驗論證」的嚴重誤解：參見我的文章 "The Disappearing 'We'," *Proceedings of the Aristotelian Society*, 1984。

為它們野心太大。正如亞里斯多德認為的，想要對抗倫理懷疑論，就需要犧牲我們的抱負。如果放棄追求一個這麼強的證明，我們就不會因為僅僅構建出另一種可能性而被摧毀。如果我們可以形成對某種社會和倫理實踐的證成，它比柏拉圖的證明要弱，但是依然可以令人滿意，我們就迫使懷疑論者做更多工作才能摧毀我們。

　　因此恰當的策略是後驗地（a posteriori）證明倫理生活是構成人類幸福的生活。我們實現這個目的的方式就是像亞里斯多德那樣，表明人們**實際過著的那種**倫理生活就是幸福的生活。[92] 倫理生活就是幸福生活的後驗論證有某些特徵，它僅僅確立了一種現實性，我們可以看到和過的**這種**生活，是一種幸福的生活，這樣就沒有排除掉還有其他不那麼具有合作性的幸福的**可能性**。這樣的證明對於那些真誠地認為，他們應該按照某種非倫理方式生活的人來講並不是摧毀性的。[93] 但是摧毀他們並不是這個證明的目的所在。這個證明意在以反思加強那些過這種幸福生活的人，它用兩種方式實現這個目的：第一，因為這個證明是指向內在的，目標是那些已經過著（或者接近過著）倫理生活的人，這個證明幫助他們以反思的方式意識到，**這**就是一種幸福的方式，並且**對他們來講**是可能的。第二，這種策略讓提出懷疑論的挑戰變得很困難。卡利克里斯那麼有趣的一個原因在於，在兩千多年的時間裡，他一直在嘲諷那些試圖證明除了正義的行動之外沒有別的方式滿足自己利益的人。他代表了一個持續的、充滿活力的可能性，不管是蘇格拉底還是蘇格拉

---

[92] 關於後驗論證的進一步討論，參見我的著作《亞里斯多德與邏輯理論》（*Aristotle and Logical Theory*）第五章「Moral Objectivity」。

[93] 當然，這也可能是摧毀性的。那些過著令人感到挫敗的生活的人們，追求不恰當的目標，他們可能會受到那些過著幸福生活的人的影響。倫理上幸福的人可以成為不動的推動者。

底之後的其他人都沒有能夠澈底清除掉它。但是如果透過現實的例子說服人們幸福生活由什麼構成，同時不試圖清除所有其他的可能性，就不會被簡單構建起來的其他可能性摧毀。我們可以承認，卡利克里斯式的人物或許有理由生活在倫理世界之外。當然，亞里斯多德絕不會承認這種可能性，因為他相信卡利克里斯是錯誤的。但是對我們現在的討論來講重要的是，即便我們承認這一點，對於那些已經在倫理世界裡生活的人來講也不是摧毀性的，亞里斯多德的《倫理學》意在向他們表明他們已經過起了一種令人滿意的、豐富的生活。

　　既然卡利克里斯不再是摧毀性的，他也就沒那麼有趣了。[94]因為懷疑論者一定要威脅到反思的穩定性，因此他必然要不同於卡利克里斯，即便實際存在其他可能的幸福，也不一定具有摧毀性。比如說，我們可能會承認，某些形式的藝術生活也是幸福的。[95]但是承認這一點，對於那些將倫理生活看作幸福生活一部分的人來講也不具有摧毀性。要提出懷疑論的挑戰，一個人就一定要代表一種真正不同的幸福的可能性，這種可能性本身就在那些認為倫理生活構成幸福的人裡面引發懷疑。這種人的存在不僅確立了另一種現實性，他還會質疑我們提出的那個後驗證明，質疑我們是否真的成功地確定和過起了幸福的生活。亞里斯多德和我們或許都不能先驗地證明不存在這樣的懷疑論者，但是有了亞里斯多德的作品去讚賞幸福的倫理生活，我們就有理由對是否可能存在這樣的懷疑論者表示懷疑。

　　亞里斯多德這種倫理進路的一個好處是，他用一種全新的方

---

[94] 在這方面，我們可以比較尼采對猶太—基督教道德帶有毀滅性的批判，以及他讚賞的帶有正面價值的超人的幸福概念。

[95] 參見 Bernard Williams, "Moral Luck," in *Moral Luck*。

式解除了懷疑論的威脅。不是走出倫理世界，試圖用懷疑論者自己的方式說服他應該堅持倫理，亞里斯多德向那些已經過著倫理生活的人表明，他們有很好的理由這樣做。但是，這種進路也有隱患。主要的危險是，我們會顯得批判性不足。指出實際的倫理生活讚賞這種生活，我們會面臨為既定秩序辯護的危險。因為如果我們不走出自己生活的社會，怎麼能把它的某個方面置於批評之下呢？

　　當然，確實有這樣的可能性，我們深深地生活在社會不義之中，從而缺少了看到不義的視角，但是我們也沒有絕對確定的方法可以確定自己是否缺少這樣的視角。如果沒有絕對確定的方法，那麼我們就不該批評亞里斯多德沒有進行更深入的批判性反思。或許如果我們問自己可以從批判性反思中合理地期待什麼，就能夠更清楚地看到這一點。我們不能合理地希望或者期待站在自己的所有價值之外，從一種截然分離的視角去審視它們。如果亞里斯多德要把人類自由自然化（naturalize），反思就應當是人類這種動物可以合理進行的活動。除了在自己的價值中以一種批判性的方式行動之外，我們別無選擇，比如說研究高貴的價值以及它對主奴社會的依賴性；將這個對照著一個人對正義和平等的信念進行檢驗；學習其他社會和其他倫理系統；使用想像力。我們或許還應該展示出某種**開放性**，對別人對自己堅持的（某些）價值的批判保持開放，對好的論證保持開放，對自己的良知和想像力提出的可能性保持開放。如果這就是批判性反思**可能**的形態，那麼我們可以確定亞里斯多德和他那裡的有德性之人就是在做這樣的反思。當然，我不認為，說有德性之人一方面對這些反思保持開放，另一方面又透過反思認可自己的品格，有什麼牽強之處。亞里斯多德本人就在考察當時人們所知道的全部社會組織和政體，亞里斯多德看待它們的方式就像一個生物學家在考察人類這個種族能夠繁榮發展的棲息地。如果他沒

有在自己的社會裡發現不義,與其說這表明了亞里斯多德作為一個批評者的侷限,還不如說表明了批判性反思內在的侷限。

我想要考察對我的論題來講最困難的例子:亞里斯多德對奴隸制的辯護。[96] 如果是初次閱讀《政治學》,我們很容易認為亞里斯多德在為他那個時代最不義的制度之一辯護。我認為這是一種錯誤的印象,之所以產生這種印象,是因為忽略了亞里斯多德寫作《政治學》的社會語境。《政治學》嚴肅地批評了民主社會,但它卻是在世界歷史中最偉大的一個民主政體中寫就的,因此《政治學》不可能是不加反思地將那個時代的價值接受為合理的。此外,亞里斯多德是第一個意識到奴隸制**需要**進行辯護的政治思想家。事實上,他對奴隸制的辯護是對當時存在於雅典社會的奴隸制的批判。因為亞里斯多德論證,一個人是奴隸這個事實並不能證明他**應當是**一個奴隸。[97] 法律規定某個階層的人是奴隸,也不能證成奴役,即便這個法律是大眾意志的民主表達。奴役一個被征服的民族也是不對的,那只是一個民族對另一個民族的野蠻暴行。[98] 由於雅典的奴隸大多數是被征服的民族或者他們的後代,亞里斯多德肯定是在批判他那個時代的奴隸制。用古代在自然與習俗(phusis 與 nomos)之間的二分來說,亞里斯多德認為,一切僅僅基於 nomos(法律或習俗)的奴隸制都無法得到證成。

198　　　在亞里斯多德看來,唯一能夠得到證成的奴隸制就是**自然的**奴隸制。有些人依據自然生來就是奴隸。亞里斯多德說,奴隸就是有生命的財產,是為了維持主人生活的工具。[99] 因此一個自然奴隸「依

96　參見《政治學》I.4-7。

97　參見《政治學》I.6。

98　另參見《政治學》VII.14.1333b38-1334a2。

99　《政治學》I.4.1253b25-1254a13。

據自然不是他自己的，而是另一個人的」。[100] 但這是一種什麼樣的人呢？對亞里斯多德來說，這種人是依據自然低於人的：

> ……一切由部分構成的複合的整體，不管是連續的還是離散的，都有統治和被統治的要素……一個活物首先是由靈魂和肉體構成的，在這兩者中間，一個是依據自然的統治者，另一個是被統治者。**但是我們必須要在保持其自然的事物中，而非朽壞的事物中，尋找自然的意圖。**因此我們必須要研究身體和靈魂都處於最佳狀態的人，在他之中，我們可以看到這兩者的真正關係；而在不良或朽壞的自然中，肉體似乎經常在統治靈魂，因為它們處於壞的和不自然的狀態之中。不管怎樣，我們在活物中既可以看到主人式的統治也可以看到政治性的統治，靈魂統治身體就是一種主人式的統治，而理智統治欲望就是政治性的和君主式的。很清楚，靈魂統治身體，靈魂中理性的要素統治情感的要素，是自然的和有利的；而如果這兩者是平等的，或者低級的居於統治地位，總是有害的。動物和人的關係也是一樣，馴化的動物比野生的動物有著更好的自然，而當馴化的動物由人統治的時候總是更好，可以更好地得到保全。雄性依據自然更高，而雌性較低，一方統治而另一方被統治；這個原則必然適用於所有人。當存在靈魂與肉體的區分，或者人與動物的區分（就像有些人只能運用他們的身體，不能做更好的事情），較低的種類就是依據自然的奴隸，對它們來講**更好的情況**就是像對一切較低的東西那樣，由主人來統治。他能夠而且確實屬於另一個人，這樣他雖然沒有理性的

199

---

[100] 《政治學》I.4.1254a14-15。

> 原理，但是因為參與了理性的原理，從而可以理解理性的原理，這樣的人就是依據自然的奴隸。[101]

在亞里斯多德看來，自然奴隸就是依據自然較低級的人。他生來在靈魂中就沒有用理性的原理去統治他的欲望和情感，雖然他可以理解和服從理性的原理。在他的靈魂中理性能力不足和無法居於統治地位，就證成了從外界把這種統治強加給他。主人統治自然奴隸，就相當於對奴隸強加了某種依據自然本應該出現在他自己靈魂之中的規則。這就是為什麼對於一個自然奴隸來說，當奴隸更好。我們可以說主人在完成自然，也就是幫助自然完成一個有缺陷的產品。

但是如果自然奴隸是低級的人，就不應該有很多這樣的人。因為自然奴隸並不是完全意義上的人，他們缺少足夠的能力去過一種完滿的、豐富的人生。他們是怎麼出現的呢？亞里斯多德認識到，自然偶爾也會產生一些有缺陷的個體。看起來唯一能夠證成亞里斯多德贊成的那種自然奴隸制的，就是自然偶爾出現的不完美。但是亞里斯多德的生物學著作和《物理學》似乎認為，自然只在很偶然的情況下才會產生不完美的產品。這似乎意味著，亞里斯多德認為只有很少的人應當是奴隸。

但是如果只有很少人應當是奴隸，就應該同樣只有很少的人適合做公民。這確實讓人非常困惑，人依據自然是政治的動物，但是只有很少人能夠過一種完滿的政治生活。在亞里斯多德看來，說人依據自然是政治的動物並不是說他擅長贏得投票；而是說人依據自然是一種只有在公民社會的語境下才能實現幸福的動物。「政治的動物」是很字面化的翻譯，我們也可以說，「人依據自然是公

---

[101] 《政治學》I.5.1254a28-b23（強調是我加的）。

民」。字面化的翻譯好處在於，保存了人類自然中動物性的含義。 200
人依據自然是公民，但是在亞里斯多德眼中，人是一種依據自然是
公民的**動物**。

人依據自然是政治的動物這個論題，跨過了古代在自然與習
俗之間的二分。亞里斯多德認為，是人的自然建立了習俗和法律，
人可以根據它們來生活。事實上，亞里斯多德認為城邦是自然的產
物。[102] 如果考察城邦如何從最原始的人類社會發展起來，我們就能
明白這一點。假如人類想要生存，就必然需要男性與女性的結合，
而人的需要將他們組織在一起，形成更大的共同體，也就是村落和
部落。城邦是從這些共同體裡面發展起來的，但是它的形成不只是
保證最基本的生活必需，城邦提供了一種環境，在其中人們可以過
良好的生活。城邦因此是人類組織發展的目的（telos）：

> 因此很顯然，城邦是自然的產物，而人依據自然是政治的動
> 物。依據自然而非偶然沒有城邦的人，要麼是一個壞人，要麼
> 高於人。他就像「無村落、無法律、無灶火的人」，就像荷馬
> 批評的那樣，這種被自然拋棄的人熱愛戰爭，他可以被比作一
> 顆孤立的棋子。[103]

生活在城邦之外的人就像一顆孤立的棋子，這是一個讓人印象深刻
的比喻，因為嚴格說來，一顆孤立的棋子就不再是一顆棋子了。棋
子作為遊戲中的一部分獲得它的身分，或者說獲得它的存在。這麼
看來，沒有棋子能夠生活在遊戲之外。亞里斯多德顯然想要接受這
樣一種在人和政治社會之間的類比關係，在他看來，城邦就像一個

---

[102] 《政治學》I.2，尤其是 1253a2。
[103] 《政治學》I.2.1253a1-7，這裡提到的是荷馬：《伊里亞德》IX.63。

發揮功能的有機體，他論證說，城邦在形上學上先於生活在城邦中的個人，或者說比個人更具有實體性。[104] 一個發揮功能的有機體的部分經由與整個有機體的關係獲得它們的身分和角色，就像一隻被截掉的手或者一個死人的手，都不是嚴格意義上的手，一個人的功能也是透過他與社會的關係定義的。亞里斯多德認為，從一個脫離了社會的人不可能實現自足（autarkês）就可以看清這一點。[105] 亞里斯多德對自足的讚美有時候在現代人看來有些過於誇張，就好像是說，一個人只有擺脫了一切對他人的依賴，才能真正實現幸福。我們需要注意，亞里斯多德將自足看作一種**政治性的**德性。[106] 自足表現在一個人與自己家庭、朋友和同胞公民的關係上。自足的意思是「讓生活值得欲求，並且不缺少任何東西」，因此亞里斯多德將它等同於幸福。[107] 自足的生活，也就是幸福的生活，只能在城邦中才可能實現，因此亞里斯多德將它與孤獨的生活進行對照，在那種生活裡人們無法實現幸福。[108]「無法生活在城邦中，或者因為自足沒有需要的人，要麼是野獸要麼是神，他不是城邦的一部分。」[109]

人類依據自然有一種社會性的本能。[110] 這體現在人依據自然是一種群居動物，語言將他們和同胞連結在一起：

……語言的能力意在表達有利和有害，正義和不義。只有人才

---

[104]《政治學》I.2.1253a18-29。

[105]《政治學》I.2.1253a26。

[106]《尼各馬可倫理學》I.7.1097b7-22；參見 V.6.1134a27。

[107]《尼各馬可倫理學》I.7.1097b15。

[108]《尼各馬可倫理學》I.8.1099b3-6。

[109]《政治學》I.2.1253a27-29。

[110]《政治學》I.2.1253a29-30。

有好與壞，正義與不義，以及類似的感覺，有這種感覺的生物
的共同體就是家庭和城邦。[111]

但是，人雖然依據自然是社會性的動物，擁有好與壞、正義與不義
的內在感覺，但是讓他們形成良好的社會卻並不容易。當然，人們
並非不假思索或者毫不費力就能結成良好的社會。政治學的目標就
是表明，人們如何組織社會，從而保證公民實現幸福。有了這種知
識，人們更有可能實現他們都在追求的幸福。[112]

問題是，我們雖然需要政治學知識去保證人類幸福，但是它
卻對我們帶來了一幅相當悲觀的圖景。《倫理學》已經讓我們準備
好接受，關於良好生活的理論無法保證良好的生活。哲學本身還不
夠。但是在《倫理學》的最後，亞里斯多德似乎承認，即便是從小
的良好訓練和教養也不夠：

> 如果一個人沒有在正確的法律之下被培養起來，就很難從小獲
> 得正確的訓練；因為節制地生活對於大多數人來講都不是快樂
> 的，尤其是當他們還年輕的時候。因此，應該由法律將他們的
> 教養固定下來；因為當他們習慣了之後，就不會感到痛苦。**但
> 是在他們年輕的時候得到正確的教養和關注當然還不夠，因為
> 即便是長大之後，他們還是必須要實踐，並且習慣它們，在這
> 方面我們也需要法律，而且普遍而言，要包括整個一生。因為
> 大多數人服從強迫而非論證，服從懲罰而非高貴。**[113]

---

[111] 《政治學》I.2.1253a14-18。

[112] 《尼各馬可倫理學》I.2；參見《政治學》IV.11、VII.1-2、13-15。

[113] 《尼各馬可倫理學》X.9.1179b31-1180a5（強調是我加的）。

《政治學》之所以必然跟隨《倫理學》，就是因為人不是一種能夠輕易達到良好生活的動物。對於大多數人來講，僅僅告訴他們好生活是什麼不夠，良好的訓練也不夠。我們需要法律，因為大多數人服從強迫和懲罰，而非論證和高貴。但如果是這樣，那麼大多數人必然與他們的自然處在一種奇怪的關係之中。因為倫理生活是建立在人的自然基礎上的，倫理生活之所以好，正是因為它讓人們可以過一種豐富的、完滿的、專屬於人的生活。因此，如果大多數人沒有法律的強迫就無法過這樣一種倫理生活，那就意味著他們要持續被強迫才能過著符合他們自然的生活。這麼看來，大多數人似乎並不想成為人。

203　　這種奇怪的看法似乎被政治學的研究證實了，亞里斯多德從事的是這樣一種研究：「盡我們所能去完成關於人類自然的哲學」[114]但是我們了解到的人類自然卻是，人們缺少能力去組成一個健康的城邦。這就是說，雖然在一個很弱的意義上，人們有能力組成一個健康的城邦，但是如果考察他們實際組成的城邦，我們只能得出這樣的結論：他們沒有很好地運用這個能力。為什麼沒有呢？這裡似乎有一個很明顯的張力，一方面是亞里斯多德作為一個描述性的生物學家的角色，另一方面是他作為一個目的論生物學家的角色。目的論者會認為自然或多或少為了最好的結果去產生它的造物，城邦本身就是一種自然的產物；但是作為描述性的生物學家，亞里斯多德致力於研究人類在他們實際形成的居住環境中的生活，因此他肯定會注意到，人們總是傾向於形成有缺陷的社會。在產生政治城邦的意義上，亞里斯多德似乎被迫承認，現實的並不是理性的，理性的也不是現實的。

---

[114] 《尼各馬可倫理學》X.9.1181b14-15。

　　亞里斯多德根據城邦中公民的數量和他們為了誰的利益進行統治，來劃分城邦。亞里斯多德認為，公民就是城邦中能夠參與政治生活的人，也就是承擔政治職務、幫助司法審判或者參與立法。[115] 因此公民不一定是城邦中實際的或者潛在的統治者。在服務於公共利益的城邦中，一個人統治的是君主制，少數人統治的是賢人制，多數人的統治有一個普遍的名字——政制。所有這些政體形式都有相應的敗壞形式，一個人、少數人或者多數人為了他們自己的利益統治。這三種敗壞的形式是僭主制、寡頭制和民主制。[116]

　　民主制為什麼是一種敗壞呢？在亞里斯多德看來，民主制是窮人為了他們自己的利益進行統治。在寡頭制和民主制之間的選擇，是在富人與窮人之間的選擇。[117] 亞里斯多德認為，民主制通常都是由一種自然敗壞的循環產生的。[118] 最初的政體是君主制的，但是當君主制產生了很多平等的人，他們就想要建立一種政治性的統治。在這種壓力下，統治階層就會敗壞，追求他們自己的利益。這樣君主制就很自然地蛻化成了寡頭制：

204

　　……財富成了通向榮譽的道路，因此寡頭制就自然發展起來了。寡頭制導向了僭主制，而僭主制導向了民主制；因為統治階層對於占有的渴望總是會傾向於減少統治階層的數量，因此為了加強大眾的力量，最終就建立了民主制。**由於城邦的規模不斷變大，其他形式的統治似乎就不再容易被建立起來了。**[119]

---

[115] 《政治學》III.1.1275a22-23、b18-20。

[116] 《政治學》III.7.1279a32-b10。

[117] 《政治學》III.8.1280a1-6。亞里斯多德實際上描繪了四種民主制，參見《政治學》IV.4-6、VI.4。

[118] 《政治學》III.15.1286b8-12。

[119] 《政治學》III.15.1286b15-22（強調是我加的）。

民主制很自然地從一種更壞的壓迫形式，即僭主制中產生，但是它也還是某種支配形式——大眾的支配。但是人類社會為什麼會傾向於沿著這個敗壞的循環發展呢？如果城邦是自然的產物，為什麼沒有一個自然過程是朝向最好的城邦前進呢？我們這些生活在民主時代的人，很願意問這樣的問題：就算我們承認亞里斯多德說的，民主制是一個由窮人統治並且為了窮人統治的政體，他為什麼不更加嚴肅地對待這種由多數人統治的政體也可以為了全體利益的可能性呢？亞里斯多德的回答是，多數人依據自然不會為了所有人的利益去統治。只有有德性的人才是好城邦裡的好公民，而有德性的人不會很多。

在最好的城邦裡，最好的人進行統治。[120]在任何社會都只有極少數人是有德性的，因此我們不能期望有比賢人制更大的好公民群體，也就是說如果我們想構建一個理想的或者完美的城邦也沒有更大的好公民群體。亞里斯多德作為描述性的生物學家和作為目的論生物學家這兩個角色之間的張力，在他關於理想政體的討論中格外明顯。一方面，如果他要討論人們應該如何統治以及如何被統治，那麼他就不得不去討論一個**理想**的城邦。因此，他也就一定要承認，人不是一種依據自然就能形成良好統治的動物。良好的統治對人有利，並且表現了他的自然。但是人在他的實際行為中卻並不傾向於實現自然。另一方面，他堅持認為，理想城邦的條件必然是可以實現的。[121]亞里斯多德對烏托邦沒有興趣：他想要描繪一個人們可以實際生活在其中的城邦。理想的城邦雖然還沒有被實現，但應該是現實的。

亞里斯多德認為，要認識最好的城邦形式，我們必須要先認

205

---

[120]《政治學》III.18.1288a33-34。

[121]《政治學》VII.4.1325b35-39、IV.11.1295a25-31。

識最好的人類生活，[122] 因為一個好城邦就是讓人能夠過最好生活的城邦。對人來講最好的生活就是幸福的生活，而幸福的生活就是依據德性的生活，那麼最好的城邦就是能夠促使公民過德性生活的城邦。[123] 因此，亞里斯多德可以說政治社會的存在是為了高貴的行動。[124] 產生高貴的行動並不是政治社會明顯的目標，它的目標是確保公民過著良好的生活。因為好生活就是做出高貴行動的生活，所以政治社會可以將高貴的行動作為目標。

那麼，好城邦就可以被認為是這樣一個環境，它可以鼓勵人們實現自然。由於良好的城邦被定義成保證公民實現好生活的城邦，因此只有在好城邦裡好公民才同時是好人。[125] 好公民是一個相對的概念，好公民就是積極幫助實現城邦目的的人。因此如果城邦的目的本身不好，城邦裡的好公民就是在追求壞的目的。如果一個人是壞城邦裡的好公民，他就不可能過有德性的或者幸福的生活。相反地，好城邦直接促進它的公民過有德性的生活。因為促進有德性的生活幫助構成了有德性的生活，由於好城邦的目標是有德性的行動，好城邦裡的好公民就過著良好的生活。在最好的城邦裡，好公民就是無條件的好人：

> 好人的德性必然和完美城邦中公民的德性一致。[126]
> 在完美的城邦裡，好人在無條件的意義上與好公民一致；而在　206

---

[122] 《政治學》VII.1.1323a14-21、VII.2.1324a23-25、VII.13.1332a4-10；另參見《尼各馬可倫理學》I.2。

[123] 《政治學》VII.1.1323b21-1324a4、VII.13.1332a28-38、IV.11.1295a35-b1。

[124] 《政治學》III.9.1281a2-4。

[125] 《政治學》III.4、III.18、IV.7、VII.9、VII.13-15。

[126] 《政治學》III.18.1288a38-39。

其他城邦裡，好公民只相對於他自己的政體是好的。[127]

因為在一個好城邦裡好公民必然是好人，所以亞里斯多德會限制公民的範圍。好公民是很難找到的。[128] 在任何社會中都只有相對少的有德性的人，因為有德性的人畢竟展現了人類的卓越，而一個好城邦的公民群體必然侷限於這些人。亞里斯多德確實認為絕對君主制可能成為一種好的城邦，因為一個好的君主會為了臣民的利益進行統治。[129] 但是就算我們關注一個由法律而非絕對統治者的判斷統治的好城邦，想要盡可能擴大公民的範圍，我們也沒有辦法超越少數人的統治：「一個人或少數人在德性上卓越，但是當這個數量增加以後，就很難保持在各種德性方面的卓越了。」[130] 少數最好的人為了共同利益的統治就是賢人制，這是唯一一種根據德性分配政治職務的統治形式。[131]

好城邦的公民只能侷限於有德性的人，這會帶來戲劇性的後果：社會上的所有人幾乎都被排除在政治生活之外。不僅僅是奴隸和窮人被排除在外，商人、工匠、手工勞動者也都被排除在公民生活之外，也就是那些為城邦的存在和幸福履行必要功能的人。[132] 在一個健康的社會中，公民被禁止做很多事情：

因為我們在討論最好的統治形式，也就是城邦達到最幸福

---

127 《政治學》IV.7.1293b5-7。

128 比如參見《政治學》III.7.1279a39-b2。

129 《政治學》III.7.1279a32-33。

130 《政治學》III.7.1279a40-b2。

131 《政治學》III.8。

132 《政治學》III.5、VII.9。

（正如我們已經說過的，幸福不能離開德性存在），133 那麼很
顯然，這樣的城邦就是統治得最好的，擁有無條件的正義之　　207
人，而不僅僅是相對於這個政體的原則，公民們必然不能過
手工匠人或商人的生活，因爲這種生活是卑下的，不利於德
性。他們也不能是農民，因爲閒暇對於發展德性和履行政治義
務來講都是必需的。134

　　理想城邦的公民並不工作。他們管理城邦——思慮、立法、裁決，
或許還有些人指揮軍隊，他們也會管理自己的家庭。年輕時，他們
在軍隊中服役，但即便是那些被統治的經驗也是在爲他們進行統治
做準備。135 最重要的是，城邦會對他們提供足夠的機會運用德性。
因爲城邦的目的是促進公民的幸福，而幸福就是德性的運用。這樣
看來，公民就是城邦中能夠真正做有德性行動的全部人群。

　　從如今這個信仰民主理想的時代來看，亞里斯多德對理想城
邦的看法毫無吸引力。但是除了說亞里斯多德生活在他那個時代，
而我們生活在一個不同的時代之外，我們還能說點什麼更有意義的
話嗎？我們不可能期望批判性的反思能夠把亞里斯多德送出他的時
代，給他某種無時間性的、絕對的視角。我們應該關心的是，在亞
里斯多德的批判性反思內部，有什麼要素會讓他對自己的答案感到
不滿嗎？一開始我們可能會給出否定的答案，因爲亞里斯多德根
本就不認爲人類的德性是用一種民主的方式分配的。但是如果我們
考慮亞里斯多德關於自然的整體理論，似乎確實有一些亞里斯多德
也應該考慮的原因。他並不認爲每個種族的良好個體繁衍後代是

---

133 《政治學》VII.1.1323a21-1324a4、VII.8.1328a37 以下。

134 《政治學》VII.9.1328b33-1329a2。

135 《政治學》VII.14。

件偶然的事情,那麼他為什麼認為好人很少產生呢?或許答案來自歷史:在公元前 4 世紀中期,亞里斯多德見證了民主制城邦的崩潰。[136] 他的政治哲學反映了他對民主雅典缺少信心,不認為它還能支撐下去。雖然亞里斯多德的政治哲學充斥著他見證的政治現實,但是我們有理由認為它建立在他關於自然的理論之上。他的自然理論至少比政治理論更主張,好人在自然中應該更經常出現。

此外,他不得不去設想一種**理想的**城邦,這件事本身就應該讓亞里斯多德感到困惑。我們不需要去做任何猜測就能夠確定青蛙生活的理想條件,我們只需要檢查一下青蛙實際生活的池塘和草叢,就能知道它們對於青蛙來講是不是最好的。但是我們不能單純考察人們實際生活的社會,從中發現他們應當如何生活。人類通常生活在有缺陷的社會裡。因此,人類是自然中唯一一個傾向於生活在不健康的環境裡的物種。當然,人類是能夠創造他們環境的獨特物種。但是既然自然給了人們形成政治社會的能力,我們就有理由認為,亞里斯多德的自然會更加慷慨地分配創造好城邦的能力。

為什麼沒有更多好城邦呢?對亞里斯多德來講這本應是一個迫切和令人困惑的問題。假如亞里斯多德考慮這個問題,那麼就算他無法超越自己的時代,也本可以將自己的政治哲學置於進一步的批判性考察之下。

---

[136] 參見 Cynthia Farrar, *The Origin of Democratic Thinking*, ch. 7。

Chapter ⑥

理解實在的
普遍结構

209　　人不僅是政治的動物，還有理解的欲求。於是這裡就有了一個嚴重的問題：人們如何才能既滿足作為政治動物的自然，又滿足對於理解的內在欲求。這個衝突需要時間才能發展起來，因為在某種意義上，對於理解的欲求幫助人們過一種積極的公民生活。因為人們會理解，在社會中過倫理生活是一種實現真正的人類幸福的方式。當人們理解了幸福是什麼，他們就更有可能去實現它。但是，如果一個人要完滿地實現對於理解的欲求，就會脫離倫理生活。這樣看來，人的自然就是要超越他的自然。人依據自然是政治的動物，但是他依據自然也是一種欲求理解這個世界的動物。在尋求理解的過程中，他會把倫理的生活留在身後，他的自然會讓他超越（或者離開）作為政治動物的自然生活。

　　我們應該如何理解這個看起來帶有悖論性質的觀念呢？一個方式就是去考察理論理解的結構。因為如果我們把握了對理解的欲求到底是在欲求什麼，我們就能看到，當欲求將我們帶離倫理生活實現理論理解，這有多麼令人滿足。

一、亞里斯多德的邏輯學[1]

　　亞里斯多德最偉大的思想成就之一就是發現了形式邏輯，這個成就也讓他聲名顯赫。事實上，亞里斯多德自己也對這個成就非
210 常驕傲，這在他的作品裡很少見。在邏輯學著作的最後，他這樣寫道：

> 很顯然，我們的計畫已經完成得相當充分了。但是我們一定不能忽略在這項研究中發生了什麼。在所有的發現中，前人的成果被繼續研究的人逐漸推進。普遍來說，那些新穎的發現都是

---

[1]　本節相關閱讀：〈前分析篇〉I.1-7、23；〈後分析篇〉I.1-4、II.19。

最開始進展很小，但是比隨後的發展更加有用……修辭學和幾乎所有其他的技藝都是這樣，那些發現起點的人對它的推進很小，而今天的那些名人都是在一長串逐漸推進那個領域的人之後的繼承者，這樣才把這些領域發展到了今天的形式……我們的研究與此不同，並不是一部分工作已經被充分地完成而另一部分沒有。先前根本什麼都沒有……此外，關於修辭學很早以前就有了很多材料，而三段論這個主題我們沒有任何先前的成果可以討論，我們不得不在很長時間裡進行摸索實驗。如果經過考察，你們發現我們確實是這項研究的起點，沒有任何傳統流傳下來，那麼你們所有人和我們的學生，就應該原諒我們這項研究中還有缺陷，同時為這些發現熱情地感激我們。[2]

什麼是三段論？亞里斯多德又為什麼對它如此驕傲呢？

只要有哲學思考，就一定會有嚴格的論證。哲學家們不僅僅透過觀察世界去理解它。他們會去思考，有了關於這個世界已知的東西，還有什麼東西也必然是真的。也就是說，他們運用論證來擴展知識，他們還運用論證去說服其他人接受他們相信的真理。如果一個論證從一個所有人都認為正確的前提開始，又足夠嚴格和清晰，那麼任何相信前提的人就應當相信結論。當然，還有些人可能無法跟上論證，或者非常頑固，不去接受他應當接受的結論。但是如果一個論證是好的論證，那麼我們就可以確信，任何理性的人都會被它說服。事實上，接受這樣的論證，正是一個人理性的標誌。既然理

211

---

2 〈辨謬篇〉34.183b15-184b8。我用了「三段論」（syllogism）來代替牛津譯本中的「演繹」（deduction）。我這麼做有兩個原因：第一，如果一個三段論最終是一個演繹，那應該是我們關於三段論研究的結果；第二，至少有些三段論並不能被很容易地理解成演繹。

性是人的本質，那麼透過構造、跟上和接受嚴格的論證，人們就可以顯示他們最真實的本質。

亞里斯多德首先關注那種關於世界本質的嚴格論證，前提表達了關於這個世界的基本真理，這些前提透過它們自己就可以被人了解，不需要訴諸其他的前提。[3] 那些嚴格的論證意在揭示其他關於這個世界的必然真理，那些真理無法透過它們自身得到認識，而只能從基本的前提裡推論出來。這樣看來，嚴格的論證就不僅體現了人的理性，還揭示了世界的理性。在亞里斯多德看來，這個世界是好的。它之所以是好的，部分表現在它是可理解的。但是如果沒有有系統的方式可以把可以直接理解的東西和不能直接理解的東西連接起來，這個世界就不是可理解的。在基本的、可以直接理解的真理與只能建立在這些前提基礎上的真理之間，必然有某種有系統的關聯。否則這個世界就不是可理解的，在本質上也就不是好的。所以只要還沒有發現這個有系統的關聯，想要證明這個世界是好的，就還有漏洞。

212　　　　說一個真理是「直接可以理解的」有兩個含義，亞里斯多德區分了「**對我們來講**直接可以理解」和「**無條件地**直接可以理解」。在研究實在的整體結構時，我們不再滿足於事物對我們直接呈現的樣子，那是我們剛開始進行研究時的狀態。我們關心的是存在論上基本的真理，也就是表達了本質的**定義**。比如說，一個定義表達了人是什麼，說這個定義直接可理解的意思是，它的真不依賴任何其他東西。這種直接可以理解的真，只有在我們很深入地研究了人的本質之後，才**對我們來講**直接可以理解。只有在那時，我們才不依賴任何其他東西，僅僅因為人在最根本的意義上是什麼，理解了人的本質。

3　參見〈後分析篇〉，尤其是 I.1-4, II.19。

　　就是在這個時候，我們急需邏輯系統。對理解的內在欲求推動著我們，加上這個可理解的世界對我們做出的回應，我們從對我們來講直接就很清晰的東西開始，走上了認識這個世界基本真理的道路。就像亞里斯多德說的，我們已經讓那些無條件地直接可知的東西對我們來講變得直接可知。現在的問題是：我們如何往回走？我們如何系統地將關於這個世界的真理（這個時候已經變得對我們可知了）與依賴它們的那些不那麼基本的真理連結起來？在回答這個問題之前，我們還不能讓實在的整體結構變得可以理解。

　　為了解釋亞里斯多德的邏輯學，我們需要引入一些概念。說一個推理是「**有效的**」指的是從所有真的前提出發，結論必然為真。比如說下面這個推理：

　　　　X 是一個正方形。

　　　　因此，X 是一個矩形。

這個推理是有效的，因為正方形就是一種特殊的矩形，也就是各邊都相等的矩形。我們需要注意兩點：首先，就算 X 不是一個正方形，這個推理依然是有效的。一個有效的推理，前提並不一定是真的。我們需要的只是，**如果**前提都是真的，那麼結論**必然**是真的。第二，即便一個推理是有效的，它也不一定是一個好的論證。比如說一個人只說出了歐幾里得幾何學的公理，然後說出了任意一個定理。即便那個推理是有效的（如果那些公理是正確的，這個定理一定是正確的），這也不是一個好的論證，因為缺少了對定理的證明。一個好的論證比一個有效的推理要求更多，它是一個或一組有效的推理，在裡面我們可以**看到**這個推理為什麼有效。一個有效推理的結論是前提的**邏輯後果**，在一個好的論證中，結論是前提的邏輯後果，並且我們可以看到結論以合乎邏輯的方式從前提中被推論出來。

213

不是有效的推理就是無效推理。特別是那些前提和結論都為真的推理。比如：

> 天是藍的。
> 因此，你正在讀這本書。

這是一個無效推理。前提和結論都是真的，但並不是如果前提為真，結論**必然**為真。就算你在做其他事情，天也是藍的。

有些推理僅僅從形式上看我們就知道它們是有效的。比如：

> 所有單身漢都是沒結婚的男人。
> 所有沒結婚的男人都是會死的。
> 因此，所有單身漢都是會死的。

再比如：

> 所有天鵝都是鳥。
> 所有鳥都是兩足的。
> 因此，所有天鵝都是兩足的。

214　這些推理的形式都是：

> 所有 a 都是 b。
> 所有 b 都是 c。
> 因此，所有 a 都是 c。

由於有了這個形式，這些推理都是有效的。這些推理被說成是「**形式上有效的**」。與此不同，

> X 是一個正方形。
> 因此，X 是一個矩形。

這個推理是「非形式上有效的」，因為它的形式是：

> X 是一個 P。
> 因此，X 是一個 Q。

這個形式是無效的。我們看下面這個推理：

> X 是一個三角形。
> 因此，X 是一個矩形。

這個推理與前面的推理有著相同的形式，但它是無效的。因此如果一個有這種形式的推理是有效的，它的有效性並不是因為形式。要理解

> X 是一個正方形。
> 因此，X 是一個矩形。

是有效的，我們不能看它的形式。我們必須要知道正方形是什麼、矩形是什麼，並且知道正方形是一種特殊的矩形。與此不同，

> 所有 quarks 都是 glarks。
>
> 所有 glarks 都是 narks。
>
> 因此，所有 quarks 都是 narks。[4]

我們知道這個推理是有效的，儘管我們並不知道這些詞的意思。

亞里斯多德不是第一個認識到，一個推理可以僅僅由於它的形式而有效的人，但是他第一個構造出了一個複雜而精巧的形式推理系統。在介紹亞里斯多德的系統之前，我們需要先了解，為什麼**形式上**有效的推理那麼重要。在亞里斯多德看來，「有效推理」和「證明」這兩個概念都與公理方法密切相關。歐幾里得的《幾何原本》是非形式化公理理論的典範。在一個公理化的幾何學裡，某些叫作「公理」的基本陳述被確定下來，這些陳述擁有簡單和明顯的本質，人們只要理解了它們就可以直接確定它們是真的。從這些公理出發，我們可以推論出進一步的陳述，這些就是幾何學的「定理」。雖然歐幾里得（大約出生在公元前 300 年）大約和亞里斯多德的孫子是同時代人，但是人們通常認為，他將一個在他之前就已經存在的公理系統固定和書寫下來。認識到分散的幾何學觀念可以圍繞幾個基本的幾何學觀念組織起來（這就是公理體系的核心），可以回溯到畢達哥拉斯（大約出生在公元前 582 年）。畢達哥拉斯學派的成員推動了將幾何學公理化的進程，而不是追求分散的幾何學成果，因為他們認為這種組織解釋了自然的根本和諧。後來的注疏者提到，畢達哥拉斯因為發現了公理方法而向神獻祭公牛。事實上畢達哥拉斯並不信仰這樣的獻祭，但是我們可以看到，發現這麼多分散的幾何學成果可以被如此簡單地組織起來，引起了人們的敬畏之情。

4　譯注：這個三段論裡的英文單詞都是作者造出來的，意在強調這個論證形式上的有效性不依賴內容。

　　如果一個人想要達到更高程度的嚴格性，他就應該只承認那些在公理裡面明確表達的東西。只允許使用有效的推理，也就是結論是那些已經得到確認的前提的邏輯結果。那麼一個純粹公理化的幾何學就只包括那些可以透過純粹邏輯手段從公理裡面推論出來的陳述。這很可能就是歐幾里得的目標。有證據表明，他想要讓一切假設都像公理和定義一樣明確，然後僅僅用邏輯推出定理。

　　如果這是歐幾里得的目標，那麼他失敗了。[5]因為雖然毫無疑問歐幾里得試圖將所有非邏輯的假設都歸入公理，但是在一些地方他無意中假設了一些幾何學命題，它們既不在公理裡面，也沒有得到證明，比如歐幾里得給出的第一個證明。[6]這個證明非常簡單，它意在表明我們可以從一條確定的直線畫一個等邊三角形。簡單來說，我們首先有一條直線 AB，然後以 A 為圓心，以 AB 為半徑畫一個圓。

216

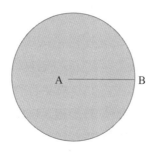

---

[5] 在這裡我受益於查爾斯・帕森斯對公理方法的清晰討論，參見 Charles Parsons, "Mathematics, Foundations of," P. Edwards ed., *Encyclopedia of Philosophy*, Macmillan, 1967, vol. 5, pp. 190-192。

[6] 譯注：在原書第 217 頁，作者收錄了歐幾里得《幾何原本》開頭的 5 個公設、5 個公理、3 個定義，以及第一個定理和對它的證明全文。中譯本從略。

接下來，我們以 B 為圓心以 AB 為半徑畫一個圓。

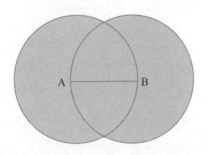

根據公理，這兩步都是合法的。接下來我們要從 A 到 C（兩個圓的交點）畫一條直線，然後從 B 到 C 畫一條直線。

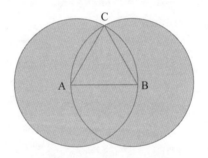

公理允許我們過任意兩點畫一條直線。由於新構造的三角形 ABC 三個邊的長度都是這個圓的半徑，因此這個三角形必然是等邊三角形，證畢。

218　　還有什麼能比這個更嚴格嗎？在歐幾里得的公設裡，沒有什麼讓我認為存在這樣一個兩圓相交的 C 點。歐幾里得沒有注意到他必須設定兩個圓相交的時候會出現兩個交點。他的公設允許線和圓的存在（或者被畫出），但是在他的公設裡並沒有提到當兩個圓形像他所描述的那樣被畫出來之後，存在一個可以作為三角形頂點的 C。或許 C 點的存在非常明顯，只要看看圖形就知道，但是使用圖形本應當只是出於教學目的。使用圖形可以幫助我們集中注意力，

從教學上講也可以讓我們更容易跟上或者發現證明；但是如果我們僅僅因為某些定理看起來很顯然就接受它們，其實就在公理裡面增加了內容。

這就帶來了一個普遍性的問題：我們如何能夠避免這樣的失敗？我們如何確定一個證明沒有依賴尚未明確陳述的重要假設？一個方式就是對證明使用的辭彙的含義做高度的抽象，使得這個論證的有效性不依賴使用的那些辭彙的有效性，而是依賴論證的形式。比如下面這個論證：

> 所有單身漢都是沒結婚的男人。
>
> 所有沒結婚的男人都是會死的。
>
> 因此，所有單身漢都是會死的。

即便不知道「單身漢」、「沒結婚的男人」或者「會死」的意思，這個論證也是有效的。而歐幾里得的論證依賴我們對圓形、直線、三角形和點的了解。（因此危險就是一個人可能沒有明確表達他理解的東西，或者一個人認為他理解了某些他其實還沒有理解的東西。）

亞里斯多德的計畫是找到這個形式推理的系統，將所有有效的推理都表達出來。他的想法是任何非形式上的有效推理，比如歐幾里得的證明，都可以被改寫成一系列**形式上**有效的推理。如果能夠實現，它就能對我們提供非形式化推理有效性的檢驗。如果它們能夠被轉換成形式上有效的推理，那麼這個推理的有效性就不再依賴對這個領域的知識。我們可以僅僅根據形式就判斷一個推理是否有效。如果我們的計畫是呈現存在的普遍結構，這一點就非常重要。因為不同的學科構成我們對這個世界的知識，這些學科關於不同的主題。比如：幾何學關於三角形、圓形以及它們的空間關係；生物

219

學關於生物有機體。但是如果這兩個學科都是嚴格組織起來的，論證的**形式**就應該是共同的。在一開始都應該是一些基本的公理來表達定義，比如三角形是什麼、人是什麼。這些陳述顯然彼此不同，但是亞里斯多德認為它們都有相同的形式：所有的 a 都是 b。因為前提有共同的形式，能夠以形式化的方式推論出的結論也就必然有相同的形式。因此透過將不同的科學形式化，我們可以理解將它們連結起來的更高的統一性，也就是一種共同的形式化結構。

假如亞里斯多德實現了自己的目標，那麼公理化方法這種代表高程度抽象思考的標誌，就能夠在歐幾里得寫作《幾何原本》之前兩代人開花結果了！亞里斯多德沒有成功。事實上，他所建構的形式上有效的推理，也就是**三段論**，並沒有達到足夠精細的程度，無法表達任何一個歐幾里得的證明。但是亞里斯多德認為自己成功了，而且用一個論證來支持自己，不過很遺憾，這個論證是失敗的。但是亞里斯多德的失敗不應該讓我們忽視這個嘗試本身的光芒，這是第一次將公理方法建立在堅實基礎上的嘗試。他的失敗也不應該讓我們忽視形式邏輯的誕生。

〈前分析篇〉的第一句話表明，這項研究的主題是證明。[7] 但是亞里斯多德首先給出了他關於三段論的理論，因為這是更加普遍的：任何證明都是一個三段論，但並非每個三段論都是一個證明。[8] 亞里斯多德將**三段論**定義成「一種言辭（logos），在其中某些事情被確定下來，某些不同於被確定下來的事情因為它們是這樣而必然跟隨而來」。[9] 這聽起來像是我們先前對有效推理或者邏輯後果

220

---

[7] 〈前分析篇〉I.1.24a10-11。

[8] 〈前分析篇〉I.4.25b28-31。

[9] 〈前分析篇〉I.1.24b18-20。我使用了「確定」，而不是牛津譯本裡的「陳述」，因為這裡的希臘語表達的意思比簡單的陳述更強，意思是主張、確定或者假設。

的定義。在三段論的定義裡沒有提到形式，也沒有提到任何我們熟悉的亞里斯多德的三段論，比如：

> 所有 a 都是 b。
>
> 所有 b 都是 c。
>
> 因此，所有 a 都是 c。

三段論可以是**任何**論證，只要某些事情被（作為前提）確定下來，其他事情從它們推論出來。[10] 亞里斯多德確實給出了一個形式推理的複雜系統，我們通常稱之為三段論。但是這個形式三段論系統的重點在於表明，任何符合那個寬泛定義的三段論（比如歐幾里得的任何演繹）都可以被表達成一系列形式化的三段論。

一個三段論是「完美的」就是說，除了被說出來的東西之外，不需要任何別的東西，就能很明顯地推論出必然的結論。[11] 從 X 是一個正方形推論出 X 是一個矩形，就是一個非形式化的完美三段論。我們只需要知道正方形和矩形是什麼就能知道這個推理是有效的。下面這個三段論就是一個形式化的完美三段論：

> 所有 a 都是 b。
>
> 所有 b 都是 c。
>
> 因此，所有 a 都是 c。

---

[10] 這就是我們為什麼不能將三段論等同於演繹。如果我們說出一個理論裡面的公理和任意一個定理，那麼這就是一個三段論，但是說這是演繹就比較牽強了。事實上，在這種情況下，從公理演繹出定理正是這裡缺失的東西。

[11] 〈前分析篇〉I.1.24b22-25。

221　一個三段論是「**不完美的**」，就是說雖然結論確實跟隨前提，但是需要補充一個或者更多的陳述（它們是這些前提的必然結果）才能很清楚地表明結論確實成立。比如說，一個人簡單地陳述了歐幾里得幾何學的公理，然後說「因此，一個三角形內角和是 180 度」。這就是一個不完美的非形式化三段論。結論或許確實來自前提，但是缺少了證明。

　　亞里斯多德說在一個三段論裡，結論必然從前提得出。「必然得出」是什麼意思呢？亞里斯多德從來沒有做過解釋。但是要確定這個形式邏輯系統，他並不是**一定要解釋**這一點。[12] 因為確實有一些完美的形式三段論系統，他可以指出一些有代表性的例子，在其中結論必然跟隨著前提而來。亞里斯多德使用的完美推理是：

> 所有 a 都是 b。
> 所有 b 都是 c。
> 因此，所有 a 都是 c。

> 所有 a 都是 b。
> 沒有 b 是 c。
> 因此，沒有 a 是 c。

> 一些 a 是 b。
> 所有 b 都是 c。
> 因此，一些 a 是 c。

---

[12] 我在《亞里斯多德與邏輯理論》（*Aristotle and Logical Theory*）第一章裡，更詳細地討論了這一點的意義。

一些 a 是 b。

沒有 b 是 c。

因此，不是所有 a 都是 c。

因為這些推理是完美的，我們很容易就能看到結論來自前提。亞里斯多德沒有給出「必然得出」的定義，然後用三段論表明這是對的。相反地，他開始就給出了一些明顯有效的推論，然後請你認可，在這些情況下結論必然從前提得出。[13]

亞里斯多德引入了一種謂述的邏輯（logic of predication），研究謂述關係如何從其他關係中得來。這種邏輯對亞里斯多德來講非常重要，因為他關心的並不是將幾何學公理化，而是將實在整體公理化。基本的公理表達了本質，比如說「人是理性的動物」，三段論會從這些本質中演繹出結論。

亞里斯多德認為，完美的三段論都是**第一格**的，在第一格裡面，謂述關係都是相同的：

   _____ a 是 b。

   _____ b 是 c。

因此， _____ a 是 c。

但是，只要改變謂述的順序，我們就可以得出其他的三段論。第二格的三段論就是把「所有」、「沒有」、「一些」、「不是所有」應用在下面的謂述關係上：

---

[13] 〈前分析篇〉I.4.25b37-26a2、26a23-27。

　　　　　　　　　　a 是 b。

　　　　　　　　　　c 是 b。

因此，　　　　　a 是 c。

第三格三段論的形式是：

　　　　　　　　　　b 是 a。

　　　　　　　　　　b 是 c。

因此，　　　　　a 是 c。

　　亞里斯多德嘗試將「所有」、「沒有」、「一些」、「不是所有」這些數量詞應用在所有三個格的三段論上，他考慮了各種前提的組合。除了完美的第一格三段論之外，他還透過反例排除掉了其他格裡的大多數三段論，只留下 10 個有效的，其他都是無效的。下面就是亞里斯多德如何表明，一對前提得不出三段論的結論。比如下面這對前提：

　　沒有 a 是 b。

　　所有 b 都是 c。

　　亞里斯多德表明，從這些前提裡推不出任何「　　　a 是 c」這種

223　形式的有效結論。他是這樣做的。[14] 他首先找到了一些詞項，讓兩個前提都為真，然後得出一個形式是「所有 a 都是 c」的真結論：

────────────

[14] 〈前分析篇〉I.4.26a2-9。

沒有馬是人。

所有人都是動物。

以及，所有馬都是動物。

這個推理有如下形式：

沒有 a 是 b。

所有 b 都是 c。

以及，所有 a 都是 c。

既然所有句子都是真的，那麼就沒有任何用這些前提組成的三段論可以得出否定性的結論，比如「沒有……」，「不是所有……」。因為我們剛剛看到一個例子，在那裡前提和一個普遍的肯定結論（所有馬都是動物）都是真的。如果這種推理形式有可能出現兩個前提是真的，一個普遍的肯定結論也是真的，那麼很顯然，前提就不是**必然得出**一個否定性的結論。但是如果這是一個三段論，就要必然得出一個結論。

　　與此類似，如果我們可以找到某些詞項，讓前提為真，同時讓一個形式是「沒有 a 是 c」的結論為真，那麼從這種形式的前提推論出一個肯定的結論「所有……」，或者「有些……」的可能性就被排除掉了。因為

沒有石頭是人。

所有人都是動物。

以及，沒有石頭是動物。

這三句話都是真的，而這些句子的形式如下：

沒有 a 是 b。

所有 b 都是 c。

以及，沒有 a 是 c。

由此我們就知道，從前提裡並不是必然得出一個肯定性的結論。排除掉這兩種可能性，就保證了下面這兩種形式的前提推不出三段論的結論：

224 沒有 a 是 b。

所有 b 都是 c。

亞里斯多德在其他格的三段論裡留下了 10 個，他不能將它們當作無效的排除掉。我在這裡只給出第二格的兩個例子：

所有 a 都是 b。

沒有 c 是 b。

因此，沒有 a 是 c。

沒有 a 是 b。

所有 c 都是 b。

因此，沒有 a 是 c。

亞里斯多德認為，這兩個三段論是**不完美的**。它們是有效的，但並不是明顯有效的。那麼我們怎麼能確定它們的有效性呢？亞里斯多德認為，所有不完美的推理都可以變成完美的。也就是說，任何有效但不是明顯有效的推理，我們可以用另一組推理從相同的前提推論出相同的結論，並且在這裡每個推理都是明顯有效的。為了實現

這個目的，亞里斯多德引入了三條轉換規則：[15]

> 從「沒有 b 是 a」可以推論出「沒有 a 是 b」。
>
> 從「所有 b 都是 a」可以推論出「一些 a 是 b」。
>
> 從「一些 b 是 a」可以推論出「有些 a 是 b」。

亞里斯多德給出了例子「如果每個快樂都是好，某些好一定是快樂」，但是他想要讓讀者看到，這些規則是明顯有效的。我在這裡給出一個例子說明一個不完美的三段論如何可以被轉換成完美的：

> 所有 a 都是 b。
>
> 沒有 c 是 b。
>
> 因此，沒有 a 是 c。

這裡的第二個前提，「沒有 c 是 b」可以轉換成「沒有 b 是 c」。 225
這樣我們就形成了一個完美的第一格三段論：

> 所有 a 都是 b。
>
> 沒有 b 是 c。
>
> 因此，沒有 a 是 c。

　　亞里斯多德的策略是，分離出幾個明顯有效的推理，然後去證成其他有效的推理，表明我們可以只用明顯有效的推理從前提得出結論。在〈前分析篇〉的開篇，亞里斯多德給出了一套全面的謂述

---

[15]〈前分析篇〉I.4.25a5-26。

關係，表明每個推理或者是無效的（因此可以被排除掉）或者是有效的，有效的推理或者是完美的或者是可以變成完美的。[16] 在他形式化的推理系統裡，所有不明顯的有效推理都可以被還原為明顯有效的推理。這一點很重要，因為兩個原因。首先，亞里斯多德要保證人們可以看到每個形式上有效推理的合理性。因為每個形式上有效的推理或者是完美的或者是可以變成完美的，形式上的有效性就不可能超越人的理解能力。一個人不僅可以理解每個形式上有效的推理的合理性，還可以理解他是一個可以這樣做的存在者。其次，亞里斯多德用一種非常簡潔的策略去證成所有形式上有效的推理。他挑出了幾個明顯有效的推理，根本沒有試圖去證成它們。他僅僅提出了它們，希望讀者認識到它們是明顯有效的。而對於那些並不明顯的推理，他表明它們是有效的，但並不是構造抽象的論證，而是表明我們可以不依賴它們就從前提得出結論。嚴格說來，它們是多餘的，雖然我們可以使用它們從前提更快地跳到結論。[17]

226　　我們需要認識到，亞里斯多德是在證明一個**關於**他的邏輯系統的真理。他在這裡不是在用他的邏輯系統去構造證明，而是將邏輯系統本身當作研究的對象，並且證明關於它的真理。對於邏輯系統的研究被稱為**後設邏輯**。很顯然，亞里斯多德是第一個後設邏輯

227　學家，因為在他之前還沒有形式推理的嚴格系統可供研究。因此亞里斯多德開啟了一個全新的思想領域，他可以去研究證明和結果的

---

16 參見〈前分析篇〉I.1-7, 13, 23。我不會在這裡討論所有的細節。有興趣了解更多的讀者，可以參考我的《亞里斯多德與邏輯理論》第一章，以及 J. N. Keynes, *Studies and Exercises in Formal Logic*, Macmillan, 1928。

17 譯注：在原書第 226 頁，作者收錄了全部有效的三段論、轉換規則和一些注釋，中譯本從略。

本質，而他的前人做不到這一點。[18] 格外吸引人的是，一旦後設邏輯成為可能，它立即得到了應用：邏輯的誕生同時也是後設邏輯的誕生。我猜測，這是因為亞里斯多德需要後設邏輯去證明實在的整體結構是可理解的。透過將所有有效的推理區分為明顯有效的和不明顯有效的，並且表明所有不明顯有效的推理都可以是完美的，也就是將它們轉化成一系列明顯的推理，亞里斯多德證明了實在的整體結構是可知的，後設邏輯與亞里斯多德的形上學渴望構成了一個整體。

正是因為亞里斯多德對邏輯的研究是更大計畫的一部分，他沒有滿足於證明形式邏輯裡面的那些定理。亞里斯多德證明了第二格和第三格的不完美三段論，可以透過明顯有效的第一格三段論以及轉換規則變成完美的。[19] 但是在〈前分析篇〉I.4 的開頭，亞里斯多德說他可以說明**所有的**三段論如何產生。[20] 在〈前分析篇〉I.23 中，他論證**所有的三段論毫無例外**都來自這三個格。[21] 亞里斯多德的意思是，任何演繹論證，即便是一個非形式化的證明，都可以被表述為一系列形式化的三段論推理。[22] 亞里斯多德宣稱任何非形式化的演繹，比如三角形內角和是 180 度，都可以被轉化成形式化的演繹。假如亞里斯多德的論證是成功的，就能將所有嚴格的推理都納入他的形式三段論系統。

---

[18] 亞里斯多德作為一個後設邏輯學家的重要性，是我在《亞里斯多德與邏輯理論》一書中的一個核心論點。

[19] 個別時候他不得不使用略微複雜一些的手段：參見我的《亞里斯多德與邏輯理論》第 5 頁以下。

[20] 〈前分析篇〉I.4.25b27。

[21] 〈前分析篇〉I.23。

[22] 亞里斯多德排除了所謂的「假言三段論」。對這一點的討論，參見我的《亞里斯多德與邏輯理論》第三章。

亞里斯多德沒有嘗試將具體的演繹形式化，而是為他的這個論題給出了一個抽象的論證。他假設每一個非形式化演繹推理的結論，也就是廣義上的每個三段論，在本質上都有一個三段論的公式。比如：他認為「三角形內角和是 180 度」這個結論，在本質上的形式是「所有 a 都是 c」。隨後他論證，這個結論能被直接推論出來的唯一方法就是藉由一些前提，這些前提就像一個形式化的三段論那樣將詞項連結起來。[23] 也就是說，這個證明始於一個公理，它陳述了所有的三角形都有某種屬性，「所有 a 都是 b」，之後表明，這個 b 屬性有內角和 180 度的屬性，即「所有 b 都是 c」。當然，我們可能需要一系列推理才能得出結論：

> 所有 a 都是 b。
>
> 所有 b 都是 d。
>
> 因此，所有 a 都是 d。
>
> 但是，所有 d 都是 e。
>
> 因此，所有 a 都是 e。
>
> 但是，所有 e 都是 c。
>
> 因此，所有 a 都是 c。

這裡 b、d、e 都是「中項」，它們的作用就像將三角形與內角和 180 度的性質連結起來的證明。在亞里斯多德看來，結論的詞項可以用三個格的形式三段論透過「中項」連結起來。[24]

亞里斯多德的論證看起來過於樂觀了，這個論證太框架性了，他沒有意識到非形式化的幾何學證明需要一個極其複雜的形

---

[23] 〈前分析篇〉I.23.40b30-41a20。

[24] 〈前分析篇〉I.23.41a4 以下。

式系統，幾千年之後才有人能夠發明它。亞里斯多德的邏輯學直到
19 世紀末一直作為毫無爭議的典範統治著邏輯學，但是他的這個
系統還沒有精巧到可以實現他的夢想。如果亞里斯多德不分析「必
然得出」這個概念就想給出一個統一的和前後一貫的邏輯理論，那
麼所有的演繹，不管是形式化的還是非形式化的，就都要系統地與
完美的三段論推理連結在一起。首先，亞里斯多德分析了三個三段
論的格，它們可以將不完美的推理還原成完美的；其次，亞里斯多
德給出了一個論證，表明三段論的三個格足以表達所有的非形式化
演繹。假如那個論證是有效的，那麼從任何一組前提得出的任何演
繹結果，都可以透過一系列明顯有效的推理得出。因為任何演繹在
理論上都可以表述成一系列三段論的推理，而那些形式化的推理都
可以變成完美的。在實際的演繹中，我們會前進得很快，做出很多
推理上的跳躍，或許只是隨便提一下那些已經得到證明的定理。亞
里斯多德可以允許這樣的做法，並不是透過分析結果，而是透過保
證在那些可疑的例子裡，任何非形式化的演繹都可以得到形式化，
任何形式化的演繹都可以被完美化，也就是被轉化成每一步都明顯
能夠推出的論證。

　　這是一個非常壯麗的景觀，亞里斯多德認為自己實現了它，
由此認為自己有可能為實在的整體結構奠定基礎。在這個結構的頂
點就是一些本質，以及表達本質的謂述。從這些本質而來的，是一
些透過嚴格推理得出的結論。假如一個人可以沿著這些思路確定實
在的結構，實在的秩序和人們關於實在知識的秩序，就是同一個秩
序。事實上，正是透過了解實在的整體結構，**對我們來講**最可知的
東西最終與無條件最可知的東西重合。

　　亞里斯多德的三段論並不是要給出一個單純的邏輯理論，而
是給出一個關於證明的理論，記住這一點非常重要。正如我們看
到的，〈前分析篇〉的第一句話就告訴我們這項研究的對象是證

明。[25] 他首先討論三段論,是因為這個理論更具有普遍性,每個證
230 明都是三段論,但並不是每個三段論都是證明。[26]〈後分析篇〉的任
務是表明,需要做什麼才能把一個三段論變成證明。亞里斯多德
說,證明的要點在於為我們提供無條件的理解。當我們把握了一個
事物的解釋或者原因,並且理解了這個就是解釋,我們也就無條件
地理解了它。[27] 但是一個證明要真正具有解釋性,它就不能依賴本
身需要解釋的前提。一個證明最終的前提必然是依據它們自己可知
的,靈魂直接把握到它們,而且它們必須是存在論上基本的。[28] 否
則,它們就不能形成一個真正的解釋的基礎。一個證明的前提最可
知,是因為它們準確地表達了一些關於存在非常根本的東西。知道
了它們,我們也就知道了實在的基礎。因此了解了證明,我們的知
識也就顯示了實在的結構。

　　這一點指引和啟發著亞里斯多德對實在的本質進行的最抽象
的研究。如果在研究實在的整體結構時,我們知識的秩序再現了實
在的秩序,那麼研究的主體和客體就在一個重要的意義上重合了。
直到這一刻之前,研究的對象還被認為與我們有一定的距離。對自
然的研究將這個世界揭示為可以被認識的,而對人類靈魂的研究將
人揭示為認識者。人與世界是為彼此而生的。但是此時,在人開始
理解實在的整體結構時,在認識世界的「主觀」靈魂與顯示真理的
「客觀」世界之間就沒有任何確定的區分了。現在,我們知識的秩
序與實在的秩序重合了。在**對我們來講**最可知的東西與無條件最
可知的東西之間不再有任何鴻溝。世界是由本質構成的,我們的思

---

[25]〈前分析篇〉I.1.24a10-11。
[26]〈前分析篇〉I.4.25b26-31。
[27]〈前分析篇〉I.2.71b10-19。
[28]〈前分析篇〉I.2、II.19。

想也是。事實上，是同一些本質構成了世界和靈魂。此外，我們對這個世界的研究變成了對我們自己的研究。與我們發現的本質對應的是我們變成的本質。這就是理解的渴望引領我們到達的地方。實在的本質結構與人的本質之間的區分開始消失。這樣，我們的研究就同時是關於人和世界的，因為在這個層面，在人的本質與世界的本質之間有了一種內在的一致性，理解了世界，人也就理解他的本質。

二、亞里斯多德的數學哲學[29]

對亞里斯多德來說，要研究實在的整體結構，不可能不遇到數學在其中的作用問題。對於他的老師柏拉圖來說，數學提供了深入理解實在的鑰匙。但什麼是數學呢？數學看起來是一種理解，帶有悖論色彩的是，它研究的是不變的對象，但同時又可以被應用在物理世界。幾何學裡的球形、三角形和立方體、算術裡的數字，看起來都是不變的，但是幾何和算術又可以用在建築房屋、丈量土地、貿易交換之中。數學家從事數學活動，而哲學家要去問：這個活動如何可能？簡單來說，柏拉圖的答案是：存在一個分離的理想數學對象的領域，也就是純粹的數字和形狀，數學就是要研究這些對象。對柏拉圖的這個回答，我們立即就可以提出兩個問題。第一，我們在靈魂上如何通達這個數學領域？肯定不是透過感覺，因為感覺只能讓我們通達物理世界。第二，數學如何能夠應用到物理世界之上？如果數學關於一個由純粹的、不變的對象構成的分離的世

---

[29] 本節相關閱讀：《物理學》II.2、《形上學》XIII.2-3。對於這些文本的闡釋有很多困難的問題，我在這裡不得不忽略。如果有興趣，可以參見我的 "Aristotle's Philosophy of Mathematics," *Philosophical Review*, 1982。

界，它如何能夠被用在自然的可變世界之上呢？假如一個人是堅定的柏拉圖主義者，他可能會這樣回答這兩個問題：如果靈魂擁有某種特殊的類似視覺的能力，它就能夠感知到這個領域，而亞里斯多德決定採取截然不同的策略。

亞里斯多德認為，數學直接關乎自然世界中的那些變化的對象，並不存在一個由數字和幾何對象構成的分離的領域。我們將會看到他認為這如何可能，但是我們應該立即就能看到這是多麼天才的策略：因為它讓亞里斯多德繞過了困擾柏拉圖的兩個問題。我們不需要特殊的思想通道就可以通達數學領域，因為根本就沒有特殊的數學領域，而只有一個自然的領域。也不存在數學對象如何應用在物理世界的問題，只有當數學關乎一個分離的領域，這個問題才會出現。如果數學就是直接關於自然世界的，那麼它當然可以應用在這個世界上。

亞里斯多德說，數學家確實與物理學家不同，但並不是因為他們研究的對象不同，而是因為他們的研究方式不同：

> 下一個要考慮的問題是，數學家在什麼意義上不同於自然的研究者（即物理學家）。因為自然物體包括表面、體積、線和點，這些是數學的對象……數學家雖然也處理這些對象，但並不是將它們**作為**（as）自然物體的界限，也不是把這些性質**作為**這些物體的性質。這就是他為什麼會將它們分離開，因為在思想中，它們確實是與變化分離的，把它們分離開並不會帶來任何不同，也不會造成任何錯誤的結果。理念論的支持者也做了同樣的事情，但是他們沒有意識到這一點……[30]

---

[30]《物理學》II.2.193b23-36（強調是我加的）。我將 kinêsis 翻譯成「變化」而不是「運動」。

我們可以從這段文本裡很清楚地看到亞里斯多德數學哲學的一些根本特徵。第一，自然物體確實包含表面、長度、點這些幾何學的對象。第二，數學家確實研究自然對象的表面、體積、長度和點，但不是將它們**當作**自然對象的表面、長度等。幾何學確實研究自然的長度，但並不是**作為**自然對象。第三，數學家可以在脫離它們的自然表現的情況下，研究表面、體積、長度和點，因為他可以將它們**在思想中**分離開來（至於用什麼方式分離需要解釋）。在亞里斯多德看來，柏拉圖主義者將進行抽象這種思想活動與感知到一個分離的領域混淆了。事實上，柏拉圖主義者做的也不過是在思想中分離。第四，在思想中進行分離之後，數學對象就不再有自然對象所經歷的那些變化了。第五，這個分離不會造成任何錯誤（至於為什麼也需要解釋）。

233

很顯然，亞里斯多德允許某些合理的分離（不同於柏拉圖分離出一個理想對象的領域），如果我們理解了這個分離是如何產生的，以及它為什麼是合理的，我們也就理解了數學是如何可能的。但是亞里斯多德說，數學家研究自然物體，但並不是將它們**作為**自然物體，他是什麼意思呢？亞里斯多德在《形上學》XIII.3 裡面說的更多一些：

……關於可感的大小，可以有論述和證明，但並不是**作為**可感的對象，而是**作為**擁有某些確定性質的對象。就像關於**作為**變化的事物可以有很多論述，不管每個事物的本質或者偶性是什麼，但是並不一定因此就有與可感物分離的變化的事物，或者在可感物裡面有分離的實體；與此類似，有關變化的事物，也有一些論述和科學，不是將它們**作為**變化的對象，而是作為物體，或者僅僅作為平面，或者僅僅作為線，或者作為可分的東西，或者作為擁有位置的不可分的東西，或者僅僅是作為不可

分的東西……

很多性質因爲事物自然擁有它們而在它之中，比如動物之中就有雌性或雄性的性質，但是沒有與動物分離的雌性或雄性。因此也有一些性質僅僅**作爲**長度或者**作爲**平面而屬於事物……

因此，如果我們認爲事物與它們的性質分離，並且這樣對它們進行研究，我們並不會犯錯，就好像一個人在地上畫了一條線，然後說它有一尺長，但實際上它並不是這麼長。在這些命題中並沒有包含錯誤。

每個問題最好都是用這種方式來進行研究，也就是將那些並不分離的東西設想成分離的，就像算術學家和幾何學家所做的。因爲一個人**作爲**人是不可分割的東西；算術學家設定了一個不可分的事物，然後考慮是否有任何性質屬於**作爲**不可分之物的人。而幾何學家不是把他**作爲**人，也不是**作爲**不可分的，而是**作爲**一個立體。因爲很顯然，即便他不是不可分的，也還是有一些性質屬於他。因此幾何學家說的就是正確的，他們討論存在的事物，他們的對象確實存在……[31]

這個論證的要點在於，與柏拉圖的看法不同，我們可以允許數學爲真，而無需承認理想對象存在。亞里斯多德指出了我們從自然對象中抽象，並且獨立於物體的其他特徵去思考它們的能力。比如：我們可以將自然對象僅僅**作爲**變化的物體看待，獨立於它們的其他性質。芝諾的飛矢作爲**一支箭**，在亞里斯多德論述它如何從一個位置運動到另一個位置的過程中毫無特殊之處。假如亞里斯多德在一個弓箭作坊工作，想要設計一支更好的箭，那麼他就要考慮這支箭的

---

[31]《形上學》XIII.3.1077b21-1078a31（強調是我加的）。

細節了。但是亞里斯多德只是想去解釋自然物體如何改變位置，於是這支箭就不是**作為**一支箭而是**作為**自然物體來理解。

　　亞里斯多德似乎在說，我們可以從不同的角度去考慮實在。給定一個自然對象，比如說一個人、一匹馬、一張桌子或者一顆行星，我們可以孤立地考察這個對象的某些特徵。設想在你的書桌上，有一個銅製的等邊三角形作為鎮紙。我們可以僅僅將這個鎮紙**作為**三角形來看待。我們可以抽象掉它是銅做的，甚至也可以抽象掉它的三條邊長度相等，我們可以僅僅考慮它作為一個三角形有什麼性質。說「這個三角形是銅製的」是正確的，但是說「這個被**作為三角形考慮**的三角形是銅製的」就錯了。因為這個三角形雖然是銅製的，但「銅製的」並非從它是三角形得來。甚至說「這個被**作為三角形考慮**的三角形是等邊的」都是錯的。雖然這個三角形是等邊的，但並不是因為它是三角形所以是等邊的，因為它同樣可能是一個等腰的或者不等腰的三角形。但是說「這個被作為三角形考慮的三角形內角和是 180 度」就是正確的，因為這個對象的內角和是 180 度直接來自它是一個三角形。在歐幾里得那裡，所有三角形的內角和都是 180 度，對此的證明僅僅依賴三角形是三角形。[32]

　　普遍而言，有人或許會說，亞里斯多德引入了「作為」這個變數。假設 b 是一個自然對象，「b 作為 F」表示 b 被當作一個 F。那麼性質 P 對「b 作為 F」而言是真的，當且僅當 b 是一個 F，並且從它是一個 F 必然可以得出它具有 P 性質。[33] 這樣，將「作為」當作一個變數就將我們置於一個無知之幕後面，我們允許自己只知

235

---

[32] 參見歐幾里得：《幾何原本》I.32。

[33] 要把這個形式化，我們可以讓 P(b as F) 表示作為 F 的 b 擁有性質 P。我用≡表示「當且僅當」，用⊢表示「必然得出」。那麼就有：P (b as F)≡P(b)＆(F(x)⊢P(x))。

道 b 是一個 F，然後僅僅在那個知識的基礎上去確定必然還有什麼其他的性質。[34] 比如：亞里斯多德認為，天體必然是由一種特殊的質料構成的，這種質料不同於水、火、土、氣，比它們更加神聖；他還認為天體必然是不可毀滅的。[35] 但是如果我們將太陽這樣的天體僅僅**作為球體**來看，那麼其他所有不能從它是球體得來的性質（比如由特殊的質料構成、不可毀滅等），**從這個角度看**就都是偶然的。這就相當於說我們向具有某些幾何特徵的對象加了一個謂述的過濾網（predicate filter），我們過濾掉了所有和這個對象的物質構成有關的謂述。因此，幾何學家就能夠研究可感的物質對象，事實上，這也是他研究的全部，但是他並不是將它們**作為**可感的或者**作為**物質性的對象來研究。

到這裡，亞里斯多德已經論證了，研究幾何學我們只需要研究自然對象，而不需要研究柏拉圖式的對象，不過這種研究又是獨立於它們具體的自然例示的。他論證的第二個主要步驟是說，如果有人設定和研究那些獨立於偶性的對象，他並不會因此犯錯誤。[36] 為什麼是這樣呢？比如說，我們設想有這樣一個對象：

對於全部性質 P 來講，P 對 c 成立，當且僅當 P 在 c 作爲三角形的時候成立。

---

[34] 如果我們考慮 b 是一個 P，那麼任何對於它是 P 來講非本質的謂述都被認為是偶然的，即便它對於 b 那個實體來講是本質性的。這就是為什麼在 P(b as F) 的定義中，我們需要在等式的右側出現（F(x) ⊢ P(x)），而不是 F(b) ⊢ P(b)。因為我們可能因為 b 是什麼而非因為 F 和 P 是什麼而有 F(b) ⊢ P(b)。

[35] 《論天》I.2.10。

[36] 這個論證從《形上學》XIII.3.1078a17 開始（前引）。

也就是說，我們在設想這樣一個對象的存在，它僅有的屬性就是那些三角形的邏輯結論。這就是設想了三角形這樣一個幾何對象，獨立於任何物質性的表現。假設我們需要證明 c 的內角和等於 180 度，我把它符號化為 2R(c)。因為根據假設，c 的全部性質都是來自它是一個三角形的邏輯結論，那麼我們就可以從 2R(c) 論證出：

對於所有對象 x，如果 x 是一個三角形，那麼 2R(x)。

這樣我們就可以對任何三角形 b 做出 2R(c) 的推論。

之所以說我們不會因為假設了分離的對象而犯錯誤，是因為在亞里斯多德看來「錯誤不在前提之中」。[37] 這個類比就像一個人（在黑板上或者沙地上）畫了一條線，然後說「假設線段 AB 的長度是一尺」。亞里斯多德正確地看到，畫這條線是為了教學的目的，而不是證明的一部分。這個類比怎麼樣呢？

在上面這個證明裡，我們假設了一個分離的幾何對象 c，但事實上從這個證明的角度看，c 與任何作為三角形實際存在的三角形對象並沒有差別。我們可以證明，屬於 c 的性質不過就是那些可以證明屬於**作為三角形的 c** 的性質。從「作為」這個變數的定義，我們很容易證明，這些性質也屬於**作為三角形的 b**，不管我們如何選擇 b，只要它是三角形就可以。為了教學的目的，我們可以說 c 是一個分離的三角形，而不僅僅是某個作為三角形的 b。這是一個無害的假設，因為不管 c 真的是一個分離的三角形，還是將 b 設想為三角形，對於證明來講都是一樣的。在這個意義上，錯誤並不在前提之中。

237

---

[37] 《形上學》XIII.3.1078a20-21。

　　亞里斯多德很確定，設定一個分離的對象具有教學上的價值。他認為，過濾掉越多的謂述，我們的知識就會越確切和單純，因為我們過濾掉了多餘的資訊。[38] 因為我們已經證明了 (1) 2R(c)，所以可以由此推論出，任何具體的三角形內角和都是 180 度。相反地，如果我們只是證明了 (2) b 作為一個青銅等邊三角形可以推出 2R(b)。那麼，對於一個蠟做的、不等邊三角形 d，我們就不能推論出 (3) 2R(d)。因為我們並不清楚 (2) 依賴哪些性質。但是 (3) 是 (1) 和 d 是一個三角形這個事實的顯然結論。

　　設定分離的幾何對象，使得我們可以到達更普遍的知識。正是透過這個普遍的知識，我們可以解釋某些事情為何如此。透過抽象，我們可以看到對三角形內角和是 180 度這個性質的解釋完全在於它是一個三角形，而不是銅做的或者等邊的。[39] 在某種有限的意義上，這個抽象的證明並不是必要的。因為對於任何具體的物質性的三角形 d，我們都可以證明它的內角和是 180 度，而不需要首先證明 c，我們可以直接證明 d 擁有這個性質。透過證明一個純粹幾何對象擁有某種性質，來證明一個自然物擁有這種性質，是有用但不必要的繞遠路。但是，如果我們想要知道某個對象為什麼擁有某個性質，那麼抽象的論證就具有至關重要的意義。

　　這樣看來，研究幾何學最好的方式就是將對象中的幾何性質分離出去，然後將對象設想成僅僅滿足這些性質。這雖然是一種虛構，但是一種有用而非有害的虛構，因為說到底，幾何學家在討論存在的事物和它們真正擁有的性質。[40]

　　這樣闡釋亞里斯多德的幾何哲學，是因為我們假設亞里斯多德

---

[38] 《形上學》XIII.3.1078a9-13。

[39] 參見〈後分析篇〉I.5。

[40] 《形上學》XIII.3.1078a21-22、28-29。

認為，自然對象確實體現了幾何性質。這乍看之下似乎有些奇怪，因為我們通常都認為，自然對象不完美地體現了那些數學性質，一個自然的球形並不是真正的球形，一個自然中的直角也並不是真正的直角。但是這並不明顯。我們有很強的證據表明，亞里斯多德確實認為，自然對象完美地體現了數學性質。我們已經討論過《物理學》II.2 和《形上學》XIII.3，這些文本反覆強調，幾何學家研究自然對象，但並不是**作為**自然對象。亞里斯多德從來沒有說過自然對象並不擁有幾何性質，假如他確實這樣認為，我們就應該預見到他會提到這一點。此外，在亞里斯多德的作品裡，會零散地提到銅做的球，或者銅做的等腰三角形，但是他從來沒有暗示，這些對象並非真正的球形或三角形。[41]

當然，在一兩個地方，亞里斯多德看起來是在否認自然對象體現了幾何性質。但是眼見不一定為實。比如說我們可以考慮下面這段出自《形上學》III.2 的文本：

天文學也無法處理可見的大小，或者我們頭上的天空。**因為可見的直線並不是幾何學家談論的那種線（因為沒有可感的對象以那種方式是直的或者彎的；因為一個圓環與一個平直的表面並不是相切於一點，就像普羅達哥拉斯〔Protagoras〕用來反駁幾何學家時說的那樣）**，天空中的運動和複雜的軌道不像天文學處理的那樣，幾何學裡的點也和實際的星星不同。[42]

閱讀亞里斯多德的作品可能會很麻煩，一段話有時候讀起來好像是

---

[41] 參見《形上學》VII.8.1033a28-b10、VII.10.1035a25-b3、VII.11.1036a31-bb2；《論靈魂》403a10-16。

[42] 《形上學》III.2.997b34-998a6（強調是我加的）。

在明確表達他的看法，但是如果我們看到他說這些話的語境，就會明白他完全不是在表達自己的看法。這段話就是這樣的例子之一。《形上學》III.2 是從不同角度給出的哲學疑難（aporiai）的目錄，裡面的任何內容都不應該被認為是亞里斯多德自己最終的看法。那只是一個疑難的列表，亞里斯多德會在回應這些問題的過程中形成自己的哲學立場。在上面引用的這段話之前，亞里斯多德剛剛為柏拉圖主義者提出了一個問題：相信理念那樣的數學對象會造成很多困難。[43] 因此上面引用的這段話可以看作是一個假想的柏拉圖主義者的回應：「是的，相信特殊的數學對象確實存在問題，但是放棄它們也有問題。」這是一個假想的柏拉圖主義者在講話，並不是亞里斯多德。因此亞里斯多德並沒有接受普羅達哥拉斯的觀點，他提到普羅達哥拉斯只是將他的觀點當作需要解決的兩難中的一支。我們已經看到了亞里斯多德提出的解決方案：即某些自然對象完美地擁有幾何性質。[44]

有人可能會問：「這是否意味著亞里斯多德會說，作為圓形的環與一個平直的表面相切於一點？」直截了當的回答是：「確實如此。」但是這並不像乍一聽那麼奇怪。普羅達哥拉斯的反駁看起來是合理的，因為我們看到的圓環並不是完美的圓形，那個平直的表面也不是完美的直線，因此它們顯然不能相切於一點。但是亞里斯多德並不是想說在這個世界上存在完美的圓環，他只想說這樣兩點：(1) 就這個環是一個圓形而言，它會和一個平直的表面相切於一點；(2) 存在一些圓形的自然對象。（這些圓形的對象不一定

---

43 《形上學》III.2.997b12-34。

44 其他幾個看起來否認自然對象體現幾何性質的段落（比如《形上學》XI.1.1059bb10-12）也可以用相似的方式處理。參見我的論文 "Aristotle's Philosophy of Mathematics," pp. 178-179。

是環。）(1) 是真的，就一個圓環無法與平直的平面相切於一點而言，它必然不是一個完美的圓形。我們也有證據表明亞里斯多德相信(2)。他認為恆星是球形的，並且按照圓形軌道運行。[45] 我們也有證據表明，他認為月下世界的自然對象也可能會完美地體現幾何對象。他提到過很多次，匠人有能力製作銅球，而從來沒有提過匠人製作的銅球不是真正的球體。

但是這裡依然有一些空間留給懷疑論者。即便我們同意，在自然世界也有完美的球體，我們是不是一定要承認每一種幾何形狀都有完美的自然體現呢？懷疑論者會反對說，亞里斯多德當然不應該認為存在完美的三角形青銅物品；懷疑論者還會繼續說，即便有完美的三角形自然物體，自然中也沒有幾何學家構造出來的用來證明定理的那些複雜的形狀。我認為亞里斯多德會如何回應非常清楚。在《形上學》IX.9 最後，他說：

> 幾何構造也是透過實現（actualization）被發現的，透過劃分給定的圖形，人們發現了它們。假如它們已經被劃分了，那些關係就已經明顯了；但實際上那些劃分只是潛在的。三角形的三個角為什麼等於兩個直角？因為在一個點上的角（即平角）等於兩個直角。假如畫出了一條平行於一邊的直線，那麼任何看到這個圖形的人都會認為這個定理非常明顯……因此很顯然，潛在的關係是透過實現被發現的（因為思考是一種實現）。[46]

241

亞里斯多德說，幾何學家可以在思想中進行幾何作圖，思考的實現

---

[45] 《論天》II.11.8。
[46] 《形上學》IX.9.1051a21-31。

活動製造了實現出來的圖形，這些圖形在思考發生之前只是潛在地
存在。

　　那麼亞里斯多德是不是斬斷了純數學對象與自然世界之間的連
結呢？幾何學家思考的純粹數學對象難道不是從自然世界進行的抽
象嗎？我不這麼認為。因為要保留幾何學與自然世界之間的連結，
亞里斯多德只需要認為，幾何圖形裡面的基本要素是自然世界的抽
象就夠了。並不是每一個幾何圖形都要體現在自然對象之中。在歐
幾里得幾何學裡，圖形是由直線、圓形和球形之類的要素構成的。
我們已經看到，亞里斯多德認為存在完美的圓形自然物，我們也有
證據表明，他相信存在擁有完美的平直表面的自然物體，我們來看
下面這段來自《論靈魂》的文本：

> 如果有任何方式可以讓靈魂施動或者受動，靈魂就是能夠分離
> 存在的；如果沒有這樣的方式，它的獨立存在就是不可能的。
> 後者就像是直的，從直的性質裡面可以產生很多性質，比如**與
> 一個銅球相切於一點**，雖然獨立於一個直的東西的其他構成要
> 素的直本身不可能以這種方式相切；它不可能獨立，因為直總
> 是在一個物體裡面。[47]

242　亞里斯多德認為與銅球相切於一點的，是一條自然中的直線，因為
　　抽象的直線是無法與任何自然對象相切的。[48] 因為一個幾何學裡面

---

[47]《論靈魂》I.1.403a10-16。

[48]《論靈魂》III.7.431b15-17、III.8.432a3-6。我們可以注意塞克斯圖
斯·恩丕里柯（Sextus Empiricus）的說法：「但是亞里斯多德說
幾何學家那種沒有寬度的長度並非不可能想像：『事實上，我們
理解一堵牆的長度而無需感覺到它的寬度⋯⋯』」（《駁學問家》
〔*Adversus Mathematicos*〕IV.412）

的三角形可以在思想中從直線構造出來，亞里斯多德就不一定要說一個具體的銅製形狀是完美的三角形。再加上他認為存在自然的平直表面，他就沒有理由否認可能存在自然中的三角形，這樣我們就可以應用「作為」這個變數，證明那些將這個對象**作為三角形**的定理。如果不是這樣，那些對三角形來講成立的性質，對它來講就或多或少是成立的，取決於它與完美的三角形有多接近。這樣，我們就可以放寬一些要求，不說**作為三角形**這個對象的內角和是 180度，而是說就它是一個三角形來講具有內角和是 180 度的性質。

　　這裡重要的是，我們保留了幾何學與自然世界之間的直接連結。即便是幾何學家在思想中構造一個圖形，這個圖形根本沒有體現在自然世界裡，構成這個圖形的要素也還是從自然世界裡抽象出來的。否則，對亞里斯多德來說，我們就無法解釋幾何學如何能夠應用在自然世界了。亞里斯多德確實有一個很難理解的說法，說數學對象擁有「可知質料」（intelligible matter）。有人可能會懷疑，這是一種特殊的質料，構成了純粹數學對象的分離領域。[49] 在我看來，這樣的懷疑放錯了地方。亞里斯多德只是想要正確理解數學思維的本質，也就是說，當我們做幾何證明的時候，在頭腦中似乎確實有一個特殊的對象。為了證明關於三角形的一個普遍定理，我們好像選擇了任意的一個三角形。[50] 這樣看來，一個人就不只是有三

243

---

[49] 提及「可知質料」的地方包括《形上學》VII.11.1036a2-12、1036b32-1037a5、VIII.6.1045a33-35；另參見《形上學》XI.1.1059bb14-16、IX.3.1061a26-31。

[50] 參見歐幾里得：《幾何原本》I.32，以及 III.3 以後由後人插入的內容；另參見〈後分析篇〉II.11.942a24-35、《形上學》IX.9.1051a26、T. Heath, *Mathematics in Aristotle*, Clarendon Press, 1970, pp. 31-39, 71-74, 216-217。

角形的形式在頭腦之中，亞里斯多德提到可知質料就是為了解釋我們思考某個具體的對象。

但是亞里斯多德並沒有設定一個純粹數學對象的分離領域，因為他不需要設定一個不存在於自然世界的對象存在，它才能成為思想的對象。他只需要解釋我們如何思考存在於這個世界上的對象就行了。我們確實既可以感覺到又可以思考一個球體。事實上，我們可以抽象掉它的質料（比如說銅）來思考它，我們甚至可以在思維中構造一個我們或許從來沒有感知到的形狀。但是即便在這種情況下，我們還是用直接從自然世界抽象出來的要素在思想中構造一個圖形。我們可能會問，根據這種闡釋，通常的可感對象是不是也包括了可知質料呢？答案是：就它們是思想而非感覺的對象而言，它們確實有可知質料。因為亞里斯多德說，可知質料「在可感事物中，但並不是**作為**可感對象，而是存在於數學對象之中」。[51]

亞里斯多德的算術哲學非常不同於他的幾何哲學，雖然他自己並沒有意識到這個區別。在古希臘占主導地位的數學是幾何學，因此他的數學哲學主要是幾何哲學也就不足為奇了。

亞里斯多德沒有提出很成功的關於算術的論述，這其中一個主要的障礙就是，數字不是某個對象的性質。[52] 同一個東西可能是**一**本書，**兩**個故事，**三十**頁，**十億**個分子等。要給出一個數字，我們必須首先將對象放在一個概念之下。這樣，我們就不能合理地將數字看作一個對象不同性質中的一個，可以在思想上與這個對象分離。但是我們還是可以看到亞里斯多德在這個問題上奮力拼搏：

---

[51] 《形上學》VII.10.1036a11-12。

[52] 參見弗雷格（G. Frege）：《算術基礎》（*The Foundations of Arithmetic*）。

每個問題最好都是用這種方式來進行研究，也就是將那些並 244
不分離的東西設想成分離的，就像算術學家和幾何學家所做
的。因爲一個人**作爲**人是不可分割的東西；算術學家設定了
一個不可分的事物，然後考慮是否有任何性質屬於**作爲**不可
分之物的人。而幾何學家不是把他**作爲**人，也不是**作爲**不可
分的，而是**作爲**一個立體。因爲很顯然，即便他不是不可分
的，也還是有一些性質會屬於他。[53]

我認爲，亞里斯多德的立場是，自然物都有一個概念，是它們最自
然的歸屬。一個人首先是一個人。因此當我們將一個人看作人時，
我們就沒有對他擁有的很多屬性進行抽象，而只是選擇了一個計數
單位。[54]亞里斯多德允許羊、人、狗各不相同，但是數量相同。[55]原
因在於，個體的人（或者羊、狗）就是基本的單位，對每一組的計
數都會得出相同的結果。算術學家將人設定成不可分的，因爲他將
人設定成單位，也就是當作人的最小數量。[56]

　　這樣看來，亞里斯多德就在兩個不同的意義上使用「作爲」。
在幾何學裡，它用來表示一個自然物體的性質被從其他性質以及質
料中抽象出來。在算術裡，它被用作計數單位。我們很容易看到這
兩種用法可能會被混淆。如果不嚴格地說，它們都可以被表達成
「將 x 作爲 P 來考慮」。在一個情況下，我們可以把一個銅球作爲
一個球體來考慮，在另一個情況下，我們可以將蘇格拉底作爲一個
人來考慮。事實上，在這兩個情況下，我們都可以說是在進行「抽

---

[53] 《形上學》XIII.3.1078a22-28。
[54] 用弗雷格的話說，我們就是在將對象置於「第一級概念」之下。
[55] 比如可參見《物理學》IV.12.220b8-12、223b1-12、224a2-15。
[56] 參見《物理學》IV.12.220a27-32、《形上學》XIV.5.1092b19。

象」。在前者，我們從這個球是銅的進行抽象；在後者，我們從這個人有四肢、有一個塌鼻子之類的性質中進行抽象。但是混淆這兩個用法就可能有誤導性，因為在前者，我們從對象的很多性質中選出了一個，將它在思想中分離出來；而在後者，我們是把對象本身挑出來，置於它最自然的描述之下，將它當作計數單位。如果我們認為，嚴格說來，抽象是將對象的一個性質分離出來，那麼在算術裡面就根本沒有抽象。假如亞里斯多德不是出於本能，在討論算術的時候使用描述自然種類的辭彙，他本可以避免混淆這兩種用法。假如亞里斯多德讓我們考慮**一個作為球體的球**，這麼說本身並不能告訴我們，我們是將這個球看作一個單位來進行計量，還是將這個球的球體這個方面從其他性質中抽象出來。

　　亞里斯多德的數學哲學確實有它的侷限性，但是令人讚嘆的是，即便是從當代的視角看，它依然有很多優點。侷限很明顯，在算術裡面，他只給了我們一種選擇計數單位的方法，在亞里斯多德的時代之後，發展出了抽象數學思考的整體領域，他當然不可能考慮到那些問題。

　　但是亞里斯多德論述的一個優點是，他花了很大的力氣給出了一個關於數學真理的論述，這個論述與我們對於自己如何獲得數學真理的理解是一致的。[57] 柏拉圖設定了一個獨立的數學對象的領域，原因之一就是它給了我們一些數學知識可以描述的對象。我們可以將數學命題看作真的，因為這些命題確實描述了那些對象。問題在於：我們如何才能認識這些神祕的對象呢？這個問題從來沒有得到過很好的回答。但是亞里斯多德則試圖表明，**即便**分離的數學對象（比如三角形和數字）是一個虛構，幾何和算術也依然可以

---

[57] 柏拉圖：《美諾》73e-87c、《理想國》521b-527d；另參見 Paul Benacerraf, "Mathematical Truth," *Journal of Philosophy*, 1973。

被認為是真的。[58] 亞里斯多德認為幾何學是真的，因為它提供了一條清晰的道路，從自然世界到達（虛構的）幾何對象的世界（然後再回到自然世界）。可能沒有純粹的幾何對象，但它們是**有用的**虛構，因為它們是從自然世界的特徵裡**抽象**出來的。我們已經看到，如果想要證明某個具體的銅製的等邊三角形 b 的內角和是 180 度，我們可以「跨到」純粹幾何對象的領域，去證明有關三角形 c 的定理。內角和 180 度的性質在三角形 c 上得到證明之後，對於任何三角形就都成立了，之後我們可以「回到」自然世界，得出結論說 b 也具有這個性質。這個「跨越」嚴格說來並不是必需的，我們可以直接證明這個銅製的三角形具有內角和 180 度的性質。「跨越」很有意義是因為我們由此證明了一個普遍定理，可以用在所有的三角形上，而不僅僅在一個具體的三角形上證明了一個具體的性質。

　　亞里斯多德的看法似乎是，數學之所以既是真的又是可知的，是因為在自然世界和（虛構）的數學對象的世界之間有一個橋梁。亞里斯多德用「作為」來提供銅製的三角形和幾何學中的三角形之間的橋梁。這保證了數學可以應用在自然世界之中，因為要讓數學可以應用在**這個世界**之中，它就必須要複製這個自然世界裡的結構性特徵（至少要以某種近似的方式複製）。此外，還需要有一個橋梁，讓我們能夠從這個世界的結構特徵跨越到數學的對應物

---

58 我用「柏拉圖主義」（Platonist）來描述那種柏拉圖和他在學園中的弟子所持的數學哲學立場；用「柏拉圖式的」（platonist）來描述那些認為數學陳述為真是因為存在外在於時間和空間的抽象對象的人。我們說「數學實在論者」（mathematical realist）是那些認為數學命題的真假獨立於我們對它們的知識的人。這樣我們就可以說，亞里斯多德主張的是某種數學實在論，但他否認「柏拉圖主義的」或者「柏拉圖式的」立場。

247　上，然後還能回到自然世界。[59] 這個橋梁讓我們可以將數學看作真的，而無需像有些人認為的那樣設想一個數學對象的領域。

　　亞里斯多德這個論述的另一個巨大優點不是針對數學本身的，而是對於研究實在的整體結構的。亞里斯多德的數學哲學揭示了用抽象的方法如何思考這個世界。抽象地思考三角形是很美妙的，它並不迫使我們把這種思考看作有關一個在這個世界之外的由三角形構成的領域。正如亞里斯多德說的，數學研究自然世界，但並不是**作為**自然世界研究它。這就從概念上打開了對這個世界其他形式的抽象思考的可能性。抽象思維具有某種純粹性和美感，這當然不意味著它關於另外一個世界，而是因為它從這個世界的不純粹之中進行了抽象。一旦亞里斯多德認識到了抽象思考可以關注這個世界，下面這個問題就必然會產生：人可以多麼抽象地思考這個世界？形上學就是他對這個問題的回答。

---

[59] 哈特利・菲爾德（Hartrey Field）認為，一個這樣的橋梁是希爾伯特（Hilbert）對歐幾里得幾何學提出的表示定理（representation theorem）。參見 Hartrey Field, *Science Without Numbers*, Blackwell, 1980, ch. 3、David Hilbert, *Foundations of Geometry*, Open Court, 1971。對表示定理的證明表明，給定希爾伯特幾何學公理的任何模型，都有從空間上的點到實數的函數。這樣就可以表明，標準的歐幾里得定理等同於那些有關實數關係的定理。因此，如果我們認為空間模型是一種抽象，從自然世界到數學世界就是兩個步驟。第一個階段是亞里斯多德式的，我們從自然世界過渡到歐幾里得式的空間模型；第二個步驟是從歐幾里得的模型過渡到實數裡面的歐幾里得空間模型。這樣同態函數（homomorphic function）就提供了第二個橋梁，就像亞里斯多德的抽象提供了第一個橋梁。或者，我們可以將自然空間看作公理的模型（設想這些公理對於自然空間成立），之後我們就只需要同態函數作為橋梁了。

三、形上學：研究作爲存在的存在[60]

　　人是一種研究者，他可以從實在的某些特徵中進行抽象，從而深入思考其他特徵。正如我們剛剛看到的，當數學家將一個三角形**作爲**三角形考察，他就從它是銅製的之中進行了抽象，僅僅考慮它作爲三角形的性質。亞里斯多德認為這個抽象過程還可以繼續：最終，它會帶來一種對存在的非常抽象的研究。他說，「有一種科學，研究**作爲存在的存在**（being as being）。」[61]「作爲存在的存在」聽起來非常奇怪，但是亞里斯多德的意思是，人可以就實在的整體結構進行研究，而不僅僅關注實在的具體領域，比如說像天文學關注天體或者生物學關注有機體。人可以從構成事物的所有具體性質中進行抽象，僅僅將它們看作存在物。這就是說，人可以研究實在本身。對理解的欲求促使人們首先探索他身邊的環境，然後去試圖解釋這個世界為什麼是這樣的，最後意識到人可以超越對這個或那個現象的解釋，開始研究實在的整體結構。亞里斯多德發現，有一門研究實在本身的學科：有一個單獨的科學研究作爲存在的存在。

248

　　在亞里斯多德眼中，實在擁有某種經過組織的結構。雖然一個事物可以在很多不同的意義上被說成存在，但是它們都指向一個起點：實體。[62] 對於現代讀者來講，亞里斯多德說實體是「起點」或者「原理」很奇怪。[63] 難道不是某些前提或者思想才是起點嗎？怎麼會是某種實呢？[64] 但是當我們的討論進入現在這個階段，在思想的秩序和實在的秩序之間已經沒有重要的區分了。因此，實在本

---

[60] 本節相關閱讀：《形上學》IV.1-3。

[61] 《形上學》IV.1.1003a21。

[62] 《形上學》IV.2.1003b5-19；另參見《形上學》VII.1。

[63] 「起點」和「原理」都是對希臘語 archê 的翻譯。

[64] 《形上學》IV.2.1004a2-4。

身的某個部分，也就是實體，就可以被認為是起點。某些事物是實體，其他是實體的性質，或者成為實體的過程等。所有的實在要不是實體，要不依賴實體，或者與實體相關。因此對實在本身的研究就是對實體的研究。亞里斯多德稱這項研究為「第一哲學」。後來的注疏者稱這項研究為「形上學」（metaphysics），說明這項研究在自然研究（物理學）之後（meta）。[65]

249 　　我認為在哲學上有一個非常重要的理由來解釋形上學在物理學之後。到目前為止，我們研究的對象都在我們身邊。對自然的研究解釋了這個世界就是要被認識的，對人類靈魂的研究解釋了我們就是一種要進行認識的存在。人與世界可以說是完美匹配的，但是當人要去理解實在的整體結構時，就不再有研究世界的「主觀」靈魂與展現真相的「客觀」世界之間的截然區分了，我們知識的秩序與實在的秩序重合了。對於形上學的研究者來講，不再有對我們來講最可知的事物與無條件的最可知的事物之間的鴻溝。這個世界是由本質構成的，當我們做形上學思考的時候，我們的認識也是由本質構成的，事實上，是同樣的本質構成了世界和我們的思想。我們現在就有可能理解，理解本身不僅僅是存在的一部分，而且在存在的整體結構中扮演著構成性的角色。與此同時，我們可以看到，我們對世界的研究也是對我們自己的研究。我們發現本質，也成就自己的本質，這就是理解的欲求將我們引向的地方。存在的本質結構與人類的本質之間的對立消失了，形上學的研究同時關於人和世界，

---

[65] 還有一個故事，說的是《形上學》這個名字僅僅是來源於某些圖書管理員將它編目和上架在《物理學》之後。「《物理學》之後」這個名字僅僅是因為它放在《物理學》之後。我不相信這個故事，如果說圖書管理員將《形上學》放在《物理學》之後，那也是因為他是一個非常聰明的管理員，有很深刻的理由這樣做。

因為在這個層次的研究中，人的本質與世界的本質之間有一種內在的等同。此外，我們看到，在尋求理解的過程中，人成為了某種不僅僅是人的東西，這種超越比我們成為政治的動物影響更為深遠。在倫理生活中，個人超越了自然賦予他的那種欲求缺少組織的狀態，他的欲求變成了有組織的，可以去促進在社會中的幸福生活。但是有了對實在整體結構的研究，人就澈底超越了「人」的視閾。

四、關於存在最確定的原理[66]

認識關於實在最基本的原理是哲學家的任務：

……研究存在的人一定要能夠論述關於一切最確定的原理。這就是哲學家，最確定的原理就是絕不可能出錯的原理，這個原理一定要既是最可知的（因為所有人都可能在他們不知道的事情上犯錯），又不是假設的。因為如果一個原理是每個對存在有所認識的人都擁有的，那麼它一定不是假設。如果這個原理是知道任何東西的人一定知道的，那麼他一定在進行特殊的研究之前就已經擁有它了。顯然，這樣的原理就是最確定的。我們就是要說明這是什麼原理。**它就是：一個性質不會在同一個方面同時既屬於又不屬於同一個對象。**面對來自辯證法的反駁，我們一定要預設任何可能在這之上添加的限定。這就是一切原理中最確定的，因為它回答了上面給出的定義。因為一個人不可能認為同一個東西既是又不是，就像有人認為赫拉克利特說的那樣，因為一個人說出來的話他自己也不一定相信。如

250

---

[66] 本節相關閱讀：《形上學》IV.3-7。本節中論證的一部分來自我的《亞里斯多德與邏輯理論》第六章，但是我現在對這個論證的看法和當時大不相同。

果相反的性質不可能同時屬於同一個對象（我們需要替這個命題加上通常的限定），如果與一個意見相反的意見就是與它矛盾的，那麼很顯然，同一個人不可能同時相信同一個東西既是又不是。因為假如一個人在這方面犯了錯誤，他就同時擁有了相反的意見。因此，任何想要進行證明的人，都把這一條當作終極的信念，因為很自然它是其他所有公理的起點。[67]

最確定的原理就是同一個性質不可能同時在同一個方面既屬於又不屬於同一個對象。我們通常將這個原理稱為**「不矛盾律」**。雖然亞里斯多德說這個原理是最確定的，他的意思並不是我們擁有某種可以被稱為「笛卡兒式的確定性」的東西，即只要在思想裡一想到它，我們就立即認識到它是真的。比如說，赫拉克利特可能就很真誠地宣稱不矛盾律是錯誤的。如果一個原理是最確定的，它必須要滿足兩個條件。第一，我們不可能在它上面犯錯。[68] 第二，任何人只要理解任何事情就理解這個原理。[69] 乍一看，這兩個條件確實要求笛卡兒式的確定性，但是這樣的表象帶有誤導性。亞里斯多德認為，不矛盾律滿足這些條件，那麼如果赫拉克利特真誠地宣稱不矛盾律是錯誤的，他的主張就不可能在這個原理上犯錯，也不能表明他不理解這個原理。因為赫拉克利特顯然理解很多事情，因此他必然理解這條最確定的原理。因此，在這個原理上犯錯或者沒有理解這個原理，必然不同於真誠地宣稱這個原理是錯誤的。但是亞里斯多德怎麼能說赫拉克利特相信不矛盾律，理解它，也不可能弄錯它，而同時又宣稱這個原理是錯誤的呢？

251

---

[67] 《形上學》IV.3.1005b8-34。

[68] 《形上學》IV.3.1005b12。

[69] 《形上學》IV.3.1005b16。

　　亞里斯多德關注的似乎是一種更深層次的信念，不僅僅是一個人認為他相信什麼。赫拉克利特**認為**他相信不矛盾律是錯誤的，但是亞里斯多德的意思是他弄錯了自己的信念。否認不矛盾律，赫拉克利特表明他並不理解自己思想的內容。這個看法對我們來講應該並不陌生。不自制的人認為他知道對他來講什麼是最好的，比如說不受誘惑，但是他的行為揭示了他並沒有自認為擁有的知識。而赫拉克利特確實擁有他認為自己並不擁有的知識。他其實知道不矛盾律是真的，雖然他認為自己相信它是假的。什麼樣的「信念」和「知識」概念，能夠讓一個人相信他真誠地宣稱是假的東西呢？想要理解這個信念的概念，我們就需要去研究亞里斯多德如何論證每個人都必然相信不矛盾律。他的策略並不是想要去說服某個不相信不矛盾律的人改變想法，根本沒有這樣的人可以去運用這樣的論證。這個論證是為了向我們表明，我們所有人（即便是那些否認它的人），都相信不矛盾律。

252

　　乍看之下，亞里斯多德的論證似乎犯了乞題的錯誤。因為亞里斯多德假設，**「相信某個性質屬於某個對象」**本身就是一個性質，這個性質屬於擁有那個信念的人。信念是相信者的性質。同時，他說相反的信念，**「相信這個性質不屬於這個對象」**是相反的性質。因此，如果赫拉克利特事實上相信相同的性質既屬於又不屬於某個對象，那麼相反的性質就同時屬於**他**了。既然相反的性質不能同時屬於同一個對象，那麼他實際上就不可能相信不矛盾律是錯的，至少亞里斯多德是這樣認為的。但是讓我們假設赫拉克利特是對的，也就是假設同樣的性質可以同時既屬於又不屬於同一個對象，那麼我們就沒有理由認為相反的性質不可能同時屬於**他**，也就沒有理由認為他不可能相信不矛盾律是錯誤的。這麼看來，亞里斯多德關於所有人都必然相信不矛盾律的證明，就依賴不矛盾律本身。

通常來講，乞題的指控是很難裁決的。當我們認為他在自己的論證裡假設了他應該去證明的東西，就會指控對手乞題。但是從對手的角度講，這個指控通常是沒有根據的，因為這個指控指向了一種基本的、（對他來講）自明的原理，這樣的原理是沒法論證的。對於一方來講是乞題，對於另一方來講就是自明的真理。

就亞里斯多德的論證而言，我認為情況是這樣的：如果不矛盾律是真的，那麼亞里斯多德並沒有乞題；如果這個原理是假的，那麼他就犯了乞題的錯誤。別忘了，亞里斯多德並不是在試圖證明不矛盾律，他只是在表明這是最確定的原理。他的方法是表明任何人都必然相信它，不管他認為自己相信什麼。這個論證可能使用了不矛盾律，但遠非乞題，這就是亞里斯多德策略的核心特徵。因為他不僅是在研究存在的基本結構，還試圖表明我們能夠進行這樣的研究。亞里斯多德的論證確立了在思想與存在之間的基本和諧。雖然不矛盾律是限定存在結構的基本原理，但是它也相應地限定了我們思考存在結構的方式。但是這個和諧的本質是什麼呢？有人可能會問：是因為不矛盾律是關於**存在**的一條基本原理，所以它限定了我們思考存在的方式嗎？還是因為它是一條**可理解性**的原理，支配一切思想，這個世界想要被理解就一定要符合它？到現在，我們應該清楚了，這是一個錯誤的二分。透過研究邏輯得出的一個非常核心的洞見就是，可能有一個結構，它同時是實在的秩序也是思想的秩序。事實上，我們將會看到，思想在最高的層次上構成了實在。[70]

但是如果不矛盾律同時滲透在思想和實在之中，那麼不可避免的結果似乎就是，在任何對它的論證中，我們都必然依賴它。亞里斯多德當然認識到自己在論證中運用了這個原理：「我們現在設定了，一個東西不可能同時既是又不是，用這個方式我們表明這是所

---

[70] 參見本章第七節。

有原理中最不容置疑的一個。」[71] 但是，如果不矛盾律是錯誤的，那麼我們就可以說亞里斯多德是在乞題，因為一個人不能同時既相信又不相信一個性質屬於某個對象，依賴他相信不矛盾律。假如不矛盾律並不是普遍正確的，它就可能無法應用在這個相信不矛盾律錯誤的人身上，因此他就可以相信相反的性質屬於同一個對象。一個論證是否乞題，不是取決於論證的結構，而是取決於這個論證裡面的說法是否為真，這麼說看起來很奇怪。我們傾向於認為乞題是論證的失敗，而不是沒有把握到真理。但這就是為什麼乞題很難裁決，以及通常指控對手乞題並不公平。情況很可能是，一個人根本就沒有理解他心目中基本的真理是什麼。亞里斯多德很有自信，不矛盾律是一個關於存在的基本原理，因此他論證所有人必然相信它並沒有乞題。

254

　　不過這裡還有一個說服力的問題，對手指控亞里斯多德乞題的原因可能是認為他的論證，至少到目前為止，完全缺乏說服力。即便亞里斯多德是對的，他的對手僅僅是**認為**他相信不矛盾律是假的，從對手（錯誤）的角度出發，亞里斯多德只不過是自說自話地認為這個原理是真的。但是一個好的論證難道不應該是有說服力的嗎？它難道不應該說服那些不是已經被說服的人嗎？對手可能會承認，如果這個原理是真的，那麼這個原理就是最確定的，他不可能不相信它。但是他可能會否認這個原理是真的，而且可能會將自己認為這個原理是假的這個信念本身，當作證據表明不矛盾律並非最確定的原理。因此，即便亞里斯多德沒有乞題，如何能夠說服一個人相信不矛盾律的確定性也依然是一個嚴重的問題。

　　我們也應該小心應對「一個好的論證應該有說服力」這個說

---

[71] 《形上學》IV.4.1006a3-4。

法。一個好論證應該有說服力，確實沒錯，但是從這裡並不能推論出，它應該說服那些沒有被說服的人。比如說，亞里斯多德關於倫理生活是好生活的論證就只是說給那些已經過起了倫理生活的人聽的，亞里斯多德認為，在一個很重要的意義上，這個論證對壞人來講是無效的。這並不是論證的錯，而是真理的適用性有限，這是一個事實。理性的領域比倫理的領域要大，它將我們所有人都包括進去。雖然所有的理性存在者都服從不矛盾律，但是從這裡並不能推出所有的理性存在者都理解這一點。但是，作為理性的存在者，我們應該可以理解我們思想的理性特徵。因此，亞里斯多德論證的目的就不僅是向我們顯示不矛盾律的真理性，而且要讓我們認識到這個論證本身是一個好論證。

亞里斯多德認識到需要某種辯證法上的嚴謹。他承認直接證明是錯誤的策略：

255　　某些人甚至要求這個（即不矛盾律）要被證明，但提出這樣的要求是因爲缺少教養，因爲他們不知道應該對什麼事情要求證明，對什麼事情不能要求，這完全就是缺少教養。因爲不是一切事情都可以證明，這樣就會出現無窮倒退，因此最終還是沒有證明。如果有一些事情不能要求證明，這些人也說不出有什麼原理比這個更無法證明。

然而我們可以用否定性的論證表明，即便是這個看法也是不可能的，只要我們的對手還想說點什麼；如果他什麼都不說，那麼與一個不想對任何事情進行推理的人論證事情就很荒謬，因爲他拒絕進行推理。這樣的人比一株植物強不到哪兒去。否定性的論證與嚴格意義上的論證不同，因爲在一個論證中，我們可以設定正在討論的問題，但是如果是另一個人提出了這個設定，我們就要用到否定性的論證，而不是論證。這樣，論證的

起點就不是要求我們的對手說某個事情是或者不是（因為有人可能會認為這是設定要討論的問題），而是他要說某些對於他自己或者對別人來講有意義的東西，如果他還想說點什麼，這個原理就是必需的。[72]

證明有它的侷限。就本質而言，證明讓我們基於關於前提的知識獲得關於結論的知識。但問題不是從更基本的原理出發證明不矛盾律，因為沒有更基本的原理了，而是如何去回應那些看起來否認不矛盾律的人。否定性的論證，或者駁論，是亞里斯多德確立不矛盾律確定性的間接策略。否定性的論證是為了表明只要你還想說點什麼，就需要依賴不矛盾律，即便不矛盾律是錯的。如果一個人要否認不矛盾律，那麼他就只能去主張**這個原理是錯誤的**。和一個什麼都不說的人進行論證是沒有意義的，因為他和一株植物沒有什麼差別。[73] 但是亞里斯多德並不是在和一株植物進行論辯，他要和一個人論辯，這個人可以給出一個雖然錯誤但可以理解的論證，來表明不矛盾律是錯誤的。這個原理的反對者雖然放棄了理性，但是還聽從理性。[74] 他可以用一種理性的方式去反對不矛盾律，而進行這個論辯的可能性依賴對不矛盾律的認可。

因此，一個人並不是藉由他說了**什麼**，而是藉由他**說話**本身顯示了他對不矛盾律的信念。他對這個原理的信念顯示在他用一種可理解的方式說話和行動上。這就是為什麼說任何人都必然相信不矛盾律。因為這個信念在一切語言和行動中得到表現，如果一個「人」真的不相信不矛盾律，「他」就無法說話或行動。但是一個

256

---

72 《形上學》IV.4.1006a5-22。

73 《形上學》IV.4.1006a15。

74 《形上學》IV.4.1006a26。

無法說話和行動的人也就沒有資格說自己是一個人，因此我們認為「他」和一株植物差不多。不矛盾律正是在這個意義上是最確定的，它絕對不容置疑，說話、思想和行動的可能性都依賴人們對它的接受。

如果一個人想要**說任何東西**，即便是說不矛盾律錯了，他也必然是在說一些對他自己和他人來講有意義的東西。[75] 說出一些有意義的東西是什麼意思呢？在亞里斯多德看來，在一個陳述中，一個人或者肯定或者否定一個主體的什麼東西。[76] 這樣的話，說話者必須能夠**挑出或者指出**某個主體，然後對它進行肯定或者否定。我們進行肯定的前提是主體挑出了一個對象，之後才能對它進行肯定。普遍而言，我認為一個表達同時對應於這個表達所指的東西，以及它的含義。[77] 一個人說出某些有意義的東西，在這裡一個很重要的部分就是挑出或者指出一個主體，然後對它進行肯定或否定。[78] 因為所有的陳述都是對一個主體的肯定和否定，因此很顯然，如果說話者想要說出什麼東西，他必然要挑出或者指出一個主體。

一個典型的亞里斯多德式的陳述的主詞是一個實體。但是「**表**

---

75 《形上學》IV.4.1006a21-22。

76 參見〈解釋篇〉17a25 以下；另參見 16b26、16b33、17a8。

77 當然，我們不能認為亞里斯多德做出了學者們近來才做出的語義上的細緻區分。他關於「表達某物」（signifying something）的說法，會讓現代哲學家心痛，因為後者會試圖將這個說法納入意義（sense）或指稱（reference）的範疇，至少是就人們對這兩個概念的通常理解而言。然而缺少精確性並不會否定主詞表達某個東西的部分含義就是要去指稱它。

78 就像亞里斯多德在〈範疇篇〉5.3b10-13 裡說的：「每個實體似乎都表達了『這個某物』。」就首要實體而言，說它們每一個都表達了『這個某物』毫無疑問是正確的；因為它揭示的東西是不可分的，在數量上是一。」

達一個實體」（signify a substance）不僅僅是指出它，而是指出它是什麼，即它的本質。[79] 我們在後面會看到，亞里斯多德最終要論證，首要實體與它的本質是同一的。[80] 因此，指出一個實體就是指出它的本質。但是我們現在思考它的方法是，一個實體詞（substance-term）不僅僅是**碰巧**挑出了一個實體，就好像「兩足無毛動物」碰巧挑出了人，一個實體詞挑出一個實體，是因為那個實體是什麼。比如「人」挑出了人這種實體，是因為人是什麼：「如果**人表達某個東西**，比如說兩足動物。我說『表達某個東西』的意思是，**如果這是一個人，那麼不管什麼東西是一個人，那個東西就是人之所是。**」[81] 如果一個主體表達某個東西，那麼它指的既是實體又是本質。現在我們假設「**兩足動物**」表達了人的本質，然後考慮這個說法「人是（一種）兩足動物」（我把不定冠詞放在括弧裡，因為希臘語裡面沒有不定冠詞。）根據亞里斯多德的理論，如果「人」表達了一個東西，那麼他指的既是人的實體，又是人是什麼，也就是人的本質。但是如果「人」表達一個東西，那麼「人」這個表達所指的人的實體和人的本質就不可能是兩個不同的東西。因此人的實體和本質必然是同一的。上面的說法是正確的，因為那是一個同一性陳述。兩足動物不是人的一個屬性，而是人之所是。[82]

亞里斯多德區分了「**表達一個東西**」與「**謂述一個主體**」：

---

[79] 參見〈後分析篇〉I.22.83a24-25。

[80] 參見《形上學》VII.6，以及下面的第六節。

[81]《形上學》IV.4.1006a28-34。

[82] 參見 Alan Code, "Aristotle: Essence and Accident," in R. Grandy and R. Warner eds., *Philosophical Grounds of Rationality: Intentions, Categories and Ends*, Clarendon Press, 1985。在這篇論文中，他區分了一個事物**擁有**某種性質的謂述，和表達一個事物**之所是**的謂述。

是一個人不可能表達不是一個人，如果「人」不僅僅謂述一個
主體，而且還表達一個東西（因爲我們並不將「表達一個東
西」與「謂述一個主體」看作相同的，因爲假如是這樣，甚至
「懂音樂的」、「白色的」和「人」也可以表達同一個東西，
那麼所有的東西就都是同一個了，因爲它們就都是同名同義
的）。同一個東西不可能既是又不是，除非是模稜兩可的表
達，就好像我們稱爲「人」的東西，別人卻說是「非人」。但
是我們要討論的並不是一個東西能不能在名義上同時既是又不
是一個人，而是它是否可以在事實上如此。[83]

即便「人」、「白色的」、「懂音樂的」可以謂述同一個主體，這
些詞也不是表達同一個東西。只有像「人」這樣的實體詞，才表達
了一個東西，因為它挑出了某個既是實體又是本質的東西。

　　亞里斯多德說，如果「人」和「懂音樂的」、「白色的」都
表達同一個東西，那麼「所有的東西就都是同一個了，因為它們都
是同名同義的」。[84] 在亞里斯多德看來，是**東西**而非詞語，才是同
名同義的。兩個東西是同名同義的，如果它們不僅有同一個名字，
而且與那個名字相應的「實體的 logos」也相同。[85] 一個實體的 logos
不應該僅僅被認為是語言上的：[86] 這個 logos 可能是本質的秩序或者
組織。說兩足動物是人的 logos，並不是說「人」這個語言上的表
達意思是**兩足動物**，而是說只要是一個人就意味著它是一個兩足動

259

---

83 《形上學》IV.4.1006b13-22。

84 《形上學》IV.4.1006b17-18。

85 〈範疇篇〉1a7。

86 參見 J. L. Ackrill, *Aristotle's Categories and De Interpretatione*,
Clarendon Press, 1963. pp. 71-91。

物。與此類似，如果兩足動物是「人」所要表達的，「兩足動物」就不是「人」名義上的定義。[87] 如果「人」、「白色的」和「懂音樂的」表達的是同一個東西，那麼「人」、「白色的」和「懂音樂的」就分享了同一個 logos。亞里斯多德說這樣一來所有的東西就都成了一，因為它們都是同名同義了。他的意思是，如果不同的東西不僅分享了同一個名字，而且分享了同一個 logos，那麼它們在本質上就是同一個東西：

> 因此如果正確地描述任何是（一個）人的東西，它必定是一個兩足動物；因為這就是「人」的含義；如果這是必然的，那麼同一個東西就不可能不是（一個）兩足動物，因為這就是「必然」的含義，即一個事物不可能不是這樣。那麼就不可能同時說一個事物是（一個）人又不是（一個）人。[88]

因為希臘文缺少不定冠詞，這個論證可以在兩個層次上理解。第一個層次，我們可以不要不定冠詞，將這個論證理解為關於人這個實體。因為人表達的是兩足動物，那麼任何被說成是人的東西都必然是兩足動物，因為「人」表達的是它的本質，而本質就是人之所是。第二個層次，我們可以加上不定冠詞，從而將這個論證理解為關於某個人，比如說蘇格拉底。如果說蘇格拉底是一個人，那麼他必然是一個兩足動物。因為既然「人」表達的是兩足動物，那麼蘇格拉底的所是就是一個兩足動物。因此他不可能不是兩足動物，他

---

[87] 一個不同的闡釋，參見 R. M. Dancy, *Sense and Contradiction: A Study in Aristotle*, Reidel, 1975，尤其是 p. 46。Dancy 認為一個詞代表的是它的意義，並由此出發提出了一些我認為無法成立的批評。

[88] 《形上學》IV.4.1006b28-34。

只要是人就一定是兩足動物。但是如果我們不可能說他不是兩足動物，我們就不可能說他不是人。

亞里斯多德的這個論證如果要有說服力，我們必須要接受他關於實體和本質的觀點。亞里斯多德似乎意識到了這一點，因為他指控那些否定不矛盾律的人毀掉了實體：

> 普遍而言，使用這個論證的那些人取消了實體和本質。因為他們必然會說一切性質都是偶性，沒有什麼東西是本質上的人或者動物。因為如果有什麼東西是本質上的人，就不會有「非人」或「不是人」（這些是對它的否定）；因為它表達了一個事物，而這是某個事物的本質。表達一個事物的本質意味著這個事物的本質不是其他東西。[89]

如果「非人」可以用來描述「人」所描述的同一個對象，那就沒有實體了，因為就不會有人這個東西了。在亞里斯多德看來，這就相當於破壞了言辭的可能性，因為不再有一個主體，我們可以對它進行肯定或否定：

> 但是如果所有的陳述都是偶然的，就沒有任何首要的東西可以針對它做出這些陳述了，如果偶性總是意味著對一個主體的謂述。[90]

但是偶性也是一個主體的性質，一個白色的事物是懂音樂的，一個

---

[89] 《形上學》IV.4.1007a20-27。

[90] 《形上學》IV.4.1007a33-b1。

懂音樂的事物是白色的，這都是因為它們是人的性質。[91] 如果偶性
總是一個主體的性質，那麼一個持續存在的主體對於任何謂述來講
都是必需的。因此在亞里斯多德看來，任何會破壞實體的論述都必
然是錯誤的。

> 即便在這個情況下也必然有某些東西表達實體。我們已經表明
> 了，如果是這樣，那麼相反的東西就不能同時謂述一個對象。[92]

真正反對不矛盾律的人被剝奪了說任何東西的可能性，因為根據亞 261
里斯多德的論述，說什麼東西就意味著對一個主體做出肯定或否定
的陳述。如果我們試圖說一個主體既是人又不是人，我們不但沒有
成功地做出兩個陳述，而且連一個陳述都沒有做出：

> 由此進行推論我們就會得出，一切都是正確的，一切也都是錯
> 誤的，我們的對手本人也會承認他自己是錯的。同時我們和
> 他進行的討論顯然毫無意義，因為他什麼都沒說。他既沒說
> 「是」也沒說「否」，同時既說「是」又說「否」，同時他又
> 否認了這兩者，說「既不是是也不是否」。[93]

這就是反對不矛盾律的人為什麼不可能說任何東西的終極原因。這
個反對者（如果他是前後一致的）必須承認他說的是對的同時也是
錯的。這似乎是駁論的典範，也就是迫使對手說他說的是錯的。

　　但是這個反對者為什麼要擔心這個結果呢？他說的全是錯的並

---

[91] 《形上學》IV.4.1007b2-17。
[92] 《形上學》IV.4.1007b16-18。
[93] 《形上學》IV.4.1008a28-33。

沒有排除掉這樣的可能性，即他說的全部也都是對的，他也可以堅定地相信這一點。事實上，他應該很高興地承認他說的全部都是錯的，而且他還應該指責我們沒有看到那是錯的（或者是對的）。亞里斯多德關於不能同時說一個事物既是人又不是人的論證，也是同樣的。[94] 反對者為什麼不能同意這不可能，同時又認為這可能呢？反對者為什麼要反對我們做出的任何推論呢？他不是應該接受我們接受的所有推論，而僅僅批評我們沒有認出全部有效的推論嗎？（當然，他還應該說我們已經認出了全部有效的推論。）事實上，這個反對者為什麼不能接受亞里斯多德的全部論證，而只是批評他還沒有認識到故事的另一面呢？他甚至可以指控亞里斯多德乞題，因為亞里斯多德的論證只有在一個人已經接受了不矛盾律的前提下，才對他的立場構成了反駁。

但是亞里斯多德的駁論並不僅僅是想讓這個狡猾的反對者承認錯誤，他還有更深刻的目的。他這個論證的首要目標並不是不矛盾律的「反對者」——不管他是誰，這個論證是寫給讀者的。構建這個駁論是為了向**我們**揭示反對者處在一種自相矛盾的立場上。乍看之下，揭示一個人處在自相矛盾的立場上，對於那個反對不矛盾律的對手來講並不是那麼具有摧毀性。但是亞里斯多德並不是在努力說服他，這個論證是為了我們，而不是為了他。亞里斯多德不認為有任何人不相信不矛盾律。因此他採取的策略是讓我們看到對手立場的自相矛盾。

要實現這個目的，僅僅讓對手承認自己錯了還不夠。即便他承認了這一點，我們依然沒有認識到他的立場存在前後不一致。駁論是為了向我們表明如果對手可以說出任何東西，即便他說的是他

---

[94] 《形上學》IV.4.1006.b28，參見上文的討論。

反對不矛盾律，他進行肯定或否定，以及普遍而言他的行為，也都一定要符合不矛盾律。如果有人頭腦混亂到宣稱他不相信不矛盾律，他的行為比他所說的話更能讓我們了解他真正的信念。他會走到麥加拉而不是站在原地，他會做一件事而不是另一件，這些行為都決定性地顯示了他並不像自認為的那樣反對不矛盾律。[95] 假如他真的反對不矛盾律，他不會認為亞里斯多德的論證是摧毀性的，他也不會這樣看待任何其他事情，他就會變成一棵植物。即便如此，我們也沒法在嚴格意義上說他反對不矛盾律，因為我們無法將任何信念歸給他。不矛盾律的反對者試圖用理性論證我們不該接受這個原理。亞里斯多德想要指出的是，根本沒有這種理性討論的概念空間。靠論證說服他「接受不矛盾律」是毫無用處的，不管「接受不矛盾律」在這裡是什麼意思，但是他進行論證的能力本身，就顯示了這個所謂的反對者並不是真正的反對者，雖然他可能認為自己是真正的反對者。這個反對者可以很高興地承認他說的一切都是錯的，我們可能暫時會認為那很好玩、富有挑戰性，但是在這個駁論之後，我們應該不會認為那真的很有趣。

263

　　對於亞里斯多德的駁論更嚴肅的反駁是，它依賴亞里斯多德關於實體和本質的理論。這難道不是他這個論證的一個主要弱點嗎？因為那個宣稱不相信不矛盾律的反對者極有可能也不相信亞里斯多德的實體和本質理論。這個反對者可能還會反對亞里斯多德的語言哲學。亞里斯多德論證，反對不矛盾律的人必然會取消實體，這樣他的陳述也就沒有對象了。但是要得出反對者不能**說出任何東西**的結論，我們就必須要接受亞里斯多德關於語言使用的前提，即說任何東西就是要麼肯定要麼否定一個主體。事實上，亞里斯多德定義

---

95 《形上學》IV.4.1008b12-27。

矛盾的方式，以及反駁不矛盾律的方式，都預設了一種關於事物的存在論，而我們的語言正是談論它們的。在一個矛盾中「否定必須要否定同一個東西，就像肯定也要肯定同一個東西」。[96]與此類似，亞里斯多德心目中的那個不矛盾律的反對者並沒有澈底放棄關於實體與性質的存在論，而是某個主張相反原理的人，即同一個東西有可能同時並且在同一個方面既屬於又不屬於一個對象。[97]一個更難纏的對手為什麼不能完全否定這種世界觀和這個關於語言的理論呢？他難道不能認為，既然不矛盾律是錯誤的，那麼亞里斯多德的論證就僅僅表明了我們必須要放棄這個世界是由實體和性質構成的觀點呢？這樣，句子的真值就不需要訴諸實體的存在就可以解釋了。

　　面對這個反對，有人可能會奇怪，亞里斯多德為什麼沒有給出一個更加抽象的論證，一個獨立於他特有的實體理論的論證呢？當然，這樣的論證非常現成。在他駁論的細節之中，就有一個有效的論證，可以超越他的實體理論和語言哲學。陳述某個事情就是對這個世界做出劃分，陳述某物是這樣，就意味著同時要排除其他的可能性。缺少了不矛盾律就無法進行這個排除，即便是在最普遍的意義上理解不矛盾律：

　　　對於任何陳述 S，不可能既是 S 又不是 S。

我們不能既主張 S 又直接主張非 S，除非否定第一個主張，否則就無法做出第二個主張。這個論證並不依賴任何實體理論，或者任何關於陳述內在結構或語義學的理論。這是一個關於肯定與否定陳述的非常普遍的觀點。既然亞里斯多德想要讓自己的證明盡可能強有

264

---

96 〈解釋篇〉7.17b38。

97 《形上學》IV.1005b23。

力，他為什麼沒有關注這樣一個普遍性的論證呢？

如果這個反駁看起來很強，那是因為我們忘記了亞里斯多德的計畫。他的目標既不是證明不矛盾律，也不是說服反對者改變想法。在亞里斯多德看來，根本就沒有這樣的反對者，他試圖做的是表明存在的結構如何限制了思維的結構。這個世界由實體和性質構成，這個事實本身就迫使我們用特定的方式思考、講話和行動。在一個由實體構成的世界上，任何思考者都必然相信不矛盾律。正是因為我們思想的結構回應或者說表達了實在的結構，我們這些思考者才能夠對實在本身做非常普遍的研究。因為實體是實在的基礎，我們這些思考者可以對實體進行普遍性的研究。也就是說，我們可以成為研究形上學的哲學家。

亞里斯多德的下一步是表明實體與本質是等同的。因為如果實體與本質等同，那麼對實體的研究就不可能是一個不同於這個研究本身的領域。因為正如我們看到的，當靈魂研究本質的時候，它就變成了它在沉思的本質。只有當亞里斯多德表明了實體就是本質，他才最終將形上學確立為研究的主體與客體等同的學問。這正是《形上學》這本書核心卷的核心任務。

265

五、什麼是實體？[98]

我們是可以對實在的整體結構進行研究的存在者，理解的欲求促使我們前進。只要我們還沒有理解實體是什麼，就還沒有完成這項研究，也就還沒有滿足我們的欲求。因為實體是基本的，其他事物的存在都依賴它。但是我們可以知道實體是基本的，而並不知道它**是什麼**。我們可以知道實體是最真實的存在，同時依然要去研究它到底是什麼，這就是亞里斯多德的立場。他從來沒有質疑過，實

---

[98] 本節相關閱讀：〈範疇篇〉、〈解釋篇〉7。

在有一個組織起來的結構，一切存在的東西要麼是實體，要麼依賴實體。但是在他的一生中，對於什麼應該被認為是實體的思考是發展的。亞里斯多德改變過自己的看法，人們認識到這一點是非常晚近的事情。直到 20 世紀，學者們都認為亞里斯多德的哲學形成了一個前後一致的整體，因此那些表面上的不一致一定要被解釋掉。問題是，亞里斯多德關於實體的某些看法確實和其他看法存在矛盾。當然，一個可能性是，亞里斯多德犯了錯誤，自相矛盾。但是另一種看法，也是最近提出來的、更有趣的看法，是亞里斯多德論述中的那些看起來不一致的地方，其實是他的思想隨著研究的深入和成熟發生了改變。這個看法主張，我們應該放棄亞里斯多德關於實體的著作完全前後一致的假設；同時也不是簡單接受不一致和矛盾，我們可以從這些不一致裡面找到一個成熟思想家的發展軌跡。

這樣問題就變成了，我們如何去追蹤亞里斯多德思想的發展？最著名的嘗試使用了這樣一個論題：亞里斯多德年輕的時候，處在柏拉圖的巨大影響之下；而當他更加成熟之後，看到了柏拉圖形上學中的更多問題，同時發展出了他自己獨特的觀點。[99] 根據這個看法，那些觀點上更接近柏拉圖的文本就早於那些更少柏拉圖主義色彩的文本。這個看法的一個問題是，到底什麼是「柏拉圖主義」本身也是一個爭議很大的問題，因此我們並不清楚亞里斯多德什麼時候更加接近柏拉圖，什麼時候不那麼接近柏拉圖。另一個問題是，情況也有可能正好相反，亞里斯多德年輕的時候想要盡可能遠離和區別於柏拉圖，但是當他成熟之後，開始意識到柏拉圖形上學深刻的真理性。如果是這樣，根據某種對柏拉圖主義的理解，那些不那

---

[99] 經典的文本是 Werner Jaeger, *Aristotle*, Clarendon Press, 1948。對於耶格爾論題的批評，參見 G. E. L. Owen, "The Platonism of Aristotle," *Proceedings of the British Academy*, 1965。

麼柏拉圖主義的文本就應該早於那些更加柏拉圖主義的文本。

我更同情後一種闡釋，我在下面也會給出一個與之協調的闡釋。但是，讀者應該記住，這只是對亞里斯多德思想發展的一種闡釋，還有其他的。[100]這很自然，因為有關亞里斯多德思想發展的看法本身就很新。我們很容易認為，對亞里斯多德的研究幾乎是一個沒有時間性的活動，自從古代開始就用幾乎相同的方式進行。因此，亞里斯多德隨著時間的推移改變自己的想法是一個非常新的觀點，意識到這一點令人興奮。由此，亞里斯多德成熟的實體觀是學者們激烈辯論的問題。讀者還需要記住，雖然根據我的闡釋，亞里斯多德在某些方面變得更加柏拉圖主義，但是在另外一些方面，他一生都堅定地反對柏拉圖主義。但是我們如何看待亞里斯多德與柏拉圖的辯論是一個嚴重的問題。他是不是應該被認為給出了一種對柏拉圖主義的根本批判，提供了一種截然對立的世界觀？還是說，我們應該認為他是在柏拉圖的整體研究框架之內工作，進行批評和改進，但是保留了整體的進路和策略？我傾向於認為他保留了柏拉圖的整體進路：他像柏拉圖一樣相信這個世界從根本上說是好的，   267

---

[100] 我在這裡的闡釋極大地受到了阿蘭·寇德兩篇開創性文章的影響：Alan Code, "On the Origins of Some Aristotelian Thesis about Predication," in J. Bogen and J. McGuire eds., *How Things Are: Studies in Predication and the History of Science*, Reidel, 1985; "Aristotle: Essence and Accident"（前引）；另參見 John A. Driscoll, "EIΔH in Aristotle's Earlier and Later Theories of Substance," in Dominic J. O'Meara ed., *Studies in Aristotle*, Catholic University of America Press, 1981. 不同的闡釋可參見 Michael Frede, "Individuenbei Aristoteles," *Antike und Abendland*, 1978；Roger Albritton, "Forms of Particular Substances in Aristotle's Metaphysics," *The Journal of Philosophy*, 1957。

是以目的論的方式組織起來的，並且是哲學研究可以通達的。他們的論證都是在這個框架下進行的，即這個目的論的世界觀裡面的具體結構。

在他關於謂述的研究中，亞里斯多德關注的是一種特殊的類型，也就是用本質來謂述實體。我們假設人的本質是**理性的動物**。那麼像「人是（一個）理性的動物」這樣的謂述就不僅僅謂述了主體的一個性質，它還告訴我們人是什麼。我們可以稱之為**本質謂述**（essential predication），也就是給出一個主體本質的謂述。亞里斯多德稱這類謂述為「**就它本身（kath'hauto）為真**」[101]。這種謂述不是一個性質謂述一個獨立存在的主體，而是表達這個主體本身的所是。在一個非本質謂述裡，一個通常的性質謂述主體，比如「蘇格拉底是白的」只有當蘇格拉底碰巧有白色的皮膚時才是真的。但是即便蘇格拉底的皮膚很白，這個性質也絕不是蘇格拉底的本質，白色的皮膚並沒有參與構成蘇格拉底之所是。亞里斯多德稱之為「**偶然的謂述**」（kata sumbebêkos）。不僅有這兩種不同的謂述，謂述還可以在兩個不同的層面上發生，在實在的層面，以及在思想或語言的層面。一個語言上的謂述，比如「人是（一個）理性的動物」之所以是真的，是因為某個謂述真實存在。「人」這個詞命名了**人**這個物種，「理性動物」這個表述命名了人的本質，而**理性動物**這個本質，是人的本質謂述。普遍而言，實體的定義既表述了它的本質，又**表達了它**。但是我們看到，一個像「人」這樣的實體詞還表達了什麼是一個人，也就是人的本質。由此可知，「人」這個表述以及「理性動物」這個表述表達了同一個事物。[102] 這樣我們或許會

---

[101] 關於其他類型的「本身」謂述，參見〈後分析篇〉I.4.73a34-b4、I.6.74b6-10。

[102] 雖然「人」所表達的與「理性動物」表達的是同一的，但是這並不

說，人是一個**完全可定義**的存在。因為人的定義表述了本質，而那正是「人」這個詞所表達的。在「人是（一個）理性的動物」這個謂述中，主詞「人」所表達的東西和謂述「理性動物」表達的東西是同一的。

我們需要將這種謂述與另一種本質謂述區別開來，比如「蘇格拉底是（一個）理性的動物」。在這裡「蘇格拉底」這個名字表達的是一個個體，如果「理性動物」是人的定義，那麼它表達的是人的本質。這個句子之所以是真的，並不是因為它的主體和謂述表達了一樣的東西，而是因為它表達了一個存在於現實中的本質謂述。「**理性動物**」這個人的本質，從本質上謂述了蘇格拉底這個個體，理性的動物正是蘇格拉底之所是。[103] 蘇格拉底和他的本質並不是同一的，但是他的本質是他最真正所是的東西。因此我們可以說，蘇格拉底的本質是**理性的動物**，這是蘇格拉底最真實的所是，但並不是他的**全部**。正如我們剛剛看到的，除了本質謂述之外，我們也可以對蘇格拉底做出一些偶性的謂述，比如「蘇格拉底是白色的」。這個語言上的謂述是真的，因為在現實中存在某種謂述關係。普遍的**白色**，可以用來謂述很多不同的東西，比如說阿爾西比亞德，也可以謂述蘇格拉底。[104] 這個謂述在蘇格拉底這裡是正確的，但並不是他本質的一部分。而定義陳述了本質。因此除了表達本質的定義之外，還有很多事情都適用於蘇格拉底。蘇格拉底不同於人這個物

269

意味著「人是理性的動物」有一個同一性陳述的形式，即「人＝理性動物」。它可以是一個通常的謂述，只是主詞與謂述同一。

[103] 事實上，亞里斯多德就使用了這樣一個表達：hoper to... estin。參見〈範疇篇〉3b6、《形上學》VII.4.1030a3；另參見〈後分析篇〉73b8-9、83b9、89a35、83a28-30。

[104] 〈解釋篇〉7。（我出於簡化的目的，沒有提到〈範疇篇〉在謂述某物和某物在主體中的區分，有興趣的讀者可參見〈範疇篇〉2。）

種，並不是完全可以定義的東西。[105]

　　亞里斯多德與柏拉圖的不同在於，他認為自然世界中的具體事物也可以體現本質。而柏拉圖認為自然世界中的事物不可能成為本質謂述的承載者。[106]蘇格拉底確實是一個人，但是蘇格拉底就像其他人的個體，沒有達到（一個）人的所是。[107]柏拉圖設定了一個獨立的理念領域，將本質謂述侷限在觀念之中。對柏拉圖而言，只有存在論上分離的理念，也就是「人本身」才能被說成是就它本身而言是人。我們可以說像蘇格拉底這樣的個體是一個人，但是柏拉圖認為，那僅僅是因為他與人本身發生了某種關係（分有或者模仿）。對柏拉圖而言，只有完全可以定義的存在才是本質謂述的承載者，亞里斯多德不同意這一點。在亞里斯多德看來，自然世界中的事物就有本質，因此我們可以對它們進行本質謂述。蘇格拉底是一個人，並不是因為他與分離的柏拉圖的理念有什麼關係，而是因為他本身就有本質。如果理性的動物是人的本質，那麼我們不僅可以說「人是理性的動物」，還可以說「蘇格拉底是理性的動物」。這個謂述說出了蘇格拉底本質上是什麼。亞里斯多德與柏拉圖在有形體的本質以及本質謂述上的分歧，是他一生都堅持的東西，而且這個分歧對他認識人類理解如何發生產生了深遠的影響。因為如果

---

[105] 這就是為什麼當我給出一個偶性謂述的例子時，只能用具體的蘇格拉底，而不能繼續用「人」。因為人是完全可定義的，所有對它來講為真的謂述都是本質謂述。

[106] 至少亞里斯多德理解的柏拉圖是這樣認為的；參見《斐多篇》74。

[107] 在這裡我用亞里斯多德的辭彙去表達一個柏拉圖的觀點。我之所以這樣做，是因為我們在這裡的首要目的是理解亞里斯多德以及他與柏拉圖有什麼不同。我還是將不定冠詞放在括弧裡，不僅因為希臘語裡沒有不定冠詞，而且因為如果我們不帶不定冠詞去理解這句話，柏拉圖的立場就顯得比較合理了。

本質就在自然世界**之中**，那麼只要更深入地研究這個世界，我們就可以超越它。

　　我認為〈範疇篇〉是一部早期著作，在這部著作裡，第一實體是個體的人、動物、植物等等。「首要實體」或者說「首要意義上的實體」的意思是實體的範本。如果寬泛地說，有很多不同的東西都可以被稱為「實體」，但是當我們進行有關首要意義上的實體是什麼的哲學研究時，我們就要努力回答這些問題：什麼是最真實的？什麼是存在論上基本的？什麼是其他事物的實在依賴的東西？亞里斯多德在早期選擇了具體的人、動物或者植物作為首要實體，主要的原因在於，這些東西是性質的承載者，性質都謂述它，而它不去謂述其他東西。[108] 我們可能認為（非本質）謂述表達了某種依賴關係。普遍的「白色的」可能存在，但只能存在於謂述某個主體。因此普遍物不可能是存在論上基本的東西。「白色的」必然是作為某個蘇格拉底這樣的個體的顏色存在，既然蘇格拉底不謂述任何其他東西，他的存在也就不依賴任何其他東西。因此像蘇格拉底這樣的個體就是存在論上基本的東西。

　　因為像蘇格拉底這樣的個體是一個有本質的具體事物，因此他是某個確定的東西，亞里斯多德稱之為「這個某物」（tode ti、this something）。有些譯者甚至將「tode ti」翻譯成「具體事物」或者「個體」，而不用更像是生造出來的「這個某物」。但是我認為這樣的話就錯失了亞里斯多德的要點。亞里斯多德用「這個某物」作為占位者（placeholder），代表的是一個確定的、存在論上基本的東西。因此，他甚至可以在確定首要實體是什麼之前，就認為首要實體必然是「這個某物」。我們不應該在亞里斯多德研究實體之

270

---

[108] 〈範疇篇〉5.2a11-14。

前，就預設亞里斯多德對「什麼是實體？」這個問題的回答，這一點非常重要。將「tode ti」翻譯成「具體事物」就做了這樣的預設。我們不該這麼翻譯，而應該認為〈範疇篇〉將具體事物當作首要實體，來**嘗試回答**「什麼是存在論上基本的東西？」這個問題。概括來講，亞里斯多德的推理是這樣的：首先，首要實體是謂述的主體，而它自己不能謂述任何其他東西；其次，具體事物就其本質而言，不能謂述其他東西。[109]因為具體事物本身是謂述的主體，因此就可以得出首要實體是具體事物。

271

然而，當亞里斯多德寫作〈範疇篇〉的時候，他還沒有發展出後來的概念系統，還不能將蘇格拉底這樣的具體事物看作形式與質料的複合物。他知道蘇格拉底有一個本質，但是他還不認為這個本質就是蘇格拉底形式的方面，而他的身體就是質料。在〈範疇篇〉裡，亞里斯多德沒有對任何首要實體進行形式與質料的分析。事實上，亞里斯多德還沒有發展出「質料」這個技術性的概念，這個概念只是到了他解釋變化如何可能的時候才出現。[110]一旦他有了質料的概念，就可以發展出形式的概念了。早期的「形式」概念相對

---

109 〈解釋篇〉7。

110 引入這個概念是為了幫助解釋某物在變化中的持存。當然，本質變化是最難解釋的情況，因為沒有持存的主體（參見《物理學》I.7、《論生成與毀滅》）。但事實上，所有的自然變化都要求有質料參與。比如說，一個工匠把一塊金子塑造成球形，我們想說先前在金塊裡的黃色現在在這個球裡。（我們想說的不僅僅是同一種黃色在金塊和金球裡，而是同一個個體的性質〔property token〕）。但是因為黃色是一種性質，要讓那種性質在變化中持存，就必然要有一個東西在變化中持存，這個東西就是性質表述的對象。它就是質料。（參見 Brian O'Shaughnessy, *The Will*, Cambridge University Press, 1980, vol. 2., pp. 172-174。）

而言還沒有很確定的含義，它指的是某物的形狀或結構。但是，一旦他發展出了質料的概念，就有可能將形式理解為與質料互補的東西。他就可以將具體的動物或植物看作是一個潛在的活的身體（質料）與靈魂（形式，或者這個潛在地活著的身體的第一實現）。我們可以看到「形式」概念發生了什麼變化：它不再僅僅是一個東西的形狀，而是變成了生命的原理。這個變化一定重新開啟了什麼是首要實體的問題。因為如果一個像蘇格拉底這樣的具體事物是形式與質料的複合物，那麼下面這個問題就變得不可避免了：蘇格拉底是其所是，難道不是依賴他的形式或質料嗎？如果是這樣，那麼蘇格拉底就不再能夠被看作是首要實體了。

此外，亞里斯多德成熟的「質料」概念，看起來好像是〈範疇篇〉裡定義的首要實體，這一點讓人覺得有些不舒服。因為質料是性質的主體，而且它本身不能進一步謂述其他東西。但是質料不可能是實體，因為它不是確定的東西、不可理解，在存在論上也不是獨立的。正像亞里斯多德說的，質料不是「這個某物」。他的意思不是質料不是具體事物，而是質料不是存在論上確定的、獨立的東西。因此，一旦亞里斯多德發展出了互補的形式和質料概念，他就不得不重新思考整個首要實體的問題了。

這個重新思考就是《形上學》第七卷的任務，這一卷代表了亞里斯多德關於實體問題的成熟思考，但是想要理解他的思想卻極其困難。就像經常出現的情況一樣，這一卷並不是完成的作品，而是未經打磨的筆記，而且這些筆記還非常難懂。之所以這麼困難有一些原因。第一，在這一卷開始的地方，亞里斯多德已經很深入地研究了實體的問題，這項複雜的研究時斷時續地占據了他大部分的成年生涯，他把先前的研究當作現成給定的。假如用這些筆記授課，那麼他就預設了聽眾了解柏拉圖和他自己先前關於實體的研究。這裡面最難以參透的篇章，或許就是亞里斯多德和柏拉圖主義對手進

行的辯論，雖然我們不清楚亞里斯多德攻擊柏拉圖的具體學說是什麼。當然，任何聽亞里斯多德講課的人，很可能都已經很熟悉關於實體的那些辯論了，因此不需要對他們講這些背景。但是那些當時流行的辯論，對於今天的人們來講就非常陌生了，我們這個時代最好的亞里斯多德學者也只能猜測那些辯論是什麼樣的。第二，亞里斯多德的這些研究使用了一種非常普遍化的語言，我們經常不清楚亞里斯多德是在哪個層次的普遍性上討論問題。比如：有時候從希臘語和論證的內容上，我們都很難判斷，亞里斯多德是在討論一個具體的人，還是人這個物種，或是人這個物種的形式。因為這些候選項裡哪一個是首要實體本身就是一個嚴肅的問題，因此確定亞里斯多德在說哪個對象就變得至關重要。第三，對於那些閱讀《形上學》第七卷譯本的讀者來講，大多數譯本都沒有嚴肅看待亞里斯多德在首要實體的問題上改變想法這個觀點。[111] 因為在〈範疇篇〉裡具體的動物和植物顯然是首要實體，對《形上學》的翻譯有時候就會迫使我們將這些東西依然理解成實體。

因為《形上學》第七卷非常困難，關於亞里斯多德的論證也有很多截然不同的觀點。我很清楚，如果要提供一個確定無疑的闡釋，需要一部小百科全書的篇幅。雖然如此，我並不準備給出任何截然不同的闡釋，我甚至也不準備對所有困難的篇章都做出闡釋。我心中的讀者是第一次或者第二、第三次閱讀《形上學》第七卷的人，我不指望讀者理解那裡說的全部內容。下一節的內容就是給讀者一個導引，告訴他們核心問題、論證，以及亞里斯多德關於實體的成熟討論得出了什麼樣的結論。

---

[111] Montgomery Furth, *Aristotle, Metaphysics Books Zeta, Eta, Theta, Iota*, Hackett, 1986 是一個例外，但是他的闡釋與我的不同。

六、《形上學》第七卷的旅行指南[112]

在亞里斯多德的思考中，有兩種關於世界的思想貫穿其中。一個是這個世界是可理解的，另一個是實在有一個等級，在最基礎的地方是實體，它在存在論上是獨立的，其他一切實在都依賴它。亞里斯多德在《形上學》第七卷中的任務就是找到一個實體的候選項，滿足這兩個信念。就像他說的，實體必然是「這個某物」，還必然是「是什麼」（what-it-is）。[113] 說一個東西的存在「是什麼」指的是它完全可以定義，因此是可知的；說一個東西的存在是「這個某物」指的是它在存在論上是基本和確定的。只有當一個東西既是「是什麼」，又是「這個某物」，才能保證實體的可理解性和存在論上的基礎性。如果亞里斯多德不能表明存在論上基本的東西同時又是可理解的，這個世界最終的可理解性就受到了威脅。

亞里斯多德在開始《形上學》第七卷的探究之前，這個世界的可理解性看起來受到了威脅。因為在第三卷中亞里斯多德羅列哲學

274

---

[112] 本節相關閱讀：《形上學》VII。不要認為你一定要進行這個旅行。這是《形上學》中非常技術化的一卷，雖然我會儘量將這裡的核心觀點用一種盡可能清晰和簡單的方式呈現出來，但是我的討論也不可避免地帶有一些技術性。對於不想細緻考察這些論證的讀者，只需要閱讀這一節的第一和最後一段，然後跳到下一節，在那裡我討論了亞里斯多德對神的論述。

[113] 《形上學》VII.1.1028a11-18。在 G. E. L. Owen, "Particular and General," *Proceedings of the Aristotelian Society*, 1978, pp. 1-21 中指出了這兩個要求對於亞里斯多德在《形上學》第七卷的論證來講具有核心意義，但是歐文預設了「這個某物」必然是具體事物，在我看來，他因此無法理解亞里斯多德論證的實際結構。

研究者面對的疑難時，他問過實體是個體還是普遍物。[114]看起來答案一定是「既不是個體也不是普遍物」。因為如果實體是個體，它就不可知；我們已經看到了一個像蘇格拉底這樣的個體，不是一個完全可定義的存在；他如果不能定義，就不可知，[115]但是實體不可知是不能接受的。另一方面，如果實體是普遍物，那麼它就是可知的，但是無法獨立存在，因為普遍物可以謂述很多個體，因此看起來在存在上依賴那些個體。[116]但是實體應該是存在論上獨立的。這麼看來，實體要麼是可知的，要麼是存在論上基本的，而不可能二者兼備，但這是站不住腳的。

亞里斯多德想要解決這個難題，但是他既沒有選擇個體也沒有選擇普遍物作為首要實體。在《形上學》第七卷中，他意識到，個體和普遍物並不是全部選項。他發現了一種「這個某物」，既不是個體又不是普遍物。[117]這就是為什麼我們不應該預設「這個某物」是個體。每個物種的形式或者本質也是「這個某物」，但是它既不是個體也不是普遍物。[118]我們很快就會看到它為什麼兩者都不是。首先，我們要理解一個種（species）的形式是什麼。一旦亞里斯多德發現，像蘇格拉底這樣的個體可以被看作是形式與質料的

---

[114] 《形上學》III.6.1003a5-17；另參見《形上學》XIII.9-10；Alan Code, "The Aporematic Aproach to Primary Being in *Metaphysics* Z," *Canadian Journal of Philosophy*, 1984；我在 "Active *Epistêmê*," in A. Grasser ed., *Mathematik und Metaphysikbei Aristoteles: X Symposium Aristotelicum*, Haupt, 1987 裡更詳細地討論了這個問題。

[115] 參見〈後分析篇〉I.8、31、33。

[116] 參見〈解釋篇〉7。

[117] 參見 Joseph Owens, *The Doctrine of Being in the Aristotelian Metaphysics*, Pontifical Institute of Mediaeval Studies, 1957,ch. 13。

[118] 種—形式作為首要實體的思想來自 Alan Code, "Aristotle: Essence and Accident"，雖然他並不同意下一步的說法，即種—形式既不是個體也不是普遍物。

複合體，距離認識**人**這個種是一個普遍物，但是它本身也有形式和
質料的方面，就只有一步之遙了。**人**這個種可以被理解成人類靈魂 275
在這樣一種肉和骨頭構成的身體之中，**人的靈魂**就是**人**這個種的
形式。[119]

　　每個種都有這樣一個形式，你和我在質料上有所不同，但是我
們在形式上是同一的，我們每個人都是人類靈魂在這個或那個質料
之中。[120] 這種對靈魂的看法非常不同於我們關於靈魂的習慣看法，
我們的看法受到了基督教兩千多年的影響。亞里斯多德認為，嚴格
說來，只有**一個靈魂**讓數量上不同的人類肉體獲得生命。如果亞里
斯多德願意，他也可以討論你的靈魂或者我的靈魂，比如他可以主
張是我的靈魂而非你的靈魂，是我這個生命的原理。[121] 但這只是一
種省略的說法，完整的說法應該是人類的靈魂在這些肉和骨頭之
中，從而成為我生命的原理。

　　如果一個種的形式可以是「這個某物」，那麼這個形式就可
以被算作是存在論上基本的東西。比如說**人類靈魂**是**人**這個種的形

---

[119] 我們需要注意，亞里斯多德用同一個詞 eidos 表示「種」和「形
式」。因此有一些乍看在討論人這個種的段落，如果仔細考察，其
實是關於**人**這個種的**形式**。

[120] 《形上學》VII.8.1034a5-8。我還想提到另一種闡釋，每個個體都有
它自己的獨特形式。對於這種立場的論述，參見 Michael Frede and
Günther Patzig, *Aristoteles, Metaphysik Z*, Beck, 1987。

[121] 有人可能會首先想到《形上學》XII.5，在那裡亞里斯多德說個體而
不是普遍物才是原因，這個地方可能對我的觀點構成挑戰。但是，
種—形式並不是普遍物，因此那段文本並不會影響我的論題。我認
為我們應該從更早的〈範疇篇〉中將個體與普遍物對立起來的存在
論角度理解這段話，在那裡首要實體是個體。這完全不適用於亞里
斯多德在《形上學》第七卷發展起來的新的存在論框架。

式，因此它可以被算作是一種基本的存在。每一個種—形式都是永恆的，亞里斯多德認為每一個生物體，以實現它形式的方式最大限度地分有了存在論上基本和神聖的東西。[122] 但是每個種的形式或本質又是可定義的，因此完全可以理解。種—形式滿足了首要實體的兩個限定，既是基本的又是可理解的，因此存在的等級性和可理解性就都得到了保證。

亞里斯多德是如何達到這個觀點的呢？他確定了一系列肯定和否定的限制，首要實體的任何成功候選項都要滿足它們。事實上，只有形式能夠滿足所有的限制。人們經常說《形上學》第七卷是疑難性的（aporematic），這個判斷是否正確取決於我們如何理解「疑難性」這個詞。人們通常的意思是，亞里斯多德在這裡對實體提出了一些相互矛盾的要求，任何東西都沒有辦法實現，因此這一卷是未完成的、沒有解決問題的、前後不一致的。我不這麼認為，對於實體的限制乍看之下好像前後不一致，但是那並不是因為它們事實上就是不一致的，而是因為它們提出的要求非常之高，最終只有一個首要實體的候選項能夠脫穎而出，即實體的形式。但是這一卷在亞里斯多德的意義上確實是疑難性的，他確定了一系列有關實體的疑難（aporiai）和要求，他從自己和其他有聲望的信念出發，試圖解決這些疑難。[123]《形上學》第七卷就是在解決那些疑難。

亞里斯多德開始考慮的一個有聲望的意見是，實體是在各種性質之下的基底（to hupokeimenon）。[124] 當然，這個看法一度吸引了

---

122 參見《論靈魂》II.4.415a26-b7（在第四章第一節有引用）。我們還需要去發現這個行動的神聖方面。

123 比如可參見《形上學》VII.3.1029a33-b12；Code, "The Aporematic Approach to Primary Being in *Metaphysics Z*"。

124《形上學》VII.3，尤其是 1028b36-1029a1。

亞里斯多德。在他撰寫〈範疇篇〉的時候，像蘇格拉底這樣的個體
被當作首要實體，因為他是各種性質的主體，而他本身不能謂述任
何其他東西。但是現在，亞里斯多德有了質料的概念，更早的〈範
疇篇〉裡首要實體的標準就不那麼清晰了，特別不清晰的是質料是
不是首要實體。因為如果首要實體是在各種性質之下的東西，那麼
如果我們在思想中「剝離」各種性質，剩下的就是質料。[125] 這是舊
的實體概念，也就是性質的最終基底，它在一個包括質料在內的世
界裡被翻新了，質料是各種性質的最終基底。

　　這樣理解質料的困難在於，它看起來是一個本身不確定、不可
知的材料：「質料的意思是**就它自身而言**既不是一個個體，也不是
某個數量，也不能因為是某個確定的東西而被歸入其他範疇。」[126]
這並不是說質料沒有性質，只是說質料**就它自身而言**沒有性質。質
料就它之所是而言沒有性質。就它本身而言不是一個確定的東西，
它僅僅是性質的基底而已。現在，亞里斯多德要將這個基底的概
念排除出首要實體的考慮範圍。而他的方式是引入兩個對實體的
限定：[127]

277

(1) 實體必然是「這個某物」，一個確定的東西。

(2) 實體必然是分離的，也就是存在論上獨立的。

質料既不能獨立存在，也不是一個確定的東西，因此不可能是實體。

---

[125]《形上學》VII.3.1029a10-26。

[126]《形上學》VII.3.1029a20-21（強調是我加的）。

[127]《形上學》VII.3.1029a27-28，參見 VII.1.1028a33-34。我這裡給出的
　　序號在某種意義上帶有任意性。我們可以認為 (1) 和 (2) 構成了同一
　　個限制，(2) 的作用是解釋 (1)。

　　亞里斯多德之後好像直奔結論而去。因為他說在實體的三個候選項形式、質料和形式質料的複合物之中，質料和複合物都可以被排除掉了。[128] 我們已經討論完了質料，而複合物在存在論上排在形式與質料之後，但是亞里斯多德在《形上學》第七卷的一開始就提出了這個標準：

　　(3) 實體在任何意義上都是在先的：在 logos 上、在知識上、
　　　　在時間上。[129]

一個像蘇格拉底這樣的複合物依賴他的形式成為他之所是，因此〈範疇篇〉裡作為範例的首要實體不得不被排除掉。

278
　　這樣看來，亞里斯多德好像已經得出了結論，形式必然是新的首要實體。但是我們還在《形上學》第七卷的開頭，事實上，在這一卷的開頭，亞里斯多德就說：「首要的東西是『是什麼』，這表達了事物的實體。」[130]「是什麼」給出了一個事物的形式或本質。那麼亞里斯多德在《形上學》第七卷剩下的部分裡做了些什麼呢？他向我們表明，形式如何可以是首要實體。他要討論形式需要滿足

---

[128]《形上學》VII.3.1029a29-30。

[129]《形上學》VII.1.1028a31-b2。說一個實體在 logos 上在先的意思是：(1) 在存在的**秩序**上，其他事物的存在依賴實體，但是實體不依賴任何其他事物；因此 (2) 如果要給出其他事物的**論述或定義**，我們最終一定要提到它們依賴實體，並因此包括實體的 logos。實體在知識上在先的意思是，如果我們的知識反映了存在的秩序，也就是說對我們而言最可知的東西就是無條件最可知的東西，那麼實體就是被當作存在上在先的東西而被認識。參見〈後分析篇〉I.2；《形上學》IV.11；〈範疇篇〉12。

[130] to ti esti：《形上學》VII.1.1028a13-15。

的其他限定，如果它配得上「首要實體」這個頭銜的話。他還要表明，其他實體的候選項，比如屬（genus，而非種），或者柏拉圖的理念，都是不充分的，他要表明形式在存在論上是基礎性的和可知的。他還要解決實體是個體還是普遍物的問題，而他解決問題的方法是發展出一種基本的、可理解的實體觀念，這種實體既不是個體也不是普遍物。事實上，他要做的是為我們這些學生講述他對於實體的探索：如果我們想要自己發現形式或者種的本質為什麼是首要實體，就需要跟隨他的腳步。

在亞里斯多德看來，實體顯然與本質有關，《形上學》VII.4-6的任務就是找出這個關係到底是什麼。在《形上學》VII.4-5，亞里士多德將定義和本質限定在實體之上。[131] 他的理由是，只有實體可以因為它自己而被說成是某個東西。其他事物只能透過與實體的關係而被說成是某個東西，因為其他事物的存在都依賴實體。但是一個事物的本質是對它自己而言的，[132] 因為只有實體才就它本身而言是什麼東西，本質就只能限定在實體之上。定義是對本質的陳述，而本質是定義在存在論上的對應物。[133] 由此亞里斯多德又確定了一條標準：

(4) 嚴格說來，只有實體是可定義的。[134]

---

[131] 《形上學》VII.4.1030a28-31、b4-6, VII.5.1031a1-2、11-14。事實上，甚至在這個較早的階段，亞里斯多德也說到，只有某個屬的種才有本質，因為只有它們才是首要的，並不涉及一個事物謂述另一個事物的問題（《形上學》VII.4.1030a10-14），但是在這裡還沒有給出對這個說法的論證。

[132] 《形上學》VII.4.1029b14。

[133] 《形上學》VII.4.1030a6-7、VII.5.1031a11-12；另參見〈論題篇〉I.5。

[134] 《形上學》VII.5.1031a1-2。

279　但是，雖然亞里斯多德的結論是「定義和本質在首要和沒有限定的意義上屬於實體」，[135] 但是實體與本質的關係依然不清楚。是不是只有首要實體才**有**本質，還是說只有首要實體才**是**本質？

　　在《形上學》VII.6，亞里斯多德論證了：

(5) 每個首要實體都和它的本質同一。

我們應該意識到，這是一個我們可以預見到的實體的條件。因為在條件 (4) 亞里斯多德已經論證了實體是可定義的，這個條件是要確保實體有終極的可理解性。因為一個事物的定義陳述了本質，理智把握的就是本質。一個像蘇格拉底這樣的個體擁有本質，但他並不是可定義的，因為我們已經看到，他有一些不屬於本質的性質。他是形式與質料的複合物，但是他的質料不是他的形式或本質的一部分。這樣看來，要成為一個可定義的存在，一個事物必須要等同於它的定義所表達的東西。因為定義表達了一個事物的本質，那麼首要實體如果是可定義的，那麼它必然要和它的本質同一。

　　亞里斯多德自己的論證是一系列複雜的對柏拉圖理念論的反駁，[136] 為了簡潔，我只想從中抽取一個核心觀點，這對我們來講也就足夠了。為了進行歸謬，我們假設一個首要實體 X 與它自己的本質不同。假如是這樣，那麼 X 本身就是不可知的，因為理智把握的是本質。理智可以理解 X 的本質，但是因為本質與 X 不同，理智在理解本質的時候就沒有理解 X。但是這樣一來，X 就沒有滿足對實體的一個基本限定，即它是可理解的。因此，如果 X 是首要實體，它必然**是**它的本質。亞里斯多德的結論是：「每個首要的

---

135 《形上學》VII.4.1030b4-6。

136 《形上學》VII.6.1031a28-b22。

事物，因其本身而是其所是的事物，都與它的本質同一。」[137]

這迫使亞里斯多德極大地修正自己的實體概念。因為雖然蘇格拉底**有**一個本質，但是他與本質並非同一，他是某個本質存在於某個質料中。這樣，〈範疇篇〉中首要實體的典範，像蘇格拉底這樣的具體事物，就不再被當作首要實體了。普遍而言，亞里斯多德認為：

280

(6) 沒有任何質料性的個體是首要實體。[138]

這是對他寫作〈範疇篇〉時立場的澈底反轉，在發展出了質料和與之對應的形式概念之後，像蘇格拉底這樣質料性的個體就不能在無條件的意義上繼續被當作性質的基本主體了。蘇格拉底本身是一個形式與質料的複合物，因此他在存在論上位於形式與質料之後。此外，將基底作為首要實體的標準也因為質料的概念受到了質疑。因為在某種意義上，質料確實是性質的承載者，但是我們已經看到，它缺少存在論上的獨立性和確定性。最後，蘇格拉底這樣質料性的個體可以被看作是某個形式存在於某種質料之中，這個觀點將這個世界根本上的可理解性又提高到了一個新的層次。因為形式或者本質是可理解的，因此如果形式是首要實體，那麼這個世界是可理解的就有了一個新的含義，存在論上最基礎的東西和最可知的東西就重合了。

《形上學》VII.7-9 關於自然世界中的事物，既包括自然有機體，又包括技藝的產品。每個事物都是某種形式在某種質料中實現出來，形式本身既不能被創造也不能被毀滅。在自然的生成中，雄

---

[137] 《形上學》VII.6.1032a4-6，參見 VII.6.1031b18-20。

[138] 參見《形上學》VII.11.1037b3-7。

性將他的形式傳給後代，因此同一個物種的每個成員都有相同的形式或本質。[139]

> 當我們有了整體，某個形式在這個肉或者那些骨頭之中，這就是卡利阿斯或者蘇格拉底；他們在質料上不同，但是在形式上相同……[140]

281　人造物也依賴此前存在的形式和質料。工匠在靈魂中有形式，這是他創造活動的主動原理和起點。[141] 這個形式是完全無質料的實體：

> ……從技藝產生了各種東西，它們的形式在靈魂之中。（我說的**形式是每個事物的本質和它的首要實體。**）……因此在某個意義上，健康來自健康，房子來自房子，**從沒有質料的東西產生有質料的東西**：醫學和建築是健康和房子的形式，**我稱本質為沒有質料的實體。**[142]

　　創造活動就是將形式在質料中實現出來。[143] 在匠人的靈魂中有房子的形式，因此可以將這個形式加到恰當的質料上。形式和質料在創造活動之前都存在。當然，在某種意義上，我們可以創造質料。比如：一個建築師可以用稻草和泥製造磚，然後再用磚造房子。亞里斯多德的觀點是，即便是製造磚，也是將某種形式加到先前存在的質料（泥和稻草）之上。被製造出來的磚就可以作為先前

---

[139]《形上學》VII.7.1032a24-25。

[140]《形上學》VII.8.1034a5-8。

[141]《形上學》VII.7.1032a320b1、b21-23。

[142]《形上學》VII.7.2032a330b14（強調是我加的）。

[143] 參見《形上學》VII.8。

存在的質料，服務於另一個創造活動。這樣看來，創造活動就依賴某些之前存在的質料或其他東西，形式從來都不是被創造出來的。[144]

這樣看來，「房子」這個詞就是有歧義的。它可能指建築師靈魂中完全沒有質料的形式，也可以指人們居住其中的形式與質料的複合物。亞里斯多德認為，在建築師靈魂中的形式本身並不是一個**個體**。我們不需要柏拉圖的理念，即房子本身，去解釋那些物質性的房子如何存在。[145] 亞里斯多德將建築師靈魂中的形式稱為「某種」（such）。[146] 因為沒有在任何質料中實現，建築師靈魂中的形式沒有任何個體性，它僅僅代表了建築師將那個形式加在恰當的質料之上的能力。當建築師將這樣一個形式加在某些磚和木頭之上，就是個體的房子，亞里斯多德稱之為「這種」（this such）。[147] 正是從**房子**的形式，這個形式與質料的複合物獲得了它的名字。[148] 因此，當我們說，「這是一個房子」時，我們可能是在謂述形式，也就是說這個個體的房子擁有房子的形式；也可能是在謂述一個由形式和質料構成的**普遍的複合物**，也就是說，我們可能在謂述對某個主體成立的普遍物，因為這個主體就是這樣一個複合物，我們可以說**這個**房子是房子的形式在某種質料中實現出來。

但是也有一些辭彙是毫無歧義地指在某種質料中實現出來的形式。比如「人」表達了人這種形式在血肉中實現出來的複合物。[149] 根據〈範疇篇〉，人是第二實體，是蘇格拉底這樣的個體從屬的種。但是，一旦亞里斯多德認識到了蘇格拉底是形式與質料的複合

282

---

[144] 《形上學》VII.8.1033b5-7、b16-17、VII.9.1034b10-19。

[145] 《形上學》VII.8.1033b19-29。

[146] toionde：《形上學》VII.8.1033b22。

[147] tode toionde：《形上學》VII.8.1033b23-24。

[148] 《形上學》VII.8.1033b17-18。

[149] 《形上學》VII.10.1035b27-30。

物，對這個謂述就有了不同的理解。種本身現在可以被看作是形式和質料兩個方面：人類靈魂存在於血肉和骨頭之中。現在說「蘇格拉底是一個人」，就是用一個普遍物謂述蘇格拉底，這個普遍物表達了他的形式和質料。亞里斯多德現在說人是一個「普遍的複合物」。人是一個**普遍物**，因為它可以用來描述個體的人，比如蘇格拉底或者柏拉圖。說人是一個**複合物**，因為它可以表達人的形式和質料，它表達的是存在於血肉和骨頭之中的**人的靈魂**。但是如果人是一個普遍的複合物，那麼人的本質就不再能夠被認為與人同一了。在這裡，亞里斯多德再一次被迫改變想法。**人的本質是人的靈魂**，是人這個普遍複合物的形式。

　　但是這引起了一個問題，就是人的定義是否應該包括血肉和骨頭，人的靈魂在它們之中。一方面，很難想像我們能夠給出一個人的定義卻不提他特殊的質料；另一方面，定義應該是表達本質或形式的，而質料並不是形式的一部分。《形上學》VII.10-11 的任務正是要解決這個難題。我們可以給出一個關於人的論述，包括形式和質料兩個部分，但是亞里斯多德堅持認為，嚴格的定義並非關於人，而是關於人的靈魂，也就是人的形式，這個定義不會提到質料。當然，我們很難想像人的靈魂不是體現在特定類型的質料之中，也就是血肉和骨頭之中。但是亞里斯多德認為，我們無法想像一個東西在哲學上並不重要：

> **定義是對普遍物和形式的**。[150]如果說哪些部分是關於質料的哪些不是並不清楚，那麼一個事物的 logos 也是不清楚的。對於那些可以出現在不同材料裡的事物，比如一個圓形可以出現在銅裡、石頭裡或者木頭裡，銅和石頭很顯然不是圓的本質的一

---

[150]《形上學》VII.10.1035b34-1036a1。

部分，因為圓與它們是分離的。對於那些**不是**分離的事物，我們沒有理由認為不能出現同樣的情況，比如即便我們看到過的所有圓都是銅的，但是不管怎樣，銅不是形式的一部分；但是我們很難在思想裡做這個分離。比如人的形式總是在血肉和骨頭，以及這種東西的部分之中。這些也是形式或者 logos 的一部分嗎？不是，它們是質料；但是因為我們不能在其他質料裡看到人，我們就無法做出這個分離。[151]

因為一個圓形可以存在於不同種類的質料裡，我們很容易意識到圓形的定義不需要提到質料。事實上，我們可以用「圓形」去指稱無質料的圓的形式，這是和它的本質同一的：

> 只有形式的部分是 logos 的部分，**logos 是關於普遍物的**，因為**是一個圓**與圓是同一的，**是一個靈魂**與靈魂也是同一的。但是當我們面對具體的事物，比如**這個圓**，即某個個體的圓……這些個體的圓是沒有定義的。[152]

現在的情況是這樣的。[153] 我們可以定義人類靈魂、圓形或者房子，因為這些都是無質料的形式。定義會陳述本質，本質與形式同一。**人類靈魂**與**什麼是人類靈魂**同一，圓形與什麼是圓形同一。我們不

284

---

[151] 《形上學》VII.11.1036a28-b3（強調是我加的）。我沒有翻譯 logos，而牛津譯本用的是「公式」（formula）。在我看來很奇怪的是，亞里斯多德沒有利用質料是一個相對的概念這個觀點，血肉和骨頭本身就是形式與質料的複合物。這樣亞里斯多德就可以允許人類靈魂的定義包括血肉和骨的**形式**方面。參見第二章第四節。

[152] 《形上學》VII.10.1035b34-1036a5（強調是我加的）。

[153] 參見《形上學》VII.11.1037a21-b7。

能定義人這個形式與質料的普遍複合物，我們也不能定義個體的人，除非說我們可以定義它的首要實體，即人類靈魂。首要實體是無質料的，並且與本質同一。因此只有首要實體是可定義的，只有它才是定義陳述的東西。

但是，如果定義只關於形式，我們就很難理解亞里斯多德如何能夠避免自相矛盾。因為在《形上學》VII.13，他論證了：

(7) 沒有實體是普遍物。

普遍物是可以表述很多事物的東西，[154] 亞里斯多德已經說過，定義是關於形式和普遍物的，[155] 但是**只有**實體才是可定義的。[156] 那麼怎麼可能出現：(a) 沒有實體是普遍物，但是 (b) 只有實體是可定義的，以及 (c) 定義是關於普遍物的。[157] 如果沒有實體是普遍物，形式怎麼可能是首要實體呢？為了回答這個問題，我們必須要考察亞里斯多德說沒有實體是普遍物的語境，如果我們關注了語境，那個自相矛盾的表象就會消失。

亞里斯多德在《形上學》第七卷中的一個主要發現是，一個種的形式可以被看作是「這個某物」。[158] 一旦他發現了這一點，他就可以說實體不是普遍物，因為「普遍物」的意思與「這個某物」非常不同。因此隨著「這個某物」概念的發展，我們或許會期待他

---

[154] 參見《形上學》VII.13.1038b11-12；〈解釋篇〉17a38-40。

[155] 《形上學》VII.11.1036a28、VII.10.1035b34-1036a1。

[156] 參見上面提到的限定 (4)；《形上學》VII.5.1031a1-2。

[157] 參見 J. H. Lesher, "Aristotle on Form, Substance, and Universals: A Dilemma," *Phronesis*, 1971, pp. 169-178。

[158] 關於亞里斯多德把形式說成是「這個某物」，參見《形上學》V.8.1017b21-26、VIII.1.1042a28-31、VII.12.1037b27。

對於普遍物的理解隨之發生變化。如果我們僅僅認為「這個某物」是個體，就無法跟上亞里斯多德思想的發展。亞里斯多德從來沒有定義過這個概念，因此我們並不是很清楚「這個某物」是什麼。然而，他用來說明「這個某物」的例子隨著思想的發展發生了變化。在〈範疇篇〉裡，像蘇格拉底這樣的個體是「這個某物」的典範。我們已經看到，這導致人們普遍認為「這個某物」一定是個體，但是沒有任何語言學的證據表明「這個某物」的意思是「個體」。[159]「這」確實指出了「某物」，但是它指出的是不是個體取決於「某物」代表什麼。比如「這個動物」在動物園裡可以用來指一隻個體的獅子，柏拉圖主義者可以用它來指一個理念——人本身，它還可以被用來指人這個物種，或者（亞里斯多德的）人這個物種的形式。這個片語本身並沒有對怎麼使用它給出指導，它到底指什麼取決於語境。

　　雖然亞里斯多德從來沒有定義這個概念，但是「這個某物」通常與另外兩個形上學概念相伴，一個是存在論上獨立的（chôristos），另一個是確定的（horismenos）。[160] 在亞里斯多德形上學的核心處是這樣的信念：實體必然是既獨立又確定的。但是獨

---

[159] 事實上，在《形上學》IX.7，亞里斯多德說形式或者「這個某物」謂述質料（1049a34-b1）。因此「這個某物」不可能是個體。

[160] 參見《形上學》VII.1.1028a12、25-28、VII.3.1029a28-30、VII.13.1039a1、VII.14.1039a30-32、VIII.1.1042a29、b3、IX.3.1070a35、XIII.10.1087a15-18、V.8.1017b23-26；另參見VII.4.1030a5-6、XI.2.1060b1；〈範疇篇〉5.3b10；〈後分析篇〉I.4.73b7。（chôristos 經常很字面化地被翻譯成「分離的」或者「可分離的」。問題是我們不清楚「分離」是什麼意思。我認為「存在論上獨立」對我們來講更容易理解，也把握了實體是 chôristos 這個說法的核心含義。）

立和確定是什麼意思呢？我們設想亞里斯多德採取了下面的研究策略，關於實體的研究要在一個很高的抽象層面上進行。他相信，實體必然以某種方式獨立和確定，但是即便是這兩個概念本身也是研究的對象。我們可以在找到首要實體的同時發現獨立是什麼意思，這樣亞里斯多德就需要一個抽象的表達方式來表達存在論上的獨立和實體的確定性，但同時又不確定這兩個概念到底是什麼意思，「這個某物」（不管它是什麼）就完美地履行了這個功能。我猜測，這就是亞里斯多德的策略。但是如果我們預設「這個某物」是個體，那我們甚至都看不到這個可能的策略了。

286　　　我們也無法理解亞里斯多德如何解決《形上學》裡的一個重大難題，[161] 我們看到，亞里斯多德似乎提出了一個兩難的問題：實體既不可能是個體也不可能是普遍物。如果實體是個體，它們就不可知，因為知識是關於普遍物的。這是無法接受的，因為實體必須是可知的。另一方面，如果實體是普遍物（並因此可知），它就無法獨立存在。這也是不可接受的，因為實體必然是能夠獨立存在的。如果我們認為「這個某物」是個體，我們就很難理解亞里斯多德怎麼可能成功地解決這個疑難。我們會很自然地看到，亞里斯多德被兩種合理的要求拉扯，一方面是個體的要求，另一方面是普遍物的要求。[162]

　　　這樣的話我們就會錯過亞里斯多德天才的解決方案，他並沒有被這個兩難束縛手腳，也沒有將首要實體的頭銜歸給個體（從而忽略非個體作為實體的合理訴求），或者歸給普遍物（從而忽略非普遍物作為實體的合理訴求）。他發現了用一種方式理解「這個某物」就既不是個體也不是普遍物，亞里斯多德在看似窮盡了所有可

---

[161] 參見《形上學》XIII.10.1087a13 以及第三卷中提出的那組問題。

[162] 這是 Owen, "Particular and General" 中的分析。

能的兩極之間發現了一個空隙。

　　要理解種一形式為什麼是「這個某物」，我們必須要考察《形上學》VII.12 的論證。在那裡，亞里斯多德回到了一個先前就困擾他的疑難：如果我們可以給實體一個定義，實體為什麼應該是一個統一體？比如：如果人（的形式）的定義是「兩足動物」，那麼人為什麼是一個東西，而不是多個東西，即**兩足的**和**動物**？[163]這個問題是：定義是組合起來的，而「實體是某種統一體，代表了『這個某物』」[164]。簡單來說，亞里斯多德的答案是我們不能認為實體的形式由兩個在先的要素構成，**兩足的**和**動物**。**動物**這個屬並不能獨立於種一形式存在，屬可以被認為是某種質料，在它之上種一形式提供了形式。[165]雖然定義是組合起來的，但是它並沒有表述以神祕的方式構成整體的各個要素。因此，當我們從屬開始下降，用恰當的順序尋找種差從而形成一個定義，這個過程不應該被認為是從更真實的東西前進到更有依賴性的東西，事實上恰恰相反。最終的種差是種和實體的形式。[166]它包含了更高層次的種差和屬，因為它們都是謂述這個形式的普遍物，但是它們並不是構成這個形式的要素。亞里斯多德由此解釋了種一形式是一個原子式的形式：一方面它不是由在先的要素構成，另一方面它本身就是最終的種差，因此不能被進一步劃分成種差。[167]

　　我們或許會認為，亞里斯多德使用了和〈範疇篇〉裡相同**種類**

287

[163]《形上學》VII.12.1037b8-14。

[164]《形上學》VII.12.1037b27。

[165]《形上學》VII.12.1038a5-9。

[166]《形上學》VII.12.1-38a19-20、a25-26、a28-30。

[167] 注意，《形上學》VII.8.1034a5-8 支持同一個原子式的形式可以是不同個體的形式。卡利阿斯和蘇格拉底有相同的形式，但是質料不同。

的論證，只是升高了八度。蘇格拉底不再能夠被當作首要實體，因為他依賴他的形式，即人類靈魂。但是如果我們將這個論證升高八度，將人類靈魂看作基本的，那麼亞里斯多德的論證可以被重新應用。動物這個屬可以存在，但是它的存在依賴很多種－形式，而動物是它們的屬。

這樣的話，種－形式就通過了所有關於「這個某物」的測試。首先，它是一個真正的統一體，因此可以被稱為「這個」。其次，它在這個意義上是存在論上獨立的：不管我們是向更普遍的方向移動，還是向個體的方向移動，這兩個方向都依賴它，形式與質料在個體中的複合依賴形式。[168]而當我們沿著種差向上移動，我們就會進入更普遍的對象，它們無法獨立存在，而是依賴並且謂述種－形式。最後，種－形式也是確定的。在自然世界中，它是最確定的東西。不管我們是向個體還是向普遍物的方向移動，我們都是在移向質料或者**類似**質料的東西，也就是不那麼確定的東西，因此種－形式是「這個某物」。

但是，雖然種－形式是「這個某物」，它並沒有個體性。任何兩個人都有同樣的形式，個體的核心特徵就是它的個體性。亞里斯多德在《形上學》VII.15論證了，個體中的這種個體性，是定義無法把握的。在亞里斯多德看來，最困難的問題是那些獨特的、永恆的、不可毀滅的對象。[169]亞里斯多德說，像太陽、月亮這種獨特和永恆的對象，我們很難認識到它們也是不可定義的。他的想法大概是這樣的：對於獨特和永恆的對象，我們可以在原則上提出一系列條件，只有它能夠滿足。因為這個對象在相關的意義上不發生

---

[168] 比如《形上學》VII.3.1029a27-32、VII.11.1037a27-30；參見 VII.17.1041b6-9。

[169]《形上學》VII.15.1040a8-b2。

變化，它也就永遠不會不滿足這些條件。那麼這為什麼不是一個定義呢？

　　亞里斯多德用了一個非常天才的思想實驗回答了這個問題。設想「繞著地球旋轉」是對太陽的一個可能的定義。亞里斯多德讓我們考慮兩個反事實的條件句：

　　即便太陽停住了，它依然是太陽。

　　假如另一個天體開始繞著地球旋轉，它依然不是太陽。

亞里斯多德認為，這兩個說法都是真的。第一個條件句是真的，原因在於「太陽」代表了某個實體，而這裡討論的實體是一個個體。[170]「代表」至少有部分含義是「指稱」，亞里斯多德論證的是像「太陽」這樣的實體名字，並不是一個縮略版的或者隱藏的描述。它直接指稱太陽這個實體，而與太陽可能滿足的任何描述性條件無關。因此，「繞著地球旋轉」不可能是太陽的定義，因為它不可能指明太陽是什麼，它不可能解釋為什麼即便太陽不滿足那個條件，它依然是太陽。第二個條件句也是真的，因為假如某個其他對象開始繞著地球旋轉，它也不會因此變成太陽。太陽是一個個體，而個體的個體性不可能由一個 logos 把握，因為我們也可以設想其他對象滿足這個 logos。

　　注意，這兩個條件句的條件部分不僅是反事實的，而且在亞里斯多德看來是不可能的。我們會看到，他認為天體的運動本身是在表現這個世界與神的關係。[171]對他來講，它是不可能停止的。這完

---

[170]《形上學》VII.15.1040a32-33,b1。

[171] 參見《物理學》VII；《形上學》XII.7-9；《論天》I.10。我在後面的第七節進一步討論這個問題。

289 全就是一個思想實驗，裡面的條件不可能實現，雖然我們可以設想它們。透過設想，我們認識到，即便可以給出一個條件，某個個體事物會永遠滿足它，絕不存在不滿足的可能性，這個條件依然不是這個個體的定義。

　　與此不同，種—形式就是可定義的。它沒有個體事物的那種個體性，但它是「這個某物」。如果有某種方式可以是「這個某物」，同時又不是個體事物，那麼我們應該期待普遍物的範本也有所變化。亞里斯多德說，普遍物是依據自然屬於很多事物的。[172] 因此「普遍物」的概念就和普遍物所屬於的「事物」一樣模糊或者說有歧義。[173] 比如：在〈範疇篇〉裡，普遍的**動物**可以謂述人這個種，也可以謂述個體的人。[174] 因此**動物**謂述的「事物」就既包括了人、馬和鯊魚的種，也包括了個體的人、馬和鯊魚。普遍物定義的模糊性是一個優點，因為亞里斯多德可以用它捕捉謂述關係的全部範圍。

　　但是毫無疑問，這裡也有一種作為典範的謂述關係：普遍物謂述「這個某物」。在這裡，普遍物謂述一個真正的主體。在〈範疇篇〉的框架內，個體的人或馬被確定為首要實體和「這個某

---

[172] 《形上學》VII.13.1038b11-12；參見〈解釋篇〉7.17a38-40。

[173] 這個事實被〈解釋篇〉中帶有誤導性的定義遮蔽了，在〈解釋篇〉裡，個體被用普遍物定義。在那個定義裡，亞里斯多德對個體給出了一個否定性的定義。普遍物是依據自然可以謂述很多事物的東西，而個體就是不能這樣做的東西（17a39-40）。在這裡個體與普遍物之間的二分是真實的，但是任何否定性的描述都存在一個問題，那就是它以否定性為代價威脅到了窮盡性。如果我們有對於個體的肯定概念，這裡總有一個危險，就是這個肯定性的概念無法與這個否定性的描述等值。有一些非普遍物可能無法分有對個體的肯定描述。

[174] 〈範疇篇〉3.1b10-15。

物」。[175] 因此在〈範疇篇〉的存在論裡，普遍物的典範就是謂述很多個體。然而在他成熟的形上學裡，亞里斯多德認為一個種的形式也可以被看作「這個某物」。[176] 這裡作為典範的謂述關係就是普遍物謂述「這個某物」。但是既然種－形式在《形上學》第七卷裡被當作「這個某物」，我們就應該預見到這裡討論的普遍物是屬。就像「這個某物」升高了八度，普遍物也同樣升高了八度。

290

如果我們將《形上學》VII.13 從它的語境中抽出，亞里斯多德好像是在論證個體必然是實體。因為他論證沒有普遍物可能是實體。但是，因為他在其他地方論證過個體不能被定義，而實體可以，我們就會被迫得出結論認為，《形上學》第七卷是沒有結論的。但是《形上學》VII.13 跟隨 VII.12 中的證明，形式是「這個某物」，而普遍物被明確與「這個某物」而非個體對立。[177] 亞里斯多德還將本質與普遍物對立。因此在 VII.13 的語境裡，本質不是普遍物。[178]

此外，普遍物是實體的學說不僅僅是一個本身需要進行研究的抽象學說，它也有很多信奉者。[179] 因此我們需要用更多細節恢復這個學說的內容。亞里斯多德的目標是某種類型的柏拉圖主義者，他們相信隨著我們在普遍性的階梯上走得更高，我們就會走向更真

---

[175] 〈範疇篇〉5.3b10-18。

[176] 亞里斯多德沒有就此放棄像蘇格拉底這樣的個體可以被認為是「這個某物」（參見《形上學》VIII.1.1042a25-31；《論靈魂》II.1.412a8-9），但是他現在的首要關注是將形式看作「這個某物」。

[177] 《形上學》VII.13.1039a1-2。

[178] 《形上學》VII.13.1038b3。

[179] 《形上學》VII.13.1038b7-8。

實的存在。[180]對他們來講，屬比種更加真實，人的理念應該包括了動物這個屬和兩足的這個種差。[181]事實上，《形上學》VII.13 研究了與 VII.12 相反的立場。在 VII.12 裡，亞里斯多德論證了如果我們恰當地自上而下進行劃分，從屬到種差，那麼在這個劃分的**最下面**，我們會發現實體。而 VII.13 討論了我們要沿著階梯上升從而發現實體的看法。如果亞里斯多德的對手是這樣一個柏拉圖主義者，那麼他在《形上學》裡說的任何內容，都不會妨礙我們將種—形式看作首要實體，因為他已經在 VII.12 裡說明了種—形式是「這個某物」。事實上，在 VII.13 開篇的幾行裡，他將普遍物與本質做了區分，他只攻擊了那些認為（作為典範的）普遍物（即謂述「這個某物」的東西）是實體的觀點。實體形式不是普遍物，不是屬，而是「這個某物」。[182]

---

[180] 這是亞里斯多德在《形上學》VII.13-17 裡面的主要對手。但是他們在《形上學》III 裡也扮演了重要的角色：參見 III.1.995b27-31、996a4-11、III.3.998a21-25、b3-8、III.4.999a24-b4、b24-1000a1；另參見 VIII.1.1042a13-16。

[181] 《形上學》VII.13.1038b16-18、b33-1039a19、VII.14.1039a24-b15、VII.15.1040a16-25、VII.17.1041b11-17、b25-33、VIII.6.1045a14-22。

[182] 《形上學》VII.13 的論證結構極其複雜。如果想要探索這個問題，可參見 M. F. Burnyeat, ed., *Notes on Book Zeta of Aristotle's Metaphysics*, Oxford: Sub-faculty of Philosophy, 1979；M. J. Woods, "Problems in *Metaphysics* Z, Chapter 13," in J. M. E. Moravcik ed., *Aristotle: A Collection of Critical Essays*, University of Notre Dame Press, 1968；Driscoll, "EIΔH in Aristotle's Earlier and Later Theories of Substance"（前引）。我在這裡只能給出兩個線索。第一，牛津版對 1038b10-11 的翻譯帶有誤導性。那裡的譯文是「因為首要實體是**個體**特有的，它不屬於任何其他事物，而普遍物是共同的」。對希臘文的忠實翻譯是：「**每個事物**的實體是**每個事物**特有的，不屬於其他事物，而普遍物是共同的。」如果我們忽略這個論證的語境，並且認為亞里斯多德說的「每個」一定是指個體事物，那麼看起來他就

因此當亞里斯多德說：「(7) 沒有實體是普遍物」的時候，他真正的意思是：

「*(7*) 沒有實體是屬。*」

亞里斯多德也可以相應地放鬆先前對於定義只能針對普遍物的要求，這個要求裡面真正重要的是定義必然是對非個體的，因為我們已經看到了，定義無法把握個體事物的個體性。但是現在亞里斯多德發現有一種「這個某物」是完全非個體的，於是他就可以對「這個某物」下定義了，那個表面上的矛盾也就化解了。[183]

是在說每個個體都有自己的形式。但是亞里斯多德對「每個」的使用總是有歧義的，取決於語境。他經常用它來指不是個體的事物，事實上，在一些例子中他顯然指的是種（參見〈後分析篇〉II.13.97b28-31；《論動物的構造》I.4.644a28-33；我要感謝 John Cooper, *Reason and Human Good in Aristotle*, Harvard University Press, 1975, p. 29 提到了這些引文）。在 VII.12 中出現的最具體的東西就是種－形式，種－形式顯然對於它是實體的這個種而言是特有的，並且不屬於其他種。而像「動物」這樣普遍的屬－形式則是共同的（1038b11），它可以表述人、獅子等。第二，不要認為在 VII.13 裡亞里斯多德一直在表達自己的觀點，在 1038b16-30，亞里斯多德在講一個柏拉圖主義者可能提出的反對，而他一定要對此做出回應。這一點在上面提到的文獻中得到了細緻的討論，我也在「Active Epistêmê」一文中進一步討論了這個問題。

[183] 還有一個獨立於《形上學》VII.13 的理由否認種－形式是普遍物，即普遍物是可以謂述很多事物的（〈解釋篇〉7）。但是在形式的謂述之前並沒有很多事物存在。只有當一個事物已經有了形式之後，蘇格拉底、卡利阿斯等等才形成了很多事物。種－形式並不謂述很多事物，而是謂述質料，一旦有了形式的謂述，就和質料一起構成了很多事物（參見 Code, "Aristotle: Essence and Accident"；《形上學》VII.16.1040b5-9, VII.11.1037a6-10）。

292　　　　《形上學》第七卷的結論是形式是實體，亞里斯多德論證，當我們研究某物為什麼是其所是時，我們實際上是在研究它的本質或形式。[184]但解釋了一個事物是其所是的是它的實體，也就是它存在的首要原因。[185]此外，如果我們回溯《形上學》第七卷的論證就會看到，形式滿足了所有關於實體的限定。唯一可能會引起困難的是：

　　　　「(2) 實體必然是分離的，也就是存在論上獨立的。」

　　　　有人可能會問，形式怎麼可能獨立存在呢？亞里斯多德顯然沒有放棄這個限定，因為在《形上學》第七卷的最後他說，他的研究會對「獨立於所有可感實體的實體」給出清晰的論述。[186]形式能不能以任何方式獨立於質料存在呢？到目前為止，我們看到的唯一方式就是被我們的理智沉思。因為理智是非質料的，因此當它沉思形式的時候，它**就是**它在沉思的形式。但是，形式不可能用這種方式獲得獨立於質料的地位，因為這個代價是它依賴**我們**去沉思它。實體要獨立存在，一定不能依賴沉思它的理智，它必然**就是**主動進行沉思的理智。

　　　　理智思考的必然是實現程度最高的形式，也就是等同於本質的首要實體。但是這樣還不足以確保首要實體的獨立性。這個理智自身必然要等同於它的本質；它本身必然**就是**實現程度最高的形

---

[184] 《形上學》VII.17.1041a20-22、b3-11。

[185] 《形上學》VII.17.1041b27-28。

[186] 《形上學》VII.17.1041a8-9。亞里斯多德在這裡使用了完成時分詞「kechôrismenê」，因此很顯然他在這裡不只是在討論可以分離的實體，而是實際分離的實體。

式。[187]因此，在亞里斯多德的世界裡，有一個內在的要求，就是存在一個理智，它**就是**實現程度最高的形式。如果亞里斯多德的實體理論要獲得最終的一致性，這個理智就必須存在。這個理智不可能是（主觀的）學習和思考這個（客觀）世界的能力，如果實體是主動進行沉思的理智，它就不可能有思考任何東西的**潛在性**，它的本質必然完全在於思考的實現活動。主動的理解不可能僅僅是存在的一部分，它必然要在存在的整體結構中扮演構成性的角色。在這裡「主觀的」（理智的本質是主動思考）與「客觀的」（形式在被思考的時候構成了思考它們的思考本身）是重合的，思考活動與思想，知識與可知的對象必然是重合的。這個重合如何發生呢？要讓實體真正成為存在論上獨立的，它就必然是沉思實體的理智。但是這個理智如何存在呢？

七、自然之外的理智[188]

亞里斯多德的世界需要一個理智，它主動地思考首要實體。這個理智就是它在思考的首要實體，並且它還是實現程度最高的首要實體。如果那個理智永遠存在，就可以確立首要實體永恆存在。如果自然世界中的一切都以某種方式依賴這個理智，那麼我們就確立了首要實體的首要性和存在論上的獨立性。

亞里斯多德已經論證了運動或者變化必然是永恆的，[189]因為他相信，每個變化都要有獨特的原因，他論證了必然有一個變化的永恆原因，它本身是不變的。可毀滅的原因的無窮序列不能滿足要求，因為亞里斯多德認為它們可能都會毀滅，那樣就不會再有變化

---

187 因此它也能夠滿足《形上學》IX.8 中的限定，即現實優先於潛能。

188 本節相關閱讀：《形上學》XII.6-10。

189 《物理學》VIII.1-2；參見《形上學》XII.6。

了。[190] 而在他看來，那是荒謬的。事實上，亞里斯多德認為，他可以在天體中看到他證明的必然存在的永恆運動，正是因為這個世界是可理解的，我們才能期待感覺經驗與理性的命令吻合，我們可以期待理性去解釋我們在經驗中看到的東西：

> 有某種東西總是被不會停止的運動推動，這種運動就是圓周運動；**這不僅在理論上而且在事實上都是顯然的**。因此，首要的天體必然是永恆的。因此也必然有什麼東西在推動它們。因為既被推動又推動的東西是居間的，因此有一個推動者是不被推動的、永恆的實體和實現。**欲求的對象和思想的對象就是以這種方式推動的：它們推動但是不被推動。欲求和思想的首要對象是相同的**。顯得好的東西是欲望的對象，而真正好的東西是想望的首要對象……[191]

294

欲求提供了一種方式，讓一個東西可以導致運動，但是自己並不運動。欲求的對象不需要透過自己運動來引起欲求它的東西運動。但是世界與神的關係怎麼可能是欲求關係呢？

　　通常的回答是，神只推動「首要天體」，導致太陽、恆星、行星繞著地球轉動。這些天體被認為是活物，因此它們有對神的愛和欲求。[192] 之後，這些天體再將運動傳遞到自然世界的其他部分。這個標準答案聽起來是對的，但是它看起來太過貧乏，很難想像它就是全部答案。首先，它沒有解釋神對於那些天體來講為什麼格外可

---

[190] 《形上學》XII.6.1071b5-6。參見第三章第三、四節，關於運動需要仲介的討論。

[191] 《形上學》XII.7.1072a21-28（強調是我加的）。

[192] 《論天》285a29、292a20、b1。

愛。其次，神與整個世界的關係太過疏遠。好像神只和天體存在特殊的關係，而那些天體與這個世界的其他部分或多或少是一種機械關係。這看起來不大可能，因為亞里斯多德認為，神是這個世界**整體**擁有良好秩序的原因：

> 我們還必須要考慮宇宙的自然用兩種可能方式中的哪一種包含了好或者最高的好，是作為分離的和它自身，還是作為各個部分的秩序。很可能兩者皆是，就像一支軍隊那樣。好既在秩序之中，也在統帥之中，更多是在後者那裡，因為他並不依賴秩序，而秩序依賴他。所有的事物都以某種方式被組織起來，但並不是所有的東西都一樣，魚、鳥、植物各有各的方式，這個世界並不是每樣東西之間毫無關係，它們都是連結在一起的。因為所有的事物都朝著一個目的被組織起來……所有的事物都分有整體的好。[193]

這個世界是好的，這一點從它的秩序、和諧以及可理解性就能看出來。神以某種方式為這個世界是一個秩序良好的整體負責。我們很難相信這種責任僅僅表現為讓天體運動起來。這樣的話，亞里斯多德的神就不是一個指揮軍隊的將軍，祂並沒有直接干預這個世界，或者以任何方式創造它。祂沒有創造質料或者形式，也沒有以任何方式干預它，從而為形式與質料的結合負責。祂也不是一個神聖的工程師，祂沒有目的或者意圖，這樣的話，在這個世界裡發現的目的論秩序就不是神聖目的的表達。儘管如此，這個世界還是顯示了一種理性的秩序，神要為這個秩序負責，雖然祂並沒有設計這個世

295

---

[193]《形上學》XII.10.1075a11-25。

界，雖然這個世界也不是神的目的的實現。神是目的因，秩序依賴
牠。這個秩序良好的世界中的秩序必然與神有什麼關係，如果牠要
為這個秩序負責。

我們需要一種世界秩序的觀念，它是對神的**回應**。神並沒有
干預這個世界，但是這個世界可以被理解成表達了對神的欲求，這
個欲求的表達一定要在亞里斯多德這個世界的整體框架中去理解。
我想在這裡給出一個猜測：設想神主動地思考這個世界裡的首要實
體；再設想牠的思想形成了一個有序的整體。這樣我們就可以認為
這個世界整體上依賴神，因為形式要在自然世界中得以實現，需要
依賴形式之前以最高級的實現存在，但是形式或者首要實體實現的
最高形式就是神。神引發的欲求無非就是**每個有機體實現自己形式
的欲求**。每一個自然有機體在它自身之中都有這樣一些欲求，去做
實現和維持它的形式所必需的事情。這種欲求是有機體的形式或自
然的一部分，形式是有機體中的一種力量，促使它實現和維持它的
形式。這就是在每個有機體中都有的維持生命和繁衍的欲求，這些
欲求保證了物種的永恆。透過繁衍，個體的有機體可以分有（神聖
的）不朽性，但也只是它可能實現的那種不朽，即物種的不朽。[194]

296　從物理學家或者生物學家的角度看，一個成長中的自然有機體都是
在努力實現它的形式。但是從形上學的角度看，我們可以看到在試
圖實現形式的過程中，有機體做了一切可能的事情從而變得可理
解；同時也是在盡全力模仿神的思想，從而模仿神本身。神的思想
沒有複製世界的結構；相反地，整個世界的秩序是嘗試在自然中實
現神的思想。

這是一個猜測。但是這個猜測補全了整個拼圖中缺失的東
西。因為我們使用了亞里斯多德的基本原理──形式、理智、更高

---

[194]《論靈魂》II.4.415a26-b7。

的實現層次、實體，我們可以理解神與這個世界的關係。除了世界整體依賴神之外，我們還有另一個證據來支持這個猜測。神的思考在某種意義上和我們的思考相似：

　　天體和自然世界依賴（神）這個原理。**它的生活是我們所能享受的最好的生活，但是只能享受很短的時間。因為它總是在這種狀態中（而我們不可能）**，它的實現也是快樂。（因此醒來、感覺、思考是最快樂的，希望和回憶因為指向這些也是快樂的。）思考本身處理那些本身最好的東西，最完滿的思考處理那些在最完滿的意義上最好的東西。理智思考它自身，因為它分有思想對象的自然。因為在它與對象接觸，並思考對象的時候，就變成了思想的對象，因此理智和思想的對象是同一的。**能夠**接受思想對象（即實體）的是理智，當理智**擁有**這個對象時它就是**主動的**。因此，後者而非前者似乎是理智包括的神聖的要素，沉思的活動是最快樂的和最好的。神總是處於那個狀態中，而我們只能有時候處於那種狀態，這讓我們感到驚奇；如果還有更好的狀態，我們就會更加驚奇。神就處於那個更好的狀態之中。神也有生命，因為理智的活動就是生命，神就是那個活動，神的實現活動就是最好的和永恆的生命。因此我們說神是活的、永恆的、最好的，因此持續和永恆的生命和持存屬於神，這**就是**神。¹⁹⁵

297

---

¹⁹⁵《形上學》VII.7.1072b13-30（強調是我加的）。牛津譯本用「思想」（thought）翻譯 noêsis（我譯為「思考」〔thinking〕）和 noûs（我譯為「理智」〔think〕）。我將 energeia 翻譯成「活動」（activity），來強調思考和神的存在的主動本質，牛津譯本翻譯成「實現」

神是天空和自然的原理，亞里斯多德說祂是一種**生活方式**。[196] 那是「我們能夠享受的最好的」生活，雖然因為我們有限的自然只能很短暫地過那種生活。這種我們只能短暫達到的生活方式顯然是《尼各馬可倫理學》最後描述的那種沉思生活，[197] 人沉思本質或者首要實體的生活。這應該可以給我們一些關於天空和自然原理的洞見。因為我們對神聖之物的理解並不侷限於可以透過嚴格論證揭示的東西，那是所謂的「從外部」達到。我們生活的一部分，也就是沉思的部分，是神聖的。在我們自身之中認識到一種我們有時候能過的生活方式，應該能夠促進我們對神的理解。當我們主動進行沉思，我們的理智變得與思想對象同一。[198] 我們沉思的對象是平時在自然有機體中遇到的本質，因此我們的理智變得與我們沉思的本質同一。當理智沉思一個本質時它自己就是那個本質，是那個本質在最高程度上的實現。

正是**這種**活動，亞里斯多德說是快樂或者是最快樂的。我們都經歷過伴隨哲學活動的快樂。[199] 在亞里斯多德看來，這種快樂不是一種伴隨著思考的偶然的魅力，而是內在於思考本身的。這個思考—快樂的活動是本質在最高程度上的實現。亞里斯多德說，最值得欲求的和最可知的東西是同一的。[200] 對於所有的自然有機體來講，生存、維持生命、繁盛和繁衍的強烈欲求，從另一個角度看

298

（actuality）也是對的。energeia 這個詞既有神是一個活動的意思，又有他是實現的意思。

[196] diagôgê：《形上學》XII.7.1072b14。

[197] 《尼各馬可倫理學》X.7。

[198] 參見第四章第三節。

[199] 我很有自信地這麼說，因為你已經讀到這裡了！

[200] 《形上學》XII.7.1072b26-27。

就是努力變得可以理解。然而除了人之外沒有其他有機體可以理解這另一個角度，一個青蛙可能會分有青蛙的生活，因此表達青蛙生活的可理解性，但是牠永遠不可能理解青蛙是什麼。因此與青蛙的繁盛相伴，並反映青蛙生活可理解性的快樂，是青蛙滿足了牠生存和繁衍的欲求之後實現的快樂。人也從生活和繁衍中獲得快樂，但是和其他動物不同，人不僅努力變得可以理解，還可以理解體現在這個世界中的可理解的秩序。人不僅是可理解的，他還去理解。因此，人從可理解性裡獲得的快樂就不僅是伴隨著生活和繁衍的快樂（由此體現可理解性），而且是伴隨著滿足理解的欲求的快樂。這是主動思考的快樂，是比繁衍更高級的快樂。這是我們可以預見的，因為理智沉思形式就是形式處於更高的實現水準，高於它存在於由肉體構成的動物之中。思考和繁衍都是形式的表現，但處於不同層次的實現之中。人的自然的一部分就是去滿足理解的欲求。在理解這個世界的同時，人實現了他的本質。在實現自然的過程中，人用一種比其他動物更深刻的方式模仿神。因為人可以從事和神完全相同的沉思活動。在理解世界的時候，我們變得像神，變得神聖。

神的活動就是思考，我們也可以進行這種活動。祂的生活方式看起來就是祂思考首要實體的生活。當然，在思考首要實體的時候，祂**就是**首要實體。祂的生活是對我們來講最好的生活，那麼看起來祂就是在思考那些我們思考的首要實體。我們思考的首要實體就是自然世界中那些事物的本質或形式。這樣看起來，神與這個世界中存在的本質或形式的關係，就像形式更高一級的活動（即沉思）與低一級的活動（即與質料結合）之間的關係。

這個猜測想要成立，似乎還要掃清幾個障礙。亞里斯多德說神的活動是「對思考的思考」（thinking of thinking），他還主張神是思考自身的理智。但是如果神思考（以一種較低的活動存在於）這個物理世界中的實體，祂的思考怎麼會是對**思考的**思考呢？亞里

299

斯多德為什麼不說他思考這個世界，而是說他思考自身呢？要回答這些問題，我們需要去考察它們出現的語境。亞里斯多德提出了一些問題，這些問題是任何對神聖之物的描述都要面對的。他提出了一個兩難的困境。[201] 這個神聖的理智思考什麼？一方面，如果神什麼都不思考，那麼祂就和一個睡著的人沒有差別；另一方面，如果祂主動地思考什麼東西，那麼這個理智看起來就依賴思考的對象。因為我們已經看到了，神只進行思考活動。那麼思考的對象是什麼呢？如果它比神差，那神不就會因為思考它變差嗎？但是還有什麼東西比神更好嗎？亞里斯多德的問題是：是思考的行動還是思考的對象才是最好的？乍看之下，答案似乎是「都不是」。行動本身不可能是最好的，因為思考也可以有壞的對象；思考的對象不管多好看起來也不可能是最好的，那樣的話思想就僅僅是一種理解這個好的對象的潛能，而作為潛能無論如何也不可能是完全神聖的。

亞里斯多德的回答是，思考活動本身和思考的對象都是最好的。他又在這個兩難的困境中找到了一條通道：

> 因此那個理智（即神）必然思考自身，因為祂是最卓越的事物，祂的思考是對思考的思考。但是顯然，知識、感覺、意見和理解總是有某個其他東西作為對象，它們自己只是偶然的對象。此外，如果思考和被思考是不同的，那麼理智的好是哪一個呢？因為思考活動與被思考是不同的。我們的回答是，在某些情況下，知識是對象。在生產性的科學中（如果我們從質料中進行抽象），對象是本質意義上的實體；而在理論科學中，對**象就是 logos** 或者思考活動。理智和思想的對象在沒有質料的事

300

---

[201] 《形上學》XII.9.1074b15-35。

物上是沒有差別的，它們是同一的，思考就是思想的對象。[202]

亞里斯多德的解決方案擺脫了這個困境，但這就是全部了嗎？神思考祂自己是什麼意思呢？這是一個空洞的概念，只是為了解決這個難題嗎？如果是這樣的話，亞里斯多德怎麼會認為神是這個世界不動的推動者呢？還是說這也是一個空洞的概念，亞里斯多德只需要一個不動的推動者去終止被推動的推動者這個無限倒退？他是不是用了一個空洞的概念去「解決」兩個不同的問題？對於這些問題的答案必然是否定的，我們無法想像亞里斯多德會讓一個辯證法疑難的解決方案成為他整個形上學的基礎。神與世界的關係比上面說的要豐富得多，我們的任務就是要表明神思考自身如何能夠融入不動的推動者這個概念。

　　亞里斯多德對神的活動的描述，與他對理智是可思想的（thinkable）論述非常接近。[203] 理智是可思想的，就像任何思想的對象是可思想的，因為思考就是理智變成思考的對象，這就是理智在思考過程中的所是。在所有的思考中，理智都是可思想的，事實上，理智就是思想，因為理解和理解的對象同一。我們可能會認為這至少開始給出了一個關於神思考自身的分析：在主動的思考中，神聖的理智和對象是同一的，但是這還不是關於神思考自身的完整分析。困擾亞里斯多德的問題是，神的狀態可能會因為思考對象的

---

[202] 《形上學》XII.9.1074b33-1075a5。當亞里斯多德說思考活動和思想對象不是同一的，他的意思是我們對它們的**論述**不同。我們已經看到了，亞里斯多德確實相信真正理解之後，思考的活動和思想的對象是同一的。

[203] 《形上學》XII.9.1074b33-35、XII.7.1072b19；另參見《論靈魂》III.4.429b22-430a7；本書第四章第三節。

不同而提升或降低。這個問題不能簡單打發，我們不能說不管祂思考什麼（不管多差）祂都是在思考自身。因此想要理解神思考自身是什麼意思，我們還需要考慮神的思考與我們的不同之處。

這裡至少有兩個重要的不同。第一，神的活動是永恆的、不被推動的、不受這個世界上的事物影響的（雖然祂與這些事物也有關係），而我們的思考是零星的、受到外物影響的。我們的理智接受體現在這個世界中的形式。[204] 而神不會被這個世界中可理解的本質推動。在這個意義上，神的活動超越了這個世界，不會被它影響，但是由此不能推論出祂的活動與這個世界沒有關係。神的活動是不被推動、不受影響的，也是和可感物分離的，祂的永恆活動是一種更高層次的實現，與它相應的更低層次的實現可以在有質料的本質中看到。因此，我們思考可理解的本質與神思考這些本質的關係，與本質自身與存在於質料中的本質關係相似，這兩種思考都是形式在更高層次的實現，而有質料的事物只是一種更低層次的實現，對兩種關係的解釋有所不同。與神不同，我們如果想要沉思本質，就要和這個世界上的本質發生關係。我們沉思本質的能力，是從我們的經驗中發展起來的。[205] 正是在這個意義上，亞里斯多德說我們的理智**接受**可理解的形式，並且用蠟板作為比喻。[206] 亞里斯多德的觀點是人與神不同，人只能透過回應這個世界成為主動的思考者。

這種不對稱的關係讓我們可以補全神對自身的思考，我們主動的思考是兩種不同潛能的同一個實現：我們思考的能力和我們是一

---

[204]《論靈魂》III.4.429a15、a29-b9,b23；另參見《形上學》XII.7.1072a30。

[205] 參見〈後分析篇〉I.8, II.19；《論靈魂》III.7.432a7 以下。

[206]《論靈魂》III.4.429a15-16、b310430a2；另參見 III.7.431a28-29；《形上學》XII.7.1072b22。

個有質料的本質。而神在主動的狀態中不需要和任何外在的事物發生關係，因為在祂那裡思想的主體和客體是同一的，因此我們可以說祂思考自身。此外，我們還可以說祂的活動是對思考的思考，而不是對這個世界中的本質的思考。我們的思考雖然與神的思考在種類上相同，但是依賴我們與世界發生關係，因此不能說我們的思考也是對思考的思考。我們思考這個世界上存在於質料中的本質或者首要實體。然而，使得我們對某物進行思考的並不是思想的**性質**，而是那個思想如何產生的特徵。雖然神的思考是這個世界中有質料的首要實體最高層次的實現，但是祂的思考並不是關於有質料的實體的。神的活動是思考。因為思考的主體和對象是同一的，神思考的對象就是思考，因此神的活動可以被描述成對思考的思考。

雖然神的思考與我們的思考在這個方面確實不同，但祂的思考畢竟是「我們所能享受的最好的生活方式」。當我們理解和沉思時，在一個弱化的意義上，我們也在思考自身，因為我們依據自然就是這個世界的系統理解者。但是在我們知道了完全實現理解能力是什麼之前，不可能知道有系統的理解者是什麼。因此，透過理解世界這個活動本身，我們也在理解自己。將理智的關注僅僅轉向內在是無法實現理解我們自己的，只有透過理解和沉思這個世界中的本質，我們才能理解我們是誰。

這樣看來，理解的欲求將我們引向這樣一種思考活動，它同時是對世界的理解、對我們自己的理解、對神的理解。在對世界的理解中，我們的理智變成了存在於世界中的本質。在那個活動中，我們也變成了我們作為理解者的本質，並且理解了我們的本質，理解這個世界帶來了自我理解。這個世界在一個很重要的意義上是對神的回應，在理解這一點之前，我們還沒有充分理解這個世界。如果我們對這個世界與神的關係依然無知，就還不理解這個世界為什麼是這樣的。但是如果我們一定要理解這個世界，才能認識世

302

界的系統理解者是什麼，那麼在充分理解我們自己之前，就一定要理解神，以及祂和這個世界的關係。在理解神、世界以及自我的過程中，我們既實現了我們的本質又模仿了神。我們的理解重演（re-enactment）了我們的理解活動本身。這就是我們為什麼要以一種帶有悖論的方式超越我們的自然才能實現我們的自然。因為除非我們重演神的思考，從而在我們自己的活動中變得像神，否則就不可能理解神或者這個世界。如果我們想要實現我們作為系統理解者的角色，這個重演就是必要的：要完全成為人，我們就要變得與神相似。

但是如果在理解這個世界及其與神的關係中，人才能理解自身，那麼人思考自身的觀念就和他理解的這個世界一樣豐富。神不需要和這個世界中的本質發生關係，祂的思考永遠不需要與一個對象發生關係。但是如果祂的思考與我們的相似，那麼思考體現在這個世界中的本質時，祂就是在思考自身，神思考自身的概念並不是空洞的。

神的思考與我們的思考第二個重要的不同是，神的思考是統一的和不可分割的。[207] 任何沒有質料的東西都是不可分割的（adiairetos），任何第二層次的本質都是不可分割的，因為它被思考為一個整體。[208] 神本身是沒有質料的實體，因此他和他的思想是不可分割的。這是不是有可能會斬斷神的思考與這個世界中的本質之間的關係呢？因為如果每個沉思本質的更高層次的活動都是不可分割的，那麼，假如神思考這個世界中更低層次的本質，祂就要思考很多彼此不同的不可分割的思想。但是，看起來正是因為祂思考自身，祂的思想才不是複合的，不可變化的；假如祂思考整體的不同部分，那麼祂的思想就成了複合的、可變化的。這樣看來，我們

[207]《形上學》XII.9.1075a5-11。

[208] 參見《形上學》IX.10.1051b26 以下；《論靈魂》III.6。

好像又被迫回到了神思考自身這個觀念之中。但是表象可能具有誤導性，因為思想的不可分割性不只是由於思考對象的不可分割性。理智的主動思考和它的對象是同一的，這個不可分割性就既是因為思考也是因為它的對象。

　　亞里斯多德說，「不可分割」這個詞是有歧義的。它可以指潛在地不可分割，也可以指現實地不可分割。[209] 說一個對象在現實上不可分割就是理智將這個對象作為一個整體來思考，比如：理智可以現實地將一個長度思考為一個整體，正是因為這種主動的思考，這個長度「現實地不可分割」。這個主動思考的時間也是不可分割的，因為時間是變化的量度，是靈魂做出前後相繼的區分。但是理智進行的是一個完整的思考，沒有變化或前後相繼，因此時間也相應地不可分割。當然，假如我們願意，也可以先考慮一個長度的一部分，然後再考慮另一部分。這樣我們就在思想裡分割了這個長度，時間也同時被思想分割了。

　　這個關於現實的不可分割性的論述，極大地困擾著亞里斯多德的注疏者，因為他們無法理解一個長度怎麼可能被稱為現實的不可分割。畢竟，長度是亞里斯多德討論可分割性的典範。事實上，有人建議把這裡的希臘文翻譯成「在現實上沒有被分割」（actually undivided），而非「現實地不可分割」（actually indivisible）。[210] 當我們思考一個長度的整體時，它在現實上是沒有被分割的，雖然

---

[209] 《論靈魂》III.6.430b6-20。

[210] D. W. Hamlyn, *Aristotle's De Anima, Books II, III*, Clarendon Press, 1968, p. 143. 雖然「沒有被分割」是一個可以接受的翻譯，但是並不符合亞里斯多德對這個詞的通常使用，比如可參見《物理學》III.5.204a9-13、a24-28；《論靈魂》III.2.426b23-427a16；《形上學》XIII.9.1075a7。

它是**可分割的**。雖然這個建議能夠讓亞里斯多德的論述更溫和，但是我們應該拒絕這種理解，因為亞里斯多德這裡是在討論主動的思考。[211] 當然，我們將一個長度作為整體考慮的時候，它是沒有被分割的，因此在這個很明顯的意義上，它「在現實上沒有被分割」。但是亞里斯多德要說的不止於此。在思考活動中，有一種現實性，在思考之前或之後都不存在。正是這種現實性，將一個長度思考成一個整體，亞里斯多德稱之為「現實地不可分割」。這個主動的思考實際上是不可分割的，而不僅僅是沒有被分割的：有什麼東西可能分割它呢？地面上的一個長度才是在潛能上既不可分割又可分割的。[212]

---

[211] 《形上學》IX.9.1051a29-30。

[212] 古代和現代的注疏者都曾主張將「不可分割的是……潛在地和現實地」闡釋成「不是潛在地可分」以及「不是現實地可分」，「潛在地」和「現實地」用來限定「可分」而非「不可分」（430b6-7）。參見 Themistius 110.5H, 202.22；Simplicius 251.14；Ross, *Aristotle, De Anima*, Clarendon Press, 1961, p. 301；但是比較 Philoponus 549.5-7, R. D. Hicks, Aristotle, De Anima, Cambridge University Press, 1907, pp. 516-517（但是他在第 137 頁的翻譯與此不同），他只引用了亞里斯多德的一句話（《形上學》XII.8.1073a23）來支持這種闡釋，但是這句話並不能發揮支持作用。在地面上的一個長度是**潛在地**不可分的，看起來有些奇怪，亞里斯多德會說我們可以稱它為「不可分割的」（430b6-7）。我認為，這個奇怪之處來自大多數情況下潛在的 F 都不是 F。如果意識到，在一些情況下，潛在的 F 可以被稱為 F，這個奇怪之處就消失了。正如我們已經看到的，「聲音」、「顏色」和「氣味」都可以被用來指潛在性和現實性。普遍而言，這個現象之所以會發生，是因為現實性是思想去把握某物，而當它沒有把握這個對象時就是潛在性。

在亞里斯多德看來，存在可以從不同的角度考慮。在這個例子 305
中，我們可以從一個長度或者兩個長度的角度思考它。然而在實際
思考時，兩個第二層次的現實性出現了，一個是現實地不可分割，
也就是一個實際的整體；另一個是實際被分割了。這個長度可以被
認為是一或者多，但是在實際地把它思考成一的時候，一個單獨
的、不可分的、第二層次的現實性就出現了；而當把它思考為多的
時候，就出現了複數的第二層次的現實性，它們每一個都是不可分
割的。

神是沒有質料的實體。任何沒有質料的東西都是不可分割
的，因為神是永恆的現實性，祂在現實中不可分割。因為祂思考自
身，祂思考的對象在現實中不可分割。從這裡並不能推出祂的思想
與這個世界沒有關係，或者祂的自我沉思是貧乏的。因為神是從整
體的角度思考（呈現在）這個世界（中的本質）的。這個思考與世
界中的本質之間的差別，就像更高層次的現實性與較低層次的現實
性之間的差別。我們可以說，較低層次的現實性既是潛在地不可分
割又是潛在地可分割。我們可以思考這個本質，然後思考那個本
質，於是這個世界中的本質就現實地被分割了。與此不同，神的思
考在現實上不可分割。祂不是先思考這個本質，然後那個本質，祂
將這個世界上的本質當作一個整體來思考。神與祂的思考同一，祂
不在這個世界之中。此外，祂的思考也和我們在第二層次的現實性
中沉思世界的這個或那個方面不同。我們的沉思至少可能去思考複 306
合物並且在時間中發生，但是我們和神都可以沉思相同的本質，在
我們這裡是分割的，而在神那裡是不可分割的。這麼看來，神思考
自身這個觀念，就和思考這個世界整體一樣豐富。

我認為，亞里斯多德利用這個來解釋神與世界的關係。他指出
了人類理智或者任何在某個時間段中思考複合物的理智存在的一個
問題：「理智沒有某個部分的好，但是**最好的在某個整體之中**，與

此不同。」[213] 如果最好的是某種整體，那麼神的思考必然形成一個整體。自然的整體秩序正是建立在這種思考之上：「好既在秩序之中，也在統帥之中，更多是在後者那裡，因為他並不依賴秩序，而是秩序依賴他。」[214] 這個世界有一個秩序，因此可以被認為是一個整體。神的思考就是思考這個整體，但是在一種奇怪的意義上，祂完全不是在思考這個世界。祂的思考是獨立於這個世界的；但是因為祂的思考，這個世界擁有了秩序，這也就解釋了這個世界為什麼是好的。

如果這個關於神與世界關係的論述正確地呈現了亞里斯多德的觀點，那麼我們就必須要修正哲學史上一個通常的看法。人們普遍認為，在康德之前，哲學家傾向於認為理智是自然的鏡子。[215] 但是亞里斯多德看起來並不持有這種「鏡子論」。認為他持這種理論的原因是從一個角度孤立地看待理智與世界的關係，即人從無知發展到智慧。人生來無知，但是可以藉由他與世界的關係獲得經驗。透過反覆的經驗和學習，他的理智就會接受他在這個世界裡遇到的形式。這是人發展的角度，不是理智與世界關係的角度。

如果我們考慮沉思的物理學，這個角度就要進行修正。一個自然對象的本質表達了這個對象最真實的所是，它是那個對象的實體和實現。但是從理智的角度看，這個對象最真實的所是是一個要被理解的潛能。這個潛能的實現發生在理智之中，事實上就是理智。在亞里斯多德的世界裡，每個潛能都依賴一個在先的實現。[216] 這不

---

[213] 《形上學》XII.9.1075a7-9（強調是我加的）。

[214] 《形上學》XII.10.1075a14-15。

[215] 比如參見 Richard Rorty, *Philosophy and the Mirror of Nature*, Princeton University Press, 1979。

[216] 《形上學》IX.8，尤其是 1050a30-b8。

可能僅僅是在一個此前存在的自然對象裡表現出來的本質，因為本質就其自身而言也還是要被理解的潛能。在先的實現必然是神或者主動的理智，這是本質在最高層次上的實現。因此對亞里斯多德來講，說自然盡力模仿理智比說理智盡力模仿自然更為正確。

康德將自己在哲學上的「哥白尼革命」描述成，從「我們的全部知識都要符合對象」轉變為「對象必然要符合我們的知識」。[217] 這個描述的問題在於，它讓讀者認為康德的獨特貢獻在於改變了符合關係的方向，而不在於描述了對象所要符合的那個理智。亞里斯多德和康德都認為，對象一定要符合知識，而非相反。但是對康德來講，這意味著知識的對象必然是「表象」：經驗知識之所以可能是因為它部分由人類的理智構成，理智的這部分作用至關重要。因此對象必須要符合**我們的**知識。在康德看來，這個「主觀的」貢獻並不會剝奪我們客觀和經驗的知識，它提供了這種知識之所以可能的條件。我們可能會說，康德將知識人性化了（humanize），擁有知識並不是像神一樣看待這個世界。[218] 理智的「扭曲」並沒有剝奪知識的可能性，它們提供了知識的條件。他的原創性並不體現在認為對象一定要符合理智，而在於他對於對象所要符合的那個理智的描述。

而在亞里斯多德看來，對象一定要符合我們的知識，並不是因為它們一定要符合人類的理智，而是因為它們一定要符合神或者主動理智。因此我們可以說亞里斯多德是一個「**客觀觀念論者**」（objective idealist）。他是一個觀念論者，因為自然世界的秩序說到底依賴理智，但是在他的觀念論裡沒有任何主觀性的痕跡。對象

308

---

[217] 康德：《純粹理性批判》Bxvi。

[218] 參見 H. E. Allison, "Kant's Transcendental Humanism," *Monist*, 1971; Allison, *Kant's Transcendental Idealism*, Yale University Press, 1983。

必然要符合知識，但是那並不意味著它們要由我們的貢獻構成。亞
里斯多德和康德的差別並不在於對象是不是一定要符合理智，而在
於它們所要符合的那個理智在哪裡。在亞里斯多德看來，對象所要
符合的那個理智不是人類特有的，所以我們就沒有理由說我們沉思
的本質僅僅是表象。

　　概括來講，我們有兩種看待哲學史的方式，一種是看到不連續
性，另一種是看到連續性。我們最熟悉的方式是前者，比如：笛卡
兒關注個體的自我可以知道什麼，他關於懷疑論的極端研究創造了
主觀觀念論。在笛卡兒之後，哲學的探究不得不從自我及其經驗開
始，並且從這裡向外擴展。有了這樣一幅地圖，我們看到在 17 世
紀出現了一組先前的哲學家完全沒有討論過的問題。[219] 先前哲學家
向那些已經死掉的問題提出的解決方案，還能不能對新的問題做出
貢獻就變得非常可疑。但是我們還有另一幅地圖，我們可以說整個
哲學史都在關注一個問題，就是心靈與現實的關係問題，或者（或
許與前一個問題相同）如何以及在哪裡劃定主體與客體的界線問
題。對柏拉圖和亞里斯多德來講這些顯然都是非常基本的問題，我
們可以論證它們也是康德「第一批判」裡的核心問題。事實上，康
德的整個先驗觀念論的核心問題之一就是重新劃定主觀與客觀的界
線，這樣一來，從經驗的角度看經驗知識的客觀條件，就變成了從
先驗的角度看表象必然符合心靈的主觀條件。事實上，概念怎樣應
用於對象的問題，也是柏拉圖和亞里斯多德關注的那個心靈與存在
如何連結的問題，這個問題其實跨越了古代與現代哲學的二分。形
上學衰落了，在康德看來，原因在於它「僅僅在概念中摸索」。形

309

---

219 參見 M. F. Burnyeat, "Idealism in Greek Philosophy: What Descartes
Saw and Berkeley Missed," in G. Vesey ed., *Idealism Past and Present*,
Cambridge University Press, 1982。

上學想要前進，只能衝破關於概念之間關聯的貧乏研究，重新開始研究概念如何與對象發生關係。[220] 到這裡，我們應該清楚了主觀心靈與客觀世界的關係是亞里斯多德哲學的一個核心問題，心靈與世界的關係問題跨越了古代與現代哲學的鴻溝。以這樣的方式看待哲學史，笛卡兒和休謨的懷疑論對於康德來講確實是問題，但是它們在形上學的傳統問題面前，只是次級的問題，傳統的問題就是心靈與實在的關係問題，主觀與客觀的界線問題，概念與對象的關係問題。極端懷疑論並不是一個獨立的問題，它只是最近才成了一個在西方哲學更大的概念框架中令人不安的問題。

在這方面，我們或許可以提到，對康德哲學的一個主要回應是重新替對象要去符合的那個心靈定位。黑格爾試圖將心靈放在絕對觀念之中，之後維根斯坦試圖將它安置在共同體的活動和習俗中——他稱之為生活形式。他們倆都論證，沒有一個合法的制高點，從那裡可以將知識判定為僅僅是表象，是人類系統扭曲的產物。雖然他們同意康德的看法，對象必然要符合我們的概念，但是他們都認為個體的人類心靈不足以成為對象符合的那個大寫的「心靈」。我的看法是，如何替對象所要符合的心靈定位，依然是一個嚴肅的哲學問題。雖然表現形式可能有所不同，但是亞里斯多德對這個問題保持著高度的敏感。

八、人在自然之外的位置[221]

這本書始於一個很有悖論性的人的觀念：人被他的自然驅使去超越他的自然。雖然剛提出來的時候，它顯得非常怪異，但我們還是要回到這種思想的合理性上。[222] 在《形上學》的開篇，亞里斯多

---

[220] 《純粹理性批判》Bxv。

[221] 本節相關閱讀：《尼各馬可倫理學》X.7-9。

[222] 參見本書第一章。

德說對第一原理和原因的理解是神聖的。[223] 他並不是在用比喻的方式講話。神本身就是第一原理和原因，因此在理解第一原理的過程中，我們就理解了神。正是我們想要去理解的自然欲求驅使我們達到了這種理解，對神來講這種理解就是自我理解。我們現在可以看到，對我們來講，這種理解也是一種弱化的自我理解。透過我們的學習和理解活動，我們將自己理解成這個世界的理解者。我們在理解這個世界，以及理解主導著這個世界可理解的形態的原理和原因的活動中，認識到神的某種活動方式，這就是我們對這個世界的理解為什麼同時也在某些方面是神聖的。

在第一章中我提到，說理解第一原理和原因是神聖的，會帶來兩個驚人的後果。第一，因為神是一切事物的原理，並且由自我理解構成，由此能夠推論出，這個理解本身就是一切事物的原因或原理。因此對第一原理的理解，也就是哲學，不是理解某個獨立於那個理解的東西，這個理解本身就是這個世界中的原理或力量。我們現在可以看到為什麼是這樣，對世界的哲學理解是對首要實體的理解，也就是理解這個世界在最基本的意義上是什麼，但是這個理解**就是**首要實體處在最高的實現活動中。在這裡，哲學的理解、神聖的理解和首要實體重合了。形式或者本質是世界中基本的驅動力，當理智理解了這個世界，它就變成了這個驅動力。哲學活動就是宇宙中的一種基本力量，這麼說當然是用一種帶有誤導性的方式來表達亞里斯多德關於這個世界的一個深刻的真理。「哲學活動」只是我們給實體形式的遲到的名字，形式在閒暇階層出現以前很久就發揮作用了，而對人類而言，直到這個階層出現才有人完全投身於滿足理解的欲求。

---

[223] 《形上學》I.2.982b28-983a11。

　　第二，當人完全滿足了理解的欲求，當他理解了世界的原理 311
和原因，他不是獲得了對某個特殊的神聖對象的理解。這個理解本
身是神聖的，因為「人類理智沉思形式」、「實體形式」、「首要
實體」、「神思考自身」這些說法是用不同的方式在描述同樣的事
情，也就是形式處於最高層次的實現之中，人的理解不僅僅是對神
聖者的理解，而且**就是**神聖的。在這裡我們就正視了那個帶有悖論
色彩的觀念：人被他的自然驅使超越他的自然。在滿足理解的欲求
時，人在最終實現自然的時候也必定超越了自己的自然。但是如果
亞里斯多德的意思是，人為了完全成為人，一定要超越人之所是，
這意味著人一定要最終超越自己嗎？

　　如果想要理解這個悖論，我們一定要把握另一個悖論：對於
成熟時期的亞里斯多德來講，人在一個很重要的意義上背離了他的
自然。乍看之下，這個說法肯定顯得非常荒謬。人的自然或形式是
他本質上的所是，我們不可能說他背離了自己的自然，這就等於說
他背離了自己。但是我們來考慮一下亞里斯多德說的理解的欲求引
領他走過的研究之路，在他的研究中，亞里斯多德發現了一條基本
的形上學研究之路去研究首要實體。這個研究帶來了對人的發現，
人可以用兩種方式看待自己。他可以將自己看作形式與質料的複合
體，即靈魂在血肉和骨頭中實現出來；他也可以將自己看作他的實
體，也就是他最真實的所是，即人的靈魂。「人」是亞里斯多德給
靈魂－肉體複合物的名字。在這個意義上，「人」就像「塌（鼻
子）」（snub），它指的是形式在某種質料中的實現，它不像凹
（concave）指的是某種形式本身，可以在各種不同的質料中實現。

　　人作為形式與質料的複合體是自然世界中的生物，他依據自然
是政治的動物，對他來講好的生活是倫理德性的生活。政治生活是
指在社會這個人類的棲息地中度過積極的生活，我們可以說人在政

312　治社會中從事積極生活的圖景為「單純人類的視角」。一旦發現人的形式是他最真實的所是，我們離發現人可以在「單純人類的視角」之外還有更高的追求，就只有一步之遙了。當人實現了最深刻的自我理解，他就會意識到他在一個很重要的意義上不是人了。他是人的靈魂，而且是人的靈魂處於最高層次的活動中，即主動的理智，這個時候就沒有任何物質性的體現了。一旦人可以在一個重要的意義上將自己理解成非人，一種極端不同的生活方式就對他展開了：

> 如果幸福是合乎德性的活動，那麼說它合乎最高的德性就是合理的，這是**我們之中最好的東西**。不管它是理智或者其他什麼，它被認為是我們自然的統治者和指引，它讓對事物的思想高貴和神聖，不管它本身是神聖的還是僅僅是我們之中最神聖的要素，合乎它的德性的活動就是最完美的幸福。這個活動就是我們已經說過的沉思活動。[224]

人是可以溝通神聖與自然世界之間鴻溝的生物，作為動物，人生活在自然世界中，作為理智，他是完全脫離質料從事神聖活動的能力。我們可能會認為，對亞里斯多德來講，並沒有一種單一的生活方式可以和諧地混合人類這兩方面的特徵。人不可避免地會受到來自相反方向的拉扯：一方面是社會中的政治生活，另一方面是反社會的沉思生活。但是並非如此。《尼各馬可倫理學》的主體部分描述倫理德性的生活，那是一種和諧的生活，畢竟不是只有血肉和骨頭的生活，而是人類靈魂在血肉和骨頭之中的生活。對亞里斯多德來講，問題並不是不可能過一種和諧生活，而是某種不和諧的生活

---

[224] 《尼各馬可倫理學》X.7.1177a12-18。

太有價值，甚至值得我們將關於和諧的考慮拋在身後。[225]

因此，雖然亞里斯多德並沒有否認人可以過一種適合人的和諧生活，但是他畢竟面臨著一個根本性的選擇。當然絕大多數人根本就不會遭遇這個選擇：或者是因為物質生活的原因，或者是因為缺少內在的能力，大多數人被排除在了沉思生活之外。只有極少數既有物質條件又有思想能力去追求沉思生活的人，才不得不面對這個選擇。因為他追求理解的內在欲求會引領著他，直到他不得不面對兩種根本上不同的生活之間的衝突。不過亞里斯多德對我們提供了一些安慰，這並不是一種悲劇性的選擇。如果我們確實要做這個選擇，毫無疑問我們應該選擇沉思生活，沒有任何理由因為將倫理生活拋在身後而感到後悔或惋惜。

亞里斯多德對沉思生活的讚美勝過了其他一切。在讀他的讚美時，我們可能會覺得他讚美的那種生活沒有什麼吸引力。第一，沉思生活是最自足的生活。在《尼各馬可倫理學》開頭，自足被描述成一種政治德性。[226] 作為政治德性，自足在一個人與家庭、朋友、同胞公民的關係中得到表現。自足的人是既有物質條件又有品格條件，可以和自己的同胞公民一起過節制的、慷慨的、正義的生活。根據這個理解，自足的生活只能在政治社會中度過，事實上，亞里斯多德將它與孤獨的生活相對照，在孤獨的生活中人無法實現幸福。[227] 但是，當他讚美沉思生活的時候，出現了一種超越倫理生活的自足。節制、正義、勇敢的人都依賴社會環境去實現他們的倫

---

[225] 《政治學》VII.2 也提到沉思生活是不同於倫理生活的另一種生活方式。

[226] 《尼各馬可倫理學》I.7.1097b7-22。

[227] 《尼各馬可倫理學》I.8.1099b3-6；另參見本書第五章第六節。

理行動，「但是哲學家**甚至在自己獨處時**都可以沉思。」[228] 在《倫理學》的最後，自足不再是一種政治德性，而是成為了一種**形上學**德性。神的活動最終向我們表明自足到底是什麼，人有機會分有這種「形上學的幸福」。神聖的自足也就是思想與對象在形式的最高實現中達到絕對的同一，這就是形上學幸福的典範。正是因為人依據自然是一種思考的存在，他渴望理解，因此最終他會將「單純人類的視角」拋在身後。當然，一個嚴肅的問題是，人可以在多大程度上成功。因為不管他的思想飛得多麼高遠，人依然是一個複合物，無法完全超越主觀的理智（它能夠進行理解）和客觀的世界（它可以被理解）之間的劃分。即便如此，人依然可以獲得一種**類似**神的自我理解。因為在他的沉思中，思考的理智與思想的對象是同一的。人這個主動的理解者，不需要任何外在於他自己的東西，他擁有了形上學的幸福。

亞里斯多德讚美沉思生活的第二個理由是說，沉思不生產任何東西，沒有任何超出它自身的價值。[229] 勇敢的行動可能幫助構成好生活，因此本身是好的，但是它也有進一步的目的，比如說保衛雅典。而沉思不為了任何超越它自身的目的，在這個意義上，它模仿了神的生活，什麼都不生產。

亞里斯多德對沉思生活的第三個讚美是這種生活是閒暇中的生活。[230] 倫理上有德性的人經常要承擔社會的要求，政治家和將軍會在政治生活的要求中感到快樂，或許可以實現高貴和偉大，但是他們的生活在某些方面是緊迫的和苛刻的。亞里斯多德認為，哲學的誕生是一個歷史性的事件。只有當社會組織高度發達，保證了生

---

[228] 《尼各馬可倫理學》X.7.1177a32-33。

[229] 《尼各馬可倫理學》X.7.1177b1-26。

[230] 《尼各馬可倫理學》X.7.1177b4-26。

活所需，並且將主人階層解放出來可以享受閒暇之後，才有可能出現。[231] 沉思的生活是閒暇的主人階層才能選擇的，雖然一個沉思者會卸掉他對社會的責任，但他還是依靠社會向他提供物質條件，去滿足他反社會的沉思生活。說的難聽點，沉思生活從社會角度看是寄生性的；說的好聽點，沉思生活確實做出了屬於人的貢獻。因為如果理智是我們之中最好的東西，那麼過理智生活的沉思者就對人性做出了貢獻，因為他提供了一個人類形式達到最高實現的範例——我們之中最好的東西統治著我們。

不管怎樣，將同胞的一切都拋在身後，聽起來並不像是對人來講最有吸引力的生活。但是如果沉思生活看起來確實缺少吸引力，除了說亞里斯多德的價值與我們的價值不同之外，我們還可以學到更重要的東西。我們認為這種生活沒有吸引力，是因為我們從一個倫理的或者單純人類的視角去看待它。沉思的生活就其本性而言是非倫理的。亞里斯多德的要點在於某些人可能有壓倒性的理由去過非倫理的生活。理由是人的一部分是神聖的，如果他有機會過神聖的生活，毫無疑問他應該這樣做：

> （沉思的）生活對人來講太高了，因為這不是就他是人來講要過的生活，而是就他有某種神聖的要素而言，它超越了我們複合的自然，因此這種活動也超越了其他德性的活動。如果理智和人相比是神聖的，那麼合乎理智的生活相比人類的生活也是神聖的。但是我們不能聽從那些人的教導，他們說作為人就應該思考人的事情，作為有朽者就應該思考有朽者的事情，我們必須要盡我們所能讓自己不朽，盡一切努力根據我們中最好

---

[231] 《形上學》I.1.98113-25、I.2.982b20-24；另參見本書第一章。

的東西生活。雖然它在體積上很小，但是它在力量和價值上遠遠超越了其他一切。它似乎也是每個人本身，因爲它是主導性的和更好的部分。如果他不選擇自己的生活而選擇其他的生活，就很奇怪了。我們先前説的在這裡也適用，最適合每個事物的就是依據自然對它來講最好的和最快樂的。因此對人來説，合乎理智的生活就是最好的和最快樂的，因爲理智比任何其他東西更是人。因此這種生活也是最幸福的。[232]

或許我們這些現代人不會像亞里斯多德一樣感受到沉思生活的吸引力，但是我們確實能夠像亞里斯多德一樣認識到，人的自然中有不同的方面，不是都可以納入倫理生活的。我們現代人可能會認爲，偉大的藝術家對於創造性的要求，可能會促使他忽視自己對家庭、朋友或者社會的責任。[233] 我們可以想像亞里斯多德也可能會論證一個人之中的神聖要素是他的創造性。藝術家就像神一樣是個創造者，因此如果一個人要在藝術生活和倫理生活中進行選擇，他應該選擇藝術生活。

亞里斯多德將人等同於他的理智。人首先被等同於他的實體或者形式，之後等同於實體中最高的或統治性的要素。這是一種非質料性的能力去沉思非質料的形式。在亞里斯多德眼中，人最真實的所是並不是人格的或者個體性的。當他沉思本質的時候，他過著哲學家的生活，他將人格中的東西都拋在身後，他的沉思是完全普遍的和非人格化的。當然，他必然有個體的歷史，才能達到沉思本質的程度。他在這個世界中走過了一條道路，遇到了在自然對象和

---

[232]《形上學》X.7.1177b26-1178a8。

[233] 參見 Bernard Williams, "Persons, Character and Morality,"、"Moral Luck," in *Moral Luck*、*Ethics and the Limits of Philosophy*, ch. 3。

人造物中的本質。透過他的經驗和學習，他的理智接受了體現在世界中的形式，這樣哲學家的理智就可以複製這個世界（或者說複製這個世界中的形式）。亞里斯多德的人在最不是他自己的時候恰恰最是他自己，也就是當他變成這個世界（至少是世界的形式）的時候。在同樣的行動中，他也在模仿神。因為神是主動地思考（同時就是）形式，人的理智活動就是最真正的神聖之物。

因此，雖然沉思的人將他的社會責任拋在身後，這個選擇並非自私，因為沉思的人也同時拋開了任何可以自私的自我。當然，在一個意義上，沉思的人選擇了對他來講最好的生活，但是如果我們問他實現的是什麼樣的**自我**理解，我們就可以看到這個選擇全然沒有自私的成分。這種理解顯然不是對個人人格的理解，而最多是對他之中最好的東西的理解，即理智。沉思的人將自己等同於這個理智，並且將它變成自己的生活。但是我們看到了，理智只能透過它的活動得到理解。只有透過研究和理解這個世界，我們才能理解理智是什麼。這個研究和理解完全滿足了理解的欲求，最終構成了最高形式的自我理解。如果我們深入到這個世界可理解的結構中，就可以理解神，或者說神的理解活動。但是神聖的理解完全**就是**這個世界可理解性的原因。因此我們就發現了（在研究這個世界的過程中）我們一直思考的其實**就是**神的理智。我們的思考就是模仿和重演神的思考。在這種重演中，人理解了世界和神，同時也理解了自己。只有透過這種重演，人實現了最高的自然，也只有這時他才能理解他之中最好的東西——他神聖的理智。正是這種形式的「自我理解」才是理解的欲求最終的欲求對象，這樣人才完全理解了一個世界的系統理解者是什麼意思。

重演神的思考看起來可能非常抽象和難以理解，或許用一個類比可以有所幫助。在本書中，亞里斯多德的世界一直是我們研究的對象。事實上，我們對亞里斯多德這個世界（也就是他的信念和

317

觀點構成的系統）的態度，就類似亞里斯多德對這個世界整體的態度。如果我這本書是成功的，那麼我們就沒有和亞里斯多德的世界存在理智上的距離，我們就像他思考那些難題和觀念一樣，理解了他的世界，因此我們對亞里斯多德的理解在某種意義上就是他思考的重現。因此在進行理解的主體／理智（也就是亞里斯多德），與意在被理解的對象（也是亞里斯多德）之間就沒有明確的區分。在理解亞里斯多德的時候，主體與研究對象重合了。在我們的研究和亞里斯多德自己的思考之間的關係，與思考與對象之間的關係相同。當我們思考這個世界時，我們的思考重演了體現在這個世界中的形式。當我們思考神的時候，我們的思考是神的思考的（部分）重演。在亞里斯多德看來，世界和神都是意在被理解的，就像對我們來說，亞里斯多德是意在被理解的。在這兩種情況下，理解都是透過重演實現的。但是如果自我理解是透過在思想中重演世界中的形式實現的，我們就應該期待「自我」理解是一種高度非個人化的事情。

318

　　人可以在倫理生活中表達自己的人格和品格。他可以在倫理世界過一種幸福的生活。但是相比沉思的生活，倫理生活只是第二好的。[234] 從倫理生活的角度看，沉思生活看起來是非倫理的；而從沉思生活的角度看，倫理生活看起來太人性了：「倫理德性必然屬於我們複合的自然，複合的自然的德性是屬人的，因此符合這些德性的生活和幸福也是屬人的。」[235] 倫理德性關注的是人作為一個有質料的存在，在自然世界裡和他的同胞生活在一起。這或許是人的狀況，但是在另一個意義上，沉思生活是最「人性」的生活。但是，倫理生活裡面有什麼東西「太人性了」，透過超越它，沉思生

---

[234] 《尼各馬可倫理學》X.8.1178a9-24。

[235] 《尼各馬可倫理學》X.8.1178a19-22。

活將我們帶到人性最高的實現之中呢？答案就是，倫理生活中的德
性屬於我們複合的自然，從「單純人類的角度」看，這種生活就是
對我們來講最好的生活。但是哲學家看到了「單純人類的視角」確
實僅僅是屬人的。他看到了還有一些形上學的德性，也就是從宇宙
角度看的卓越。他還看到了人是世界上唯一有機會實現形上學幸福
的生物。透過研究這個世界，人意識到，只要占據理智的位置，他
就獲得了最高的位置。透過實現他之中最好的東西，人超越了自己
的自然，他不再過**對人來講**最好的生活；而是過著無條件的最好的
生活。

我們需要注意，沉思的生活並不是將這個世界完全拋在身
後。就算人能夠成功地過沉思生活，他也不會因此就不再是一個有
質料的存在。物質需要對沉思者來講不重要，不是因為他不再需要
它們，而是因為如果他足夠幸運可以過這樣一種沉思的生活，根本
就不需要操心那些需要。但是還有一種更深層的含義，沉思生活與
地上的存在有關，因為人對自然的研究本身構成了沉思生活。我們
除了走到世界之中——不管是青蛙生活的池塘，還是人生活的社
會——之外沒有其他的選擇。因為人與神不同，如果想要沉思首要
實體就要先發現它們，這個發現只能透過積極地研究這個世界才能
實現。沉思的人並不必然要使用他的身體以及感覺和理智。當然，
最終構成沉思生活的是對首要實體的思考，而這是由人非質料性的
部分實現的。但是作為一個思考的存在者就是人最真實的所是，現
在我們就可以理解在什麼意義上人可以超越人性變得神聖了，也可
以理解人在什麼意義上必須要保持人性，無法實現與神的同一了。
人的沉思活動是神聖的，但是人本身，即便在過沉思生活的時候，
也只是變得與神**相似**。因為神的生活方式就只是**思考**。而沉思的人
只能接近這種生活方式，因為即便在沉思的時候，他依然是一個有
質料的存在。沉思生活只能與神的生活**相似**，不是等同。

　　人們經常說，亞里斯多德的哲學是未完成的，它依然處在兩個理想的張力之間，一個是倫理生活，另一個是沉思生活。其實並非如此，對於現代讀者來講，很難嚴肅對待亞里斯多德說在人之中有某個神聖的要素。如果我們認為人是生活在大地上的、有質料的動物，那麼我們很難不認為《尼各馬可倫理學》的主體部分出色地描述了一種在任何時候都適合他的生活。從這個角度看，《倫理學》的結尾似乎是一個沒有完成的附屬物，或許（有人希望如此）是被愚蠢的編輯加上的。如果這麼想，就忽視了亞里斯多德思想中現代讀者傾向於迴避的兩個方面：他的形上學和他的神學。問題並不是亞里斯多德沒有弄清楚人應該如何生活，而是因為他從形上學的角度將人分析為質料與形式的複合物，這使得他可以將人看作極端分裂的。人是一個複合物，但是**在最真實的意義上**他是形式中最高的要素。

　　是人想要理解的自然欲求促使他穿過研究和經驗的生活，直到可以意識到他真正的所是，正是這個自然的欲求促使他超越了自己的自然。但是即便在他神聖的生活中，也依然有某種人性的痕跡，因為那種生活只能短暫地度過。死亡也會征服哲學家。但是在進行沉思的時候，理智的生活像神一樣。毫無疑問，亞里斯多德認為自己過著這樣的生活。

參考文獻

我決定保持參考文獻目錄的短小精悍。它是為閱讀了本書，還想要在某些方面進一步探討的讀者準備的。因此我只列出了注腳中提到的和明顯相關的文獻。顯然，在我引用到的那些作品裡可以找到更多的參考文獻。在 J. Barnes, M. Schofield, and R. Sorabji eds., *Articles on Aristotle* 中有很詳細的有關亞里斯多德的著作和論文的參考文獻。就亞里斯多德的文本而言，除了羅斯（Ross）編輯的〈分析篇〉、《物理學》和《形上學》，以及希克斯（Hicks）編輯的《論靈魂》之外，我主要使用了牛津古典文本中的亞里斯多德和柏拉圖的著作。

J. L. Ackrill, *Aristotle's Categories and De Interpretation*. Clarendon Press, 1963

——"Aristotle's Definitions *of Psuchê*," *in Articles on Aristotle*, vol. 4

——*Aristotle the Philosopher*. Oxford University Press, 1981

Rogers Albritton, "Forms of Particular Substances in Aristotle's *Metaphysics*," *Journal of Philosophy*, 1957

D. J. Allan, *The Philosophy of Aristotle*. Oxford University Press, 1970

Henry Allison, "Kant's Transcendental Humanism," *The Monist*, 1971

——*Kant's Transcendental Idealism*. Yale University Press, 1983

Julia Annas, *Aristotle's Metaphysics Books M and N*. Clarendon Press, 1976

D. M. Balme, *Aristotle's Use of Teleological Explanations*. Athlone Press, 1965

Renford Bambrough, ed., *New Essays on Plato and Aristotle*. Routledge & Kegan Paul, 1979

Sir Ernest Barker, *The Political Thought of Plato and Aristotle*. Dover, 1959

Jonathan Barnes, *Aristotle's Posterior Analytics*. Clarendon Press, 1975

—— *The Presocratic Philosophers*. Routledge & Kegan Paul, 1979

—— *Aristotle*. Oxford University Press, 1982

—— ed., *The Complete Works of Aristotle, The Revised Oxford Translation*. Princeton University Press, 1984

Jonathan Barnes, Malcolm Schofield, and Richard Sorabji eds., *Articles on Aristotle*, vol. 1-4. Duckworth, 1975-1979

Paul Benacerraf, "Tasks, Supertasks and the Modern Eleatics," *Journal of Philosophy*, 1962

—— "Mathematical Truth," *Journal of Philosophy*, 1973

Jonathan Bennett, *Linguistic Behaviour*. Cambridge University Press, 1976

Franz Brentano, *The Psychology of Aristotle*. University of California Press, 1977

M. F. Burnyeat, "Idealism in Greek Philosophy: What Descartes Saw and Berkeley Missed," in *Idealism Past and Present*, ed. G. Vesey. Cambridge University Press, 1981

—— "Aristotle on Understanding Knowledge," in *Aristotle on Science: The Posterior Analytics*. Editrice Antenore, 1984

—— "Is Aristotle's Philosophy of Mind Still Credible?" (unpublished)

—— ed., *Notes on ZETA*. Oxford Sub-faculty of Philosophy, 1979

—— ed., *Notes on ETA and THETA*. Oxford Sub-faculty of Philosophy, 1984

R. G. Bury, trans., *Sextus Empiricus*, vols. 1-4. Loeb Classical Library. Harvard University Press, 1933-1949

S. H. Butcher, *Aristotle's Theory of Poetry and Fine Art*. Dover, 1951

Harold Cherniss, *Aristotle's Criticism of Plato and the Academy*. Russell & Russell, 1972

Alan Code, "The Aporematic Approach to Primary Being in *Metaphysics Z*" (abstract), *Journal of Philosophy*, 1982

——"The Aporematic Approach to Primary Being in Metaphysics Z," *Canadian Journal of Philosophy*, 1984

——"Aristotle: Essence and Accident," in *Philosophical Grounds of Rationality: Intentions, Categories and Ends*, eds. R. Grandy and R. Warner. Clarendon Press, 1985

——"On the Origins of Some Aristotelian Theses about Predication," in *How Things Are: Studies in Predication and the History of Science*, eds. J. Bogen and J. McGuire. D. Reidel, 1985

John Cooper, *Reason and Human Good in Aristotle*. Harvard University Press, 1975

——"Aristotle on Natural Teleology," in *Language and Logos: Studies in Ancient Greek Philosophy Presented to G.E. L. Owen*, eds. M. Schofield and M. Nussbaum. Cambridge University Press, 1982

John Corcoran, "Aristotle's Natural Deduction System," in *Ancient Logic and Its Modern Interpretations*, ed. J. Corcoran. D. Reidel, 1974

R. M. Dancy, *Sense and Contradiction: A Study in Aristotle*. D. Reidel, 1975

Donald Davidson, "How is Weakness of Will Possible?" in *Essays on Action and Events*. Clarendon Press, 1980

——*Inquiries into Truth and Interpretation*. Clarendon Press, 1984

Richard Dawkins, *The Selfish Gene*. Granada, 1978

Hermann Diels, *Die Fragmente der Vorsokratiker*, 6. verbesserte Auflage hrsg. von W. Kranz, 3 vols. Weichmann, 1951-1952

John A. Driscoll, "EIΔH in Aristotle's Earlier and Later Theories of Substance," in *Studies in Aristotle*, ed. D. J. O'Meara. Catholic University Press, 1981

Michael Dummett, *Truth and Other Enigmas*. Duckworth, 1978

Troels Engberg-Pederson, *Aristotle's Theory of Moral Insight*. Clarendon
　　Press, 1983

Cynthia Farrar, *The Origins of Democratic Thinking: The Invention of
　　Politics in Classical Athens*. Cambridge University Press, 1988

Hartrey Field, *Science Without Numbers*. Blackwell, 1980

Michael Frede, "Individuenbei Aristoteles," *Antike und Abendland*, 1978

Michael Frede and Gunther Patzig, *Aristoteles, Metaphysik Z*. Beck, 1987

Gottlob Frege, *The Foundations of Arithmetic*. Blackwell, 1968

David Furley, *Two Studies in the Greek Atomists*. Princeton University
　　Press, 1967

Montgomery Furth, *Aristotle, Metaphysics Books Zeta, Eta, Theta, Iota*.
　　Hackett, 1986

Marjorie Grene, *A Portrait of Aristotle*. University of Chicago Press,
　　1963

D. W. Hamlyn, *Aristotle's De Anima, Books II, III*. Clarendon Press, 1968

W. F. R. Hardie, *Aristotle's Ethical Theory*. Clarendon Press, 1980

Edwin Hartman, *Substance, Body, and Soul: Aristotelian Investigations*.
　　Princeton University Press, 1977

T. L. Heath, *Mathematics in Aristotle*. Clarendon Press, 1970

G. W. F. Hegel, *Philosophy of Right*, trans. T. M. Knox. Clarendon Press,
　　1952

――*Lectures on the History of Philosophy*. Humanities Press, 1974

――*Phenomenology of Mind*, trans. A. V. Miller. Clarendon Press, 1977

Robert Heinaman, "Knowledge of Substance in Aristotle," *Journal of
　　Hellenic Studies*, 1981

R. D. Hicks, *Aristotle, De Anima.* Cambridge University Press, 1907

David Hilbert, *Foundations of Geometry.*

Open Court, 1971 Jaakko Hintikka, *Time & Necessity.* Clarendon Press, 1973

Werner Jaeger, *Aristotle: Fundamentals of the History of his Development.* Oxford University Press, 1934

B. Jowett, *The Politics of Aristotle.* Clarendon Press, 1885

Immanuel Kant, *Foundations of the Metaphysics of Morals*, trans. L. Beck. Bobbs-Merrill, 1959

——*Critique of Pure Reason*, trans. N. K. Smith. St Martin's Press, 1965

——*Critique of Practical Reason*, trans. L. W. Beck. Bobbs-Merrill, 1966

——*Critique of Judgement*, trans. J. C. Meredith. Clarendon Press, 1978

Anthony Kenny, *Aristotle's Theory of the Will.* Yale University Press, 1979

J. N. Keynes, *Studies and Exercises in Formal Logic.* Macmillan, 1928

Christopher Kirwan, *Aristotle's Metaphysics, Books Γ, Δ, E.* Clarendon Press, 1971

Melanie Klein, *Love, Guilt and Reparation.* Hogarth Press, 1981

L. A. Kosman, "Aristotle's Definition of Motion," *Phronesis*, 1969

——"Understanding, Explanation and Insight in the Posterior Analytics," in *Exegesis and Argument*, eds. E. N. Lee, A. P. D. Mourelato, and R. M. Rorty, *Phronesis*, supplementary volume 1, 1973

——"Perceiving that We Perceive," *Philosophical Review*, 1975

Jonathan Lear, "Aristotelian Infinity," *Proceedings of the Aristotelian Society*, 1979-1980

——*Aristotle and Logical Theory.* Cambridge University Press, 1980

——"A Note on Zeno's Arrow," *Phronesis*, 1981

——"Aristotle's Philosophy of Mathematics," *Philosophical Review*, 1982

——"Leaving the World Alone," *Journal of Philosophy*, 1982

——"The Disappearing 'We'," *Proceedings of the Aristotelian Society*, supplementary volume, 1984

——"Moral Objectivity," in *Objectivity and Cultural Divergence*, ed. S. C. Brown. Cambridge University Press, 1984

——"Transcendental Anthropology," in *Subject, Thought and Context*, eds. P. Pettit and J. McDowell. Clarendon Press, 1986

——"Active Episteme," in *Mathematik und Metaphysikbei Aristoteles: X Symposium Aristotelicum*, ed. A. Grasser. Bern, 1987

J. H. Lesher, "Aristotle on Form, Substance and Universals: A Dilemma," *Phronesis*, 1971

——"The Meaning of *Nous* in the *Posterior Analytics*," Phronesis, 1973

G. E. R. Lloyd, *Aristotle: The Growth and Structure of his Thought*. Cambridge University Press, 1968

G. E. R. Lloyd and G. E. L. Owen, eds., *Aristotle on the Mind and the Senses*. Cambridge University Press, 1978

John McDowell, "Are Moral Requirements Hypothetical Imperatives?" *Proceedings of the Aristotelian Society*, 1978

Alasdair MacIntyre, *After Virtue*. Duckworth, 1981

A. Mansion, *Introductionala physique aristotelicienne*. Louvain, 1945

S. Mansion, "La Premiere Doctrine de la Substance," *Revue Philosophique de Louvain*, 1946

R. G. Mulgan, *Aristotle's Political Theory*. Clarendon Press, 1977

Thomas Nagel, *The Possibility of Altruism*. Clarendon Press, 1970

——"The Limits of Objectivity," in *The Tanner Lectures on Human Values*, vol. 1, ed. S. McMurrin. University of Utah Press, 1980

——*The View from Nowhere*. Oxford University Press, 1986

Martha Nussbaum, *Aristotle's De Motu Animalium*. Princeton University Press, 1978

——*The Fragility of Goodness*. Cambridge University Press, 1986

Brian O'Shaugnessy, *The Will*. Cambridge University Press, 1980

G. E. L. Owen, "Zeno and the Mathematicians," *Proceedings of the Aristotelian Society*, 1957-1958

——"Logic and Metaphysics in Some Earlier Works of Aristotle," in *Aristotle and Plato in the Mid-Fourth Century*, eds. I. Düring and G. E. L. Owen. Studia Graecaet Latina, 1960

——"*Tithenai ta Phainomena*," in *Aristote et les problemes de methode*, ed. S. Mansion. Louvain, 1961

——"Inherence," *Phronesis*, 1965

——"Particular and General," *Proceedings of the Aristotelian Society*, 1978-1979

Joseph Owens, *The Doctrine of Being in the Aristotelian Metaphysics*. Pontifical Institute of Mediaeval Studies, 1978

Charles Parsons, "Mathematics, Foundations of," in *Encyclopedia of Philosophy*, vol. 5, ed. P. Edwards. Macmillan, 1967

T. Penner, "Verbs and the Identity of Actions," in *Ryle*, eds. G. Pitcher and O. P. Wood. Doubleday, 1970

Hilary Putnam, "Philosophy and Our Mental Life," in *Philosophical Papers, vol. 2: Mind, Language and Reality*. Cambridge University Press, 1975

W. V. Quine, "Two Dogmas of Empiricism," in *FromaLogical Point of View*. Harper and Row, 1961

John Rawls, *A Theory of Justice*. Harvard University Press, 1971

——"Kantian Constructivism in Moral Theory," *Journal of Philosophy*, 1980

Amelie Rorty, *Essays on Aristotle's Ethics*. University of California Press, 1980

Richard Rorty, *Philosophy and the Mirror of Nature*. Princeton University Press, 1979

W. D. Ross, *Aristotle's Physics*. Clarendon Press, 1936

——*Aristotle, De Anima*. Clarendon Press, 1961

——*Aristotle's Prior and Posterior Analytics*. Clarendon Press, 1949

——*Aristotle*. Methuen, 1971

——*Aristotle's Metaphysics*. Clarendon Press, 1975

——ed., *The Works of Aristotle*. Clarendon Press, 1918-1954

Bertrand Russell, *The Principles of Mathematics*. Allen and Unwin, 1972

David Sanford, "Infinity and Vagueness," *Philosophical Review*, 1975

Wilfred Sellars, "Substance and Form in Aristotle," *Journal of Philosophy*, 1957

——*Science, Perception and Reality*. Routledge & Kegan Paul, 1963

Richard Shute, *On the History of the Processsby which the Aristotelian Writings Arrived at their Present Form*. Clarendon Press, 1888

T. J. Smiley, "What isaSyllogism," *Journal of Philosophical Logic*, 1972

Friedrich Solmsen, *Aristotle's System of the Physical World*. Cornell University Press, 1960

Richard Sorabji, "Body and Soul in Aristotle," in *Articles on Aristotle*, vol. 4

——*Aristotle on Memory*. Duckworth, 1972

——*Necessity, Cause and Blame*. Duckworth, 1980

Charles Taylor, *The Explanation of Behavior*. Routledge & Kegan Paul, 1964

——"The Explanation of Purposive Behavior," in *Explanation in the Behavioral Sciences*, eds. R. Borger and F. Cioffi. Cambridge University Press, 1970

Gregory Vlastos, "A Note on Zeno's Arrow," in *Studies in Presocratic Philosophy*, vol. 2, eds. R. E. Allen and D. Furley. Routledge & Kegan Paul, 1975

Sarah Waterlow (Broadie), *Nature, Agency and Change in Aristotle's Physics*. Clarendon Press, 1982

N. P. White, "Origins of Aristotle's Essentialism," *Review of Metaphysics*, 1972-1973

Wolfgang Wieland, "The Problem of Teleology," in *Articles on Aristotle*, vol. 1

——*Die aristotelische Physik*. Vandenhoeck & Ruprecht, 1970

Bernard Williams, Morality: *An Introduction*. Cambridge University Press, 1972

——*Moral Luck*. Cambridge University Press, 1981

——*Ethics and the Limits of Philosophy*. Harvard University Press, 1985

Timothy D. Wilson, "Strangers to Ourselves: The Origin and Accuracy of Beliefs about one's own Mental States," in *Attribution, Basic Issues and Applications*, eds. J. H. Harvey and G. Weary. Academic Press, 1985

Ludwig Wittgenstein, *Philosophical Investigations*. Blackwell, 1978

M. J. Woods, "Problems in Metaphysics Z, Chapter 13," in *Aristotle: A Collection of Critical Essays*, ed. J. M. E. Moravcsik. Doubleday, 1967

——*Aristotle's Eudemian Ethics*. Clarendon Press, 1982

Crispin Wright, "Language Mastery and the Sorites Paradox," in *Truth and Meaning*, eds. G. Evans and J. McDowell. Clarendon Press, 1976

索　引

（頁碼均為原書頁碼，即本書邊碼）

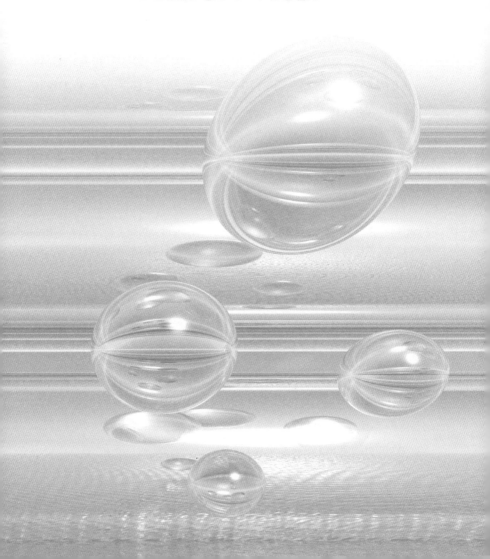

譯後記

亞里斯多德在《形上學》開篇寫下的那句「所有人都依據自然欲求認識」（πάντες ἄνθρωποι τοῦ εἰδέναι ὀρέγονται φύσει／all men by nature desire to know）大概是他最為人熟知的名言了。這句話揭示了人廣泛而深刻的求知欲，也成為哲學和一切人類知識的起點。正是以這樣的信念為起點和貫穿始終的動力，亞里斯多德成為人類思想史上真正的「百科全書」。

亞里斯多德思想系統清楚、邏輯嚴謹，因此在這個意義上，要為亞里斯多德的思想撰寫導論相對比較容易處理，只要把他的思想系統呈現出來，大體上都不會太離譜，不會像關於柏拉圖的導論那樣，有大量截然不同的進路，也不會像海德格的導論那樣，有那麼多的爭議。亞里斯多德導論通常的處理方式，都是首先介紹他的生平，之後按照亞里斯多德本人劃定的知識門類，分成邏輯學、自然哲學（包括物理學、生物學、靈魂學說）、形上學、實踐哲學（包括倫理學和政治學）和技藝哲學（包括修辭學和詩學）的順序展開（這也是現在標準的亞里斯多德全集的編輯順序）。正是因為體系清晰、線索明確，西方學界由單人撰寫的亞里斯多德導論不在少數，僅僅是在英文學界著名的導論就有羅斯[1]、勞埃德[2]、阿克瑞

---

[1] W. D. Ross, *Aristotle*, London: Methuen，1923 年初版（本書在羅斯生前出版了五版，第六版在 1995 年出版，並由阿克瑞爾撰寫序言）。中譯本參見 W. D. 羅斯：《亞里士多德》，王路譯，張家龍校，北京：商務印書館，1997 年。（＊編按：尊重譯者，不改書譯名，後同）這本至今為止依然經典的亞里斯多德導論就是按照我上面提到的順序，全面介紹了亞里斯多德的生平和思想的各個方面。

[2] G. E. L. Lloyd, *Aristotle: The Growth and Structure of his Thought*,

爾 [3]、巴恩斯 [4]、希爾茲 [5] 等多個不同的版本。[6]

　　但也正是因為亞里斯多德的思想框架清晰，不同版本的亞里斯多德導論讀起來又難免讓人感到大同小異，讀起來意興闌珊。在

Cambridge: Cambridge University Press，1968 年。本書試圖兼顧亞里斯多德的思想發展和思想的系統結構，前半部分用耶格爾（Jaeger）的「發展論」討論亞里斯多德的思想發展，後半部分用邏輯學、物理學、形上學、倫理學、政治學、文學批評理論展開亞里斯多德的思想體系。但是由於「發展論」在耶格爾提出之後引起了很多爭議，這本導論的價值在今天看來也大打折扣。

[3]　J. L. Ackrill, *Aristotle the Philosopher*, Oxford: Clarendon Press，1981 年。阿克瑞爾的導論在內容上比較有選擇，在介紹了亞里斯多德的生平之後，首先討論他的物理學（第 3-5 章），之後是邏輯學和方法論（第 6-8 章）、形上學（第 9 章）和倫理學（第 10 章）。阿克瑞爾的一大特色是使用大段的引文，用一種半注疏的方式討論亞里斯多德思想中最有代表性的方面。

[4]　Jonathan Barnes, *Aristotle*, Oxford: Oxford University Press，1982 年（後收入「牛津極簡導論」〔Oxford Very Short Introduction〕系列）。中譯本參見：強納森・巴恩斯：《亞里士多德的世界》，史正勇、韓守利譯，南京：譯林出版社，2013 年。這本導論篇幅很小，卻分了 20 章，巴恩斯高度濃縮地概述了亞里斯多德思想的全部方面，從生平著述到身後影響，堪稱「極簡導論」的代表作。

[5]　Christopher Shields, *Aristotle*, London: Routledge，2007 年初版（第二版 2013 年）。中譯本參見：克里斯多夫・希爾茲：《亞里士多德》，余友輝譯，北京：華夏出版社，2015 年（根據第一版翻譯）。這本導論的篇幅最多，英文第二版有 500 頁，有比較強的研究性，吸收了大量近年的研究成果，也有很多希爾茲自己的觀點，閱讀感覺略顯拖沓和冗長。

[6]　德語、法語、義大利語學界也都有各自的亞里斯多德思想導論；目前由中國學者撰寫的亞里斯多德思想導論，主要是靳希平：《亞里士多德傳》，石家莊：河北人民出版社，1997 年。

這個意義上，想寫出一部優秀的亞里斯多德導論，又格外困難。

如果讓我從所有讀過的亞里斯多德導論中進行推薦，我會毫不猶豫地推薦巴恩斯和強納森・李爾這兩個版本。它們具有很強的互補性，巴恩斯是簡明扼要又不失閱讀快感的代表，如果想快速了解亞里斯多德思想的全貌，沒有比巴恩斯的導論更好的入門書了；而李爾的這本《亞里斯多德哲學導論——理解的欲求》，則是一本既有深度又有溫度的導論，是能夠帶著你一起思考的導論。

在我看來，李爾不算是抱定一個研究領域皓首窮經的「學者」，而是很有才情的「思想家」。他跟隨著名邏輯學家克里普克（Saul Kripke）撰寫了關於亞里斯多德邏輯學的博士論文，畢業之後，先後在劍橋大學（1979-1985）、耶魯大學（1985-1996）、芝加哥大學（1996 年至今）任教，現在依然是芝加哥大學哲學系暨社會思想委員會的約翰・內弗傑出貢獻教授（John U. Nef Distinguished Service Professor）。在古代哲學方面，他對柏拉圖（特別是《理想國》）和亞里斯多德（特別是邏輯學、物理學和形上學）都有非常獨到的研究；他還是一位心理分析師，研究經典的心理分析理論和當代心理學，特別是對佛洛伊德有深入的研究。李爾還將哲學與心理學完美結合，由此關注了很多與人類心理相關的重要哲學概念，比如愛、幸福、疾病、死亡、想像力、希望、反諷等，在有關這些概念的研究中，李爾都結合了寬廣的哲學史視野和精彩的哲學—心理學分析。他在這些作品裡展現出的洞見，經常讓人拍案叫絕。[7]

---

[7] 不算發表的五十多篇論文和這裡翻譯的《理解的欲求》，李爾撰寫的著作包括：*Aristotle and Logical Theory*, Cambridge: Cambridge University Press, 1980；*Love and Its Place in Nature: A Philosophical Interpretation of Freudian Psychoanalysis*, New York: Farrar, 1990；

　　這本《亞里斯多德哲學導論——理解的欲求》是李爾離開劍橋的告別之作，他帶著對亞里斯多德、對劍橋大學、對同事和學生的感情寫了這本書。他對亞里斯多德的討論不是簡單地羅列觀點、整理論證，整本書有著非常精巧的構思，圍繞「所有人都依據自然欲求認識」這句話展開。在第一章引入這句話作為全書的導論之後，後面的內容分別對應著這句話裡的幾個關鍵字。第二和第三章討論「自然」（因為亞里斯多德將「自然」定義成運動／變化與靜止／不變的原理，所以討論自然也就必然要討論「變化」），主要是關於亞里斯多德的物理學；第四章討論「人」，主要是亞里斯多德的靈魂學說；第五章討論人的「欲求」具有什麼樣的結構，如何規範自己的欲求，主要涉及亞里斯多德的倫理學和政治學；最後一章討論「認識」，或者說「理解」，主要討論亞里斯多德的邏輯學和形上學。

　　從這個內容簡介，我們可以看到，李爾的導論不求面面俱到，比如亞里斯多德的生平、生物學、修辭學和詩學的內容基本上完全沒有涉及，倫理學和政治學的內容也是非常有選擇地做了討

Open Minded: Working Out The Logic of the Soul, Cambridge: Harvard University Press, 1998；*Happiness, Death and the Remainder of Life*, Cambridge: Harvard University Press, 2000；*Therapeutic Action: An Earnest Plea for Irony*, New York: Other Press, 2003；*Radical Hope: Ethics in the Face of Cultural Devastation*, Cambridge: Harvard University Press, 2006；*A Case for Irony*, Cambridge: Harvard University Press, 2011；*Freud*, London: Routledge, 2005（第二版，2015年。也是一部非常精彩的佛洛伊德導論，中譯本參見：《佛洛伊德》，邵曉波譯，北京：華夏出版社，2013年，根據第一版翻譯）；*The Idea ofaPhilosophical Anthropology*, Assen: Van Gorcum, 2017；*Wisdom Won From Illness: Essays in Philosophy and Psychoanalysis*, Cambridge: Harvard University Press, 2017。

論。李爾選擇這些主題，一方面是為了突出「所有人都依據自然欲求認識」這句話的深意，它不僅展示了人的根本欲求，也展示了人與世界的關係——即欲求認識的人生活在一個可以被認識的世界之中，並且在對世界的認識之中，達到自我認識的頂點。另一方面，也是為了突出《亞里斯多德哲學導論——理解的欲求》是一本真正**帶有哲學性**的亞里斯多德導論。李爾想要用這些問題再現困擾亞里斯多德的疑難，刺激我們去和亞里斯多德一起思考，他同時對這些問題也提出了很有深度、很有洞見的討論，特別是第三章關於無限和芝諾悖論的討論、第四章關於感覺在感覺器官中造成何種變化以及「主動理智」的討論、第五章關於「不自制」的討論、第六章關於亞里斯多德數學哲學和「實體」概念的討論，都是學界爭論非常激烈的問題，而李爾用清晰的語言和讀者容易理解的方式，對這些問題給出了自成一派又言之成理的解答，同時展示了對這些問題的思考在今天依然具有啟發性。

　　在我看來，李爾的這本《亞里斯多德哲學導論——理解的欲求》是亞里斯多德最好的導論之一，因此我動念翻譯本書，想起來那是 2013 年的事了，直到今天才完成了最終的翻譯和校對工作，實在汗顏，感到自己對不起讀者的期待，也對不起李爾教授的等待。在此，我要感謝大家一如既往的支持與耐心！

　　藉此次出版繁體字版的機會，我又對全書做了一次修訂，修改了簡體字版中的錯漏，調整了部分表述。我想特別感謝臺灣五南出版社對本書的興趣！

劉瑋

2020 年 6 月 30 日

2022 年 8 月

於中國人民大學

大家觀點

1B2P

亞里斯多德哲學導論——理解的欲求
Aristotle: The Desire to Understand

作　　　者 —— 強納森‧李爾（Jonathan Lear）
譯　　　者 —— 劉瑋
發　行　人 —— 楊榮川
總　經　理 —— 楊士清
總　編　輯 —— 楊秀麗
主　　　編 —— 蔡宗沂
校　　　對 —— 龍品涵、瞿正瀛
封 面 設 計 —— 王麗娟
出　版　者 —— 五南圖書出版股份有限公司
地　　　址 —— 106 臺北市大安區和平東路二段 339 號 4 樓
電　　　話 —— 02-27055066（代表號）
傳　　　眞 —— 02-27066100
劃 撥 帳 號 —— 01068953
戶　　　名 —— 五南圖書出版股份有限公司
網　　　址 —— https://www.wunan.com.tw
電 子 郵 件 —— wunan@wunan.com.tw
法 律 顧 問 —— 林勝安律師事務所　林勝安律師
出 版 日 期 —— 2022 年 11 月初版一刷
定　　　價 —— 520 元

國家圖書館出版品預行編目資料

亞里斯多德哲學導論：理解的欲求 / 強納森‧李爾 (Jonathan Lear) 著；劉瑋譯 . -- 初版 . -- 臺北市：五南圖書出版股份有限公司, 2022.11
　　面；　公分
譯自：Aristotle：The Desire to Understand
ISBN 978-626-343-179-9（平裝）

1.CST: 亞里斯多德 (Aristotle, 384-322 B.C.)　2.CST: 學術思想　3.CST: 哲學

141.5　　　　　　　　　　　　　　　111012453